中央编译局文库编辑委员会

主　任：贾高建

委　员：贾高建　俞可平　魏海生　陈和平　柴方国　杨金海
　　　　王学东　何增科　季正聚　郗卫东　张文成　曹荣湘
　　　　卿学民　刘明清　薛晓源

中央编译出版社文库编辑中心编辑小组

刘明清　薛晓源　谭　洁　尹承东　董　巍　贾宇琰　冯　章
苗永姝　邓　彤　侯天保　盛菊艳　李媛媛　薛迎春　董　妍

国家"十二五"重点图书

国际共产主义运动历史文献

第48卷

主　编　王学东
副主编　戴隆斌（常务）　童建挺

共产国际第六次代表大会文献（4）

本卷主编　戴隆斌

《国际共产主义运动历史文献》顾问委员会

贾高建 俞可平 顾锦屏 高 放 张中云 殷叙彝 胡文建
宋洪训 顾家庆 洪肇龙 沈志华 杨光远

《国际共产主义运动历史文献》编辑委员会

主　　编：王学东
副 主 编：戴隆斌（常务）　童建挺
编　　委：（以姓氏笔画为序）
　　　　　王　瑾　吕瑞林　邢艳琦　许宝友　张文成　张文红
　　　　　陈新明　林德山　胡振良　姚　颖　彭萍萍　薛晓源

参加本卷译校工作的有
李铁军　徐燕霞　张琳娜　肖德强　杨彦君　宋洪训
参加本卷编辑出版工作的有
李小燕　苗永姝　薛晓源
丛书编务统筹
苗永姝　李媛媛　董　妍

总　序

国际共产主义运动，是由以马克思主义为指导的无产阶级政党领导的国际性的无产阶级革命运动，其宗旨是推翻资产阶级统治和一切剥削制度，建立和发展社会主义制度，进而最终实现人的彻底解放，建立共产主义社会。

国际共产主义运动迄今已有一百六十多年的历史。19世纪40年代，马克思、恩格斯在创立科学社会主义理论的同时，努力把它与当时西欧无产阶级的革命实践相结合，于1847年6月创建了第一个国际性的无产阶级政党——共产主义者同盟，亲自拟定并于1848年2月公开发表了同盟纲领《共产党宣言》。这标志着国际共产主义运动的兴起。

自从共产主义者同盟建立以来，历经第一国际（国际工人协会）、第二国际、第三国际（共产国际），国际共产主义运动由小到大、由弱到强，从西方推进到东方、从欧洲扩展到全球，终于突破资本主义链条上一个又一个薄弱环节，取得了社会主义由一国到多国的胜利。二战后社会主义阵营的建立、民族解放运动的胜利进军、社会主义国家革命与建设的重大成就，为国际共产主义运动史书写了辉煌的篇章。20世纪末，由于东欧剧变、苏联解体，国际共产主义运动遭遇了严重挫折。但是，历史并没有因此而终结。由《共产党宣言》奠基的国际共产主义运动仍在曲折中前进。各资本主义国家中的共产党、工人党仍在不断探索无产阶级取得解放的道路；中国等社会主义国家仍继续高举社会主义伟大旗帜，为完善社会主义、最终实现共产主义而不懈奋斗。

国际共产主义运动一百六十多年跌宕起伏的发展历程，积累了卷帙浩繁的文献档案，留下了丰富的历史遗产。深入发掘和充分利用这些文献档案，对于我们准确地了解和把握国际共产主义运动的发展进程及各个时期的特点，科学地研究和总结国际共产主义运动丰富且宝贵的经验教训，具有极其重要的意义。特别是无产阶级国际组织，作为国际共产主义运动的重要载体，其文献档案对于国际共产主义运动史研究更是具有特殊的重要意义。

早在1984年春，中国国际共产主义运动史学会就发起编辑出版《国际共产主义运动史文献》。当时由中共中央编译局、中国社会科学院马列主义毛泽东思想研究所和近代史研究所、中共中央党校和中国人民大学等单位共同组建了编辑委员会。编委会商定：这套文献主要收编共产主义者同盟、第一国际、第二国际、第三国际、共产党和工人党情报局这五个国际组织已发表的全部文献档案，包括历次代表大会、代表会议和其他重要会议的记录、决议和有关文件；收编材料力求齐全；凡外国有选编完整的版本者，根据外国版本翻译；凡文件散见于外国不同出版物者，尽力搜集完整，组织力量统一编译；文件完全按照原件翻译，译文力求准确，不作修改删节，以便读者根据完整、准确的第一手材料了解这些国际组织的历史。在当时代管全国哲学社会科学基金的中国社会科学院科研局的资助下，经过编辑委员会、编译工作者和中国人民大学出版社的共同努力，这套文献于1986年开始陆续出版，截至1997年共出版了21卷。

到上世纪末，文献的编辑出版工作遇到了巨大困难。首先是编委会发生了重大变故，主编林基洲、副主编王颖和校纪英相继谢世；其次是出版经费难以为继。为继续出版这套文集，中国国际共产主义运动史学会多方努力，组成以会长顾锦屏为主编的新编委会，从全国哲学社会科学规划办公室争取到一笔资助，于1999—2001年又出版了两卷。此后，因缺乏经费，编辑出版工作完全陷于停顿。

2010年，在中共中央编译局和中国国际共产主义运动史学会的鼎力支持下，中央编译出版社以这套文献申报国家出版基金项目，获得立项资助。中共中央编译局对此项目高度重视，在国家出版基金资助的基础上，给予了相应的资金支持，组建了新编委会，成立了专门机构负责文献整理和编辑工作，并将这套文献纳入"中央编译局文库"出版规划。

经新编委会研究决定，这套文献定名为《国际共产主义运动历史文献》，在其前身《国际共产主义运动史文献》的基础上重新编辑出版。通过进一步广泛搜集资料和适当改变编辑方式，新《文献》的资料更详尽、收文更齐全。例如，在原《文献》的某些卷次中，对已出版的马克思主义经典著作中译本只列目录，不收正文，而新《文献》则全部依据最新的中译本收录，以方便读者查阅。此外，《国际共产主义运动历史文献》扩大了文献资料的搜集和选材范围，采用开放式结构，规模暂定60卷，约2500万字。

中共中央编译局和中国国际共产主义运动史学会对这套文献的编辑出版工作给予了强有力的支持，中央编译出版社为这套文献的立项和出版做了大量艰苦细致的工作，文献的前两任编委会和编译工作者在十分困难的条件下为这套文献奠定了良好的基础，中国人民大学出版社为这套文献的重新编辑出版提供了帮助，在此一并表示衷心感谢。

《国际共产主义运动历史文献》

编辑委员会

2011年12月20日

编辑说明

共产国际第六次代表大会于 1928 年 7 月 17 日—9 月 1 日在莫斯科举行。出席大会的有 57 个党和 9 个组织的 532 名代表。中国有周恩来、向忠发、李立三、蔡和森、瞿秋白、苏兆征、张国焘等出席大会。大会通过了《共产国际纲领》和《共产国际章程》。纲领总结了无产阶级革命运动的经验，指出资本主义制度一定要崩溃和共产主义一定要胜利的必然性，肯定在资本主义发展不平衡的条件下社会主义可能首先在一个国家胜利的理论，并为各国共产党制订了当前斗争的战略和策略。大会强调民族解放运动的重要意义，阐明殖民地半殖民地国家革命运动的资产阶级民主革命性质及其有可能转变为社会主义革命的发展前景，并为这些国家的共产党提出一系列基本革命要求。大会选举布哈林主持共产国际的决策机构政治书记处的工作。大会提出的《国际形势和共产国际的任务》的提纲，过高地估计世界革命的发展形势，认为资本主义的相对稳定时期业已结束，资本主义的危机即将来临，无产阶级革命运动正在进入第三个发展时期即革命高涨时期。提纲肯定 1928 年 2 月共产国际执委会第九次全会提出的"阶级反对阶级"的口号，要求加强反对社会民主党的斗争，从而使一些国家的共产党犯了宗派主义的错误，为国际反法西斯统一战线的斗争带来不利的影响。在党内斗争问题上，提纲要求各国党把反对右倾机会主义和右倾调和主义的斗争放在一切工作的首位，致使许多国家的共产党犯了斗争扩大化错误，对这些国家的革命造成严重后果。在民族解放运动问题上，代表大会的有关决议否定民族资产阶级在民族民主革命中的积极作用，否定殖民地半殖民地国家的共产党争取中间势力斗争的必要性，使一些国家的共产党犯了关门主义的错误，造成自己的孤立。

共产国际第六次代表大会文献，根据1929年苏联国家出版社分6册出版的共产国际第六次代表大会速记记录译出。本卷收录的文献包括三个部分：(1) 共产国际第六次代表大会第39—46次会议记录；(2) 共产国际第六次代表大会提纲、决议、号召书；(3) 附录。这些文献是根据《共产国际第六次代表大会速记记录》（第四分册：殖民地和半殖民地国家的革命运动）（莫斯科—列宁格勒国家出版社1929年版）(VI Конгресс Коминтерна. Стенографический Отчет) (Революционное Движение в Колониальных и Полуколониальных Странах, Выпуск Четвертый) (Государственное Издательство, Москва - Ленинград, 1929)、《共产国际第六次代表大会速记记录》（第五分册：关于苏联和联共（布）的报告）（莫斯科—列宁格勒国家出版社1929年版）(Доклады об СССР и ВКП (б), Выпуск Пятый) (Государственное Издательство, Москва - Ленинград, 1929)、《共产国际第六次代表大会速记记录》（第六分册：提纲、决议、号召书）（莫斯科—列宁格勒国家出版社1929年版）(VI Конгресс Коминтерна. Стенографический Отчет) (Тезисы, Резолюции, Постановления, Воззвания. Выпуск Шестой) 译出的。书中除译者加的译者注外，未注明的脚注为原书或者原作者加的注释，本卷主编加的注释均标明为编者注。

本卷主编在编辑过程中，依据中央编译局编译马克思主义经典著作的标准统一了人名、地名、组织机构名、报刊名等专用名，并对书中个别译文进行了校订。

目 录

共产国际第六次代表大会会议记录

(1928年8月21日—9月1日) ………………………………………… 1

第三十九次会议（1928年8月21日）……………………………… 3

　　西坎德尔·苏尔关于殖民地和半殖民地国家革命运动
　　　问题的总结讲话 ……………………………………………… 3

　　斯特拉霍夫关于殖民地和半殖民地国家革命运动
　　　问题的总结讲话 ……………………………………………… 9

　　佩珀的声明 ……………………………………………………… 21

　　贺　词 …………………………………………………………… 23

第四十次会议（1928年8月21日晚）……………………………… 25

　　库西宁的总结发言 ……………………………………………… 25

　　声　明 …………………………………………………………… 56

　　表决通过《殖民地和半殖民地的革命运动
　　　（根据奥·威·库西宁的报告通过的提纲）》……………… 58

　　罗思坦就英国代表团表决问题作说明 ………………………… 58

　　确定提纲审定委员会成员 ……………………………………… 63

第四十一次会议（1928年8月22日） ················· 64
　　瓦尔加作关于苏联经济形势的报告 ················· 64
　　西坎德尔·苏尔的声明 ························· 130
　　墨菲的声明 ································· 130
第四十二次会议（1928年8月22日晚） ··············· 131
　　曼努伊尔斯基作关于联共（布）党内情况的报告 ······ 131
第四十三次会议（1928年8月23日） ················· 172
　　各国党关于瓦尔加和曼努伊尔斯基的报告的声明 ······ 172
第四十四次会议（1928年8月29日） ················· 186
　　悼念捷克斯洛伐克共产党领导人霍拉斯 ············· 186
　　皮亚特尼茨基作资格审查委员会的报告 ············· 187
　　通过资格审查委员会的报告 ····················· 203
　　皮亚特尼茨基作章程委员会的报告 ················· 204
第四十五次会议（1928年8月29日晚） ··············· 214
　　贝尔作军事委员会的报告 ······················· 214
　　台尔曼作政治委员会的报告 ····················· 222
　　约翰斯顿的声明 ······························· 229
　　洛夫斯通的声明 ······························· 230
　　通过关于国际支援革命战士协会的决议 ············· 232
第四十六次会议（1928年9月1日） ·················· 233
　　布哈林作关于纲领委员会的报告 ·················· 233
　　库西宁作关于殖民地委员会的报告 ················· 239
　　通过关于苏联和联共（布）状况的两个报告的决议案 ··· 243
　　关于几起申诉的决定 ··························· 243
　　关于接受一些新党加入共产国际的决定 ············· 244
　　关于进行国际反战运动的决议 ····················· 247

  选举共产国际执行委员会……248
  选举共产国际监察委员会……253
  布哈林作总结发言……255

共产国际第六次代表大会提纲、决议、号召书……261
 共产国际纲领……263
  导　言……263
  一、资本主义世界体系及其发展和必然灭亡……266
  二、资本主义总危机和世界革命的第一阶段……273
  三、共产国际的最终目的——世界共产主义……281
  四、从资本主义到社会主义的过渡时期与无产阶级专政……283
  五、苏联的无产阶级专政和国际社会主义革命……304
  六、共产国际在争取无产阶级专政的斗争中的战略和策略……309
 国际形势和共产国际的任务
  （根据尼·伊·布哈林同志的报告拟定的提纲）……324
  导　言……324
  一、世界经济的技术状况和经济状况……325
  二、国际关系和所谓"对外政策"问题……327
  三、资产阶级国家政权和阶级力量的重新组合……329
  四、阶级斗争、社会民主党和法西斯主义……332
  五、殖民地国家和中国革命……336
  六、共产国际的策略方针和基本任务……339
  七、各支部的工作总结、成绩、错误和任务……345
  八、为列宁主义的路线和共产国际的团结而奋斗……353
 制止帝国主义战争危险的措施
  （根据托·贝尔同志的报告拟定的提纲）……356

一、帝国主义战争的威胁……………………………………… 356

二、无产阶级对战争的态度…………………………………… 361

三、无产阶级对军队的态度…………………………………… 385

四、无产阶级对裁军问题的态度和反对和平主义的斗争…… 397

五、各国共产党工作中的缺点及其任务……………………… 402

殖民地和半殖民地的革命运动

（根据奥·威·库西宁的报告通过的提纲）…………………… 409

一、导　言……………………………………………………… 409

二、殖民地经济和帝国主义殖民政策的特点………………… 415

三、中国、印度和类似的殖民地国家中共产党的战略

和策略……………………………………………………… 424

四、共产党人的当前任务……………………………………… 440

共产国际章程

（1928年8月29日共产国际第六次代表大会通过）………… 457

1. 总　纲……………………………………………………… 457

2. 共产国际的世界代表大会………………………………… 458

3. 共产国际执行委员会及其机关…………………………… 459

4. 国际监察委员会…………………………………………… 461

5. 共产国际支部与共产国际执行委员会之间的相互关系…… 462

关于苏联和联共（布）状况的决议………………………………… 464

关于国际支援革命战士协会的决议……………………………… 468

关于共产国际执行委员会、国际监察委员会和

青年共产国际执行委员会工作报告的决议…………………… 470

关于接收古巴共产党、朝鲜共产党、新西兰共产党、巴拉圭

共产党、爱尔兰工人联盟、厄瓜多尔社会党和哥伦比亚

革命社会党加入共产国际的决定……………………………… 471

关于开展反战国际运动的决定 …………………………………… 473
关于托洛茨基、萨普龙诺夫等人事件的决定 ………………… 474
关于马斯洛夫—鲁特·费舍事件的决定 ……………………… 476
关于苏桑·吉罗等人事件的决定 ……………………………… 477
关于怀恩科普集团事件的决定 ………………………………… 478
告全世界工人、全体劳动农民、殖民地被压迫民族和
　资本主义国家陆海军士兵书 ……………………………… 480
告苏联工人、农民、红军和红海军士兵书 …………………… 488
告中国工人和劳动者书 ………………………………………… 491
就开展声援中国无产阶级的双周运动告全世界工人农民书 …… 494
反对法西斯主义
　告各国共产党和全世界劳动者书 ………………………… 495
世界帝国主义战争爆发14周年
　告各国工农、全世界被压迫民族、各国共产党书 ………… 497
反对波兰帝国主义者侵占立陶宛
　告各国劳动者、国际无产阶级书 ………………………… 500
共产国际执行委员会和国际监察委员会新成员名单 ………… 503
　共产国际执行委员会委员 …………………………………… 503
　共产国际执行委员会候补委员 ……………………………… 505
　国际监察委员会委员 ………………………………………… 507

附　录 ……………………………………………………………… 509
资格审查委员会报告 …………………………………………… 511
共产国际第六次世界代表大会参加者名单 …………………… 517
各国代表名额分配情况 ………………………………………… 534

共产国际第六次代表大会会议记录

(1928年8月21日—9月1日)

第三十九次会议

(1928年8月21日)

主席：雷梅尔

西坎德尔·苏尔关于殖民地和半殖民地国家革命运动问题的总结讲话

非殖民化理论的支持者们发表的言论完全是纸上谈兵。他们一点也不了解印度的国情。假如他们是在辩论俱乐部或是在政治学院举办讲座，那他们可能会表现得更好一些。这场激烈辩论的焦点只有一个，那就是——非殖民化和工业化的问题，它们归根到底是同一个问题。英国代表团的大部分代表之所以会支持这一理论，是因为他们都持有一种观点，那就是帝国主义就意味着资本输出，而且这种输出是针对殖民地的，自然也针对印度；此外，他们还认为，这种意味着工业发展即工业化的资本输出终将会在印度的发展过程中取得圆满成功，因为印度这个独立的经济单位，主要在资金方面受到帝国主义的制约。

资本主义的发展不断催生土著资产阶级，这个再生阶级的利益与宗主国的利益也在不断地发生冲突。

有些同志在这个问题上偏题太远，认为土著资产阶级与宗主国资产阶级之间的利益冲突是一种不可调和的阶级矛盾。还有一些同志更加离谱，他们否认这两个阶级之间存在某种矛盾。这两种观点都是错误的。

这两个阶级之间既不存在什么不可调和的矛盾，也不存在什么友好和睦的关系；而完全是另外一种现象——利益之间的对抗。这些资本家之间的利益不一致。

在我看来，在这两种情况下，我们都片面地对马克思主义关于殖民地国家的理论添加了附加条件并歪曲了该理论的含义。这些同志们似乎都忽略了现实情况，不假思索地陷入了形而上学的深渊。可是我们大家聚在这里不是为了争论形而上学的问题，而是为了分析个别国家尤其是殖民地国家的现实状况。尽管英国代表团中颇有声望的理论家佩奇·阿诺特同志声称自己是殖民地问题和印度问题的权威，而且，他试图让我们相信这一切都是不由自主的，但实际情况完全不是这样的。让我们更加深入地看一看这些问题。

帝国主义在印度的主要利益在哪里呢？它最关心的问题是无论如何都要保持自身权力的垄断性。

其次是贸易。印度是英国最大的独立市场之一。这是公认的事实，我无须在此问题上多费口舌。印度也是英国执政阶级中年轻一代任职的最大地区。只要看一下各委员会的资料和大量英国人在印度国家机关担任公职的事实，就会一目了然。印度就相当于一个最大的原料储存器。它也是英国输出资本的投放地。最后需要指出的是——这个排序并非根据所占比重——印度不断地向英国进贡，向境内工作的英国人支付退休金以及支付一定的军事花销。这种贡赋已经达到了每年4000万英镑。这不是个小数目，同志们。英国不会像某些同志说的那样轻易放弃印度。

英国人在印度的利益主要就是集中在这几点上。我们应当从这些帝国主义者的利益点出发来评价英国的政策，以及工业化或非殖民化政策实施的可能性。

英国需要农产品。为了得到原材料和农产品，同样是出于战略考虑，它必须在印度发展铁路网——这归根结底还是来自其国内的资本投资。在资本主义国家，铁路网络的发展可以带动关键工业部门的发展，但在印度却恰恰相反。英国曾经在印度修建铁路，目前仍在继续修建铁路。在这里修建铁路和扩大铁路网络的目的是巩固战略地位，为铁制品和工业产品由英国出口到印度服务。由此可见，这种修路工作致力于为英国扩大市场，而并不意味着印度的工业化。

因此，这种资本主义的发展和资本投入（来自英国的资本投资），正如你们所见，并不是能使印度发展成独立经济单位的工业化，而是帝国主义强化在印度的压迫和巩固对印度的垄断统治。

至于说到分析过程，那些论点全都是正确的。

我认为，佩奇·阿诺特同志的英文非常好，他一直试图用一些成语来隐藏其论据的真实性，然而我们可以发现，他确实是在乐此不疲地捍卫非殖民化理论。

随着农业的发展，英国的帝国主义者们对铁矿石、铜等工业原料的需求不断增加。目前印度正在开发一些大型油田，但是这一切却并非掌控在印度资本家手中，而是全部依靠英国人的资本，受英国人的管理，借助于英国的行政和技术人员。至于那些种植园，它们全部都在帝国主义代理人的直接监管之下。石油工业不断发展，种植园不断增加，当然，它们都需要资金，然而印度在这两方面的直接参与却仅仅表现在工人得到的可怜工资上。虽然从这个角度来说，我们拥有一个英国资本的主要贮存器，但是这种工业发展的形式却不会给这个国家的工业化产生任何影响。

总之，同志们，很明显，资本输出和资本投入并非印度发展的代名词，并不能把它变成一个独立自主的经济单位。这不是工业化，工业化的理论是经不起推敲的。

下面，我们来看看正在发展中的煤炭工业。雷梅尔同志通过一些煤炭消费数据告诉我们，这个国家并没有经历工业化进程。他想证明，如果人均煤炭消费量一直保持不变的话，那么就谈不上国家的工业化。他列举了其他国家的例子来说明这个观点。佩奇·阿诺特同志为了反驳他的观点，除了运用那种"狗屎"理论之外别无他法。这一点也不新鲜。在管理印度事务的国务大臣工作的每一个角落，在第二国际中，如果这还不够的话，在西姆拉总督的官邸中还有一堆"狗屎"，我们的佩奇·阿诺特同志是非常清楚这一点的。

让佩奇·阿诺特同志向白金汉宫泼脏水吧，但不要让他玷污大会的代表们。

假如英国共产党能找到除佩奇·阿诺特同志之外的另一位殖民地理论家的话，它的表现会更好一些，而佩奇·阿诺特同志则认为向我们讲述这些狗屎言论是必要的。

我没有时间分析英国资本投资的每一个细节，但最后我想说，工业化理论的支持者们混淆了资本投资与工业化问题。资本投资完全不同于国家的工业化。印度资本主义的普遍发展催生了当地的资产阶级。印度最近几年得到明显加强的是开始于上世纪中叶的资本主义投资，而非工业化。军事形势使这种投资流向了关键工业部门的发展。然而，当英国不愿意把自己的工厂变成战时车间，而是重新投向生产非战时产品的时候，在那一刻便开始了印度工业的逆转，目前情况正在向这个方向发展。基于战时的经验，印度尝试在经济上独立，而且，印度资产阶级的口号是：发展主要工业部门，实现资本输出和政治独立（对少数人来说）。

他们用这种发展趋势和口号直接向在印度实施垄断的帝国主义提出挑战。而英国帝国主义者提出的口号是：联合地主阶级和封建势力，分化大、小资产阶级，坚决阻止主要工业部门的发展，抑制政治诉求。

这就是之所以存在资产阶级反对党，以及西蒙委员会到达印度期间爆发抗议活动的主要推动力。

但是，同志们，让我们更诚实、更直接地看待资产阶级这个问题吧。不要存有任何不切实际的幻想。印度的资产阶级并不是由革命者构成的。它从根本上是反革命的，因为它为了政治独立甚至可以背叛革命。它步步背叛革命，向帝国主义妥协。

印度的资产阶级并没有像中国国民党那样，改变民族解放运动的性质，对过去的历史作出错误的阐述。1922年事件的余波还未平息。1918年，工人阶级开始构筑街垒，1922年初，人民将复仇的愤怒发泄在英国帝国主义的代理人身上，火烧焦里焦拉地方警察局，在这一刻，民族资产阶级却退缩了。甘地在一定程度上发挥了帝国主义代理人的作用。随后便出现了那次广为人知的转变，用甘地自己的话说就是"胜利的撤退"；《巴多利决议》结束了这场运动。

我们不应高估资产阶级的作用。这个时期已经过去了。我们不是教条主义者。我也不是理论家，但我所说的都是经验之谈。国民党是我们面前鲜活的例子。当今共产主义者的职责是不能让国家的政权落入民族主义者手中，无论他们是多么激进。根据资产阶级反对派对待帝国主义的态度来制定自己的政策，是步入迷途。在发生政治危机的时刻或是在战争时期，当英国似乎被卷入与其他大国之间的战争时，资产阶级阵营也将会发生一定的分化。上层资产阶级将会与统治阶层团结起来；其他阶层的资产阶级此时将会如何做呢？他们将会为夺取政权而战斗，为此而把工人和农民当做自己的炮灰。我们必须认识到，要时刻警惕印度工人运动史上关键时刻的到来。对我们来说，这一刻将是危急关头。印度资产阶级对政权的控制可能会是对英帝国主义的沉重打击。它可能会在一段时期内与苏联保持友好关系，但它最终会阻碍印度无产阶级革命的发展。我们应该为这一天的到来做好充分准备。我们必须掌握好自己的行政机构，利用资产阶级激进派，减轻我们的工作，同时警惕国家政权落入他们手中，防止再次出现国民党控制政权的情况。

毋庸置疑的是，小资产阶级阶层确实对人民群众产生了影响。我们的首要任务就是让人民群众摆脱这些阶层对其产生的影响。我们怎样才能做到这一点呢？那就是揭露他们的罪行，降低他们的威望。我们应该把每一次由资产阶级组织的反对帝国主义的示威游行，在形式上转变为更多的根本需求。为此我们应当制定无产阶级革命的纲领。当然，资产阶级的道路不可能走得很远，它最终会暴露出自己的真面目。

对这个问题的阐述还需进行修正，我们将会在相关修订案中提出。

谈到工农政党这个问题，我赞同以下观点："无论工农政党的革命性有多强，它都很容易转变成为小资产阶级政党，因此不主张成立这样的政党。"如果成立这些工农政党并不合适，那么它们就是我们决策失误的产物，首先是在这之前支持这种想法的那些人。这些政党中农民的数量并没有什么实际意义。不仅如此，孟加拉国工农党年会的最后一份总结报告中指出，它们的权力正在落入乐善好施的小资产阶级手中。我们的人在他们的政党中并不占据领导地位，而只是一些普通的党员。

还需要特别强调的是，当今印度的当务之急是必须建立强有力的共产党，以便当期待已久的政治危机席卷英国之时，国家政权不会落入小资产阶级手中。

我再强调一下工业化的问题。众所周知，帝国主义国家实行工业化政策，这表明帝国主义有一定的先进性。然而，我们作为马克思主义者，认为帝国主义是资本主义发展进程中的最后一个阶段，是资本主义瓦解的时期。麦克唐纳和第二国际都极力证明帝国主义在殖民地国家工业化进程中所表现出来的先进性。这就是这些人们用以保护殖民地统治的理论。令人不解的是，我们的同志中到底有多少人——我没有任何理由认为他们不是马克思主义者——被麦克唐纳之流所迷惑，从而支持印度工业化和非殖民化的理论。

佩奇·阿诺特同志出乎所有人的意料，援引某一份报告中的话说帝国主义许诺过实现印度的工业化。为了证明自己荒谬的观点，他很有热情地提出了一个问题：难道这些政府在撒谎吗？是的，同志们，——即使是阿诺特同志不谈及这一问题——帝国主义政府在撒谎，他们撒谎的次数比我们梦到的还要多一千次。他们是在撒谎，并且是公然撒谎。而且，他们有时是用一种我们所无法理解的伪装形式在撒谎。最后我想说的是，阿诺特和其他一些同志的这些论据是在公开拥护帝国主义。（掌声）

斯特拉霍夫关于殖民地和半殖民地国家革命运动问题的总结讲话

我的报告是从亚细亚生产方式问题开始的，而我的结束语将首先谈到亚洲的恐怖问题。**中国革命失败后四处蔓延的白色恐怖理应给我们带来教训。**要知道，没有任何一个国家像中国那样出现了如此严酷的恐怖和专制。但是，当我们讨论殖民地问题的时候，却很少考虑到中国革命失败所带来的教训。因此我的发言将分为三个部分：（1）中国革命失败的教训；（2）中国代表团委托的简短声明；（3）有关殖民地问题的一些基本观点。

一位在围绕殖民地问题的辩论中发言的日本同志指出，为了支持殖民地人民反抗帝国主义者的武装起义和革命战争，我们必须创建武装力量，要做好士兵的工作，要建立抵抗帝国主义的军队。我认为，这个问题对中国来说是非常实际的。如果我们不领导农民和小资产阶级的反军阀战争运动，那么我们怎么建立军队？之前，我们作为共产主义者支持北伐军队完成革命任务，但是现在，蒋介石与张作霖等军阀之间的斗争转变成危害人民、帮助帝国主义加强殖民统治的战争。这不是理论性问题，而是现实问题，因为我们必须确定我们对这些战争的态度和立场。我们的立场是，组织农民和游击队的工作，领导大量士兵展开反抗上级军官和军阀的斗争。这样,我们才能真正地成立那种在中国南方业已存在的红军,即使它的力量非常薄弱。"将军阀战争转变为人民阶级斗争"的口号应当是我们的宣传重点。

另一位同志曾指出,我们太不重视中国共产党在组织能力上的不足。我觉得,是技术条件影响了我们。因为我提交过一份书面报告,也写过《中国革命争议问题》的小册子(这些资料还没有外文版),而我在口头报告中就很少提到这个问题了。所以,现在我想就这个问题作一下补充。首先,大家知道,我们中间出现过机会主义的政治派别,随后是盲动主义。但是应该指出,我们党在组织问题上的不足在于**我们对群众的态度比小资产阶级还差,我们对群众是国民党乡绅的态度**。当机会主义占上风时,我们指示不要罢工,命令工人纠察队解除武装。我们要求工人与汪精卫达成协议,从而使其不再惶恐不安。然而,当我们出现盲动主义倾向时,我们支持罢工,装做是敢于冒险的老爷,想要革命,希望每天都有罢工和暴动。我们到处指示工人暴动,宣布罢工。我们用这种"命令"的态度对待人民群众,最终使我们的党与工人阶级疏远了。因此,虽然中国共产党**政治影响力在增强**,但是我们要看到中国共产党在**组织上脱离人民群众**的问题。这就是主要的不足之处。至于中国共产党的党员结构问题,可以确定的是农民占了很大比例。现在有10万多名党员(武汉时期我们有5.7万名党员),其中很大一部分是农民。但这并不意味着我们应该拒绝接收农民加入共产党。相反,我们应该尽可能地扩充农民阶级,同时扩大和吸引工人阶级加入共产党。只有这样我们才能保证我们党的无产阶级性质。如今,我们那里存在这样的现象:在那些起义成功的县或乡,会马上成立苏维埃。苏维埃的所有成员都会迫不及待地加入共产党。这是为什么呢?因为我们主张,既然是无产阶级专政,那就是党的专政,是省委、县委、书记的专政。因此我们有这样的口号:"一切权力属于书记",一切权力属于党。大多数情况下，我们各个苏维埃在形式上等同于我们的党，党也同样等同于苏维埃。我们的工会和农协情况也是如此。**如果党外农民革命者可以真正地被吸收到我们的农民组织和苏维埃中，那么我们党的干部，我们的党组织将会更加清晰明确。**这些就是我想指出的问题和不足。我认为这并不是可有可无，这也有益于其他党，因为我们坚信，在其他党中也经常会存在过度的中央集权，而在这种中央集权制度下以党来取代群众组织的趋势表现得愈加明显。

但是，当然，我们不能断言，我们什么都不好，不能说以前中国共产党内是三民主义，而现在是托洛茨基主义，我们不能说在中国完全没有布尔什维主义（佩珀同志）。我们在工人和农民团体中损失巨大——这一点完全正确。我们失去了成千上万的同志。虽然我们失去了很多同志，但是我们却锤炼出了比任何时候都要纯粹的布尔什维克政党。应当承认的是，在武汉政变之后，中国共产党找到了一条新的发展道路。这是不可否认的。在武汉政变前，我们党就无视、违背三民主义，在发动成百上千万群众（1000万农协成员和280万工会会员等等）方面发挥了重大作用，所以更不能说我们摆脱三民主义后就会立刻转向托洛茨基主义。这是诽谤！如果说要从中国革命中吸取教训，我想重复一下列宁同志的话。他说：

"革命使无产阶级学会了群众斗争。革命证明了无产阶级能率领农民群众进行争取民主的斗争。革命把小资产阶级分子从纯粹无产阶级政党中清除出去，使党团结得更加紧密。反革命使小资产阶级民主派放弃了从自由派中寻找领袖和同盟者的企图，因为自由派害怕群众斗争比害怕火还要厉害。我们依靠事变中取得的这些教训，可以大胆地向黑帮地主的政府说：你们就这样干下去吧，斯托雷平先生们！你们播下种子，我们将收获果实！"①

---

① 参见《列宁全集》中文第2版第16卷第118页。——编者注

列宁同志的这些话是针对俄国革命的，但也同样适用于中国革命。受中国代表团的委托，我作以下声明。佩珀认为，中国共产党以前是三民主义，现在是托洛茨基主义，这是极其荒谬的。如果我们说到托洛茨基主义，如果佩珀认为我们在武汉政变后犯了错误，开始陷入不断革命的极端中，那么这意味着什么呢？难道我们是按照托洛茨基主义发动的广州起义吗？要知道，托洛茨基评价广州起义是最纯粹的冒险行动，是纯粹的叛乱，尽管他也做了附注，认为这次叛乱、这次冒险行为实际上是"无产阶级专政"。如果佩珀同志认为我们在广州所做的一切都是依据"不断革命论"，那么他自己就是托派分子。他指责我们没有专注于反帝运动。事实的确如此，此前中国共产党在组织能力方面有些欠缺，无法集中足够的精力发展和领导人民群众的反帝运动。如果可以像佩珀那样提出问题，那么看起来我们好像将精力都放在了土地革命上，需要更多地关注反帝运动。

究竟什么是反帝运动呢？反帝运动的形式包括抗议、示威游行、群众集会、罢工等等。我们在香港发动过持续近两年的罢工，也曾发动过一系列示威游行。但是这样的抵抗运动并没有结束帝国主义在华的统治，可以这样说，如果我们仍将继续以这样的形式与之斗争，那么我们将无法推翻帝国主义在中国的统治。**只有在土地革命的口号下，无产阶级发动成百上千万农民群众进行斗争，我们才可能真正推翻帝国主义。**不能将土地革命与反帝革命相提并论。佩珀同志援引斯大林同志说过的话：中国革命的特殊性在于，它是反帝的资产阶级民主革命。中国革命的主要内容是土地革命和土地改革。但佩珀同志没有继续引用下去。而斯大林同志曾多次提到，反抗帝国主义统治的斗争与土地斗争是分不开的。但是佩珀同志根本不想谈论这一点，就像他提议在共产国际纲领中写到的那样，在中国和东方一些国家只有残余的亚细亚生产方式，也就是说，这些地方没有封建主义。

佩珀应该始终坚持这个观点，并以普列汉诺夫为榜样。反对俄国土地国有化的普列汉诺夫认为，俄国的土地关系更像古代的中国，也就是说，土地已经是国有的了，何必再进行一次土地国有化呢？他甚至援引了我们中国的王安石（主张实行土地改革的宋朝宰相）的话。佩珀也应该用这种方式公开反对土地国有化和中国的土地革命。他将土地革命与反帝运动混为一谈。接下来他还说，在中国发生了不断革命。

怎样理解这个术语呢？广州起义时我们提议没收一些工厂和企业，难道这可以称为"不断革命"吗？难道这已经是社会主义了吗？如果佩珀如此看待这个问题，那么他的观点就与托洛茨基不谋而合。托洛茨基恰恰指责我们，宣布国民党所有党派均不受法律保护是在制造暴乱。托洛茨基写到，如果宣布整个国民党及其所有党派均不受法律保护，那么这已经是无产阶级专政了。如果可以这样理解佩珀的话，那么他就该主动承认自己是个托派分子。佩珀在此还援引了布哈林的话，他说布哈林称赞了他。但他并不想引用布哈林发言中的另一段话：

"不能说：要么是武装起义，要么是工会工作和反盲动主义斗争。"

"总之，要同所有否定起义以及有任何否定起义倾向的人作最积极的斗争。"

请继续往下听：

"佩珀同志错在哪里呢？（1）根据他的观点，无法清楚理解农民运动的规模到底有多大（更准确地说是农民斗争在反帝革命中起到怎样的作用）；（2）他试图对政府权力提出一些人为指令和最低纲领的口号"，

用佩珀同志自己的话说，也就是"在民主基础上选举农村地方自治机构"，这也就是布哈林同志所认为的，"可以解释为取消苏维埃的口号"。

现在你们明白佩珀有多么彻底了吧。他比托洛茨基更加"彻底"。

因为托洛茨基认为，现在的中国正处于反革命时期，"**中国的革命正在走下坡路**"，中国革命正在"消退"等等，但是他不想对宪法作结论。可佩珀与托洛茨基完全不同。他得出了一个政治性的结论："既然中国的土地革命没有任何成效，那就给一部'宪法'吧，为农民选举民主自治机构吧。"

以上就是中国代表团委托我作的声明。

我们应该将中国革命以及所有殖民地国家的革命，如中国、印度等，理解为资产阶级民主革命，其通过推翻半封建的土地关系来推翻帝国主义和封建主义的任务还没有完成。

只有在无产阶级领导下，实行无产阶级和农民专政，这个革命才会最终取得胜利。

从中国革命的经验中我们可以看到，当殖民地国家的革命面临**关键时刻，就会出现一个直接的问题：要么是地主阶级和资产阶级专政，要么是无产阶级和农民专政。不可能存在任何立宪道路和农村自治道路。**（有人说："是的。"）

在中国农村，地主与农民的关系是相互仇视、互为敌人；在还存在乡绅的农村里，怎么可能推行自治呢？这怎么可能？

在讨论殖民地问题时，我们应该尽可能多地吸取中国革命的经验教训。主要的问题在于，**对民族资产阶级和农民，我们应当采取怎样的策略**。

如果我们迷恋民族资产阶级和小资产阶级的对抗性，迷恋所谓的反帝运动，而不去发动革命，发动斗争，那么我们永远也不能同农民建立起我们所需要的那种关系。

如果现在佩珀想要将我们带回到之前所陷入的那种观点上，那就意味着**佩珀仍想坚持我们之前所犯的错误，即高估民族资产阶级**。也就是说，他不顾中国革命的教训，仍想重复那些曾把我们打倒的致命错误。

这就是主要问题之所在。

我们要从这个角度来看**工业化和非殖民化**问题。我们为什么要提出这个问题呢？因为我们要考察民族资产阶级的革命性、对抗性和腐败性。为此需要作出以下分析，如果我们从很早以前开始说起，如果说英国也曾经历这个过程，也曾进行过工业化，那么现在中国和印度也将会有这样的工业化方式，那也就不存在帝国主义了。同样，帝国主义理论也就完全不存在了。帝国主义的渗透对殖民地影响巨大。帝国主义国家扩大贸易资本的发展，提高贸易流通。但是应该知道，这种殖民地贸易资本的发展模式与欧洲的发展道路是不同的。这是显而易见的。此外还要注意到，革命和战争本身就是上层危机的表现。中国内战和世界战争都将在这方面发挥巨大作用，正如第一次世界大战所发挥的作用那样。在欧洲战争期间，得益于帝国主义对贸易资本发展所起到的促进作用，中国和印度的工业都有一定程度的发展。但在战争结束后，帝国主义国家开始对中国和印度施以强压，这两个国家的农业生产都出现了更大危机，并伴有严重的赤贫化。中国持续了几十年的军阀战争更是加重了这个危机。**即便我们在上海建成一两个新工厂，但与此同时国内正在进行战争，数百万人民死于战乱，贸易中断，铁路遭到破坏，那么在这样的背景下能够发展怎样的工业化呢？**因此，中国战争和革命结束后我们发现，中国的民族资产阶级开始"去民族化"了。一部分民族资产阶级由于无法适应国内竞争而放弃自己的工厂，再一次变成买办商人。我们可以举出很多这样的例子。另一部分民族资产阶级开始从事特殊的投机买卖和政治性的高利贷，因为他们无法从工业生产中获得利润，所以开始为外省政府提供大额贷款。最后一部分离开城市回到农村，在尚未发生叛乱的地方购买土地，这样一来强化了封建制度下的经营方式，**一方面增加了封建制度的依赖性，另一方面增加了民族资产阶级对帝国主义的依赖性。**例如，上海的一些工厂主就将自己的工厂卖给了外国人。一些在中国久负盛名的国货，事实上已经不是国货了，尽管它们还在使用着民族工厂的商标，但是生产这些商品的工厂已经不算是民族企业了。民族资产阶级渐渐地变成外国工厂的管理者。如果说日本人、美国人收购中国的丝绸企业，那这能称之为工业化吗？不能。美国人收购了许多中国的小型工厂，但是这些企业并没有继续发展。近些年在上海的市场上开始出现美国的人造丝绸。

在这样的背景下，我们知道，民族资产阶级无论政治上的背叛，还是经济上的背叛从历史上讲都是不可避免的。因为革命和内战暂时破坏了资本主义的经济基础，而民族资产阶级作为较弱的一方，正在与更大更稳定的资本联合，与外国帝国主义联合。提纲指出资产阶级参与革命的众多限制条件是完全正确的。但是还需首先证实，在战后的中国和印度有哪些经济因素可以提高民族资产阶级的革命性，比如发展哪些工业部门。

现在开始了一个新的阶段。民族资产阶级的衰落阶段，他们必然会走向叛变，中国资产阶级已经背叛了民族革命。但我们不能说，民族资产阶级已经完全掌握了中国政权，因为**他们是那么虚弱，甚至在进行反革命时他们也需要乡绅和其他阶层的帮助，他们会甘于受帝国主义的领导**。这是极其重要的一点。

现在南京有蒋介石政府。现在报纸上都说蒋介石政府没有能力对付军阀。冯玉祥没去开全会，也就是说他不想妥协，这样蒋介石就不得不与他、与乡绅地主们妥协。这就意味着，只能在这个意义上说资产阶级的领导权和统治权，资产阶级就好比是一个吃软饭的男人。在这种情况下谈民族资产阶级的革命性是没有意义的。我们得到消息称，前不久中国资产阶级举行了集会，并向国民政府提出了一系列要求，其中最主要的就是要求返还军阀从他们手中拿走的钱。除此之外，他们并未提出任何关乎国家命运的要求，也没有严肃讨论关税自治和统一的问题，即使是稍微提到了这些问题,那也只是装装样子而已。这说明了资产阶级的主要目的。资产阶级想要强调的是,如果政府想从国外获得贷款,**首先就必须表现出自己有偿贷能力,并且可以向自己的人民偿还债务。**而且,资产阶级援引了苏维埃俄国的例子,后者由于没有能力偿还贷款,因而未能获得贷款。如果南京政府和其他政府想要从美国获得贷款,那么首先就必须为军阀还清欠所有银行家的贷款,这笔欠款的数目很大。这就是民族资产阶级"革命性"与对抗性的价值。

这种情况不仅是中国的特色,而且也是印度的特色。所有殖民地国家的资产阶级的表现都是这样的。因为人民群众已经被发动起来,资产阶级想从帝国主义列强那里获得一些利益,但是当人民群众的运动不断高涨、不断推进的时候,资产阶级的全部利益却迫使它投靠帝国主义列强并寻求他们的支持。即使现在中国的资产阶级是反对帝国主义的,但他们所有要求也不会比社会民主党对欧洲资产阶级的要求高。**中国的资产阶级现在要对帝国主义列强和地主阶级说:如果你们不让步,不缩减自己的军队,不从关税收入中分一些给我们,那我们就无法战胜布尔什维克,无法镇压起义,那些起义的工人和农民将会把我们双方都打倒。**

难道这就是资产阶级的革命作用吗?他们的作用是反革命。印度资产阶级在反对立宪的运动中确实也是这样表现的。

民族改良主义植根于殖民地的经济发展当中。**民族改良主义有转变为国家法西斯主义的趋势。**我们不但要打击那种以国家名义镇压一切最原始阶级斗争的国家法西斯,还要注意到它的另外一面。民族改良派总是会说,他们是为了改革,是为了提高中国及其他殖民地的国际地位等等。他们想通过这个来欺骗小资产阶级,利用后者为自己的利益服务,不允许后者参加革命。因此,下一个问题就是我们对小资产阶级政党的态度。我们有机会领导小资产阶级以示威游行、群众集会的形式进行反帝斗争。他们可以同我们一起呼喊"打倒帝国主义"等口号，像蒋介石和李济深那样。我们当然应该在这个运动中领导小资产阶级。**但是我们不应该那么愚蠢，只是发动贫苦农民和市民参加示威游行。我们应当从最初的游行开始，慢慢号召群众参与到更具影响力的活动当中，而不该只是停留在简单的示威游行上。**因此，如果认为我们的任务仅仅是搞示威游行和群众集会，那我们将会一直与小资产阶级保持牢固的同盟关系。但是我们必须时刻准备着面对我们与小资产阶级的同盟破裂的危险，以及受小资产阶级政党影响的危险，尤其是在这个特殊时期，农民阶级正在酝酿土地改革和发动起义。共产党应该是一个独立的组织，有独立的路线，不仅可以自由地批评民族改良派资产阶级，而且可以自由批评小资产阶级和小资产阶级政党的幻想。这都是一些具体情况。在那些小资产阶级自发势力强大的东方国家，我们还需注意与所谓的"东方思想"、甘地主义、儒家学说、中庸哲学、非暴力抗恶等思想作斗争。这些思想同民族主义结合会发挥巨大的作用，有时会给工人群众带来极大的影响。反对小资产阶级幻想的斗争应该是我们在殖民地的首要任务。抵制民族改良主义的斗争是我们领导无产阶级和农民群众的前提条件。为了同小资产阶级幻想作斗争，我们必须不断前行，否则就会原地踏步、停滞不前，就像八年前中国革命开始时那样。

我认为，要作出以下结论：（1）在那些民族资产阶级还未掌握政权的地区，我们应该与民族资产阶级的影响作斗争，削弱民族资产阶级对人民群众产生的影响。然而，在那些民族资产阶级已经参与国家政权的地区，我们的唯一任务就是推翻它的统治。不给资产阶级任何支持！（2）共产党员要有独立的组织、独立的路线和无产阶级抗衡小资产阶级的路线。不允许存在"立宪"的想法、与民族改良主义合作的想法。（3）共产国际各党都要真正地支持中国革命，支持中国的起义运动，不仅仅通过国际救援革命战士组织的途径，而且要想尽办法反抗白色恐怖。无论是你们还是我都找不到合适的词语来形容中国的恐怖暗杀，不过这也不需要。我们必须强化现今的工作，了解各国的问题，了解太平洋地区的问题，搞清楚怎样帮助年轻的政党尽可能地联合西方或者东方，怎样使**欧洲的无产阶级支持殖民地反帝运动，同时又与民族改良分子和国家法西斯资产阶级作斗争**。

应该肯定地指出，西方的革命工人都是反对国民党的，这是中国工人和农民愿意听到的。但是现在他们却感觉不到。难道国民党的恐怖暗杀不比法西斯恐怖主义、比林奇法庭对黑人、比对萨柯和万泽蒂的镇压更加严重吗？我们应该揭露民族资产阶级的国家法西斯本性。

我认为，如果把殖民地看成世界的农村，那么民族革命的问题就会变得明朗起来。如果注意到所有殖民地都是农业国家和农民的国家的话，那么我们要明白，**整个共产国际应制定对全体殖民地农民阶级的明确策略，只有从这个角度出发我们才能制定出东方各国革命运动的真正策略**。

当然，我们反对民族资产阶级，反对民族改良主义。但这不意味着我们走向了另一个极端——反对民族解放，反对民族斗争，否定民族解放运动。并非如此。现在必须声明一点，只有无产阶级、农民和广大劳动群众才是完成殖民地民族革命的中坚力量。因此，对抗击与帝国主义沆瀣一气的民族资产阶级的运动和起义，以及抗击当地统治阶级、地主、乡绅的运动和起义，我们应当给予支持。我认为，这才是解决问题的唯一正确的方法。马克思主义者的国家纲领首先是捍卫民族和语言的平等，在这个问题上不允许存在任何形式的特权（包括民族自决的权利），其次是像列宁同志所说的，捍卫**国际主义原则，毫不妥协地反对用资产阶级民族主义思想感染无产阶级，哪怕是最巧妙的感染**。

"如果认为没有殖民地和欧洲弱小民族的起义，没有**带着种种偏见的一部分**

小资产阶级的革命爆发,没有那些不自觉的无产阶级或半无产阶级群众反对地主、教会、君主和民族等等压迫的运动,社会革命也是**可以设想的**,——如果这样认为,那就意味着**放弃社会革命**……只有持这种迂腐可笑的观点,才会骂爱尔兰起义是'盲动'。谁要是等待'纯粹的'社会革命,谁就**一辈子**也等不到,谁就是不懂得真正革命的口头革命家。"①

我认为,如果说马克思很早以前就怀有这样的梦想——"德国的全部问题将取决于是否有可能由某种再版的农民战争来支持无产阶级革命。如果那样就太好了"②,——如果说这是马克思的梦想,那我现在说这个梦想已经实现了。现在中国、西伯利亚、摩洛哥、罗马尼亚、保加利亚、印度以及其他东方国家都出现了"再版的德国农民战争"。它们现在有,以后也会有。当这些"再版的战争"出现之后,马克思主义者就可以不再畏惧了。这就是马克思对农民战争的看法。我认为,他同时也指出了国际无产主义者应该怎样看待中国革命和所有的殖民地起义。

共产国际第六次代表大会已经明确表达了对广州起义和中国革命的态度。请允许我用下面的话结束发言。

"广州起义在劳动者看来是中国工人极其伟大的英勇精神的典范。让在坚持和坚决实行列宁主义原则基础上组织起来的广大工农群众的未来起义,在国际无产阶级的支持下,成为中国胜利的十月革命吧。

独立和团结的中华苏维埃共和国万岁!

被压迫民族的胜利起义万岁!

世界无产阶级革命万岁!"③(掌声)

---

① 参见《列宁全集》中文第 2 版第 28 卷第 52—53 页。——编者注
② 参见《马克思恩格斯文集》第 10 卷第 131 页。——编者注
③ 参见本卷收录的《告中国工人和劳动者书》的结尾部分。——编者注

雷梅尔（主席）：

现在请佩珀同志发言。

佩珀的声明

洛米纳泽同志对我提出了一些新奇的指责。他说我从来不敢与那些在共产国际担任领导职务的同志们争论。为了回应他的这种新奇的指责，我要作以下说明：

第一，这与事实相悖：我已经和那些共产国际的领导人物进行过争辩，包括列宁同志和托洛茨基同志（托洛茨基那时与列宁是同一个阵营）。在共产国际第三次代表大会上，我曾经同他们就进攻理论、德国三月起义的失误以及对国际地位的评价进行过激烈的辩论。在我看来，我的做法完全是一个巨大的错误，我决不会以自己曾与列宁同志——这样一位"共产国际的领导人"——辩论过而感到骄傲。我与洛米纳泽同志对共产国际中的"勇气"的理解全然不同。

第二，大家从什么时候开始把同共产国际领导人作斗争看做是评判一个共产主义者品行和革命性的标准了？据我所知，至今为止我们都认为那些反对社会民主党、机会主义和资产阶级的同志，才是优秀的党员和优秀的革命者。在评判一个革命者时采用下列标准——"他敢不敢与共产国际领导人发生冲突？"——对我来说也是一件新奇的事情。这是我与洛米纳泽在评价共产国际领导问题上的第二个分歧。如果评价某一个党与共产国际代表团及其领导人的相互关系时像洛米纳泽同志那样采用如此新奇的标准，那么就可以避开不明白的地方。

现在是第二个简要的评论。我不得不在此强调，**不是我，而是洛米纳泽同志，在共产国际代表大会上挑起了评价广州起义的辩论**。他在首次发言中就涉及了这一点，他是针对布哈林同志的观点。不是我，而是他，激动地手舞足蹈地提到广州起义问题，并开始重复自己陈旧过时的观点。不是我，而是他，故意把"暴乱"问题引入世界代表大会的讨论进程中。因此，我不得不谈到广州起义的问题和洛米纳泽看待托洛茨基式的不断革命的观点。之所以发生这一切是因为，他与他的同伙极力歪曲和掩盖第九次全会的决议。

在共产国际执行委员会第九次全会关于中国的决议中，**广州起义被正确地认为是中国无产阶级最重要的一次武装运动**。但是，同样是在这次会议上，也批评了那些领导人在起义中犯下的错误。决议中特别强调了以下几点：

1. 工人对起义的准备不充分。
2. 在农民中所做的准备工作不充分。
3. 对敌军实力认识不清。
4. 对待黄色工会的方式不正确。
5. 共产党和共青团对起义的准备不充分。
6. 中国共产党对起义缺乏认识。
7. 对人民群众的政治动员力度不够。
8. 没有进行广泛的政治罢工。
9. 没有选举出委员会。
10. 起义领导者对其错误在共产国际面前负总的政治责任。

因此，在共产国际执行委员会第九次全体会议上，关于广州起义的问题至少有十条分量十足的批评建议。但是，将这些批评建议解释成为广州起义是场暴乱，当然是极其可笑的。在那次大会上通过的关于国际形势的提纲也确认了对广州起义的正确评价。提纲中说，这是一场英勇的无产阶级斗争，是一场后卫战，不是暴乱。然而在这份提纲中也明确指出，**起义领导者犯了一些严重的错误，中国共产党旧的中央委员会因过去的机会主义错误受到谴责。新的中央委员会却走向了另一个极端。**

（有人高呼：要知道这是讨论，不是声明。）同志们，我只是引用了共产国际第六次代表大会上的观点。我们希望，这里不会有人反对共产国际代表大会上通过的观点。提纲中还说，**新的中央委员会没有及时抵制冒险主义和盲动主义倾向**。（有人高喊：这不是声明。）

不，这就是声明，正因为有些发言者试图掩盖一些事实，试图反对第九次全体会议和共产国际第六次代表大会的主张，我才作这个声明。

最后我想强调的是，斯特拉霍夫同志也采用了这种错误的论调，**将中国无产阶级伟大的历史性斗争与领导阶层所犯的错误混为一谈，这是完全错误的**；第二，掩盖广州起义的重要历史意义，以及忽视广州起义领导层所犯下的错误都是不正确的。所以，**不仅要学习无产阶级斗争的历史经验，还要吸取领导问题上的教训，在未来中国的起义运动中不再重犯类似错误**。

贺　词

我们收到邮电工人送来的扎哈罗夫同志和**萨利尼科夫**同志的贺词。萨利尼科夫同志递交贺词时说：

莫斯科通讯中心的无产者向世界革命的领袖——共产国际第六次代表大会——致以兄弟般的问候。莫斯科通讯中心的无产者高度关注共产国际代表大会的议程，而且非常欣喜地注意到，保卫世界上第一个社会主义国家——世界革命的摇篮，是本次代表大会最重要的议题。

同志们，为遵循列宁同志的遗愿，坚信革命最终取得胜利，莫斯科通讯中心的无产者将与全世界无产者一道，为了在世界范围内建立无产阶级专政和苏维埃政权而奋斗。（掌声）只要革命领导人一声令下，我们无产者一定会在共产国际的旗帜下，与全世界的资产阶级和资本主义进行最后的坚决斗争。

雷梅尔（主席）：

我想，我们必须对来自世界上第一个工人阶级领导的国家的同志们的来信表示特别感谢。如果十月革命的成功可以引导世界无产阶级先锋队在苏联进行革命斗争并保证胜利，那么这在一定程度上是我们通讯中心的功劳，因为是他们保障了红军部队和总部的不间断联系，从而为红军的胜利创造了机会。然而，不仅在过去，在第一次无产阶级革命的光辉岁月中，而且现在，苏联运输工作人员，尤其是邮电人民委员会的工人们，为筹备我们的大会作出了巨大贡献：我们现在使用的这些优秀的翻译设备都是出自电报局工人之手。工人们表现出了更优于资本主义国家的技术、经验和科技知识。国联花了数月时间试图组织起自己的翻译团队，还是没有成功。但是我们的通讯工人调试好了各国代表团的通讯设备，使我们可以通过口译直接交流，他们展示了自己为无产阶级和世界革命所作的贡献。因此，共产国际第六次代表大会应该再次向我们的通讯工人表示感谢。（掌声）

我们又收到一份贺电。这是位于莱比锡的德国中部红军前线士兵代表大会向德国红军前线士兵联盟主席恩斯特·台尔曼致以的兄弟般的问候："我们相信祖国的无产阶级战士、工人、农民一定会坚不可摧地团结在一起，我们相信德国工人对革命无比忠诚。红军前线战士，列奥夫，霍夫曼。"（掌声）

（会议休会）

第四十次会议

(1928年8月21日晚)

主席:雷梅尔

库西宁的总结发言

一、提纲的指导思想——无产阶级在殖民地革命运动中的领导权

同志们!因为埃尔科利同志、中国的斯特拉霍夫同志和印度的西坎德尔同志作的补充报告,也因为大会的讨论,提纲草案和我的很不完整的报告才得以充实。总的来说,我可以确定,我们的讨论很有成效。我注意到,只有少数同志发现了一些"基本"错误和不足,包括贝内特同志、罗思坦同志、赫列尔同志和一些英国同志,还有洛米纳泽同志、洛佐夫斯基同志和福金同志。然而,在讨论中还是出现了我在报告中说过的那种批评意见,即列宁关于落后殖民地国家可能出现非资本主义发展的观点缺乏理论论证。当然,这一观点也包含在提纲草案中,但是有所发展。草案中有一些对该观点进行理论论证的元素,但还是缺少理论论证。我恳请大家特别关注这一点,因为我认为它是我们提纲的基础论点之一。如果某位同志提议我们应该再多研究一下这一点,那我愿意在

委员会参与这项工作。诺伊曼同志的意见是不正确的——这儿似乎没有最重要的问题，因为列宁不仅讲过关于跳过资本主义阶段的可能性，还讲过关于这些国家向社会主义和共产主义的发展问题。提纲中的相应地方是这样的：

"这意味着可能会进一步缩短这些国家发展的历史道路，可能会加快它们摆脱现在的落后阶段（它们中有一些国家仍是完全原始的）——经过最必要的过渡阶段——实现社会主义社会制度甚至是共产主义社会制度下各阶级力量的最大繁荣。"①

我要再强调一次，在完成提纲草案的过程中，对我来说最主要、最核心的思想是无产阶级在殖民地国家革命运动中扮演独立角色，夺取无产阶级领导权，也包括在共产党内部的领导权。例如，这是区分各个国家不同集团之间差别的基本标准。例如，中国革命就与众不同地按照第一种方案进行发展，它是第一次大规模的殖民地革命，在这次革命中无产阶级扮演了独立的角色。作为整个资产阶级民主革命的基本战略目标，提纲草案中提出要夺取无产阶级的领导权和确立共产党的领导作用。在提纲的另一处这样说道：

"下列因素对革命可以直接从第一阶段走向第一阶段结束具有决定意义：（1）领导运动的革命无产阶级的发展程度，也就是相关国家共产党的发展程度（党员数量、独立性、自觉性、战斗力，以及党的威信、联系和党对工会运动和农民运动的影响力等）。（2）工人阶级和农民（尽管不可能达到同样程度）在组织性和革命经验上所达到的程度。"②

---

① 在正式公布的文本中，这段话已被删除。——编者注
② 在正式公布的文本中，这段话已被删除。——编者注

我认为有必要提醒大家注意这一基本思想，哪怕就是因为洛佐夫斯基同志在其批判演讲中一再强调，无产阶级——革命的领导者——完全从提纲草案中"消失了"，并且洛佐夫斯基同志也确信这是一个巨大的疏漏。当然，如果实际情况确实如此，那么这就是一个大问题。除此之外，尽管写得非常简短，但提纲草案中还写有：殖民地无产阶级的独特性，其现在的组成，特别是很大比例的女性和儿童，殖民地无产阶级的组织难度，阻碍阶级意识发展的因素，等等。在很多地方，无产阶级是由一些季节性的工人组成的，甚至一些旧工业部门的工人一半身份还是农民，这就使工人阶级和农民的联盟变得容易了，但却加大了凝聚无产阶级思想的难度。

洛佐夫斯基同志提出的另一个批评意见是，缺少对无产阶级和农民专政的阐述。

但是，同志们，第四章的整个结尾部分都在阐述这个问题。好与不好是另外一回事，但的确是阐述了，我尝试过，此处并无任何"漏洞"。另外一个问题，即是否对无产阶级和农民专政的实际情况作出详细阐述，目前还没有任何一个人能做到这一点。但我们可以阐述那些共同的任务，共产主义政党的作用以及无产阶级在这个阶段的作用。

资产阶级民主革命及其向社会主义革命转变的进程

福金同志说，提纲里没有提出核心问题即革命的转变问题。但有如下内容：

"第二个阶段其实就是资产阶级民主革命向社会主义革命第一阶段转变的时期。这个转变过程在一定程度上可能在第一阶段（无产阶级领导权的酝酿）就已开始，但是可能被多次打断。只有在第二个阶段，国家的发展可能在无产阶级的领导作用下接受新的非资本主义的方向。"①

随后提纲详细阐述了这是如何发生的。在最开始的时候，在描述资产阶级民主革命的时候，这个问题已经被提出和阐述过了，的确，没有被当成一个学术问题，而是被看做一个历史进程和政治任务。甚至是关于双重政权的问题，关于苏维埃的问题等，也是在这里被提及的。这就是福金同志在提纲草案中没有找到的所有问题。如果有评论说，并且肯定，我在提纲中当做最重要、最基本任务予以阐释的东西实际上并不存在，那我又能说什么呢。

资产阶级民主革命在提纲草案中被定性为苏维埃革命、工人和农民的阶级革命。为什么会有这些不同的提法呢？这是为了普及，为了避免大家产生错误的解读，特别是让我们这里的殖民地的同志能正确地理解我们，不要认为我们在说资产阶级民主革命的时候指的是普通的资产阶级革命。

我们的这个学术上正确的术语有些难以理解，由此造成一位同志错误地理解这一术语。当然，可以说，只有社会主义革命的第一阶段能彻底完成资产阶级民主革命的许多任务，但是，简单地说：资产阶级民主革命和一般的资产阶级革命是一样的，我认为这是个大错误。诺伊曼同志在资产阶级民主革命转变的问题上坚持这一观点，认为斗争就能解决一切。这是列宁的话，但我认为列宁的思想被错误地复制了。执行委员会第七次全体会议指出过，如果不走出资产阶级民主的范畴，中国革命就不可能消除帝国主义者的桎梏，这是正确的。但是，跨越资产阶级民主的范畴，是一回事，而跨越资产阶级民主革命的范畴，是另一回事。资产阶级民主革命是一个为社会主义革命做准备的时期，但是这个时期

---

① 在正式公布的文本中，这段话已被删除。——编者注

不会走出自己的框架。当然，诺伊曼同志的以下声明是对的：资产阶级民主革命向社会主义革命的转变不是自动发生的，离不开工人阶级的推动，但与此同时没有客观的先决条件也是不会发生的，这些客观条件的成熟可能在很大程度上受到无产阶级和共产党的影响，特别是在他们夺取政权之后。但是，认为在这种转变中斗争能解决所有问题是不正确的。需要补充一下，如果存在最起码的客观条件，那么斗争就能解决一切，在这些客观条件的范围内解决一切。列宁喜欢一条拿破仑的规则：首先应当发起战斗，然后就会看清之后会出现什么情况——每个革命者都必须记住这条规则。但是列宁从来没有想借此说明，在斗争能解决一切的基础上完全不需要理论和分析客观条件。

二、反对非殖民化理论

提纲在殖民地工业发展问题上的观点

现在我来谈一个最基本的问题，即非殖民化问题。我们提纲的主题不是全面的殖民地问题，只是殖民地和半殖民地的革命运动。为了给这些革命运动定性，当然需要给革命运动所反对的那些力量进行定性。它们是：第一，帝国主义的殖民地政权。第二，本土有产阶级。我们草案的第二章分析了帝国主义殖民政策的实质和主要趋势，目的在于通过分析帝国主义殖民政权与殖民地反动势力之间的矛盾，从而找出殖民地中革命危机的共同前景。草案中没有详细描述这些反动势力，更不可能描述殖民地经济发展的一般进程。你们可能会说，没有详细描述一般进程，这是个不足。但这里讲的只是共同提纲。如果我们想提出关于每个国家革命前景的具体问题，那么我们就不能不全面地、详细地描述经济发展的普遍现实。如果你们愿意，我们可以就最重要的殖民地补充一些能够详细描述革命前景的东西。

很多从工业化和非殖民化理论出发的同志们都在批判这一章，并且提出如下问题：无产阶级从何而来，资产阶级从何而来。在殖民地国家里，他们的由来与其他国家并没有特别的差异。提纲没有否定本地资本主义的发展。这个问题在第一条中就被当做共产国际第二次代表大会后世界历史舞台上发生的一个最重要的事实而被提出了：殖民地的资本主义元素特别是工业发展因素的增强，无产阶级的成长壮大，无产阶级有组织性的开始等。这一点特别针对印度。提纲中说："正是得益于（英帝国主义一方的）这些微小让步，印度独立自主的经济发展趋势才增强，印度本国工业才会在战时和战后第一时间经历了自身第一次快速增长。"人们会问，如果说帝国主义的殖民政策阻挠了国家的工业化，哪里来的本地资本主义，哪里来的本国工业化？在提纲草案中至少有简短的答案：

"从另一方面说，帝国主义者加强殖民地对宗主国的单方面依赖会遇到**来自自身所**产生的经济和社会反动力量越来越强烈的对抗。"①

除此之外，草案中还指明，帝国主义政策预测了促进殖民地工业发展需要一定的过程。所以引用马克思、列宁的话来反对我们是完全多余的，引语中指出殖民地的外国资本主义就像是推动历史进步的无意识的工具，那里的帝国主义促进了资本主义关系的发展，或是给予工业发展以动力。帝国主义在殖民地的经营不仅仅是掠夺，也是资本主义的经营，这种经营缺少一定的工业发展或至少是缺少一定的生产力发展是无法运作的。要为发展工业建立一定的物质基础，包括建设公路、铁路、

---

① 在正式公布的文本中，这段话已被删除。——编者注

港口等。为了从土地上获得原料，需要建设矿山、种植园，需要培育棉花作物，以及提纲中提到的作为殖民地主要生产领域的所有生产部门。当地资本主义的发展同时也是帝国主义经营的偶然次生物，尽管违背帝国主义的阻碍趋势，但它还是多多少少在向前发展。

非殖民化理论的捍卫者说了些什么？

这就是提纲草案的观点。很多同志反驳这一观点，特别是贝内特同志、罗思坦同志和赫列尔同志等。所有这些同志现在都在说——我也认为，我们在大会上侧面提出这个问题后，所有错误观点的支持者都将会说——他们完全不支持非殖民化理论。现在已经不提这个词了。但是，我们的同志谈到非殖民化时都加引号，这是错误的。很遗憾，不仅写了很多极其严肃的文章，还有很多书也都秉承这一精神。甚至我们在国外出版的谈印度问题的机关刊物很长一段时间内也都坚持这个虚伪的观点。所以说，问题不在引号上。如果那些持非殖民化观点的同志们说："是的，这曾经是个错误，我们不再支持它了"，我会很高兴。我承认，帕姆·杜德同志在其最新的文章里已经对这个观点进行了部分修正。当然，我从来没想过我们的同志会像帝国主义者及其走狗那样谈论非殖民化。当然他们想反对帝国主义，他们不想粉饰帝国主义。但是这也不能掩盖这个理论的客观错误。

我们来分析一下这个理论，就以贝内特同志在大会上提出的这种形式为例。他说："我们讲的不是殖民化和非殖民化的问题，而是**英国控制下的印度工业化**问题。"他同样也谈到了"帝国主义殖民政策的新时期"和"帝国主义大国参与殖民地的工业化进程"等等。罗思坦同志还从自身方面谈到了帝国主义的一个趋势——"把殖民地国家变成一个制造生产资料的领域，一个进行工业化进程的领域，这种进程与帝国主义宗主国的需求不一致,而是相反(就像我们从英国身上看到的最典型最鲜明的例子),首先,把它们变成一个有力的竞争者"。从本质上来说,这就是在帕姆·杜德、罗易、拉思伯恩等同志的新作中得到发展的那个理论。

马克思说过有利于非殖民化理论的话吗?

无论是马克思还是列宁都从未说过帝国主义殖民政策会促进殖民地工业化发展,难道这是偶然的吗?不。他们说的完全是另外一回事。主要问题是这样的:帝国主义殖民政策的基本趋势和本质就在于它阻碍经济的自主发展,特别是殖民地的工业化,这种观点对不对?或者,有些同志说,帝国主义殖民政策有利于殖民地的工业化是否正确?这就是贯穿提纲主线的问题。或者,提纲草案给出的答案是正确的,那么主线就是正确的;再或者,答案不正确,那么我们就该否决这些提纲。同志们,这才是你们应当解决的问题。最近一段时间,在我们的文献资料里总有人把大家的片面注意力引向帝国主义殖民垄断的一个功能,即剥削殖民地的功能。在这种情况下,大家就很少关注另一个与帝国主义殖民垄断功能相关联的功能,即自我保存和进一步发展的功能。这就是提纲草案里被定性的奴役功能。如今我们发现,对这一方面的关注是相当及时的。

马克思在《资本论》中阐述了如下普遍发展定律:

"大工业国工人的不断'过剩',大大促进了国外移民和外国的殖民地化,而这些外国变成宗主国的原料产地,例如澳大利亚就变成羊毛产地。一种与机器生产中心相适应的新的国际分工产生了,它使地球的一部分转变为主要从事农业的生产地区,以服务于另一部分主要从事工业的生产地区。"①

---

① 参见《马克思恩格斯文集》第5卷第519页。——编者注

资本输出的作用

贝内特同志声称这是19世纪的殖民地政策，而在提纲中需要描述20世纪的殖民地政策。通常，金融资本时代、帝国主义时代不会取消资本主义的一般规律，但可能会使这些规律在含义上发生这样或那样的变化。我们应该看一下，马克思的法则现在首先因为资本输出发生了怎样的变化，变化有多大。相关同志正是基于此法则来批判提纲草案的（他们甚至还确信，似乎我完全忘记了帝国主义的这一重要方面）。不，我没有忘记这一点。我还核对了希法亭关于马克思的法则发生变化的发言。你们也知道，列宁没有反对过这些"金融资本"的部分。我们完全有理由猜测，如果列宁不同意希法亭所说的这一点，那么他就会让我们关注这一点。我们从希法亭那里看到的东西，决不意味着马克思的法则的改变，决不意味着资本输出有助于殖民地的工业化。相反，他曾指出一些其他领域，它们能够吸收输出到殖民地的资本。希法亭说：

"特别是铁路、轮船运输这些现代交通系统的建立吸引了大量资本。""如果土地肥沃，它就可以为本国的工业以比原产地更低的价格提供原材料，比如，棉花。""为金属加工工业提供原材料更重要。尽管技术越来越完善，但金属加工业的迅速发展有提高金属价格的趋势：资本主义的垄断更增强了这一趋势。在自己的经济领土内获得相关原料的来源变得更为重要。"

所以，关键就在于原材料的生产以及夺取并垄断原料来源。希法亭还写道：

"现在资本输出实质上是为落后国家服务，首先，是为了给它们建设交通系统；其次，帮它们发展生产必需资料的工业领域，资本输出加快了这个国家的资本主义发展。当然这种方法也有缺点，那就是利润的绝大部分都流入国外，在那里作为收入被消费掉了,因此不会造成债务国工业的扩展或者资本的积累(这里讲的不仅仅是殖民地。——库西宁)。当然这一积累也可以不在利润流出的国家里实现。这种资本主义的'缺位'极大地延缓了积累,也就是说延缓了资本主义的进一步发展。"

这样大家就可以看出,在希法亭那里,马克思的法则因为金融资本时代的资本输出而在什么方面发生了什么变化。请原谅我插入了这么多引文。希法亭是个混蛋,但在这个问题上他曾经有过正确的描述,也曾经得到列宁的认可。希法亭还讲到输入资本的同化问题,这种同化对大国来说要容易一些,在小国家里就难一些。随后他写道:

"资本输出改变了性质:大经济体的资本家们努力在别国创办的不是生产消费资料的工业部门,而是更多地关心为自己日益发展的生产资料制造行业保证对原料的垄断,那么这种解放就完全不可能实现。比如,伊比利亚半岛国家的矿山和矿场就是这样被外国资本控制的,外国资本不是作为借贷资本输出到这里,而是直接投进了这些矿山;斯堪的纳维亚半岛尤其是瑞典的矿产资源也是如此,只是阻力更大而已。所以,在这些国家有可能、或者有能力创办现代工业最重要的行业即自己的钢铁工业的时代,他们的原材料却被运走为英国、德国、法国的工业所用。正是由于这一点,他们的经济发展,以及政治和金融发展都停留在初期阶段。他们在经济上臣服于外国资本,在政治上也变成了二流国家,没有能力摆脱大国的庇护。"

可以看出,瑞典、西班牙等国都属于这种情况。如果我们对殖民地进行类比,那我们就会看到,在阻碍国内资本主义发展方面,资本输出的影响更大。特别是对印度来说十分明显。想象一下印度资本主义拥有的丰富资源,如果它能完全自由地发展自己的力量。资本输出就意味着促进工业化的说法过于简单化了。事情并没有这么简单。例如,借贷资本从英国流入澳大利亚或者加拿大,或者从美国流入德国。这可以促进，实际上也确实在促进工业化。如果资本从英国流入南非是为了壮大当地英国代理人的资本即由当地资产阶级支配，那么这有可能会部分推动工业化。但是，借贷资本也可能成为资本主义扩张的武器，比如以国债形式投入南美各国的美国资本就是如此。我们会发现，通常当政府面临金融困难并且不能定时清偿债务时，美国资本主义的代表就会出现，并要求对国家金融实行监管，他们就会以监管者的身份指定自己的私人金融委员等等。这是帝国主义在独立国家建立殖民垄断的一种通常方式。

但是，资本并不仅仅作为借贷资本使用，它还被作为生产资本输出，以在帝国主义扩张的各个新领域夺取原料来源和占领经济命脉。当资本以这种形式流入英美帝国主义激烈争夺的南美国家时，这种资本输入势必会促进当地的工业发展，比如，那里必须建设矿山并投入运行。但这里的关键之处是帝国主义要夺取原料来源地，而不是这些国家的工业化。英国人借给印度政府的国债并不意味着任何其他东西，而只意味着从印度人民身上索取贡赋。就像数据显示的那样，从英国流入印度的资本大部分用于非生产领域。即使是用于种植园、矿山等目的，也不意味着对印度工业化有所帮助。

一个近似的类比

鉴于此，请允许我作一个类比。大家还记得联共（布）队伍里斯大林同志和索柯里尼柯夫同志之间关于苏联"道威斯化"的辩论吗？当时也谈到了关于帝国主义国家资本输出的问题。现在实际上几乎不存在任何对苏联的资本输出。当然，只要苏联允许外国资本稍微对国家进行殖民而不是工业化，那么无疑苏联很容易就能从境外获得资本。斯大林同志当时是这样回答索柯里尼柯夫同志的：

"把我国从农业国变成能自立生产必需的装备的工业国，——这就是我们总路线的本质和基础。我们应当设法使经济工作人员的全部思想和意图都集中到这一方面，即集中到把我国从一个输入装备的国家变成一个生产这种装备的国家。因为这是我国经济独立的基本保证。因为这样就能保证我国不变成资本主义国家的附属品。索柯里尼柯夫不愿意了解这个简单而明白的道理。他们这些道威斯计划的制定人，想使我们只生产花布这种物品，但是这对我们是不够的，因为我们不仅要生产花布，而且要生产织造花布所必需的机器。他们想使我们只生产汽车这种物品，但这对于我们是不够的，因为我们不仅要生产汽车，而且要生产制造汽车所必需的机器。他们想使我们只生产皮鞋这种物品，但是这对我们是不够的，因为我们不仅要生产皮鞋，而且要生产能制造皮鞋所必需的机器。如此等等。"①

我认为这段话非常清楚地阐明了这个问题。印度也不想只生产皮鞋。印度也想生产机器，但是英帝国主义不允许它这样做。资本主义英国想自己生产机器，想成为一个工业国，维持印度的农业附属国地位并剥削印度。

然而，在帝国主义凭借经济掠夺取得霸权地位的一些半殖民地和独立国家（比如阿根廷和巴西），帝国主义殖民地政策的主要趋势不会那么快暴露出来，特别是在那种存在两个或者更多帝国主义集团的国家。我在草案中谈到帝国主义殖民地政策的主线发生某些偏离的问题。有人这样解释这个问题，好像我说过资本输出是帝国主义政策的一种例外情况。不，资本输出不是例外情况，帝国主义国家时不时可能会有这种不同寻常的自由资本过剩现象，或者，比如，宗主国的机械制造业可能会偶尔反常地应对出口市场的萎缩，因此在个别殖民地的相关宗主国身上可能会发生一些暂时偏离普遍敌对路线的情况。帝国主义国家的政府并不总是能够调整资本输出的流向。实际上，它从来都没有能力完全自由地确定这个方向。在某个殖民地行情好的时期，这可能会导致暂时增强

---

① 参见《斯大林全集》第 7 卷第 294 页。——编者注

工业化，但是不能把这当做常规。帝国主义政策的主要趋势和本质不是这样。然而，对殖民地工业发展具有更大意义的不是来自帝国主义宗主国的机械出口，而是来自其他参与竞争的帝国主义国家的机械出口。

要善于区分主次

甚至洛米纳泽同志在这个问题上也偶尔陷入歧途。他像普罗米修斯一样，在自己的发言中，同一连串非殖民化理论作斗争，但却一次又一次地失败。他问道：

"库西宁同志的提纲中哪些地方是不正确的？不正确的地方是，好像殖民地国家越来越多地变成了资本主义的农业附属国"。"因为殖民地经济发展的内在法则和趋势不是把殖民地变成更加农业化的附庸，而是把殖民地由农业附庸变成生产资本能发挥作用的领域，转化为宗主国转移生产重心的领域。"

大家都看到了，斯大林同志说过，帝国主义者甚至想把苏联变为一个农业附属国。根据洛米纳泽的意见，在提纲草案中被定性为帝国主义殖民地政策基本趋势的东西，是完全错误的。他援引列宁的话说，帝国主义为殖民地的工业发展奠定了基础。帝国主义当然奠定了基础，这在提纲草案中也得到确认，但这远不意味着它会把这些殖民地从宗主国的农业附属国变成工业国。洛米纳泽同志首先引用列宁的名言，列宁引用了自由主义者霍布森的话，后者描绘了欧洲的未来前景，这种未来可能会在东方和所有殖民地（在亚洲、非洲等）的资本主义进一步发展过程中出现。列宁引用霍布森的话表现出的是赞赏的态度，而洛米纳泽同志却用这来证明列宁承认过帝国主义没有把殖民地国家变为本国经济的附庸而是实现其工业化。但是洛米纳泽同志很不幸，因为霍布森的引文中提到，甚至在这种情况下，帝国主义国家所扮演的仍然会是一种"对工厂产品进行最终精加工的工业"角色。所以说，霍布森所说的在本质上仍是马克思已经构建起来的世界划分,包括农业产品国、原料生产国、半工业国,以及更发达的有优势生产工业制成品的国家。另一方面,洛米纳泽同志说过下面的话:

"列宁断言,殖民地工业越发展,本土工业与帝国主义的斗争就越激烈。"

完全正确。列宁完全正确,但这绝不是为了说明帝国主义实现了殖民地的工业化。不太一致的地方在于,洛米纳泽同志认为罗易同志在第二次代表大会上提纲中所说的那一条是正确的,这一条明显是反对工业化理论的。其中明确说到:

"强加给东方各民族的外国帝国主义,由于努力推行**阻碍殖民地工业发展**的政策,绝对阻碍了殖民地的社会和经济发展,也剥夺了殖民地达到欧洲和美国水平的可能性。真正意义上的本土无产阶级,不久前才刚开始产生。"

这就是帝国主义殖民地制度的本质。我所引用的提纲是列宁审阅过的。难道大家真的认为,如果列宁认为这一点不正确,会让它在提纲中存在吗?列宁审阅提纲时可比现在一些同志更加认真。

印度的工业发展正在加剧它与英帝国主义的对抗

一个殖民地在发展外贸资本之前,国内反抗帝国主义压迫的力量还很薄弱。只有当地的工业发展了,国家经济自主发展的趋势才会变得更强。经济自主的趋势与工业发展是同步的。但是在这些国家的工业发展面临巨大的困难,因为帝国主义殖民垄断的压迫阻碍了工业化趋势。在印度这样的大殖民地国家,尽管如此工业发展还是在向前进,尽管有难度,有着巨大的困难和阻力。我并没有断言,英帝国主义能够阻止这种发展。不,正好相反,正是因为这种不顾一切不断向前发展的事实,我才得出**帝国主义英国与印度之间的革命性矛盾在加剧**的结论。提纲草案中就提出了这个问题。相反,"在帝国主义监督下的殖民地工业化"(贝内特同志的说法)——是不可能实现的东西。这就像是我们说"在资产阶级监督下的独立工人运动"一样。这是两个不能混为一谈的概念。首先,帝国主义垄断正在阻碍殖民地重工业和机械制造业的发展。我请同志们给我列了一份世界大战后对印度实施的所有具有一定意义的立法措施清单,以便具体观察英帝国主义是如何阻碍或者促进印度工业化的。我请求把这份清单附在会议记录中。

(一)有利于印度工业发展的措施

1. 取消在印度工厂生产的砂纸3%的消费税(由于纺织工人的罢工才得以实行)。

2. 将低档纺织品的进口关税从11%提高到16%(英国不往印度出口低档纺织品,此项措施是为了对抗进口快速增长的日本商品)。

(二)阻碍印度工业发展的措施

1. 1920年:禁止皇家银行向工业企业提供贷款的议案。

2. 1922年:计划花1.5亿卢比修建铁路。印度资产阶级要求,相关订单要交给印度的冶金工厂。而订单却给了英国的康采恩大工业集团,因为他们的报价要比印度低将近50%。

3. 1923年:3132个车皮的订单都给了英国。

4. 1926年和1927年:(1)在1919年规定的对皮毛和皮毛材料征收12%的出口税基础上降低3个百分点(目的是增加原材料出口);(2)不顾整个印度工业界要求将汇率定为1先令4便士的呼声,将卢比对英镑的汇率固定为1先令6便士;(3)印度资产阶级关于提高煤炭进口税的要求被拒绝(拒绝的原因是保护和鼓励向印度出口煤炭的南非煤炭工业);(4)印度资本输出到巴西,财政部长支持这种输出;(5)再次把订单交给英国;(6)降低汽车和轮胎的进口关税;(7)皇家农业委员会千方百计在自己的报告中给印度资本（及其所积累的财富）提供发展农业的出路。

在这份清单只有两个一点都不重要的措施可以说是有利于印度工业化的，其余所有的一系列措施均直接阻碍工业化的进程。

我在报告中已经解释了那些迫使英国政府在战时和战后初期不得不作出有关让步的实质。

洛佐夫斯基同志反对我们在提纲草案中把殖民地说成是帝国主义的"农业后方"，他建议用"原料后方"来替代这个表述。我没看出这里有什么实质性的区别。我们用这个表述的意思不是只指农业，而是用其更宽泛的意义，就像马克思所理解的一样，它也包括采掘工业。

为什么要坚决否定非殖民化理论

也许，我们在这次大会上过多地谈论了非殖民化理论，但是在这个问题上的错误不是小事。我再次重申，我们的提纲中没有一个字是关于大家曾经辩护过的错误理论，只有帝国主义者及其走狗们的非殖民化谎言，他们为了推行帝国主义的殖民制度而广泛散布这些谎言。这完全是另外一个问题，我们有理由直截了当地指出这个帝国主义的谎言并拆穿它。请看一看奥地利社会帝国主义者伦纳最近的一篇文章。他是一个危险的敌人，是全世界帝国主义最坏的走狗之一。我不想引用他的文章，你们可以把这篇文章当做一个吓唬人的例子来看。这个恶棍写的不全都是错。他描绘了全世界资本主义的未来；整个世界都在进行工业化，社会主义革命被延迟到无产阶级在殖民地占绝大多数的时候。他为整个殖民地世界开启了帝国主义前景。这当然是完全错误的。这是社会民主主义的观点，我们应该全力反驳这种观点并向所有工人揭露它的虚假。但并非这些先生们所说的一切事实都是错误的。他们只是用不切实际的东西偷换了真实的东西,从而颠倒事实,粉饰帝国主义的"进步"作用。这样一来他们就制造了一种外在的假象,似乎殖民地世界的非殖民化和工业化都要感谢帝国主义。同志们,揭穿这种帝国主义假象,这种帝国主义谎言——是我们的主要任务之一。贝内特同志、罗思坦同志和赫列尔同志的主要错误,就在于他们没有正确理解这个任务。这是一个很严重的错误,右倾的错误,应该加以纠正。不应当像贝内特同志那样在自己最新的声明中说:"我说的只是马克思说过的话……"不,帝国主义对殖民地实施工业化从而完成去殖民化的理论是不正确的。这一点需要明确说明。许多英国同志(也许是在贝内特同志的影响下)在这个问题上误入歧途。但是,我相信,当这些英国共产主义者确信他们捍卫的观点不正确之后,他们就会公开承认这一点。

同志们,我再重复一遍自己的观点,提纲第二章里的那些补充意见是有益的;问题因此变得更清晰。甚至在英国同志提出的建议里也有可以接受的东西,但同时应该注意,不能改变在提纲中阐述的路线。

三、殖民地民族资产阶级的作用

关于非殖民化的争论也有政治影响

如果从非殖民化(工业化)理论出发,那么很显然,对民族资产阶级的态度就会完全不同于提纲草案中的描述。贝内特同志所描述的画面,总体上是前后一致的:帝国主义在殖民地扮演进步的角色,因为它能推动工业化;殖民地国家比如印度的民族资产阶级,因为民族资产阶级是工业化的载体,所以和帝国主义在同一个阵营里。如果民族资产阶级与英帝国主义之间出现一些冲突,那问题也只是战利品的分配(这就像以前贸易资本与英帝国主义之间经常出现的那样);因为民族资产阶级是帝国主义的反对派，它反对帝国主义的进步作用，于是自己就扮演了反动角色。然而，根据贝内特同志的观点，这个反对派可能很容易经过长时间的妥协而消失。他说："有很多机会可以使作为反对派的资产阶级与英帝国主义之间达成目前尚不存在的一致。"如果情况表现为"英国现在和将来都在尽量做阻碍印度工业化进程的事情（根据贝内特同志的观点，这是完全错误的），那么在这种情况下就不会有尖锐的阶级斗争，也没有无产阶级存在的基础，跟我们打交道的就不会是无产阶级，而是赤贫化的群众了"。

如果从现实情况出发，即帝国主义阻碍殖民地的工业化，阻碍殖民地生产力的充分发展，那就完全是另一种情况了。在这种条件下，甚至殖民地资产阶级的阶级利益也要求国家实现工业化——我强调"阶级利益"这个词，它区别于某些个人利益和集团利益——因为民族资产阶级捍卫自己的阶级利益，因为它支持国家的经济独立，支持国家从帝国主义桎梏中解放出来，因为它在某种程度上扮演着进步的角色，正如帝国主义主要扮演反动角色一样。印度及其他类似殖民地旨在实现经济独立的经济发展符合其民族利益——不仅仅是资产阶级的利益，同样也是无产阶级和农民的利益。不能因为资产阶级捍卫这种反对帝国主义的利益而谴责它。应该指责它没有鲜明地、坚决地捍卫这种利益，指责它每次都向帝国主义投降并背叛民族斗争。在提纲中多次阐述过的那种"殖民地国家的资产阶级向帝国主义资产阶级投降"的思想让某些同志完全不能理解，他们认为印度、埃及等殖民地的全体民族资产阶级，只具有反民族的、买办的立场。

显然，提纲中强调过的民族资产阶级和帝国主义的阶级利益之间存在极深的客观矛盾，以及这个资产阶级正沿着尚未丧失特殊意义的政治方向前进的事实，完全不能表明民族资产阶级能够始终一贯地自主捍卫其客观的阶级利益。殖民地国家的民族资产阶级没有能力做到这一点，正因如此，**它也是民族改良主义的**。无论如何都不能排除民族资产阶级与帝国主义达成妥协的可能性。相反，民族资产阶级渴望达成这种妥协。它追求首先在反对无产阶级革命运动和反对土地革命的问题上与帝国主义达成一致。它同样也追求经济上的一致。列宁同志在第二次代表大会的发言中就明确强调了第一种类型的一致，在我们的提纲中也强调了这种一致。

相反，在贝内特同志的介绍中，要求民族独立的殖民地与帝国主义之间存在利益矛盾的整个基础都消失了，民族资产阶级与帝国主义殖民当局的阶级利益之间一切具有政治意义的矛盾也在消失。对于贝内特同志来说，一切都很简单，只存在两个阵营：一个是反革命阵营，另一个是革命阵营，在每个阵营里一切都是明了和统一的，不存在具有政治意义的差别。然而，事实上情况并非如此简单。尽管中国革命领先了印度整整一个阶段，甚至在中国，代表不同小资产阶级团体的民族改良主义可能还会对劳动人民产生很大的政治影响。斯特拉霍夫同志也承认这一点，因为我正确地理解了他。对印度来说更是如此。

甚至印度民族革命阵营里也不全是一致的。这一阵营完全不像1918—1919年或者1923年德国的革命阵营。殖民地国家的民族主义革命阵营在民族革命运动初期包括许多完全不同的构成因素，其中也可能包括那些在后来将会扮演法西斯角色的小资产阶级分子。美化这个阵营并在所有阶段都把这个阵营从整体上塑造成一个革命集体是不正确的。情况并非如此。许多将来可能会成为我们敌对派的分子，现在都是有民族主义革命情绪的。要看这些东西的动态。

印度的民族改良派

正确看待民族资产阶级阵营的民族改良特征也很重要。对于贝内特同志来说，整个民族资产阶级都是反革命的——仅此而已。例如，印度的自治主义政党是"反革命的资产阶级政党"。这是他的原话。他完全没有尽力给这个政党作更详细的鉴定。然后他又把这件事描述成这样，好像我认为这个党，用他的原话说，是一个"非常好的革命党"。不是的，同志们，这个党不是一个革命政党。洛佐夫斯基同志甚至强调过，我的提纲里"支持自治主义者"，然后他又用很长的篇幅反对了这种支持。不是的，同志们，恰恰相反，我的提纲里说的不仅是不要支持自治主义者，而是"毫不保留地揭露"。但是，自治主义者不是普通的革命政党（印度也有其他政党）。这个政党会进行反英宣传吗？是的。这一点必须承认。这个党是否组织过民族运动呢？组织过。其运动纲领是怎样的呢？"非暴力解放印度"，最新的定义也是构成其运动纲领的有机部分。一句话，说的多，做的少。这就是这个党的所作所为。此处引用了该党已故领袖达斯的大量声明。实际上，其中有很多完全反动的声明。我也在报告中提到自治政党机关报《先锋》上的一篇纯粹的反革命文章，也讲过印度国大党领导者们1922年在巴多利如何出卖民族群众运动。所有这一切都是正确的，可是自治主义者不是普通的反革命分子，他们组织和领导了后来在巴多利的抵制行动（拒绝向政府缴纳税收）。

英帝国主义资产阶级的机关报《泰晤士报》在7月8号对这次巴多利行动进行了报道：

> "在巴多利总人口超过8万人的100多个村落里，对法律和权力的尊敬大大减弱，整个地区的基层政府官员在粮食供应上依赖于帕特尔先生（自治主义者——库西宁）和他的'将军们'。即使是明天就缔结巴多利决议，那么也需要很多年才能恢复对合法政权应有的尊敬。"

据报道，"200名不抵抗主义志愿者纪律严明……在前一个月人民委员参观了巴多利之后，那里到处都是'关门停业'。村里所有房屋紧闭，路上空无一人。当备受尊敬的征税者不久前到那里时，还可以从志愿者领导人那里得到租用汽车出行的特权。然而，真正的斗争将在收获季节展开，因为手中掌握应被拍卖的土地的那些人正在耕作，并有意将收获的果实吞没。当地统治者需要大量警察来阻止这种情况的发生。"

假设我们在印度有真正的共产党，这次巴多利事件就会给我们提供利用群众运动的可能性，但是在现有的条件下我们不具备利用这一事件的能力。当然，这次巴多利事件是资产阶级自治主义者们组织的，就像是在面积有限的实验室里，在这里富农分子比其他任何地方都更强，危险更小，所以运动会直接波及印度农民阶级的广大群众。这是"实验室里的"游行，对于反对派民族改良主义资产阶级来说是很典型的。但这并非反革命的表现。这些"反革命的自治主义者"正在加入我们喜欢的反帝同盟。贝内特同志很清楚，整个印度国大党正在向反帝同盟靠拢。在大会上自治主义者组成的不是右翼，而是中间派。贝内特同志曾经反对过这一点吗？现在是"共和党"领导人、民族革命者、小尼赫鲁占据着印度国大党总书记的职位。他的父亲老尼赫鲁，是一个典型的自治派领袖；他曾作为外宾出席过莫斯科举行的纪念十月革命十周年大会。我提起这件小事只是因为，他曾被邀请到这里……贝内特同志也被邀请了，而现在后者正在我们大会的众多代表面前把自治主义者装扮成纯粹的反革命者。

列宁论对资产阶级反对派的态度

什么是自治主义者？这是印度民族资产阶级的代表，典型的民族改良主义者，典型的资产阶级反对派妥协者，民族的变色龙。我认为，共产党人应当领导反帝同盟进行轰轰烈烈的斗争，以揭穿这些人的目的。但是不管是在印度还是在同盟内部，用我们惊呼"他们就是反革命者"

的方法，无论如何也无法彻底揭露自治主义者。可以把他们和沙皇时期的立宪民主党人相比。那时候（沙皇时期），列宁同志没有简单地把立宪民主党人和其他反革命者相提并论。列宁如此准确地给立宪民主党人定了性，最好用他的话来阐明。列宁同志是这样写的：

"如果有谁根据资产阶级自由派的这种反革命性作出结论，说他们的反对派立场和不满情绪、他们同黑帮地主的冲突或资产阶级各派之间的竞争和斗争在新高潮的酝酿过程中都不可能有什么意义，那就是极大的错误，真正是改头换面的孟什维主义。俄国革命的经验也像其他国家的经验一样，无可辩驳地证明：当深刻的政治危机的客观条件存在的时候，最微小的、离开真正的革命策源地似乎最遥远的冲突都可能具有最严重的意义，都可能成为导火线，成为加在杯中就会使水外溢的一滴水，成为情绪转变的开端等等。可以回想一下，1904年自由派的地方自治运动和请愿曾是1月9日这个独特的纯粹无产阶级'请愿'的前奏。"①

列宁以当时的大学生运动为例，继续写道："这些大亨的'向左转'是'俄国资产阶级民主革命的客观任务还没有完成'……的标志。"②而我们说，"资产阶级在向左转，这就是说，俄国革命的火药桶里正在装添新的火药。"③

列宁针对立宪民主党人特别写道：这个党动摇在民主小资产阶级和大资产阶级的反革命分子之间。这个党的社会支柱，一方面是大量的城市居民……另一方面是自由派地主，他们一心想通过亲自由派官员同专制政府取得妥协……这个党的阶级支柱是非常广泛的、不固定的，内部充满矛盾的……他们的纲领是彻头彻尾的资产阶级的纲领……④

---

① 参见《列宁全集》中文第2版第17卷第255—256页。——编者注
② 参见《列宁全集》中文第2版第17卷第384页。——编者注
③ 参见《列宁全集》中文第2版第17卷第386页。——编者注
④ 参见《列宁全集》中文第2版第12卷第256页。——编者注

"'妥协主义者'的政治品德和政治才华就在于：曲意逢迎目前的强者，打乱斗争者的阵脚，忽而妨碍这一方，忽而妨碍那一方……"①

　　所有这些足够正确地说明印度自治主义者的性质。也许，还可以把列宁的下列表述加入进去："立宪民主党人的历史作用是过渡的、转瞬即逝的……"②"立宪民主党人的完蛋是给土壤施肥……或者使革命长期被葬送……或者促成无产阶级和农民的革命民主专政。"③ 毫无疑问，资产阶级会叛变，它的三分之二已经叛变了。

　　列宁这样提出了问题。他甚至确定了民族资产阶级叛变的三种程度。这正是贝内特同志赋予印度资产阶级反对派的百分之百的反革命性质。正如斯大林同志所指出的，甚至当俄国大资产阶级，用列宁的话说，已经三分之二叛变了革命时，布尔什维克党还是提出了试图使资产阶级在革命近期保持中立的战略任务。如果说这项战略方针对当时的俄国是正确的，那么它现在对印度难道就不正确了吗？我不这么认为。托洛茨基当然会说，按照我们的观点，好像殖民地的民族资产阶级要比沙皇时期的俄国资产阶级好得多、革命得多。

　　但要知道这是完全错误的。而且一直在重复这个观点的贝内特同志也是错的。殖民地国家的民族资产阶级并不比沙皇时期的俄国资产阶级更好，但是他们之间还是有区别的。第一，殖民地国家的民族资产阶级向左和向右摇摆的幅度更大，这种摇摆能使其达到最极端的反动。第二，民族资产阶级的阶级利益与帝国主义资产阶级的利益之间的客观矛盾要比在立宪民主党人和沙皇之间的矛盾更深。

　　当列宁写到民族资产阶级和沙皇制度之间的冲突时，他作出了以下

---

① 参见《列宁全集》中文第2版第12卷第258页。——编者注
② 参见《列宁全集》中文第2版第12卷第263页。——编者注
③ 参见《列宁全集》中文第2版第12卷第263页。——编者注

重要指示：

"但是，社会民主党是整个解放斗争中的领导阶级的党，它必须无条件地利用所有各种冲突，使冲突愈演愈烈，使冲突具有更大的意义，把宣传自己的革命口号同这些冲突联系起来，向广大群众传播有关这些冲突的消息，鼓励他们独立而公开地提出自己的要求等等……"①

列宁的这些指示也会包含在我们的提纲草案中，但是贝内特同志的建议意味着，我们应该做与列宁的指示刚好相反的事情，也就是说，不利用、不激发民族资产阶级与帝国主义间的各种冲突，不扩大这些冲突的意义，而是减小它们的意义，不把我们的革命口号宣传同这些冲突联系在一起，不让广大人民群众知道这些冲突。这并不是我们伟大的革命导师列宁教给我们的策略。

民族改良主义的危险性

一个殖民地的民族资产阶级比如部分印度资产阶级是否会暂时加入民族革命阵营？提纲草案回答了这个问题：分析所有的可能性后，得出的结论是不会。我特别强调这一点是因为一些同志对这个问题的解释不同；不仅是贝内特同志和洛佐夫斯基同志，还有许勒尔同志都极大地扩展了提纲在这方面的思想。提纲里说：

"如果说它（民族资产阶级）在激荡的革命环境中应该在两个阵营里选择一个的话，那么，大概它更可能会投靠帝国主义阵营，而不是革命阵营。"②

---

① 参见《列宁全集》中文第2版第17卷第256页。——编者注
② 在共产国际第六次代表大会正式公布的决议文本里，这段话被删除。——编者注

然而，能否在共产国际的共同纲领中完全确定，在所有殖民地国家里可以排除一种可能性，即部分民族资产阶级会暂时地，哪怕是短时间地同民族革命阵营携手共进？不，我们不能这么说。实际上这在中国、叙利亚等国家是有可能的，我们不能完全排除这种可能性。可我们只能说，这是不足信的。比如，其他帝国主义国家可能会干涉这件事，尤其是在一个殖民地国家的资产阶级客观上暂时发挥半革命作用的情况下。这是可能的。在提纲草案中指出了出现这种情况的四个必需条件：（1）如果革命浪潮发展得不是很快；（2）如果无产阶级和农民独立的阶级革命的直接危险性在资产阶级眼中不具有现实的威胁性；（3）如果资产阶级不认为利用民众的斗争来迫使政府退让是没有指望的；（4）如果民族资产阶级感觉到背后有其他帝国主义国家的实际支持。如果所有这些条件都具备，那么大部分民族资产阶级就有可能——我强调一下是有可能——与民族革命阵营一起前进。但是，当这些条件都不具备的时候，那就应该想到整个民族资产阶级会远离民族革命阵营。但是如果民族资产阶级与民族革命阵营同行，那主要是为了暗中破坏革命运动，并且一旦有可能就会背叛革命运动。提纲的观点便是如此。

当然，这里讲的并不是我们会强加给民族资产阶级或者某一部分民族资产阶级革命的性质，或者为它塑造一个比反革命买办资产阶级更光辉的形象。这里讲的是更重要的一个问题，是为了能给我们的同志描述那一刻出现的真实危险，即当部分民族资产阶级暂时靠近民族革命阵营的时候。为了使这一点不让我们感到意外，我们的同志应该考虑这种危险的可能性，不应该忘记，这种资产阶级始终会扮演叛徒角色，就是中国资产阶级扮演过的那种刽子手角色，并且最大的危险总是出现在资产阶级想在危险出现之前试图借助革命的话语说服群众站到自己这边的时候。我们殖民地的同志应该经常考虑到这一点。

在争论中出现的反对提纲这一观点的有三派：首先是来自贝内特同

志和罗思坦同志；其次来自洛佐夫斯基同志、许勒尔同志、福金同志，还有洛米纳泽同志和海因茨·诺伊曼同志；最后是来自中国和印度的同志。这个问题很重要，所以我要解释。

关于英国干涉阿富汗和土耳其

关于贝内特和罗思坦同志的观点我已经讲过很多。这里，我想只简略地指明以下几点。特别值得注意的是，根据非殖民化和工业化理论，在不正确的阐述中看到的不仅仅是民族资产阶级的作用，它的民族改良作用，还有已经达到某种程度的帝国主义作用。这在罗思坦同志的发言中是以某种奇怪的形式出现的。关于阿富汗、波斯和土耳其他说了些什么呢？我逐字逐句地引用他的原话：

"我们在这里的提纲草案中找到了声明，说的是英帝国主义为了使阿富汗屈服首先发动了战争，阿富汗民族不大，不发达，但是勇敢地捍卫自己的独立，并最后迫使英国政府承认他们。事情的真实情况是什么样的呢？——罗思坦问道——真实的情况是这样的：阿富汗国王阿马努拉发起了反对阿富汗国内英帝国主义傀儡的起义，而且这次起义是殖民地各民族共同反英运动的一部分。不是英国人向他宣战，是他把战争转移到印度。他成功地引起了革命骚动以及英国后方的不安定，并且迫使他们作出让步。"

同志们，如果说阿马努拉的确引起了英国后方阵地的某种不安，那么显然他的做法很巧妙。假如我们陷入相似境地的话，我们也应该这样做。但我实在无法理解，为何我们不能说是英国人发动了反对阿富汗的战争，而要说是阿富汗人发动了抗击英国的起义。这非常奇怪，就像罗思坦同志要求的那样，为了让我们不总是强调英国人侵占了君士坦丁堡，而说成是反对金融资本的"安卡拉暴动"。罗思坦同志说，"波斯地区的情况就是这样的"。同志们，举个例子，假如英国向我们苏联宣战的话，假如他们占领了列宁格勒，那么根据罗思坦同志的观点，我们似乎应该说："莫斯科发起了反英暴动"，而不是说英国人挑起了侵略苏联各民族的战争。阿富汗有过战争吗？是的。那里曾经有过正面冲突，那里曾经传出枪声……当英国人进入别人的国家，在那里修筑前线战壕，当英国政府的"傀儡"开枪射击，那么战争就爆发了。当然，罗思坦同志只在一个方面是对的，英国人确实没有对阿富汗宣战。而且，为了反对苏联，他们进行了长期未曾正式宣战的战争。我认为，罗思坦同志看英国资产阶级报纸看得太多了，但并没有注意到，这些报纸总是在片面地、错误地描绘世界大事，特别是殖民地和半殖民地国家发生的事件。

要区分革命的两个阶段，从而克服跳过当前困境的倾向

正如之前提到的，反对提纲草案关于战略问题那一部分的人，还有洛佐夫斯基同志、许勒尔同志、福金同志，他们与洛米纳泽同志、海因茨·诺伊曼同志观点一致。所有这些同志，除了洛米纳泽同志外，都在否定非殖民化和工业化理论。洛佐夫斯基同志和诺伊曼同志在发言中明确表示不同意这一理论，尽管洛佐夫斯基同志同时也激烈地反对提纲中提出的"内陆理论"。许勒尔同志提出如下类比："我们没有说社会民主党人将会倒向革命一方；那我们又怎么可能会断言某个殖民地的民族资产阶级会有类似举动呢？"我认为，这个类比完全忽视了民族因素，忽视了殖民地资产阶级与帝国主义之间的民族矛盾。这个类比的出发点是一种假设，似乎殖民地各社会力量之间的比例与帝国主义国家完全相同。但这与现实不符。

这些同志要求我们，在资产阶级民主革命中，无产阶级和农民掌握政权之前不要区分革命运动的两个阶段。在我看来，在当今的历史条件下可以在印度和中国具体观察这两个阶段：印度的运动目前正处于第一

阶段，而中国已进入一个更成熟的阶段。正如提纲中强调的那样，由第一阶段向第二阶段的过渡可能会在唯一的革命高潮时期完成。但这个过渡的进程也有可能会中断。我们殖民地的同志们要考虑到各种可能性，不要对意外猝不及防。在说明这些可能性的同时，提纲还特别强调了共产党人在由一个阶段向另一个阶段转变时、在革命浪潮高涨时的任务：

"共产党作为革命无产者先锋队的任务是**尽可能继续推动这一进程**。如果现在革命派占上风，那么不仅整个第一阶段会过去，还会建立无产阶级和农民的专政。相反，如果反革命势力取得胜利，那情况就会变化：随着革命浪潮的消退，第一个革命时期会终结。"[1]

所以，并不是在任何时候都会发生中国由第一阶段向第二阶段过渡时的那种情况。但是，我认为，区分这两个阶段是必要的，因为它们确实存在。然而，我们不能隐瞒失败的可能性。我们只是应该强调在这种条件下共产党人的职责所在。我认为，洛米纳泽同志针对第一点的发言中所表达的思想是正确的。他说，在两个阶段之间的过渡条件下中国共产党人的职责就是要千方百计地把革命进程推向前进。不能因此指责中国共产党人，而应该谴责他们当时所犯的实际错误。相反，我认为，不付出努力去克服困难就想跨越第一阶段的困境的倾向是错误的，我想对各殖民地国家的共产党提出这个警告。这就是我为何如此强调这两个阶段之间存在差别的原因。资产阶级民族改良派的特别之处和危险是其会利用对民众的影响力，而我们的弱点是在印度和埃及等地我们还无法动摇民族改良派的这种影响力。我们不应抱有和扩散关于民族资产阶级革命作用的任何幻想。但在我们的队伍中和无产阶级内部，我们应该普及

---

[1] 在共产国际第六次代表大会正式公布的决议文本里，这段话被删除。——编者注

一种认识,即在赢取对民众的影响力方面,民族资产阶级改良派是我们的最大障碍。假如资产阶级改良派在一定条件下加入民族革命阵线,那对我们党或对某殖民地的革命运动来说都不会是值得高兴的事情。这将会是最危险的一种情况,我们的同志应该准备好应付这种危险情况。列宁说过,殖民地和半殖民地国家的共产党人的特殊任务是反对本国资产阶级的资产阶级民主主义倾向(或者用我们现在的话来说就是反对民族改良主义)。问题在于,他们怎样才能或者应该如何完成这项特殊任务。我们应该如何进行斗争来切实赢得在群众中的影响力呢?只是用福金同志的话"疯狂进攻资产阶级"来回答这个问题是不够的。诺伊曼同志对印度的任务是怎么表述的呢:

"这一点必须大肆宣扬,共产党应该把民族资产阶级必然会在革命运动初期背叛当做最大的教训。"

提纲草案中还说,资产阶级因为一般会跟民族运动同行,将会背叛革命。然而,草案中没有说过,我们的同志只应该对此大喊大叫。同志们,通常在恐慌和疼痛的状态下人才会大喊大叫。对于革命斗争来说,这是一种软弱无力的手段。我们应当用合适的方式在劳苦大众面前揭露民族资产阶级改良派的真面目。应该让这种揭露富有成效——关于这一点我们曾想在提纲中给我们的各党一些指示,我希望这些指示在实践中是有益的。对我们来说,最迫切的基本任务就是把人民群众从民族资产阶级的影响下解放出来。我已经预料到,诺伊曼同志会跟我们分享广州起义的经验,他会告诉我们,应该如何更好地筹备这么重要的行动,应该如何更好地组织这次起义,应该如何更快地争取群众,应该如何为了这次起义吸引更多的人民群众。这些指示可以教会我们各党一些东西,特别是其他殖民地和半殖民地的党。我们各党应该通过各种不同途径领会中国的经验,包括通过提纲中给出的各种指令,但是诺伊曼同志甚至不打算走这条道路。其实他首先应该作自我批评,其次应该详细阐明中国革命的种种重要教训。现在，当他把事情说成似乎中国的资产阶级至今也未能取得胜利，而无产阶级赢得了很多的时候，那么我就要声明了，应该更加清醒地评价中国革命的积极后果和消极后果。

至于中国同志对这部分提纲内容的反对，我要说，这在某种程度上是自然的，甚至是可爱的。同志们，如果一个在革命斗争中失败的党出现了某种"左倾"，那么这一表现本身并不是坏事。表面上看，这的确是一个革命政党。不应该指责中国同志在评价其他殖民地国家资产阶级的作用时不够客观，不能像我们在共产国际总纲中那样去评定它。我记得，当我们在芬兰革命失败后成立芬兰共产党时（这已经是整整十年前的事了），我们党当时具有极左倾向，我觉得，世界上没有任何一个党曾经持有如此严重的左倾立场。当时我本人在党的成立大会上提出了这样的观点："革命需要的不是智慧，而是武器。"在当时那种情况下这是可以理解的，尽管这并非特别理智。

四、关于在殖民地国家中我们各党的任务

我不能说我完全同意其他所有发言同志的观点。但是，我不可能详细答复这里提出的各种不同观点。比如，我不能同意苏尔坦-扎德和另一位同志关于波斯和土耳其的发言。我们会在委员会里讨论他们提出的反对意见。日本的大村同志发言中作的指示和批评很值得借鉴。我想，他们发言内容中的很多东西，我们在最终定稿时都会予以考虑。

共产国际应该更加经常地关注朝鲜革命运动，并保证对其能得到统一领导。我们必须消除那里的派性斗争。如果研究一下日本对朝鲜的资本输出，那么我们就会发现这又不是对国家进行工业化，而是奴役这个国家。殖民制度的后果就是那里的极度赤贫。对我们朝鲜党来说，最大的困难正在于，那里的无产者是如此薄弱，发展得如此缓慢，觉悟是如

此之低。

在这里谈黑人问题的同志们，也提出了很多新的重要的观点。我完全同意提纲草案在这方面存在空白、应该加以补充的意见。关于南非问题，我们应该在委员会里单独研究。我认为，我们应该向南非党的多数领导人声明，他们应当坚决改变自己的观点并放弃反对"土著人共和国"口号的立场。

关于爱尔兰问题，卡尼同志和许勒尔同志说得都很对。我同意在提纲草案中补充一些对爱尔兰的指示。

我们在这次大会上讨论殖民地问题时发现了什么新的和重要的东西呢？首先是中国的经验。其次，我们更加了解印度革命运动，这一运动摆在了更加突出的位置。第三，拉丁美洲的运动。我们首次有一个来自这些国家的人数众多的代表团，我们听取了这些同志关于自己国家的革命运动的重要说明。

我们现在首次尝试全方位地理解殖民地问题。当然，我们只是部分地完成了这个任务。我认为，尽管大家都付出了努力，但有限的时间会妨碍我们制定出好的提纲。但我们可以通过共产国际的各种文章和指令，特别是通过各殖民地的实际工作而在近期推动这些问题的进一步解决。中国革命带给我们和中国无产者的不仅是新的、丰富的革命经验，它还开启了伟大的殖民地革命的一个新时期，其中无产者将会扮演独立自主的角色。这一时期对欧洲和美洲的革命运动来说也会具有重大意义。这一事实也赋予共产国际伟大的职责。同志们，我们有责任让无产阶级共产主义领导人在未来的殖民地革命中胜任自己的历史任务。

我们在提纲草案中特别强调了两个实际的、简单的、但其实非常重要的任务：成立政党和组织独立工会。我想再次强调一下这些任务。第三个主要任务是把人民群众从民族改良主义资产阶级的影响下解放出来，揭露民族改良主义的资产阶级。然后是向帝国主义及其所有盟友——从与帝国主义勾结的民族资产阶级到第二国际的坏蛋——发动猛攻。

殖民地革命是否只是全世界社会主义革命的辅助力量，或者是后者的组成部分——这是一个有争议的理论问题。对我们来说，只有一点是重要的，那就是殖民地的革命运动将是我们在反抗帝国主义和资本主义斗争中的盟友。欧洲和美洲的无产者，殖民地国家的无产者和农民大众，还有非洲殖民地的农奴们将手挽着手一起向前走向斗争和胜利。（掌声）

声　明

雷梅尔（主席）：

有两位同志要求发言。

现在请彼得拉舍夫斯基同志发言。

彼得拉舍夫斯基（中国）：

我受委托宣读中国代表团的声明。

1. 佩珀同志在最后声明中指责中国的同志们没有注意到在广州起义中的领导错误。这并不符合实情。事实是在中国共产党高层近期的政治决议中，在斯特拉霍夫同志的报告和另一位中国同志——唯一在广州起义中幸免于难的领导者——的发言中，这些错误都得到了认真分析和公开承认。事实是，在广州起义中许多领导同志所犯的错误都在实践中被完全纠正了。

2. 佩珀同志在发言中一再声称第九次全会上关于中国问题的决议采纳了他的观点。这绝对不正确。当时，他提议用农村自治的口号代替苏维埃政权的口号，用共产党的合法化来代替赢得群众信任从而筹备武装起义的做法。现在中国还有一些领导同志，他们建议恢复群众起义，恢复召开真正的立宪会议。这里能感觉到佩珀同志的精神。客观上这里正在出现支持合法化的倾向，因为这反映出一种与托洛茨基的主张相符的观点（也许是无意识的），即革命正在走下坡路。这些"合法派"尽管也谈到广州公社社员的英勇，但是同以前一样，并没有把这种英勇当回事。

3. 佩珀同志说，必须要给中国无产者的英雄主义精神应有的评价，而且要严肃认真地研究党所犯下的错误。此时，他顺便把中国共产党的历史分成了两个阶段：第一个阶段是孙中山主义，第二个阶段是托洛茨基主义。然而，几百万名工人和农民是在所谓的第一阶段被组织起来的，难道这不是人所共知的事实吗？难道共产党不是组织力量吗？没有任何一份中国共产党的文件曾经明确说过，中国革命已经进入了社会主义阶段。恰恰是佩珀同志在引用各种托洛茨基的论据，把广州起义说成是一次叛乱，尽管并没有公开使用"叛乱"这一词。

卢哈尼（印度）：

库西宁同志在结束语中引用了我的话，你们可能会因此对我的立场产生错误的看法。所以，请允许我在这里部分引用昨天我对大会所作的声明。昨天我作了如下声明："我认为有必要声明我与所谓的'印度非殖民化'理论没有任何关系，这一理论是库西宁同志在关于殖民地和半殖民地国家革命运动的提纲的开场白中提到的。他和其他一些在辩论中发言的同志就此问题所阐述的内容，完全改变和歪曲了我们某些同志暂时使用'非殖民化'这一术语所指的意义。"我想强调一下，我们只是暂时使用这个术语……我完全不接受库西宁同志对我们使用该术语所作的解释。

无论印度资本主义发展当前处于什么阶段，我们的基本观点以前是、现在也仍然是：印度的阶级斗争正在发展，印度资产阶级是潜在的

（即使现在还不是）反革命力量，在反对帝国主义的民族革命斗争中，关键的领导作用正在向成为激进小资产阶级和农民群众带头人的无产阶级转移。

我重申，库西宁同志的提纲并没有提出与此观点相反的说法，而只是低估了这种观点。我希望，在经过必要的补充修改，包括吸纳英国代表团提出的修改意见后，第六次代表大会通过的关于殖民地问题的提纲，将成为东方各年轻的共产党手中的有力武器，能够帮助他们在马克思列宁精神指引下完成艰苦革命任务的武器。

表决通过《殖民地和半殖民地的革命运动（根据奥·威·库西宁的报告通过的提纲）》

雷梅尔（主席）：

现在我们对提纲进行表决。同意接受本提纲作为基础的同志，请举起代表证。

提纲高票通过，只有14票反对、1票弃权。（掌声）

现在请罗思坦同志就表决问题发言。

罗思坦就英国代表团表决问题作说明

英国代表团决定对库西宁同志提交的提纲投反对票。此外，英国代表团对该提纲提出了修改意见，请求在各代表团之间散发并提交大会进行表决。

一、鉴于大会讨论时提出的一系列指责和非难，英国代表团想阐述一下自己的立场。

首先，我们反对指责我们好像什么时候坚持过"非殖民化"理论。

我们认为这种指责是企图掩盖非列宁主义的"农业化"理论。从英国代表团所有成员反对库西宁同志提纲的发言中可以看出，我们从未坚持过荒谬的反马克思主义的"非殖民化"理论，也不赞同这种理论。我们不对罗易、卢哈尼等同志过去发表的东西负责。我们只对自己说过的话负责，而且我们会坚持这些观点。我们从不认为帝国主义减轻了殖民地所受的压迫及其对金融资本的依赖性和从属性，而恰恰相反。我们从不认为帝国主义是殖民地的进步因素，而恰恰相反。我们从未说过，帝国主义正在缓和殖民地或殖民地与帝国主义宗主国之间的矛盾。相反，我们声明和坚持认为，这些矛盾在极大程度上被激化了。

我们声明和坚持认为，首先，"非殖民化"这个词在真正意义上要以革命为前提，没有革命就没有"非殖民化"；其次，帝国主义加快了无产阶级领导下的胜利革命的客观条件的发展。殖民地走向真正"非殖民化"的道路，即通往独立和自由之路，可能有两条。一条是，如果无产阶级在宗主国取得了胜利，之前在帝国主义国家获得胜利的工人阶级，会帮助殖民地越过资本主义发展阶段走向社会主义；另一条是沿着民族革命的道路发展下去，这种民族革命在战争和革命时期，以及有了苏联的时期，会转变为社会主义革命。在这种情况下，无产阶级统治的国家的绝对职责将会是帮助众多殖民地完成革命，利用各种方式来打击帝国主义者并战胜他们。

在这个问题上我们遵循列宁的立场：

"殖民地和欧洲各民族，至少和欧洲大多数民族在经济上的差别首先在于：殖民地已卷入**商品**交换，但是还没有卷入资本主义**生产**。帝国主义改变了这种情况。帝国主义也就是**资本**输出。资本主义生产愈来愈迅速地被移植到殖民地。殖民地无法摆脱对欧洲金融资本的依附。从军事观点来看，也和从扩张观点来看一样，殖民地的分离，一般说来，只有随着社会主义才能实现，而在资本主义制度下，或者作为例外，或者要付出代价——在殖民地和宗主国中进行一系列革命和起义——才能实现。"①

雷梅尔同志说,我们在工业化问题上的观点等于否认列宁关于殖民地可以跳过资本主义发展阶段的理论。雷梅尔同志的这一说法基于一种假设,似乎殖民地向社会主义发展的直接路径,一方面要经过完整的农业化,另一方面要通过革命的资产阶级。为了消除误解,我们重申我们坚持列宁的观点,我们支持前面提到过的两种前景中的第一种:

"如果胜利的革命无产阶级对落后民族进行系统的宣传,而各苏维埃政府以其所拥有的一切手段去帮助它们,那么,说落后民族无法避免资本主义发展阶段就不对了。"②

这里没有任何一个字可以引起那种假设,即工业化不会发生在金融资本时代,也就是在宗主国的革命无产阶级能够提供这种支持之前。

二、促使我们对以本提纲为基础的决议投反对票的原因如下:

1. 提纲中的分析是基于将殖民地变为农业后方或宗主国附属地的情况(而并非一些提纲拥护者希望描述的那样,是把这些殖民地作为农业后方或附属地进行"保护")。如果说这对于古典资本主义阶段的客观条件来说在某种程度上(只是在某种程度上)是正确的,那么这对于得到所有事实证明的帝国主义时期来说是不正确的。比如,印度作为一个"乡村大陆"的特征就非常有趣。我们可以注意到,列宁说过的关于资本主义生产正愈来愈迅速地向殖民地"转移"——每一个熟悉不列颠帝国情况的人都知道,这种转移正在终结,其结果是引起殖民地的工业化)——这句话与提纲第六段中的下面这句话之间存在基本的区别:

"无论如何,帝国主义在殖民地培育的资本主义企业(除了一些由

---

① 参见《列宁全集》中文第2版第28卷第34页。——编者注
② 参见《列宁全集》中文第2版第39卷第233页。——编者注

于战时需要而建立的工厂),多半或者完全是农业资本主义性质的,其特点是资本的有机成分较低。"

2. 我们反对将提纲作为行动基础,因为其中包含了完全片面和从历史角度来说不正确的情况:

"……帝国主义列强倾向于使自己垄断的殖民地越来越多、越来越深地适应本国工业的需求。"

这个给提纲的主要部分定性的句子,忽略了古典资本主义时代和金融资本时代之间的区别。在金融资本时代发挥决定性作用的是寻求更大份额的利润,而非努力满足宗主国工业的需求。典型例子仍是不列颠帝国,其殖民地的工业化曾被不止一次地在共产国际的决议中提到,而且正是得益于列宁曾说过的"转移"过程,其殖民地的工业化才是加深宗主国工业停滞和萧条,以及英帝国主义剥削退化的有力因素。

3. 我们反对将提纲作为行动基础,因为它通篇都混淆了古典资本主义时代、帝国主义时代和金融资本统治之间的差别。关于这一点的最有力证明是,提纲中只是顺便提到"偏离"了帝国主义殖民政策一般的、敌视工业化的方向,"因为金融资本希望输出资本"而发生的偏离。这句话不仅把政策与发展的客观进程混为一谈,而且描绘出金融资本政策作为某种偏离资本主义总体政策的臆想情景。我们在这个问题上的立场并不意味着否认阻碍因素或拖延的存在。这一点已经在许多发言中详细阐述过了。但是提纲的路线是这样的,就好像存在带有某些偏离的延迟工业化的一般进程,这些偏离是由金融资本的妨碍策略引起的。我们认为,在垄断金融资本主义时代,殖民地的工业化不可避免会发生,尽管帝国主义政策里有很多阻碍因素,它们正在无情地摧残殖民地的生产力,但总也无法改变基本的发展倾向。

4. 我们反对该提纲,因为基于这些错误前提,它们会得出在政治上既不真实又危险的结论,即殖民地资产阶级在民族革命的进程中将会长时间地不断"摇摆"。我们认为,那种引用俄国资产阶级在1905—1917年之间客观上从头至尾所扮演的反革命角色,尽管它时不时地展现出"反对派"的一面,尽管1917年2月它千方百计地想要领导业已开始的群众起义,目的是使其失去领导,——我们认为,这种引用只是在强调提纲路线的共同错误及其与事实之间的矛盾。说到印度的自治主义者,似乎他们还没有"像中国国民党一样在那么具有决定性的程度上背叛民族解放斗争",也就是说,没有承认自1920年第二国际制定出行动纲领后局势的根本变化,而且也意味着,共产主义者只有在大量残害工人和农民时才会改变自己的评价。关于资产阶级在现阶段的反革命作用,提纲通篇只涉及一些预先声明和保障措施。提纲混淆了共产党为在反革命阵营各集团利益间纵横捭阖而不得不作的必要区分与对该阵营各集团客观历史作用的区分。

5. 我们反对将该提纲作为行动基础,因为为了调和那些与事实不符、与马克思列宁主义原则不符的虚假包装和错误结论,提纲不止一次地陷入折中主义,这是共产国际的文件不应该有的。提纲中主要运用的表达方法均采用如下句式:"一方面,不得不承认,另一方面,不能不认识到"。这样一来,我们发现:

(1) 土著资产阶级(更不用说无产阶级了)的实力使它能够争取民族革命的领导权,意外地扮演了帝国主义的"反对因素":所有这一切都发生在越来越农业化的"乡村大陆"。

(2) 我们在第七节中看到这里神秘地引述了能够迫使帝国主义作出长期让步的情况,但却没有任何尝试说明这到底是什么情况,因为解释这一问题会暴露整个文件的缺点。

(3) 我们可以指出一张由种种预先说明和矛盾构成的网,这张网笼罩着阐述土著资产阶级作用的各个章节(19—23节)。

(4) 第九节对战后殖民地国家发生的历史事件的描写是完全错误

的，通过罗列事实的方法就能解释清楚，这一方法一贯轻视殖民地人民反对英国金融资本统治的起义力量。这种折中主义的方式使提纲一点也不像一份战斗檄文，而共产国际的决议就应该是一份战斗檄文。

确定提纲审定委员会成员

雷梅尔（主席）：

主席团建议以下同志进入提纲审定委员会，他们是：

斯特拉霍夫、李光（中国）、大村（日本）、杜德（印度）、琼斯（美国黑人代表）、邦廷（南非）、诺伊曼（德国）、贝内特（英国）、佩珀（北美合众国）、雷耶（法国）、布哈林、米夫（苏联）、波波夫、斯克雷普尼克（苏联——候选人）、洛佐夫斯基（红色工会国际）、埃尔科利、安贝尔-德罗、库西宁（共产国际执行委员会）、萨明（印度尼西亚）、福金（青年共产国际）、孔特雷拉斯（南美）和一名土耳其同志。

（建议得到一致通过）

（会议休会）

第四十一次会议

（1928 年 8 月 22 日）

主席：皮亚特尼茨基

瓦尔加作关于苏联经济形势的报告

我们所处的时代，是资本主义没落的时代，是垂死的资本主义的时代，同时也是无产阶级革命的时代。稳定的事实丝毫不改变发展的这一基本路线。在这个时代，革命的无产阶级正在变为在各国共产党统一领导下的革命大军。这些革命大军的建立，在不同的国家中处于不同的发展阶段。在一些国家中，刚刚在集结革命的队伍，在另一些国家中，正在进行斗争的无产阶级已经积累了很多战斗经验。在一个国家即苏联，无产阶级已经取得胜利，已经推翻了资产阶级并且夺取了政权。

无产阶级在苏联取得了政权，这就根本改变了斗争的方法：在还是由资产阶级掌握着国家政权的国家中，无产阶级使用的是某一些斗争方法；在工人阶级执政的苏联，使用的是另一些方法。但是，即使在专政的时期，阶级斗争仍在继续进行。无产阶级专政时期带来的不是阶级斗争的结束，而是另一种阶级形式。如果认为在苏联已不再存在阶级斗争，那就完全错了。现在苏联还使用各资本主义国家中常见的武器的阶级斗争方法。我想提醒大家，在苏联，每个星期中都有地方发生工人通讯员或农村通讯员被敌视无产阶级专政的分子杀害的事。无产阶级的政权被迫采用死刑来对付自己的敌人。由此可见，直到今天，苏联甚至还使用这些最尖锐的斗争形式。同志们，尽管如此，苏联总体的阶级斗争以及阶级斗争的目的，毕竟不同于其在资本主义国家中的性质。

在资本主义国家，**无产阶级进行斗争，反对资本主义的国家**；在苏联，**无产阶级捍卫国家政权**，捍卫无产阶级的国家。在资本主义国家，我们**主张革命**；在苏联，我们**主张进化**，主张国内和平，主张和平地发展到社会主义。在资本主义国家，我们**主张消灭资本主义制度**；在苏联，我们进行工作，把阶级社会变为社会主义社会，然后变为共产主义社会。在资本主义国家，我们根本反对**任何阶级合作**；相反，在苏联，我们**主张阶级合作**，无产阶级和广大劳动农民群众的联盟是苏联的无产阶级专政的基础。列宁在其所有著作中都着重指出，这个基础是苏联专政的特点。这是因为，在苏联的农业中有大约6000万自耕农，而大企业中的工人数量充其量不过500万。因此，苏联所进行的是一种特殊形式的阶级斗争，这种斗争是为了争取劳动农民这些决定性的阶层。斗争不是要反对这些阶层，而是要反对资本主义成分；进行这场斗争是为了解决由谁来领导千百万劳动农民群众的问题。列宁在自己的著作中曾无数次地着重指出过苏联形势的特殊性。他总是警告说，要防止劳动农民和无产阶级之间可能发生的冲突。他在共产国际第四次代表大会上的最后一次演说中，在谈到实行新经济政策之前的种种事件时，说过如下的话：

"当时广大农民群众不是自觉地而是本能地在情绪上反对我们，这在苏维埃俄国的历史上是第一次，我希望也是最后一次。"①

更早一些时候，列宁在俄共（布）第十次代表大会上关于实物税

---

① 参见《列宁全集》中文第2版第43卷第277页。——编者注

的演说中说：

"阶级是欺骗不了的……我们必须直截了当地提出问题：这两个阶级的利益是各不相同的，小农需要的东西同工人需要的不一样。

我们知道，在其他国家的革命还没有到来之前，只有同农民妥协，才能拯救俄国的社会主义革命。在一切会议上，在一切报刊上，都应当直截了当地说明这一点。我们知道，工人和农民之间的这一妥协是不牢固的——这是客气一点说，'客气一点'这几个字不要写进记录。如果说得直率一点，那么这一妥协是相当糟糕的。我们至少不应当设法隐瞒什么，而应当直截了当地说：农民对于我们和他们之间所建立的这种形式的关系是不满意的，他们不要这种形式的关系并且不愿意再这样生活下去。这是不容置辩的。他们的这种意愿表达得已经很明确了。这是广大劳动群众的意愿。我们必须考虑到这一点。我们是十分清醒的政治家，能够直率地说：让我们来修正我们对农民的政策吧。"①

在苏联，尽管存在着阶级斗争，但是甚至同资本家阶级也实行某种合作。现在，在苏联的经济中，资本主义成分仍然担当一定的职能，因为社会主义经济目前还不能实现这些职能。因此，尽管同资本家有斗争，同时也有合作，这种合作受到无产阶级专政的利益的限制，但仍然是一种合作。早在1923年，列宁在其最后的文章之一中就曾说过：

"当然，在我们苏维埃共和国内，社会制度是以工人和农民这两个阶级的合作为基础的，现在也容许'耐普曼'即资产阶级在一定的条件下参加这种合作。如果在这两个阶级之间发生严重的阶级分歧，那么分裂将是不可避免的。但是，在我国社会制度内并不存在必然发生这种分裂的基础。"②

---

① 参见《列宁全集》中文第 2 版第 41 卷第 51—52 页。——编者注
② 参见《列宁全集》中文第 2 版第 43 卷第 377 页。——编者注

所以，同志们，这里说的是同受一定限制的敌对阶级的合作，说的是同广大农民群众的合作，同时也预计到，在苏联的整个社会制度中没有任何必然导致工人阶级和劳动农民之间发生分裂的因素。你们看，资本主义国家和苏联的阶级斗争条件是多么不同。

但是，苏联的革命，无产阶级专政，仍然是世界革命的一部分。苏联的无产阶级只不过是世界无产阶级大军中的一支队伍，只不过是同世界资产阶级作斗争的国际无产阶级的一部分。因此，这一大军的总参谋部即共产国际代表大会对这个无产阶级国家的情况、对世界革命的主要军队的情况有明确的了解，这是十分必要的。如果各支军队不了解无产阶级革命的堡垒中正在发生什么事情，要对斗争实行统一的领导，那是不可思议的。正因为如此，我企图——作为一个外国人尽我的可能——十分清楚地、极其忠诚坦率地向你们描绘一下苏联正在发生的一切。这样做之所以尤其必要，是因为从苏联诞生时起，资本主义和社会民主党的报刊就不断地报道什么无产阶级专政的决定性危机。苏联所遇到的极其细小的困难，都立即被夸大为严重的危机。当然，苏联存在着一些困难。这些困难我将在下面详细谈到。但是，我们首先必须谈在共产国际第五次世界代表大会以来的四年当中，苏联、苏联的无产阶级所取得的巨大成就。与这些成就比较起来，存在的困难相对而言是很小的。我在自己的报告中将阐明：

1. 最近四年当中的经济成就。
2. 苏维埃社会中社会主义成分的增长。
3. 对阶级状况的分析。
4. 当前的一些困难。
5. 进一步发展的前景。

近年来的经济成就

我首先谈近年来的成就。这些成就证明：与资产阶级和社会民主党的武断相反，无产阶级真正能够领导并且进一步发展资本主义所创造的生产力。苏联的成就表明：对于今后人类的历史资本家是多余的；他们是进一步发展道路上的障碍。苏联的成就证明，资本主义是暂时的历史范畴。这些成就不仅在理论上而且在事实上证明了这一点，近年来的宏伟的建设使每个劳动者都对这一事实深信不疑。1921年，列宁认为，"恢复大工业至少需要几十年，而在我们的这种贫困条件下，可能还要更长的时间"①。我们可以在这里指出，这是列宁很少有的作了错误估计的情况之一。大工业的恢复不是持续了几十年，而是要短得多。现在我们可以肯定一个事实：苏联的经济恢复已经完成；生产已经超过了战前的水平。改造全部经济的时期已经开始。

1. 生产规模

下面的图1表示整个战后时期的生产发展。

间以黑点的白线表示总产值，黑线表示工业产值，间以白点的黑线表示农业产值。数字是这样计算出来的，即拿各种重要产品的数量乘战前的价格。你们看到，在1920年以前的革命时期，产值急剧下降，1920年以后，即国内战争结束以后，随着向新经济政策的过渡，产值

---

① 瓦尔加的引文和列宁的原话有出入，列宁的原话是："而大生产是不可能在旧的基础上恢复起来的，这需要很多年，至少要几十年，在我们这种遭受破坏的情况下，可能还要更长一些的时间。"参见《列宁全集》中文第2版第41卷第22页。——编者注

大大提高。①

图1：苏联国民经济产值对1913年的百分比（1913年为100%）②

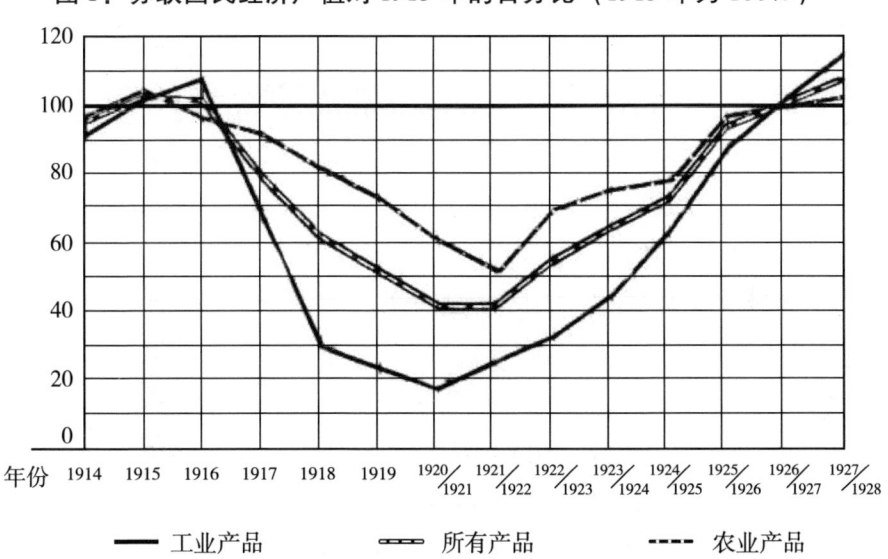

你们看到这里有一条黑的直线。它表示战前的生产水平。你们看到，生产已超过战前的水平。你们同时看到，工业产值和农业产值的情况有差别：与战前相比，现在工业产值比农业产值高一些。关于这一事实我们在下面还要谈到。

在最近四年当中，生产的增长具有很大的规模。请允许我引用一些

---

① 表格和图表所提供的只是十分近似的数据，因为要把战前生产的份额摊到现在苏联的领土上，计算起来有许多方法论上的困难。但这一点当然并不影响总的发展路线。
② 关于苏联情况的一些图表都是由莫斯科的世界经济和世界政治研究所根据国家计划委员会的资料编出的。

数字。按战前的价格，农业产值分别为①：

年 代	十亿卢布
1925	10.3
1925—1926	12.3
1926—1927	12.8
1927—1928	13.2②

按照战前的价格，工业产值分别为：

年 代	十亿卢布
1924—1925	5.0
1925—1926	6.9
1926—1927	7.8
1927—1928	8.9

在农业中产值的年增长率分别为 19%、4%、3%；在工业中，分别为 39%、14%、13%。这些数字表明，增长的速度放慢了，这是下列情况的必然结果，即已不能再使用旧时、从资本主义那里继承下来的生产资料了，我们已进入必须由自己创造新的生产资料的时期了。

图 2 和图 2a 表示某些重要工业品的生产数量。

---

① 这些资料取自国家计划委员会 1927—1928 年度的控制数字。
② 本经济年度的资料取自《控制数字》。这个经济年度是至 9 月 30 日截止，因此现在我们只知道头八至十个月的资料。最后的结果大概会超过计划的设想，尤其是在工业生产方面。

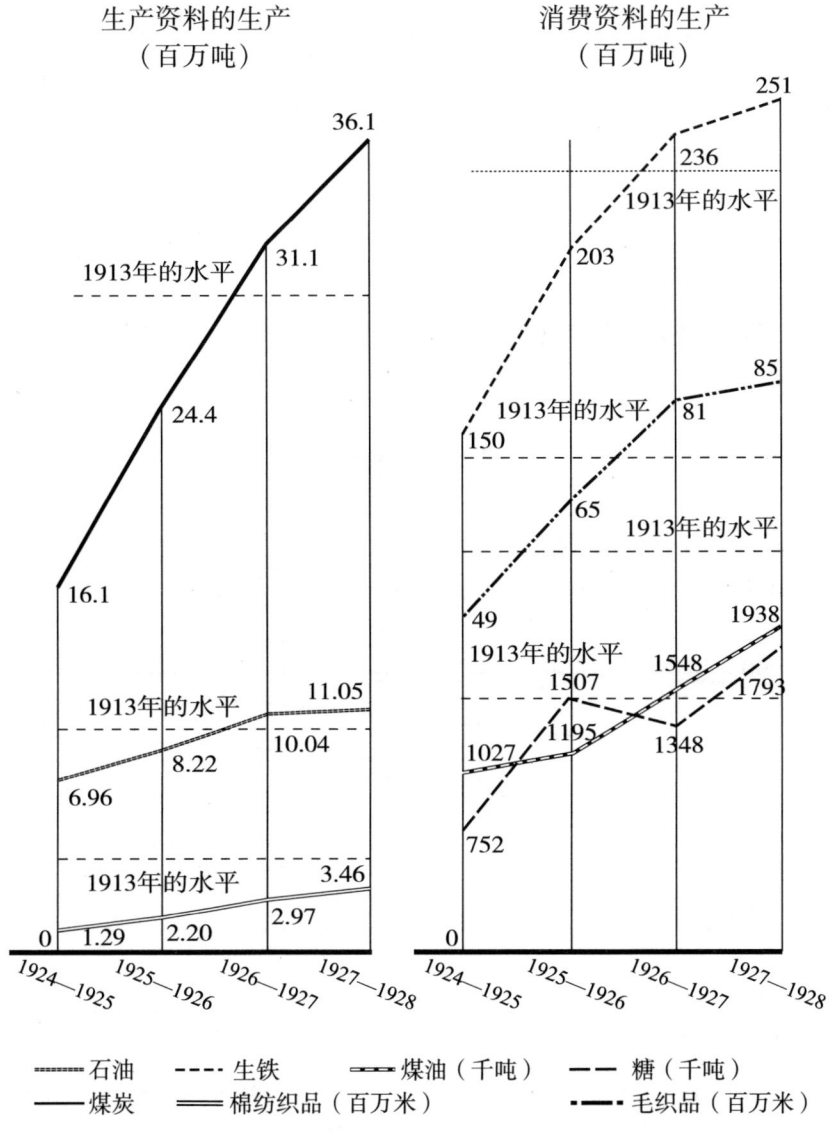

图2：苏联的某些最重要的工业品的生产

横线表示战前的水平。你们看到,例如煤炭的开采量已大大超过战前的水平。只有重金属,即生铁和钢的生产至今尚未达到战前的水平。

1927—1928年的产量对1913年的百分比为:

煤炭	……………	124	丝绸………	120
石油(未提炼)	………	121	火柴………	109
生铁	……………	82	糖 …………	65
钢	……………	90	盐 ………	102
棉纺织品	…………	112	照明油 ……	103

图2a表示近年农业的发展。你们看到,农业的发展比工业的发展缓慢得多。

图2a:苏联的农业

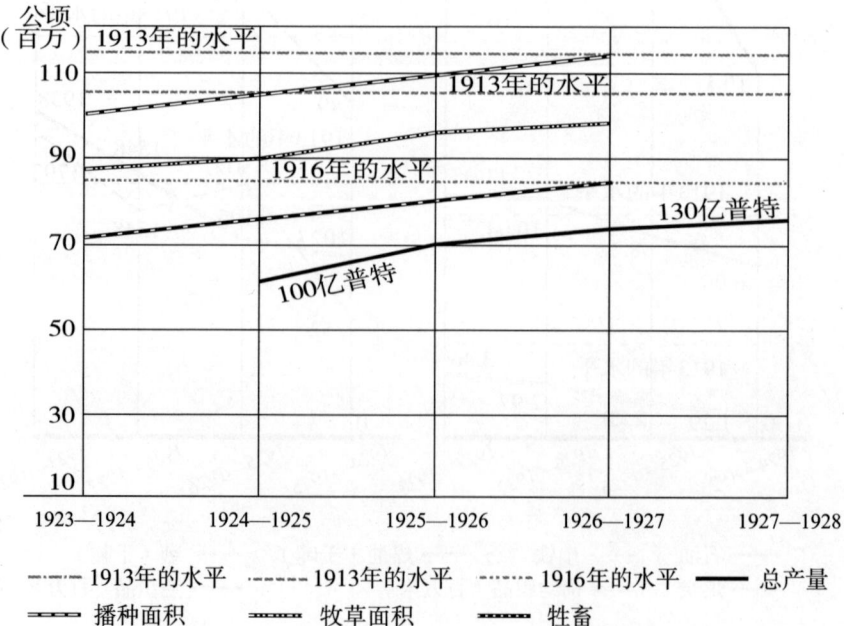

图 2a 是按如下的资料制作的。

1927 年对 1913 年的百分比为：

播种面积

总播种面积 …………… 98.9

粮食的播种面积 ………… 94.5

技术作物的播种面积 ………… 99.9

其他作物的播种面积 ………… 162.0

粮食的收获量

小麦	黑麦	大麦	燕麦	玉米
104	127	17	94	278

农户的牲畜数量

1916 年 = 100

马	牛	羊	猪	折合成牛
88.22	113.4	112.2	98.5	102.8

由此可见，农民经济中的牲畜的数量已超过战前的水平。这一事实证明，农民经济中有内部积累。

2. 经济建设的速度

我想请大家特别注意下面这一点，即从 1921 年起，**苏联的经济增长速度比任何一个资本主义国家都快得多**。我之所以拿 1921 年作为起点，是因为这一年是苏联的生产处于最低点的一年，同时又是各资本主义国家处于战后大危机的一年。下表中引用的数字以1921年为100。

以下两个表格中关于国外的资料是根据国际联盟的出版物,关于苏联的资料是根据控制数字。

小麦播种面积
1921—1925 = 100

国别	1921—1925	1926	1927
苏联	100	168.7	180.8
英国	100	91.5	94.4
德国	100	109.4	119.6
美国	100	97.0	100.8

小麦收获量
1921年 = 100

国别	1921	1922	1923	1924	1925	1926	1927
苏联	100	156.9	204.6	186.4	348.1	400.2	365.8
英国	100	89.9	31.9	72.9	73.3	70.3	76.4
德国	100	66.8	93.9	82.8	100.7	88.6	111.8
美国	100	106.5	97.8	105.9	83.0	102.1	107.0

图 3：农业发展的曲线图

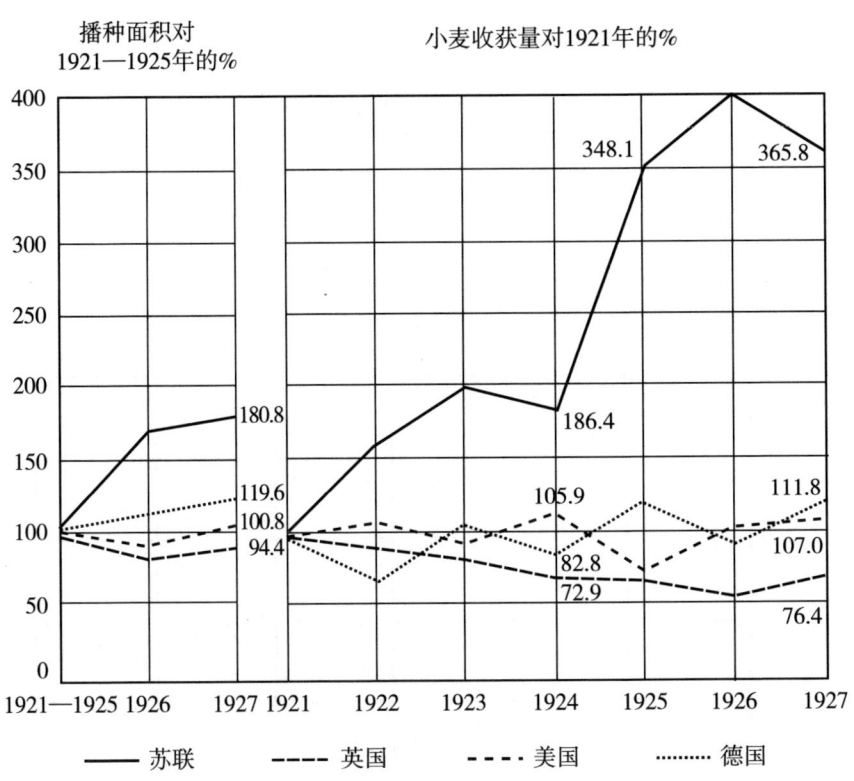

黑麦播种面积

1920—1924 = 100

国 别	1920—1924	1925	1926	1927
苏 联	100	123.3	126.0	124.3
英 国	100	65.7	62.9	45.7
德 国	100	110.4	111.0	110.2
美 国	100	80.1	70.9	74.0

黑麦收获量

1920—1924 = 100

国　别	1920—1924	1925	1926	1927
苏　联	100	133.6	147.0	158.6
德　国	100	137.3	109.1	116.4
美　国	100	65.9	57.8	83.0

图4：工业发展曲线图（以1921年为100）

（煤炭）

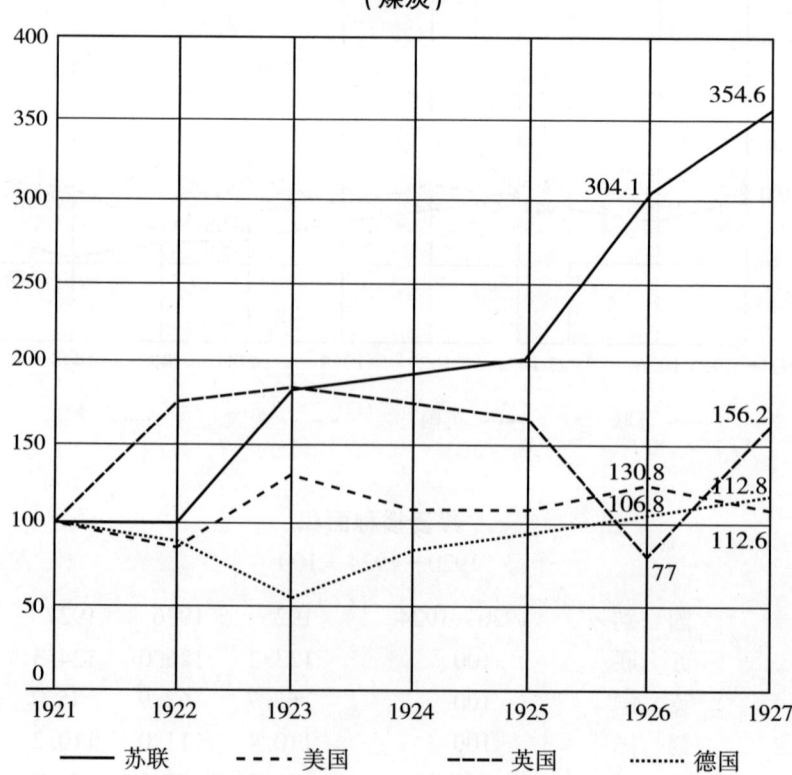

煤炭的开采量
1921 = 100

国别	1922	1923	1924	1925	1926	1927
苏联	100.4	167.1	182.9	203.2	304.1	354.6
英国	152.9	169.3	163.6	149.5	77.0	156.2
德国	95.4	57.1	87.3	97.5	106.8	112.8
美国	94.2	129.8	112.8	115.5	130.8	112.6

图4a：工业发展曲线图（以1921年为100）
（生铁）

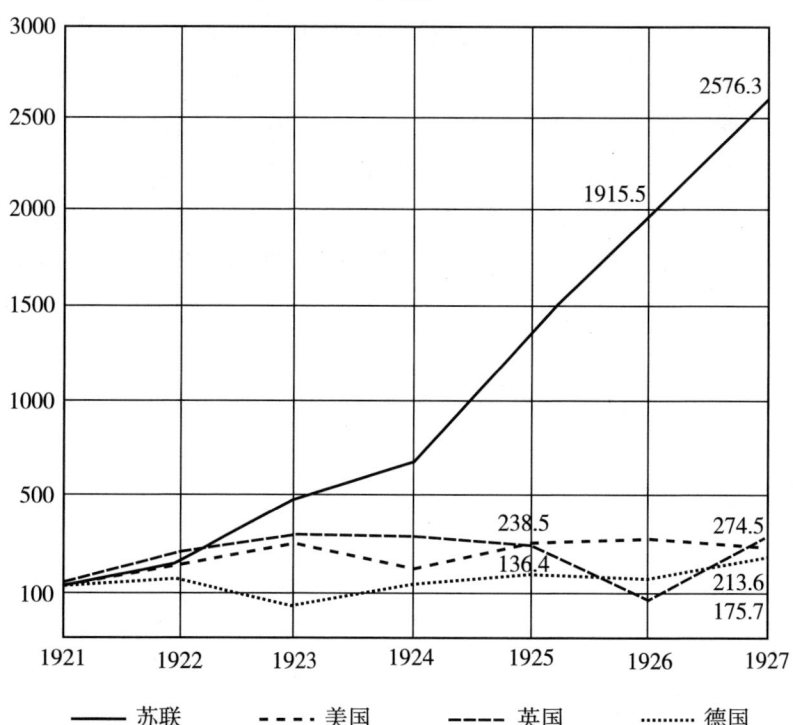

生铁产量

1921 年 = 100

国 别	1922	1923	1924	1925	1926	1927
苏 联	162.6	460.8	658.2	1348.6	1915.5	2576.3
英 国	187.4	284.5	279.2	238.5	91.7	274.5
德 国	123.1	66.1	101.7	136.4	129.2	175.7
美 国	103.1	241.8	188.1	223.5	230.4	213.6

钢产量

1921 年 = 100

国 别	1922	1923	1924	1925	1926	1927
苏 联	196.2	394.5	618.9	1167.8	1581.8	1949.2
英 国	158.7	229.0	221.4	199.7	94.6	241.8
德 国	122.1	68.0	10.1[①]	131.5	133.2	175.9
美 国	179.9	227.2	191.7	229.4	233.5	214.1

---

① 此处缺一个数字，外文原稿不清，无法辨认。——编者注

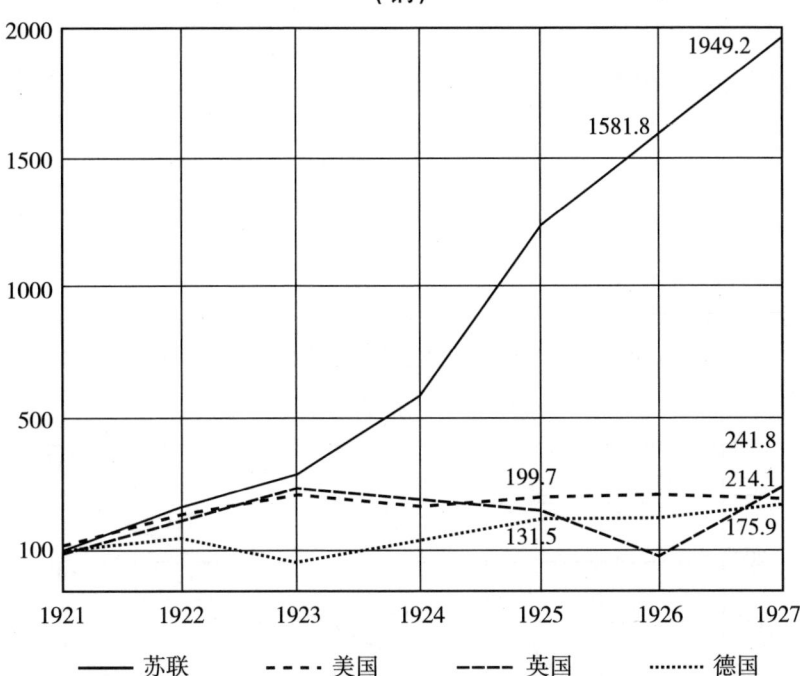

图 4b：工业发展曲线图（以 1921 年为 100）
（钢）

汽油产量
1921 = 100

国 别	1922	1923	1924	1925	1926	1927
苏 联	123.2	135.2	156.5	181.1	217.3	241.7
美 国	118.1	155.0	151.1	161.7	183.2	191.8
世界产量	112.1	133.0	132.2	139.3	143.0	195.1

棉花的消费量

1921—1922 = 100

国别	1922—1923	1923—1924	1924—1925	1925—1926	1926—1927
苏联	81.6	95.7	199.0	280.7	236.6
德国	78.6	80.9	103.7	98.5	126.8
英国	97.0	94.9	112.9	138.2	139.1
美国	111.1	94.1	93.8	98.0	109.2

图 4c：工业发展曲线图（以 1921 年为 100）

（石油）

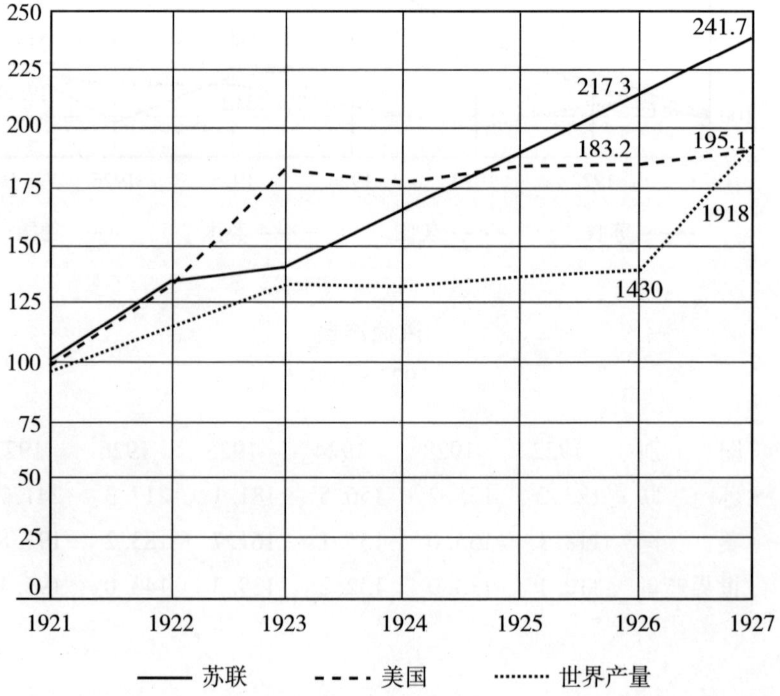

1921年以后,苏联生产力的增长速度特别快,当然是由于我们的起点很低。1921年的工业产量是微不足道的。直到1924—1925年为止,之所以能够有迅速的增长,是由于有一些未开工的工厂投入生产。但是,在1926—1927年间,就只能通过建设新的企业或改建原有企业来扩大生产,但产量的增长速度还是比任何资本主义国家都快。

有人可以反驳道:所有这些表格、图、数字都是根据苏联的资料制作的,因而带有倾向性。所以我们要提供一些把苏联和资本主义国家的发展加以比较的资料,而这些资料的来源资产阶级经济学家也承认是绝对可靠的。这个来源就是国际联盟。国际联盟每年出版一本关于生产和贸易规模的大书。在这本书中我们可以找到关于原料[①]和粮食生产水平的如下资料:

欧洲的粮食和工业原料产值的增长

(根据1913年的价格计算)

a 项不包括苏联

b 项包括苏联

		1923	1924	1925	1926
总指数	a)	87	94	103	95
	b)	85	90	103	100
粮食指数	a)	89	91	103	94
	b)	87	87	105	102
原料指数	a)	84	98	102	97
	b)	80	94	100	96

---

① 没有工业品生产的同样的统计;不过总的说来,工业品的生产是与原料的生产同步发展的。

由此可见，国际联盟的资料向我们说明了如下情况。

对于整个欧洲（不包括苏联）来说，1926年产值的总指数为95，即比1913年低5%。加上苏联，则总指数为100。由此可见，把苏联加进欧洲产值的统计中去，就把指数整整提高了5%。这就表明，当欧洲的产值比战前水平还低5%时，按照国际联盟的资料，苏联的产值已达到如此之高，即一把苏联的产值包括到全欧的指数中去，我们就把指数由95提高到了100。

虽然这些资料仅仅是关于粮食和原料生产的，而不是关于整个工业产值的，但是，在苏联工业化高速发展的条件下——关于这点我们将在下面谈到，无可怀疑的一点是，苏联国民经济的总水平，与战前相比，比欧洲其他国家要高。

必须特别着重指出的一个事实是：苏联必须完全依靠自己的力量来取得这种更快的发展。德国、波兰、意大利等国是在从美国得到大量贷款的帮助下，来重新建立自己的国民经济的，而苏联从国外获得的贷款是极其微不足道的：总共只有几亿卢布，德国从国外获得的贷款有100多亿马克，而德国的人口比苏联的人口少一半。**苏联的无产阶级不是依靠资本主义列强的援助，而是在世界市场上同这些资本主义列强进行斗争中，提振了自己的经济**。根据国际联盟的资料，与1913年相比，苏联远远超过欧洲其他国家的水平。我们认为着重指出这一点是非常重要的。

3. 积累的规模

我已经提到，今后不可能通过利用从资本家那里继承的生产资料来发展经济了——那种方法决定了1921年以后经济发展的迅速高涨，在最近两年当中我们不得不用自己的力量来重新建设一切。这就是说，苏联必须实行广泛的积累。在无产阶级专政的头几年中，苏联靠遗产过日子，在1924—1925年以前，国家的总财富减少了，而在最近几年中加紧进行了积累。我想提一下列宁在共产国际第四次代表大会上的讲话，当时他怀着某种自豪的心情说：

"固然，我们至今搞到的数目才2000万金卢布多一点，但总算是有了，而且是专门用来提高我国重工业的。"[1]

而在共产国际第五次代表大会以来的最近四年当中，积累的情况是：在国营经济即社会主义部分中，积累生产资金95亿卢布，积累流转资金即原料和制成品31.7亿卢布，即总共129亿卢布[2]。由此可见，按整数算，在最近四年中积累了130亿卢布。你们看，曾经使列宁感到高兴的区区2000万卢布，已变成了怎样一个数字。农民经济的积累、一般私人经济的积累和公社经济的积累，都没有包括在上述数字之内。积累的速度一年比一年增长。社会主义部分中所积累的固定资本与成本的百分比分别为：

1924—1925	1925—1926	1926—1927	1927—1928
2.2	3.7	4.6	5.8

这种广泛的积累使苏联能够着手建设一批新的大企业。我想提一下电气化的宏伟蓝图、第聂伯的建设、从西伯利亚至土耳其斯坦的大铁路、拟议中的伏尔加河—顿河运河。

---

[1] 参见《列宁全集》中文第2版第43卷第283页。——编者注
[2] 原文如此。——编者注

我们有可能把战前的积累同现在的积累加以比较。战前的总国民收入按整数计算为150亿卢布。其中属于统治阶级的有27亿，即占22%。这27亿中大约一半是积累，但这一半中一大部分变成了虚拟资本（国债等等），所以国民经济中真正的积累每年只有8亿到10亿卢布。①

4. 国民收入的增长

同时，劳动人民的收入在大大增加。1924年，城市中每一个有工资收入的人的收入平均为507卢布，而今年，即1928年，平均为669卢布。国营企业中的工人的收入，相应地由572卢布增加到了843卢布。②

而在最近四年当中物价水平的变化很小。预算的指数，即零售商业的指数，四年以前为1.86，而现在为1.95。总的国民收入在这四年当中由156亿卢布提高到了240亿卢布，即提高了50%。③

总的福利水平的提高还表现在居民的整个生活方式上。我首先要指出人口的大量增长。苏联的人口在最近四年当中平均每年

---

① 见《布尔什维克》杂志1928年第2期伊林斯基的文章。
② **有工资收入者的收入（按切尔文卢布纸币计算）**

	1924—1925	1925—1926	1926—1927	1927—1928
城　市	507	614	653	669
农　村	1?9	195	205	217
城市工人	572	710	795	843
城市资产阶级	1160	1413	1453	1493

见《1927—1928年的控制数字》第494页（1924—1925年度农村有工资收入者的收入数字缺省。——编者注）。

③ 国家计划委员会的"控制数字"所规定的国民收入（以10亿卢布为单位）

1924—1925	1925—1926	1926—1927	1927—1928
15.6	20.3	22.6	24.2

增加 300 万，即等于一个小国的人口。① 苏联的出生率几乎是全世界最高的。② 出生率是每千人 43 人。尽管苏联的法律对堕胎并不追究，尽管每一个妇女完全可以自己决定愿不愿生孩子，而出生率还是很高。在苏联，对生育不存在任何强制。相反，不愿生育的妇女可以去找苏维埃医疗机构、去医院找医生帮助，在遵守卫生条例的条件下避免生育。尽管如此，出生率还是空前的高！因为出生率高，同时死亡率又迅速降低，所以每年将增人口达 300 万这样一个庞大的数字。

在战前，俄国每一千人中每年死亡 29 人，而 1926 年——只有 21.4 人。这就是说，每一千人中的死亡人数减少了 8 人。这一事实体现了苏维埃保健事业以及整个苏维埃国家的巨大成就。在沙皇制度下俄国无法根除的一些疾病，如霍乱，已经完全消灭了，伤寒、肺结核等疾病已大大减少。

我手头有谢马什柯同志为纪念保健人民委员部成立十周年而写的一篇文章。其中有说明苏维埃保健事业成就的一些令人惊叹的资料。例如，婴儿的死亡率，1913 年为 26%，这是在欧洲的最高数字之一，1926 年已降低到 18.7%。由此可见，现在出生的每 100 个婴儿在 1 岁内死去的，比在沙皇时代减少了 7 个。

在提高一般文化水平、推广识字方面所取得的成就，尤其是在原来

---

① 人口（以万为单位）：

1921	1924	1925	1926	1927
13820	13760	14060	14380	14700

现在，即到 1928 年底，苏联的人口大约有 5000 万（原文如此，疑有误，应为 15000 万。——编者注），即比战前的同一领土上的人口多 7%。

② 近年来每千个居民出生的数字：德国——19.5；英国——17.8；法国——18.8；西班牙——29.5；英属印度——34.4；美国——22.6。只有三个小国的出生率高于苏联，即：厄瓜多尔——53.6；危地马拉——44.2；福摩萨——44.1。见《德意志帝国统计年鉴》。

受压迫的民族中，同样非常巨大。这一切都证明苏联近年来所取得的巨大成就。

在苏维埃社会中社会主义成分的增长

现在我来作我的第二部分说明。

不管在物质和文化方面的一切进展多么巨大，我们首先必须提出如下的问题。这样的进展同社会主义的发展是否相一致呢？因为在美国，在各资本主义国家中，物质福利也在提高，文化水平也有所提高。因此，我要谈一谈这样一个问题：这种发展在什么样的程度上同时也是向社会主义发展。首先我必须强调指出，苏联的经济分为两部分：社会主义部分和私有经济部分。这种划分不是绝对精确的和经常不变的，因为苏维埃社会发展的特点之一恰恰在于，私有经济部分越来越被置于社会主义部分的影响之下。近年来，社会主义部分，即公有部分，在许多方面已大大地加强了。请容许我引用某些最重要的资料。苏联的雇佣工人的总数中，在社会主义部分中工作的，1924年占80%，而现在占81%。产品的总量中，社会主义部分所占的份额1924年为30%，现在为40%。投资的份额1924—1925年占44%，而现在占65%。从绝对数字来看，情况如下：1924—1925年，社会主义部分的产值为42亿卢布，私有经济部分的产值为110亿卢布。1927—1928年，前者的产值为82亿卢布，即增加了1倍；后者的产值为138亿卢布，即只增加了20%。

图5表示社会主义部分和私有经济部分的总产值。你们看到，社会主义部分的产值相对地一年比一年增加。国民经济的总产值正在增加，但社会主义部分的产值增加的快得多。这种情形，在商业中尤为明显。在最近几年当中，由于合作社的发展，私人商业几乎完全被排挤出去了。

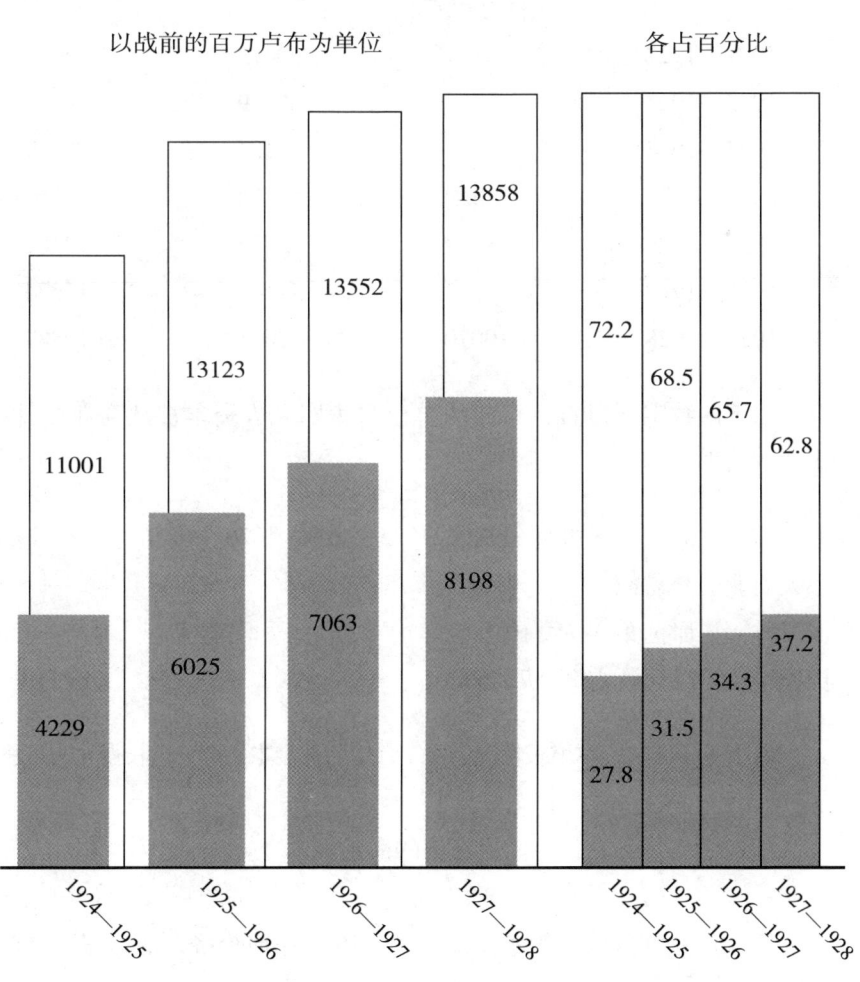

图 5：苏联的总产值

苏联的消费合作社

年份	交易额 （百万卢布）	商店数目 （千人）	社员数目
1921—1922	—	20479	—
1922—1923	—	26689	—
1923—1924	—	37129	7125
1924—1925	2029	51458	9436
1925—1926	3788	62736	12461
1926—1927	7107	71143	15074
1927—1928	10070	77631	17889

以下的数字（以百万卢布为单位）表明私人资本被从商业中排挤出去的情形：

	1924—1925	1925—1926	1926—1927	1927—1928
私人商业的交易额	4.0	5.7	5.2	—
国家和合作社商业的交易额	10.6	—	23.7	—
国家和合作社商业所占份额	72.6%	—	—	84.5%

以下关于固定资本增长情况的数字，说明社会主义部分增长得尤为迅速。

国民经济的固定资本

按生产部门和社会部分，按1925—1926年的价格，以10亿卢布为单位。①

---

① 《控制数字》第510—519页。

	1924—1925 年初	1927—1928 年底	四年中的增长 绝对数字	百分比
整个国民经济	55.5	64.7	9.6	17.3

按生产部门

	1924—1925 年初	1927—1928 年底	绝对数字	百分比
1. 农业	23.0	27.5	4.5	19.6
（1）工具	1.6	2.0	0.4	23.8
（2）牲畜和禽类	6.6	8.6	2.0	30.8
（3）建筑	14.0	16.0	2.0	14.1
2. 工业	6.6	8.8	2.2	32.7
（1）国家和合作社	6.0	8.0	2.1	38.2
（2）私人	0.7	0.7	0.07	10.4
3. 大电站	0.2	0.7	0.5	190.0
4. 杂项	24.6	27.2	2.6	11.1
5. 城市住宅	10.2	10.5	0.2	2.3

按社会部分

	1924—1925 年初	1927—1928 年底	绝对数字	百分比
1. 国家和合作社	27.6	32.7	5.0	18.4
2. 私有经济部分	27.5	22.0	4.5	16.3

按经济类别

	1924—1925 年初	1927—1928 年底	绝对数字	百分比
（1）生产资本	20.2	25.8	5.7	28.0
（2）流通资本	11.8	13.3	1.5	13.0
（3）消费资本	23.2	25.3	2.4	10.2

我们看到，在整个四年当中，社会主义部分的增长只是稍稍超过私有

经济部分的增长。但是，如果我们看一看逐年的发展速度，情形就不同了。

固定资本增长速度的百分比

	1924—1925	1925—1926	1926—1927	1927—1928
国　　家	0.3	3.2	5.1	7.1
合作社	21.5	17.7	23.9	22.3
私有经济部分	3.6	3.9	3.8	4.0

国营工业纯利的增长也说明社会主义部分的发展。这种纯利（以10亿卢布为单位）为：

1924—1925	1925—1926	1926—1927	1927—1928
1.2	1.8	2.2	2.5

1. 工业化

这一方面的第二个因素就是国家工业化。这里无须证明，发展大工业是无产阶级专政的基础。最近几年在这一方面取得了很大的进展。如果苏联不愿意变成资本主义世界的农业附庸，如果它不想处于没有国际能力的境地，它就十分需要实现工业化。在当前军事技术的发展条件下，国家的工业发展，是国际地位的一个决定性因素。一个没有工业的农业国，在战时就不能自卫，只有同某个向它提供军事装备的工业国结成联盟，才能抵御进攻它的国家。因此，发展大工业，无论在经济方面，或者从阶级政策的观点来看，都是社会主义发展和在未来反对资本主义世界的斗争中保卫无产阶级专政的先决条件。所以，我们必须用一系列数字来阐明工业化的进程。

工业产值和农业产值各自所占的比重已发生了如下的变化：1924—

1925年，农业的比重为67.6%，工业为32.4%；1927—1928年，农业的比重降低到了59.8%，而工业的比重提高到了40.2%。

2. 生产资料的生产

生产资料的生产比一般工业品的生产增长的快得多。这一事实可以用如下的数字来加以说明：

国营工业中生产资料生产的增长
按战前的卢布计算产值（以百万为单位）

年 份	生产资料	%	消费资料	%
1924—1925	1142	4.16	160	58.4
1927—1928	2079	44.5	3343	55.5

工人人数（以千为单位）

1924—1925	703	50.6	686	49.4
1927—1928	1060	55	866	45

投资（以百万卢布为单位）

1927—1928	887	—	278	—

输入的生产资料

1924—1925	占总输入额为65%
1927—1928	占总输入额为88%

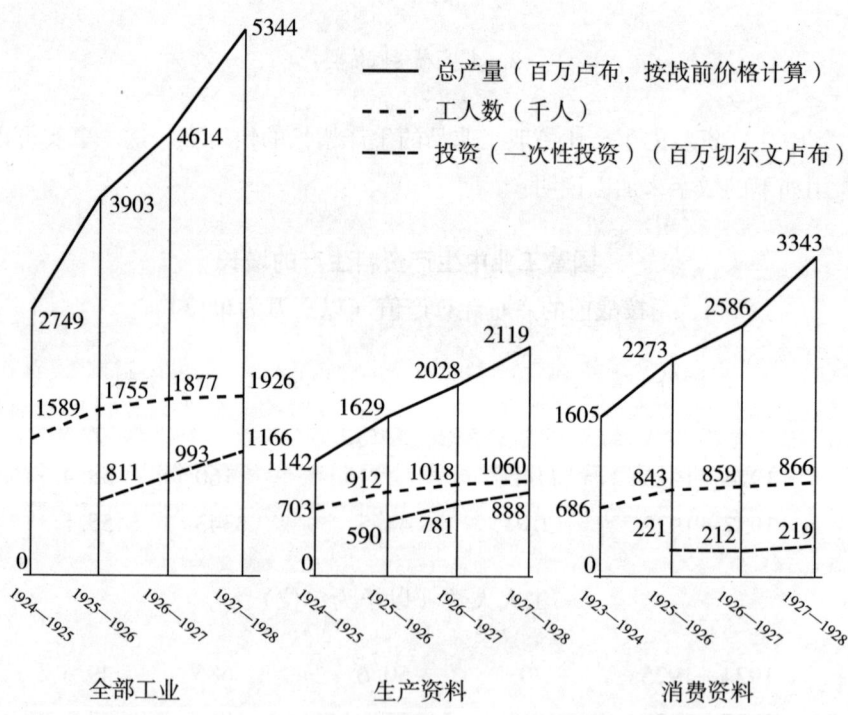

图6：苏联的工业

全部工业　　　　　生产资料　　　　　消费资料

由此我们看到：在1924—1925年，生产资料的产值占41.6%，而消费资料的产值占58.4%。这就表明，消费资料的生产占很大的优势。而在1927—1928经济年度，消费资料的生产只占55%，生产资料的生产已占45%。①

1927—1928年，生产资料生产的投资为8.87亿卢布，而消费资料生

---

① 国家计划委员会所采用的旧的、精确的计算方法（《1927—1928年的控制数字》第56页注）还把生产资料和消费资料按照生产部门单独列出来了：在大工业中，生产资料的生产已占优势，即生产资料占57%，消费资料占43%。

产的投资为 2.78 亿卢布。由此可见，在这个经济年度中，投入生产资料生产的资金比投入消费资料生产的资金多 3 倍以上。我们看到，完全采取了实现社会主义、工业化和从农业国转变为农业—工业国的路线。

我来谈我的报告的第三部分，分析阶级分化。

对阶级分化的分析

大家都知道，列宁在分析苏联的生产关系时，区分了五种社会经济成分。按照他的说法，存在着社会主义、国家资本主义、私人资本主义、小商品生产者（手工业者、家庭工业和农民）和宗法式的经济。在最近几年当中，这种基本结构并没有发生变化。但某些社会经济成分所占的比重正发生很大的变化。社会主义部分所占的比重大大地提高了。国家资本主义已完全失去意义。列宁曾设想借助外国人的租让企业来大力发展国家资本主义，但这一希望落空了。在现在的苏联经济中，租让企业所起的作用微不足道。在全国总的工业生产中，它们的生产所占的比重不到百分之一。宗法式的经济也只起同样微小的作用。因此，现在苏联的经济只有三种基本的类型，即**社会主义、小商品生产和私人资本**。与此相适应，存在着三个基本的阶级，即**无产阶级、农民**（以及手工业者和城市小资产阶级）和城乡的**资本主义阶级**。

我们面前摆着一个问题：在无产阶级专政政策的影响下，这三个基本阶级之间的关系是怎样的。这里我想首先指出资本主义国家的经济政策和无产阶级专政的经济政策之间有什么差别。

资本主义国家的经济政策的目的，是要**保持、巩固和扩大资本主义的生产方式**。无产阶级专政的经济政策面临的任务，是要**建设社会主义**并且把各种敌视社会主义的经济成分从经济过程中排除出去。

资本主义经济政策的目的，是要**巩固资产阶级专政的阶级基础**。

反之，苏联的经济政策的目的，是要**巩固无产阶级专政的阶级基础**。

在资本主义下，是要支持"最富有进取精神的分子"，特别是农民中最富有进取精神的分子。而在苏联，是要改善贫苦农民的状况，保持中农，同农民中的所谓"最富有进取精神的分子"作斗争。

资本主义世界的目的，是要使资本家获得最大限度的利润；而苏联的目的，是要最大限度地向劳动者提供一切消费资料。

在资本主义国家中，归根结底，独立生产者被资本拴着鼻子；而在苏联，由于逐步实行合作化，独立生产者首先是农民和手工业者的经济状况正在得到改善。

无产阶级专政掌握的经济政治手段是什么呢？无产阶级专政和资本主义世界之间在这方面也有原则性的区别：无产阶级专政掌握着对经济命脉的统治。① 当然，还有一些总的手段，如税收政策和关税政策。但控制着经济命脉的无产阶级专政，还掌握一系列特殊手段和方法去影响私有经济部分。其中首先是由国家确定被出售给私有经济部分的各个经济主体的工业品的价格。其次，由国家确定向私人生产者、首先是向农民收购的商品的价格。再次，银行（银行都是国家的）的信贷政策等等。

不言而喻，尽管存在着这么大的权力，但对私人经济部分的影响只限于一定的范围之内。国家所掌握的权力手段并不是无限的。只要总的说来还存在着私有经济部分，就要给运用这种国家权力规定某些界限。这些界限是什么呢？它们既带有政治性质，也带有经济性质。在政治方面，这首先是必须保持同广大农民群众的合作。一种经济政策，如果不承认这个界限，如果通过过分地运用国家权力的手段而导致与广大中农

---

① 在这个最新的阶段，国家资本主义的发展加强了国家的经济影响。但是，如果说铁路、工厂等等属于资本主义国家，那么政权仍然掌握在大资产阶级手中。

群众破裂,那么在苏联存在着的种种特殊条件下,就可能使无产阶级专政垮台。这个界限是不能逾越的!

各个阶级的状况是怎样的呢?

1. 无产阶级

在近年当中,无产阶级的状况大大地改善了。现在,工业无产阶级的实际工资,其中包括社会保险在内,等于战前时期的134%。它的增长比最重要的各资本主义国家的工资的变动要快得多。

图7:实际工资的变动

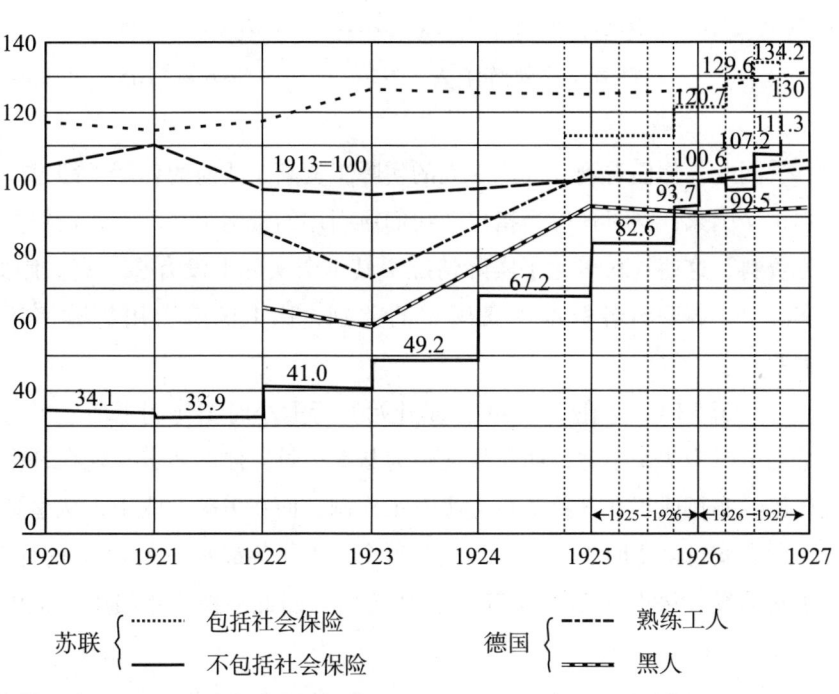

图7绘出了苏联工资增长的两条线：第一条线不包括社会保险，第二条线包括社会保险。这第二条线表明，在1927年的第四季度，苏联工业无产阶级的工资等于战前的134%。

与最重要的资本主义国家的比较说明如下的情况①（1913年的实际工资＝100）：

苏联 ……………………………… 134
美国 ……………………………… 130
英国 ……………………………… 103.5
德国，熟练工人 ………………… 93
德国，非熟练工人 ……………… 105

因此，你们看到，苏联工人的实际工资高于战前的程度，超过各资本主义国家；同时还应当指出，我们所引用的资本主义国家的资料是官方资料，这些资料美化了实际情况，其工资实际上没有那么高。因此，实际上，苏联与各资本主义国家的差别，比上面所引用的数字还要大些。

关于工时，早在1926年，即开始实行七小时工作制以前，每天的平均工时为7.5小时，而在战前则为9.6小时！你们知道，现在许多工厂已经实行或正在开始实行七小时工作制，而在采矿企业中，从事地下作业者实行六小时工作制。其次，每个工人每年都有一次14天的休假，工资照发。每年有50多万工人去休养所。因此，在近年当中，工人的

---

① 关于苏联的资料来自《工业十年》，最高国民经济委员会出版。关于资本主义国家的资料来自《工人评论》杂志1928年2月，国际劳工局出版。

状况已大大改善了。从 1923 年以来，实行工资已提高了 1 倍！我们不想以此说明，苏联没有受到严重剥削的工人。这样的工人还有。我们不讳言这一点。第一，存在着资本家对家庭手工业者进行剥削的隐蔽的形式，正像在资本主义国家中常有的那样，资本家在形式上让这些人保持着独立的手工业者的地位。这些家庭手工业者得不到劳动保护法律的保护，也不能当工会会员。有数十万工人处于这种地位，他们听凭城市资本家的摆布，受到严重的剥削。他们的工作时间不受任何法律限制，有时每天长达 12 小时，甚至更多。

其次，存在着富农对农业工人的严重剥削。苏联大约有 200 万农业工人，其中加入了工会的不过五六十万。而且，同志们，你们不要忘记，苏联幅员十分辽阔。你们不要用西欧国家的尺度来衡量把分散在苏联各地的这些雇农组织起来的任务。请想一想，西伯利亚的特别快车从波兰边境到符拉迪沃斯托克要走 10 天。请不要忘记，苏联的领土由北极延伸到印度边境。在这一辽阔的领土上分布着 80 万个村庄，其中有许多村庄离最近的火车站有数千公里之远，这 200 万雇农就在 80 万个村庄里生活和工作。工会和无产阶级专政要费很大的气力，才能把这些工人组织起来，使他们免除富农的剥削。苏联虽然还有个别的工人阶层受到严重的剥削，但整个工人阶级的状况已大大改善，而且正在逐年得到迅速的改善。因此，整个无产阶级都齐心协力地拥护无产阶级专政。

2. 小商品生产者

现在我来说明无产阶级专政统治下的农民的状况。首先我要提一下两种理论。一种是资产阶级代表人物经常宣扬的理论，说什么：在苏联工业无产阶级靠牺牲农民而过寄生生活；工业无产阶级剥削农民。为了调查这个问题,我研究了我从国家计划委员会获得的关于这样一个问题的详细资料:革命到底给了农民什么,在沙皇政权下城乡关系是怎样的,在无产阶级专政下城乡关系又是怎样的。请容许我在这里引用一些最重要的结果。从地主、教堂和皇室的土地中,农民无偿地获得了 7500 万公顷土地,劳动农民从富农的土地中又获得了 6500 万公顷土地,即共计 14000 万公顷土地。这些土地的价值超过 200 亿战前的卢布。这些土地的收益在战前约为 10 亿金卢布。无产阶级专政把价值 200 亿金卢布的土地无偿地交给了农民,这一事实是无产阶级和农民在反对资本主义列强干涉的斗争中结成军事联盟的主要基础。但现在联盟的这个基础在开始丧失自己的影响。农民感觉到他们对土地已经放心了。对他们来说,土地革命已是既成事实。因此,为了回答工业无产阶级是否剥削农民这个问题,必须调查研究一下现在各种收入的分配情况。

我们拿资本主义国家作为出发点。在资本主义国家中,农民把什么东西无偿地给城市呢?税收、地租、抵押借款和其他借款的利息以及给"好的政府"的开销,即诉讼费、罚款,还有——这在沙皇俄国也起很大的作用——经常的敲诈勒索等等。

这就是在战前的俄国,农民要付给城市的种种款项,而农民付出这些钱是得不到任何好处的。现在我们逐项地来仔细加以研究。

(1) 税收。战前,除去国家预算中用于农民、因而回到了农民身上的那一部分税收之外,农民每年要缴纳的税款,按整数算为 5 亿金卢布。现在,除去同样的部分,农民缴纳的税款不超过 2.36 亿金卢布。

(2) 地租。在战前,农民每年向地主、教堂等等交的地租为 3.14 亿金卢布(战前农民租土地 2725 万公顷,平均每公顷地租 13 卢布)。现在这笔款项完全免除了。

（3）在战前，农民要支付的抵押借款利息，按整数算为1亿金卢布。革命已把这笔支出废除了。

（4）为维持政权而付出的开支。农民以罚款、被敲诈勒索、诉讼费等形式支出了多少钱，很难确定。我估计，每年无论如何不少于1亿卢布。

我们得到如下的结论：现在农民得不到直接补偿而支付给城市的，比战前少七八亿战前的金卢布！

与这个事实相矛盾的是存在"剪刀差"，即与战前相比，农产品的价格低于工业品的价格，顺便说一下，这一现象全世界都有。工业品的零售价格与国家向农民收购产品的价格之间的差额，在本经济年度约为40%。现在农民每年向城市出售的商品，充其量值25亿卢布。这是城市所需要的农产品的商品价格的总数。这一总数的40%约为10亿卢布，按战前的卢布约为5亿卢布。当然，所有这些计算都只是近似的。但无论如何可以肯定，根本谈不上什么剥削，即似乎工业无产阶级靠牺牲农民而生活。可以满有把握地断定，现在农民得不到直接补偿而交给城市的，比战前少几亿卢布。

当然，这并不是说，现在农民的一部分收入没有用来建设社会主义工业。这种情况现在的确有，而且在今后若干年内还会有。因为苏联得不到外国的借款，因为它不剥削殖民地，因此，为进行工业建设所必需的资金，要由在本国工作的人的劳动来创造。600万有经济收入的农民应当帮助工业建设。在苏联达到和超过各资本主义国家的水平以前，用这种"剪刀差"的形式来进行帮助是必要的。

但这是不是意味着剥削农民呢？决不是。国为以"剪刀差"形式从农民那里拿来的一部分收入，没有像战前那样被统治阶级浪费掉。那时的情形是怎样的呢？沙皇的家族、地主、僧侣都靠牺牲农民而过着豪华的生活。俄国的地主把以租金的形式从农民那里得来的粮食运往国外，然后亲自去巴黎把卖粮食的钱挥霍掉。那时——当然是简而言之——被拿走一部分收入的农民的命运就是如此。现在的情况则完全不同。国家拿走的农民的部分收入被用于建设社会主义工业，随着社会主义建设的进展，农民所消费的工业品的价格正在降低，"剪刀差"正在缩小。① 社会主义工业一定会把它暂时从农民那里拿来的东西全部归还农民。因为在苏联，除了剥削工人的城乡私人资本家的一个不大的阶层之外，没有剥削者阶级，所以，也就不可能有资本主义意义上的剥削。

反对派（首先是普列奥布拉任斯基）曾提出一个论点，说必须大大提高工业品的价格，以便把农民收入的尽可能大的一部分转交给社会主义工业。我在前面已经说过，虽然无产阶级国家的权力非常之大，但这种权力无论在经济方面或政治方面都不是无限的。这种权力在经济方面的限度是由以下情形决定的。城市居民每天都需要农民生产的食品，否则就无法生活，而农民呢，如果对他们增加压力，他们即使没有工业品，在很长时间还是能够过日子。农民可以种植各种纤维植物，纺纱，织布，并且自己动手做成衣服。他们可以在自己的村子里鞣革，定做皮鞋。在必要时，他们可以用木材代替铁使用。如果农民发现工业品的价格太高，他们就转为封闭式的家庭经济。在1923年，我们就真正遇到过农民作为购买者实行"罢工"的现象。

另一方面，在苏联还有私人的工业——存在着手工业、私人资本主义工业和家庭工业。

---

① 现在"剪刀差"有缩小的趋势。工业品的零售价格和国家收购农产品的价格之间的差额，平均每年是：1925—1926年度——56％，1926—1927年度——61％，1927—1928年度——40％，1928—1929年度（估算数字）——34％。

如果农民所消费的工业品的价格过高，那么这些落后的、妨碍向社会主义发展的工业生产形式，就会靠牺牲国营工业而得到发展。简单地说，如果农民能够从手工业者那里获得靴鞋和布匹等等，而且比国家的更便宜，他们当然就不会向国家购买。由此可见，反对派建议毫无节制地扩大"剪刀差"，这会使苏联的全部发展倒退。这种错误政策的后果，就是缩小对社会主义部分的产品的市场需求，发展落后的和敌视我们的工业成分，并且使农民经济回到封闭的家庭经济。

显而易见，这种价格政策是不能容许的，因为它破坏劳动农民同资产阶级的阶级联盟和合作。由此可见，工业无产阶级不仅不靠牺牲农民过寄生生活，而且如果要不使社会主义建设遭到危险的话，根本不能哪怕是作这种尝试。

奥托·鲍威尔断言，苏联没有无产阶级专政，而只有农民的统治，原始的资本主义。这一理论是错误的。在一些社会民主党中间传播得很广泛的这一理论，也同样是完全错误的。我认为，我们在前面谈到农民同无产阶级专政的关系以及社会主义经济的作用逐年增加时，已经充分证明了这一点。

党的正确的政策在于：拿走农民的一部分产品暂时是必要的，不可避免的，因为我们得不到外资来建设工业。但这种获得资金的办法只能在一定的限度内实行，即不能破坏农民对生产的个人兴趣，不能使城乡之间的交换陷于停顿，不能破坏农民和无产阶级之间的联盟。拿走农民的一部分收入，这种办法将仅仅继续实行到苏联的工业发展赶上最发达的资本主义国家时为止。

托洛茨基关于"技术落后"的理论

这时我想对托洛茨基的理论谈一点看法。大家都知道，托洛茨基说，如果西欧的无产阶级不能取得国家政权，苏联技术上和文化上的落后，必然导致专政垮台。他在共产国际第四次代表大会上说：

"如果资本主义世界将再存在几十年，那么……这将意味着给社会主义的俄国判处死刑。"

我们可以在列宁最后的文章之一《论我国革命（评尼·苏汉诺夫的札记）》中找到对这一点的间接的回答。

"既然建立社会主义需要有一定的文化水平（虽然谁也说不出这个一定的'文化水平'究竟是什么样的，因为这在各个西欧国家都是不同的），我们为什么不能首先用革命手段取得达到这个一定水平的前提，**然后**在工农政权和苏维埃制度的基础上赶上别国人民呢？"①

我们来具体地研究一下关于技术落后的问题。根据托洛茨基的看法，赶上资本主义国家的先进技术是不可能的。这无异于否认无产阶级的革命创造力量。资本主义国家有巨大的优势：那里早就有优秀的技术学校；一些大型的资本主义垄断组织（例如德国的染料工业托拉斯）正在进行系统的科学技术工作，而且已经为创造发明活动奠定了牢固的组织基础；这些垄断组织支付非常高的工资，让一些优秀的学者为生产的利益服务。

但是，难道我们没有任何东西可以同这些优势相对抗吗？

1. 资本主义世界只限于在极其小范围的范围内挑选文化传播者。只有富人的儿子才能上高等学校，他们——即使是最无能、最堕落的分

---

① 参见《列宁全集》中文第2版第43卷第371—372页。——编者注

子——也都受到高等教育。而贫农的儿子、非熟练工人的儿子,哪怕他们绝顶聪明,也永远不能上高等学校。而苏联是从全体劳动人民中间挑选能干的、优秀的人才。因此,我们可以指出,经过一定的时期以后,我们会有比资本家那里的工程师更加优秀的工程师。

2. 在资本主义世界,工人完全是为挣工资而工作。他们的工作成果与他们无关。这是资本家的事。而在我们国家,生产资料掌握在工人阶级手中,没有利润,每一个工人都关心生产手段的改善,都或多或少地参与这种改善。

3. 资本主义给技术进步设置一定的界限:只有那些在当前工资水平的条件下能保证获得更高利润的发明,才被使用。而在苏联,我们的经济政策是要提高劳动者的福利,缩短工作时间,在技术进步的道路上没有类似的障碍。

4. 资本主义无政府状态地进行生产。而在苏联国民经济的社会主义部分中,生产是按计划进行的,这就保证了巨大的技术优势。

我们把以上所讲的总结一下。存在着严重的技术落后,这是事实。但是,不能证明:说在我们这里技术进步的速度不能比在资本主义国家中快得多(虽然可惜现在还不是如此),说我们无法赶上和超过资本主义国家。

托洛茨基的悲观主义理论的第二点是:

技术落后构成经济基础的一个因素。为了由此作出专政必然垮台的结论,就必须指出那些想要和能够——在技术落后的基础上——推翻无产阶级政权的社会力量,阶级力量。据我们所知,托洛茨基从来没有明确地谈过这个问题。但根据他的种种观点,不难断定,他认为这个社会力量就是农民。技术落后,工业品价格高,"剪刀差"扩得很大,与各资本主义邻国相比农民的处境困苦,发生农民起义,这种农民起义在资本主义国家的帮助下将导致专政垮台——托洛茨基的思路大致就是如此。

与此相反，我们可以指出：现在农民的处境比在沙皇统治下好得多，"剪刀差"有缩小的趋势，几乎在所有的资本主义国家中都有"剪刀差"；在资本主义国家中广大农民群众正在无产阶级化，而在我们这里国家政权正在尽可能地提供经济援助，以便提高贫农的经济条件。托洛茨基认为，在无产阶级专政下，广大农民群众不可能长期地感到满足；这个论点是不正确的。因此，所谓专政必然垮台和不可能在一个国家建成社会主义，是不攻自破的。①

农民的分化

我来谈一下农民的分化过程以及新经济政策时期苏联经济中一般的分化现象。在开始实行新经济政策时，列宁曾强调指出：在自由贸易和小商品经济的基础上，资本主义的发展是不可避免的；苏维埃国家的任务，无产阶级专政的任务就在于，把这种资本主义发展约束在一定的范围之内；当社会主义经济在新经济政策的基础上加强了以后，再把资本主义成分从国民经济中排挤出去。列宁从来不把新经济政策看做简单的退却，而把它看做这样一种退却，这种退却必须为以后的进攻、为以后向社会主义过渡奠定基础。那么在新经济政策下，农民当中发生了什么情况呢？毫无疑问，发生了某种分化。但是，要确定这种分化的程度却十分困难。为什么呢？在资本主义国家，存在着土地的自由买卖和地产的集中，这为这种分化提供了一个足够精确的尺度。而在苏

---

① 值得注意的是，反对派起先根据普列奥布拉任斯基的理论，要求提高工业品的价格，而在1927年，相反地，却要求向农民偿付"恢复价格"，就是说，他们提出了截然相反的要求。

联，买卖土地是被禁止的。因此，在地产的基础上不可能形成农民中的资本主义阶层。但是存在着其他种种关于分化过程的标志。例如，耕种的土地面积的大小就是这样的标志。在这一方面，有一些关于近年来播种面积变化情况的有趣的统计资料。我们引用中央统计局制作的如下的表格。

每一百户中拥有播种面积的户数：

	1922 年	1926 年
无土地者	4.4	4.0
4 公顷以下者	81.0	67.0
4—8 公顷者	13.0	23.0
8—13 公顷者	1.4	5.2
13 公顷以上者	0.2	0.8

李可夫同志在向第十五次党代表会议所作的报告中引用了一些稍微不同的数字：

每一百户中拥有播种面积的户数：

	1922 年	1925 年
无土地者	6.9	4.2
2 公顷以下者	46.0	33.0
2—6 公顷者	40.3	49.3
6—10 公顷者	5.6	10.2
10 公顷以上者	1.2	3.3

这两个表格说明，无地的农户所占的份额有下降的趋势（但不清楚，这些农户是消灭了还是转到高级类别中去了）。拥有最多的播种面积的农户的数目在增加，而且耕地的总面积也在增加。

可见，分化的过程是按如下的基本路线进行的：不多的一部分中农变为富农，一部分贫农变为中农、另一部分贫农无产阶级化而离开农村。中农仍然是中心人物，构成农民的基本群众。

这种发展基本上是适合无产阶级专政经济政策的意图的。与资本主义相反，这种发展是沿着整个农民经济上升的路线进行的。

无产阶级专政对农民的经济政策和资本主义对农民的经济政策，这二者之间的对立，可以明显地从美国的一位农业专家多维尔教授的下面这段话中看出。关于美国的情况多维尔这样写道：

"美国在土地政策上犯了一个错误。我们耕种的土地太多。我们的农畜产品产量的增长比人口的增长更快，虽然有数百万人离开农村进入城市……我们不必对此感到惋惜，相反，我们必须刺激人们迁移到城市中来。有两种人正在离开农业。其中一大部分是无能的农场主，只有一小部分属于上等阶级。经济条件迫使那些无能的农场主抛弃农场。这是势所必然的，而且归根结底有利于改善全体农场主的状况。"

但是播种面积并不是十分令人满意的标志，因为存在着各种隐蔽的分化形式：贫农依附于富农的隐蔽的形式，富农剥削贫农的隐蔽的形式。农民中三个基本阶层在数量上的相互关系大体上是这样的：按整数计，苏联有2500万农户，其中贫农占800万户，中农约占1600万户，富农约占100万户。关于富农的数量，有各种不同的估计。拉林估计占2%，莫洛托夫估计占3%—4%，共产主义科学院（克里茨曼—盖斯特）① 估计占5%—7%。反对派使用10%这个数字。

实际上情况是这样的：如果把富农阶层扩展得越大，则富农阶层与中农之间的差别就越小，因为总的说来，农村中正在经常发生中农转变为富农和富农转变为中农的过程。这和城市中的情形不同，在城市中，各个阶级，即资本家、手工业者和工人，彼此之间的界限非常分明，在城市中，某一个人属于什么阶级，这是毫无疑问的。而在农村中，贫农、中农、富裕中农和富农之间，经常发生由这一类别变为另一类别的情况。如果我们过分把广大的阶层算做富农，那么真正的富农所固有的剥削的标志便消失了。因此，我的看法是，如果我们认为其主要收入来

---

① 为了确定农民的阶级状况，盖斯特不使用播种面积，而使用关于买卖劳动力、租赁生产工具、出租土地的材料。结果得出有如下一些集团：
（Ⅰ）无产阶级集团：每年当雇工50天以上。
（Ⅱ）半无产阶级集团：每年当雇工20—50天。他们租用别人的役畜和农具。
（Ⅲ）中农：每年当雇工10—20天，或者相反地雇佣别的劳动力；租用或出租役畜20天，租用或出租农具10天。
（Ⅳ）富裕中农：每年使用雇佣劳动力20—50天；每年出租役畜不超过20天，出租农具不超过10天。
（Ⅴ）资本主义集团：每年使用雇佣劳动力不少于50天。
盖斯特使用一些极其复杂的方法，根据极少数农民的收支情况，把各个集团所占的百分比数确定如下：

	Ⅰ	Ⅱ	Ⅲ	Ⅳ	Ⅴ
北高加索	19.3	16.8	40.3	18.3	5.3
乌克兰	16.5	21.7	45.8	10.3	5.7
乌拉尔	10.9	11.9	52.6	15.4	9.3

我们在根据这些数字而得出结论的时候，必须记住：这个表格中所援引的地区是分化最严重的地区，而这种工作方法所得到的结果是，摆在我们面前的分化现象比实际情况更明显一些。不过，即使这样一个表格也清楚地证明：如果我们按照列宁的定义把第四个集团也算作中农的话，中农占压倒优势。

源是剥削他人劳动力的人是富农剥削者，那么我们就必须承认拉林的计算是正确的：他把富农的数字确定为2%。这样一来，我们对农民中的资本主义剥削阶层便有准确的估计了。

这种剥削是以什么形式进行的呢？大家都知道，农业中存在着三个基本因素：土地、劳动力和生产工具。而在当前的条件下，掌握生产资料起决定的作用。为什么呢？革命给了无地的农民以土地，但没有供给他们以足够的生产工具。在歉收年代，贫农又丧失了他们在革命时期获得的一部分生产资料。结果，农村中的情况就是：贫农拥有土地和自身的劳动力，但缺少活的和死的农具，因而无法耕种自己的土地。① 在这一基础上，富农剥削贫农的现象便发展起来了。剥削的形式多种多样。富农租用贫农的土地，同时贫农必须帮助进行耕种，可是贫农只能得一小部分收获，绝大部分被富农拿走了。或者，由于税收方面的考虑，富农认为这种租用的方式对自己不利，于是便采取相反的形式：贫农雇佣富农及其马匹和犁；形式上雇主是贫农，富农带着自己的马、犁和机器来为贫农工作。形式上，贫农是雇主，是剥削者，实际上，在这种形式下隐藏着对贫农的严重剥削，因为收获的绝大部分被富农拿走了。还有这样一种剥削形式：富农带着自己的马匹和生产工具去为贫农耕种土地，但为此贫农必须长时间地为富农劳动。因此，我们看到，由于土地不能买卖，由于富农的税额负担很重，所以，分化和剥削在农村中采取了各种各样的隐蔽形式。不言而喻，无产阶级专政力求千方百计地支持贫农反对富农。苏维埃政权给贫农提供种子、生产工具贷款；国营农场的拖拉机为贫农耕地；一些贫农户联合为合作社等等。但到目前为此，无产阶级专政还不能完全解决这个问题，使贫农完全避免富农的剥削。

---

① 大约有1/5的农户出租土地（《控制数字》第348页）。在乌克兰，有38%的农户租用役畜，有38%—40%的农户租用机器和工具（同上，第350页）。

社会主义经济部分目前还没有这个能力。从潜力上来讲，苏联是世界上最富足的国家之一，可能是富足的国家。苏联还有几千万公顷没有开垦的土地，有辽阔的森林，其面积超过德国全部领土许多倍。但是要利用这些自然财富，还缺乏必要的生产资料。因为苏维埃政府还不能供给贫农一切必要的生产资料，所以暂时必须容忍富农以各种不同的形式利用贫农的土地和剥削贫农。当苏联的工业生产出足够的拖拉机、犁和机器，使所有的贫农能够自己耕种自己的土地时，当有可能把全体贫农联合到合作社中时，这种状况就会结束。

真正的富农的经济实力是怎样的呢？这里我引用拉林关于2%的真正的富农剥削者的一些非常有趣的数字。① 他的计算数字如下：在所有农户中，平均每100个人有65公顷土地，而富农则有240公顷，即平均超过三倍。富农的牲口多1倍。每一富农户平均使用2个雇工，其他的每一农户平均只使用0.02个雇工。由此可见，几乎全部雇农都是被这2%的真正富农所剥削。

富农大致占有10%—11%的土地，7.5%的役畜，12%的收获量和14%的农民商品。由此我们可以看到这里所说的真正的农民剥削者阶层的情况。

城市资本主义成分。私人资本主义的剥削者阶层城市里也有。据拉林估算，私人资本家掌握着：国内全部工业产品的12%②，产业工人总数的17%左右，资金约4.5亿卢布，即等于全部资金的57%。私人资本家的利润每年为7500万卢布。我们看到，这个资产阶级根本没有什么了不起。

---

① 拉林：《苏联的私人资本》。
② 私人大工业3%—4%、私人小工业3%、假合作社2%、资本主义的零散系统（剥削手工业者）3.3%。

这里指出一点是有趣的：这个资本家阶层有自己的意识形态和自己的经济政策路线。在经济政策方面，私人资本力图在社会主义的生产和交换之外，建立一种封闭的私有经济的生产和分配，换句话说，它力图分出来，独立于国民经济的社会主义部分之外。在实践中这种情形是怎样发生的呢？私人资本家主要是向富农购买各种原料。他们在资本主义的基础上，在零散系统的范围内，把这些原料转交给手工业者进行加工。他们把手工业者生产的商品按照私人贸易的渠道进行销售，首先是卖给农民。

苏联的这个新生的资本家阶层和原来的资本家阶层的残余，以其巨大的灵活性而引起人们的注意。例如，苏维埃政府禁止通过铁路运输私人的粮食货物。资本家采取的对策就是通过河道用私人的轮船来运自己的粮食。他们向富农收购粮食，把粮食装上自己的驳船运到私人磨坊，在那里磨成面粉。然后，他们把面粉转卖给城市里的私商，从而卖给私人购买者。摆在我们面前的是一种封闭的私有经济的生产和交换。资产阶级的经济政策路线就是如此。尽管资产阶级具有这种无可争辩的灵活性，但它作为一个阶级是非常软弱的，因为它是没有组织的。这里需要作出正确的评价。苏联的资产阶级虽然暂时在经济方面代表着某种力量，但它作为一个阶级是非常软弱的。它不可能建立任何组织。它作为一个阶级已被打垮，它无权，受到压制，没有影响。它只会存在到它还能为苏联的国民经济实现某种必要的职能的时候。为什么它还能实现这种职能呢？因为社会主义部分还不能搞好城乡之间的商品交换，直到苏联的每一个穷乡僻壤。这个新的资产阶级在组织城乡商品交换当中，为社会主义部分实现辅助性的职能。当苏维埃经济，当它的社会主义部分加强到了能够自己实现这些职能时，这个资本家阶层就将被消灭，而这是毫无政治上的困难的。

把以上所说的总结一下，我们得出如下结论：在我所讲的三个基本阶级中，**无产阶级**和**贫农**完全站在无产阶级专政的基础上。**中农**和无产阶级之间已经达成协议，中农根据情况表现出某些动摇。资本主义阶层，即富农和城市资本家，是敌视苏维埃经济、敌视无产阶级专政的。但他们的力量无论如何不足以给无产阶级专政造成什么困难。列宁常说，只有当富农能够把中农吸引到自己方面时，他们才是危险的。苏联的无产阶级专政的任务，恰恰在于要不让富农夺取对中农群众的领导权。因为中农有1600万户，有大约4000万成年的劳动农民。如果这支力量起来反对无产阶级专政，那么这就是一个巨大的危险，而且意味着国内战争。防止出现这种情况，是无产阶级专政的基本任务之一。只有像联共（布）第十五次代表大会的决定所规定的那样，同贫农结成最亲密的联盟，同时同富农进行尖锐的斗争，才能实现这一任务。

计划经济的作用

同志们，你们知道，苏联同资本主义国家的无政府状态的生产方式相反，它实行计划经济。尽管如此，苏联还是周期性地遇到种种经济困难。这种情形是由于什么而发生的呢？要回答这个问题，我们必须了解当前条件下计划经济的作用。现在除了社会主义部分之外，还存在着私有经济部分。我们可以区分计划经济的三种职能：预见（即对未来的经济发展作出估计）、影响和布置。在资本主义国家中也对未来的发展作出估计。例如，每一个大型的资本主义托拉斯都设立自己的行情局，设法确定未来的消费和生产的发展。在我们的计划经济中也进行这种估计。当然，我们的布置只能在社会主义部分中实行。在国营工厂和苏维埃农场中，苏维埃经济可以直接决定应生产什么和如何进行生产。其次，我们还有一个间接的环节，即对私有经济部分施加计划影响。当然，苏维埃政府不能用法令规定：2500万家户、手工业者应当生产、出售以及购买什么东西和多少东西。这是不可能的。但苏维埃政府掌握着经济命脉，它可以对生产的进程和消费水平施加强有力的影响。假定说，我们需要提高棉花的产量，那么我们就提高棉花的价格，同时供给产棉区以便宜的粮食，使得农民为国家生产棉花比为自己生产粮食更加有利。

你们看到，对社会主义部分实行布置和对私有经济部分施加计划影响，这二者之间存在着原则性的区别。施加计划影响的手段首先是收购和销售价格，以及影响农民经济物质状况的种种政府措施。为了引导农民经济沿着一定的道路前进，我们必须随机应变，使得我们所追求的目的对于总是以个人利益为准绳的农民经济特别有利。只有用这样的办法才能领导农民经济。①

你们看到，我们的计划经济有多么大的困难。如果我们这里是完全的社会主义，只有社会主义经济，那么我们的计划基础就仅仅是进行规划和实行布置，实质上就仅仅是技术问题而非经济问题了。现在的计划经济包括预见、计划影响和布置。这三个因素必须协调一致，但由于这项任务很复杂，有时没有把三者协调好。

在当前的条件下，计划经济的各个单项任务是什么呢？它的总任务

---

① 数量上的对比关系使我们完全可以通过对市场施加影响来领导农民经济。1927—1928年度的资料是这样的（以10亿卢布为单位）：

	社会主义部分	私有经济部分
总产值	12.9	19.6
商品部分的产值	11.4	5.4

虽然私有经济部分的产值比社会主义部分的产值高1/3，但由于农民自己的消费量很大，因此投入市场的社会主义部分的产值比私有经济多1倍。因此，国家的价格政策有很大的意义。

是要把苏联的全部经济纳入社会主义的轨道。单项的基本任务是这样的：

按比例地分配生产资料和消费资料的生产。

不断地平衡在市场上流通的商品的价格的总额和流通中的货币的总额（保持货币在国内的购买力）。

正确决定可能和积累的最高限度，有计划地在马克思的第一部类和第二部类之间以及各生产部门之间分配积累（投资计划）。

在价格方面以及商品的消费形式方面调节城乡之间的商品交换。

平衡出口和进口（在世界市场上保持外汇平价）。

按比例安排纵向地互相供给原料和半成品的各生产部门的生产（国内结构的比例），等等。

此外，经济政策的总目的，即提高全体劳动者的福利水平，实现生产资料的社会化等等，是计划的基础。

因此，计划经济面临的困难非常巨大，尤其是因为要制订的计划不是一年的，而是五至十年的。收成的质量，不断变化的世界市场的行情，在实行计划当中的内部困难（个别托拉斯破坏计划，经济机关软弱，反革命的工程师怠工等等）——这一切都妨碍制订和执行经济计划。因此，如果说，我们虽然实行计划经济，还是遇到类似周期性危机的困难，这是毫不足怪的。

但是，我认为必须强调指出：虽然苏联的经济生活从外表上看是在类似资本主义形式的形式——"货币"、"商品"、"资本"、"利润"、国营企业、竞争、信贷等等——中进行的，但是，**它与资本主义根本不同**。资本主义是为获得利润而进行的经济。而苏联的经济，除了其中的资本主义成分之外，是以满足劳动者的需要为目的的。因此，把在外表上相似的经济现象看做在经济上相同的东西，是完全错误的。

在资本主义经济中发生的危机，在苏联也有类似**危机**的现象。但是，在资本主义经济中，危机是不可避免的。资本主义发展的规律，周期性把产量提高到超乎社会消费能力的水平，因而必然不断地造成新的危机。而在苏联的经济中，危机是计划经济不完善的后果。在那里是生产过剩的危机。而在我们这里，危机是表明工作中有缺陷。资本主义经济的机制不断地缩减工人阶级和独立生产者的消费能力。而在苏联的经济中，我们看到群众的消费能力在不断增长。因此，资本主义越富足，越发达，危机就越多。而苏联的经济越富足，它的储备越多，它的经济计划得越好，则类似危机的现象就越少。

我们必须把资本主义经济的合理化和苏联经济的合理化区别开来。在资本主义下，合理化的目的是增加利润和减少工人对产值占有的份额。现在资本主义的合理化带来大规模的失业、剥削量的增加和工人人数的减少。而苏联经济合理化的目的，是增加商品的数量，减少花费在生产商品上的劳动。它带来就业人数的增加和工时的缩短！

在失业方面也存在着同样的差别。在资本主义经济中，失业是经济发展全部进程的必然后果。资本主义需要有经常的后备军，而现在，在资本主义没落时期，这种后备军是经常的、大批的，具有结构性失业的性质。相反，苏联之所以存在失业，仅仅是因为经济很薄弱。假使能向一切失业者提供生产资料，那么苏联就不会有失业，因为资本主义市场遇到的那些障碍现在对苏联不起作用。简单地说，如果能给没有工作的人提供生产资料，就可以在苏联建设几万幢住宅，现在对住宅的需要非常之大。可以给这些住宅提供家具和各种设施。可以修设几十万公里的公路和铁路，向农民提供更廉价的、质量好的现代生产资料，换回更多的原料。我们的市场没有遇到搞扩大生产的任何障碍，因为现在在苏联虽然存在着私人资本主义成分，但生产的提高总是同时带来社会消费能力的增长。如果不供给失业者以生产资料，他们当然马上就会得到工资，他们就会不仅是生产者，而且是自己的产品的购买者。在资本主义下，社会的消费力总是落后于生产力。在资本主义下，经常存在着明显的或隐蔽的生产过剩。而在我们这里，相反经常感到商品匮乏；这个问题我在下面还要谈到。这里我只想强调指出，在苏联，失业不是从社会的社会结构中产生出来的现象，而只是贫穷和生产资料不足的结果，我们如果有生产资料的话，就能使工人利用自己的劳动力。

举一个具体的例子。在苏联的中部和南部地区，农村中的居民非常之多。那里有几百万公顷未开垦的土地。但是没有办法把这两个生产要素结合起来。为什么呢？因为苏联缺乏生产资料，因而不能向众多的农业人口提供犁、马匹，不能为他们建造住宅等等。由于缺乏第三个要素，前两个要素是互相分离的，只有随着生产力的发展创造了更多的生产资料之后，这种情况才能结束。

我重复说一下：苏联的经济虽然实行计划原则，但仍然遇到种种困难，这些困难或者是由于计算方面的问题，或者是由于贫穷即缺乏生产资料和经济后备而引起的。然而，这些困难并不是生产过剩的结果。

制成品匮乏，商店前面经常排长队，社会民主党人和联共（布）党内的反对派把这种现象说成是危机的症状，其实在当前的条件下不能认为这是一些类似危机的现象。消费品匮乏是苏联经济政策的自然结果。**即使在同时降低价格的情况下，即使在生产受到现有生产资料不足的限制的条件下，这种政策的目的都是要大力进行积累和尽量向居民提供消费品**。商品匮乏反映如下的事实，即社会的消费力超过生产力，因为在生产出来的价值尚未采取消费资料的形式之前，一部分产品在积累的过程中就已作为社会的消费力进入市场。简单地说，当建设一批新的大工厂时，要给进行建设的工人发工资，要给运输原材料的农民付款，等等，但要很久以后工厂才能建好，它的新产品才能出现在市场上。因此，在我们这里，社会的有支付能力的需求超过产品总额。在资本主义社会的正常条件下（在和平时期，货币稳定）从来没有商品匮乏的现象，因为假使需求超过供给，价格就上涨，平衡就恢复了，这等于降低劳动者的实际收入。在资本主义经济中，除了产业后备军之外，即使在行情很高的时期，也有一部分生产机器闲置不用，当出现某种市场条件时，可以动用这一部分机器来加紧供应商品。最后，经常有可能从国外进口商品，并为此而使用外国的贷款。

苏联的经济不能采取这些办法。例如，假使苏联把国营工业品的价格提高50%，但并不同时相应地提高工资和农产品的收购价格，那么工业品的商品荒马上就克服了，商店前面的排队现象也就没有了。苏联政府当然不能采取这种办法，因为这违背它的经济政策的基本路线。苏维埃国家又没有闲置不用的生产资料和原料储备，可以用来提高产量以适应需求的增长，因为为了最大限度地供应居民以商品，一切生产潜力都已用到极限了。因此，苏联不可能适应迅速增长的消费能力扩大自己的生产，以便完全满足日益增长的"有支付能力的"需求。（或者是现有的生产机器已充分利用，或者是进一步扩大生产受到现有原料量的限制。）苏维埃国家也不可能依靠进口来消灭商品匮乏现象。在苏联经济达到形式储备的阶段以前，尖锐的或长期的商品匮乏是一种特有的现象，正如明显的或隐蔽的生产过剩是资本主义特有的现象一样。但这种商品匮乏决不意味着商品经济的危机。

苏联经济的当前困难

现在我来谈谈外国报刊特别注意的今年的一些困难。外国报刊每天都在说什么苏维埃制度的灾难性危机、工农关系破裂、无产阶级专政垮台等等。外国报刊断言，苏联经济正在经历危机。这种观点是完全错误的。苏联经济不曾有过危机，今年也没危机。有的只是一些困难，更确切地说，是粮食采购方面的困难。有谷物经济方面的问题，但没有什么苏联经济的危机。为了证明这一点，我列举如下的一些数字。

在本经济年度的头八个月当中，工业生产比上一个年度增长20%，工资增长12%，劳动生产率增长9%，成本按整数计降低6%。由此可见，在工业中根本谈不上什么危机！采购原料和粮食（谷物除外）也没有危机。采购的各种原料比去年增加了25%—100%。这里也谈不上什么危机。

只是在采购谷物方面存在一些困难。这些困难的原因是多种多样的。总的原因是在需求日益增长的条件下农业落后。请回想一下图1，它说明农业的发展多么落后于工业的发展。总的可以说，整个农业已达到战前水平，但谷物的生产低于战前数量约5%。然而与此相反，正如我已说过的那样，人口每年增加300多万。现在的人口比战前约增加了6%—7%。因此，谷物生产和人均占有量之间的差额为11%—12%。

其次，虽然现在谷物的生产达到了战前水平的95%，但投入到农村以外的市场的谷物的数量只占战前的一半。这一现象是土地革命的自然结果。现在，农民在免除了地租和抵押借款的重负之后，吃得好多了，因而投入市场的谷物也就少了。这就是现在没有谷物出口的原因。

农业落后的原因是什么呢？主要的原因，首先是旧的沙皇制度的结果——农民的文化水平很低。现在农民的文化水平虽然大大提高了，但还是很低。第二个原因是土地的使用十分分散。2500万农户中，有800万贫农户拥有的土地面积如此之少，以致它们养不起耕畜。在这种小块土地的基础上迅速提高产量是不可能的。还有耕地交错现象，一个农民的少量土地分成10—20个小块。另一个原因是生产资料不足，这一点我已经讲过了。由于这一切，苏联每一公顷土地的产量只等于德国、丹麦、比利时、美国的1/4，虽然苏联的土地的质量并不稍次。不过另一方面，这证明在提高产量方面存在着巨大的可能性。只要采取某些并不十分复杂、并不要求大量投资的措施，如改良种子、实行深翻、增施肥料、用铁犁代替至今在苏联使用着的500万张木犁，等等，——肯定就可以在不太久的将来使产量增加1倍。

农业落后于工业发展速度的一般原因就是如此。近年当中还有许多特殊原因。农民是以独立的小生产者的身份来经营自己的经济，什么作物收益最大，他们就种什么作物。现在，与棉花、甜菜等所谓技术作物的收购价格比较起来，谷物的价格太低。农民不向市场提供谷物，而提供畜产品，不种植谷物而种植饲料，或者用谷物喂牲口，对自己更加有利。同样，农民不种植谷物，而种植国家的工业所需要的技术作物（纤维和植物油料），得到的收益更大。这种情况的后果是，谷物的播种面积相对地减少了。

其次，由于在社会主义部分中实行广泛的投资，近年来农民除出售农产品之外还获得了大量的收入。一部分农民在城市里当建筑工人和壮工。大规模的建筑活动使农村获得了大宗收入。同时，建筑业意味着，农民的运输业，即运输木材、石块、砖和沙，构成一部分较富裕的农民的重要收入来源。国家计划委员会的计算表明，在1926—1927年度和1927—1928年度，农民的非农业收入高达23亿卢布，就是说，几乎与农民向城市出售农产品的所得相等。

因此，一些富裕的农民不必出售自己的谷物，就能交纳税金和购买工业品。

这里也表明有富农的影响。据拉林计算，全部农产品的14%，进入市场的谷物的20%掌握在富农手中。对于每年只能收获一次的谷物来说，20%这个数字是一个巨大的机动数额。在资本主义国家中，假使某一交易集团掌握着20%的收获量，它就能操纵市场并且大大地提高价格。在这个经济年度内，富农就作了这样的尝试。他们不拿出自己的粮食来，并且按照这样的方式影响地位与他们接近的富裕中农阶层。结果，你们知道，至1928年初，苏维埃政府只收购到200多万吨谷物，就是说，比计划所规定的为供应城市、工业中心、军队等等所绝对必需的数量大约少 1/5。

由于这种情况，政府和党不得不千方百计地加强谷物采购工作，并为此而动员全党，同时对那些为了进行投机而不拿出谷物来的富农采取某些非常措施。出现了这样的情况，而苏联经济内部的这些资本主义成分企图突破无产阶级专政给它们设置的框框。对此无产阶级专政就用非常措施来回答：把那些为了投机的目的而不拿出粮食来的农民视为投机分子，强迫他们卖粮，部分地没收他们藏匿的粮食等等。结果是令人满意的，至 4 月 1 日，亏空已经弥补了。这个时期清楚地表明了农村中各种阶级力量的相互关系。贫农和雇农支持苏维埃政府及其机关同富农作斗争。他们指出富农把粮食藏在什么地方等等。这里再次证实了列宁的政治路线是正确的，他说：

"善于同中农妥协，——同时一分钟也不放弃对富农的斗争，完全地紧紧地依靠贫苦农民……"①

在这个反对富农的运动结束之后，又出现了一些新的困难。这些新的困难就是：乌克兰和北高加索许多地区的越冬谷物作物死了，到春天发现必须重新播种。苏维埃政府不得不从自己的谷物储备中拿出 50 万吨给予这些受灾地区的贫苦农民，使他们能在越冬作物死了的土地上播上春播作物。不言而喻，因为收成的前景不佳，这些地区的粮食采购工作就更加困难，因而到年底又出现了某些亏空。此外，苏维埃政府还不得不给贫农提供一些粮食做消费之用，因为富农为了报复对他们采取的非常措施，不再在农村市场上出卖粮食，以便引起反苏维埃的情绪。最

---

① 参见《列宁全集》中文第 2 版第 35 卷第 191 页。——编者注

近几个月当中苏维埃政府从国外进口了250万吨粮食,以便满足暂时的需要并且对付富农的花招。这已不是什么秘密。

苏维埃政府采取了哪些措施,防止今后在谷物采购中再出现类似的困难呢?这些措施多数同志们都知道了。首先是大大提高明年收获的谷物的价格(提高15%—20%),使明年农民种谷物作物不会比种其他作物吃亏。其次,正在采取种种措施,以促进贫农和中农的个体经济发展,但这种支持必须尽可能地同通过合作社实现个体经济的合作化联系起来。① 再次,已作出决定,立即扩大现有的苏维埃农场,并且建立一批新的、大型的、国营谷物农场。这项组织工作已经开始了。今年苏维埃农场将破天荒第一次耕种几十万公顷土地,有希望在几年之后,苏维埃农场能够收到足够的粮食,以便在粮食采购中制止富农"玩弄花招"。

尽管已经众所周知,这里我们还是必须着重指出,根本没有什么农业总危机,甚至也没有什么谷物危机。诚然,在上述强迫措施的影响下,富农在春天缩小了谷物的播种面积,但中农和贫农在苏维埃政权的支持下大大增加了播种面积。因此,根本谈不上什么无产阶级同中农之间发生了破裂。中农扩大了播种面积,这就说明根本没有破裂的危险。

富农和资产阶级反革命分子散布谣言,说什么为了保证谷物采购工作而采取的非常措施,意味着开始回到军事共产主义。他们满心希望,他们至少能把富裕中农阶层吸引到自己一边,因为在某些地方,非常措

---

① 只有实现农业合作化才能彻底解决问题。但合作化只能在得到农民的同意以后进行。关于这个问题,列宁曾经说过:"改造小农,改造他们的整个心理和习惯,这件事需要花几代人的时间。"(参见《列宁全集》中文第2版第41卷第53页。——编者注)

施也触及了富裕中农阶层。为了防止出现这种情况，党和政府决定，在新的谷物采购运动中不采取任何非常措施。

现在我来谈谈不很严重的一些消极现象，这些现象在我们同社会民主党的斗争中经常被提到，所以必须加以说明。社会民主党的报刊常常说："无产阶级专政当家作主得很糟糕。苏维埃企业生产出来的工业品多么贵！"当然，不能否认一个事实，即我们的工业品比先进资本主义国家的贵一些。为什么呢？因为苏联的工厂的设备在很大程度上已经陈旧了；因为居民的消费能力不断增长，工业往往不得不让一些陈旧的企业开工，以便更充分地满足需求；因为原来技术熟练的产业工人的相当大一部分在内战中牺牲了，而另一部分则在苏维埃经济部门和军队中担任负责的职务等等，因此，近年来，大量新的、没有经过多少训练的新工人涌入工业。最后，我们的生产费用很高是因为，我们的劳动力利用得少一些。现在劳动时间是平均每天不到7.5小时，每个工人每年带薪休假至少14天，如此等等。不言而喻，技术水平较低，工作时间较短，劳动强度又较差，在这种情况下，我们的生产费用就必然比资本主义国家中的要高些。

与战前相比，物价并不比资本主义国家上涨得更多。近年来商品的批发价格的变动情况如下（国家计划委员会的指数，以1913年为100）：

	1924—1925	1925—1926	1926—1927	1927—1928
农产品	143	147	141	136
粮食	138	124	101	101
未征消费税的工业品	173	174	168	161

其中：

生产资料	151	156	154	145
消费资料	181	182	175	169

与最发达的资本主义国家相比,苏联的工业品是贵一些,但战前就是如此。

有人常常说,**为什么对外贸易额这么小**?"为什么你们的进出口额都只有战前的三分之一?"还常听人说:"战前每年输出1000多万吨粮食,而现在苏维埃政府却输入粮食!你们是怎么当家的!"

这些言论都符合实际情况。为什么会出现这种情况呢?因为苏联的农民和工人现在比战前吃得好些。现在粮食的生产降低了5%,人口却增加了7%,又吃得好些。因此粮食过去有输出,而现在国内自己消费掉了。战前有输出决不是因为有剩余。恰巧相反,正如一位德国教授泽林所说的那样,那是一种勒紧裤带的输出。当时农民忍饥挨饿。当时地主以地租、税收等形式把农民的粮食拿走了。那些粮食被输出了,换回奢侈品,或者,卖粮食的钱被用来作为俄国贵族在国外的开销。现在苏联的居民吃得好些——所以没有剩余的粮食了。但是并没有完全停止输出粮食。个体贫农、中农户和苏维埃农场的农业收获量正在迅速提高,过几年之后就可能输出相当多的粮食,因为国内粮食的消费不是无限制地扩大。它只是提高到一定的限度,然后就开始下降。例如,在美国,现在粮食的消费就大大低于20年以前。为什么呢?因为人们以大量的畜产品,如肉类、禽类、奶类、蔬菜等代替粮食。现在苏联也在发生同样的过程。城市居民正在由消费黑面包转变为消费白面包。粮食的消费停留在同一水平,而肉类、奶类的消费正在提高。

这就是我们的对外贸易额很小的原因。自然,我们只能使输出和输入相抵。我们没有输入资本。我们没有得到多少贷款。我们的输出会提高,因而那时输入也会相应地提高。但要到我们的居民吃饱肚子之后,才会有更多的剩余产品。

工业化也造成了对外贸易的缩减。苏联被孤立于资本主义世界之外，为了保证自己的国防能力，它不得不力求自力更生。在欧洲建立一些社会主义的苏维埃共和国之前，它不得不放弃国际分工的某种优越性。

关于失业的问题，我已谈过了。我们的失业现象是由于缺乏必要的生产资料所造成的。失业者是一些什么样的人呢？首先是800万户贫农，——把自己的青年子女送到城市中去。第二类失业者就是长期以来使苏维埃机关臃肿不堪的职员和官吏——被精简下来了。苏联的失业者不是产业工人。全部失业者中几乎有一半是妇女，约1/3是所谓从事**脑力劳动**的工作人员。熟练的产业工人只占失业者总人数的10%。有人可能产生一个问题：在存在着严重失业现象的情况下，苏维埃政府为什么要实行使许多工人找不到工作的合理化？不改善生产方法，使更多的工人有工作做，岂不更明智吗？这种说法是不正确的。这是同我们的意图相矛盾的。我们的意图是要使苏联的工业同最发达的资本主义国家的工业并驾齐驱。

但苏联的合理化和资本主义国家的合理化有重大的差别。在资本主义国家中，实现合理化的目的是增加利润和扩大失业者的人数。而在苏联，实现合理化的目的是更好、更廉价地进行生产。随着合理化的实现，我们将解放劳动力，缩减工作时间，暂时缩减为七小时，而在采矿业的井下作业中，则缩为六小时。随着劳动效率的提高，随着合理化的实现，社会主义工业将改善自己的生产，劳动时间将缩短，因此，工业将吸收更多的工人。

由此可见，资本主义的合理化和苏联的合理化，资本主义条件下的失业现象和我们的失业现象，有原则的区别。

我还想讲一下技术力量的问题，这个问题在我们这里非常复杂。大家都知道与沙赫特审判案有关的种种事件。我们发现，有一部分——虽然是不多的一部分，不过是很重要的一部分——技术专家多年来经常不断地破坏苏联的建设事业，同跑到国外去了的资本家、同外国政府保持联系。怎么可能发生这种情况呢？要知道，是共产党员在领导一切呀！但是，一个好的共产党员不一定是一个好的托拉斯领导人，不一定懂得技术问题。一个人，如果他自己不是工程师，就很难确定某个专家是老实人还是坏蛋。在沙赫特审判中被判刑的那些叛徒专家，表面上对共产党员唯命是从。他们一面进行破坏活动，一面歌颂苏联。他们用这种方法麻痹了共产党员的警惕性，蒙蔽了"无产阶级的不信任"。①

  为什么这些专家敌视苏维埃政权和无产阶级专政呢？请想一想在我们这里和在资本主义国家中工程师的不同地位！在资本主义国家中，工程师有希望，而且在个别场合下有可能，通过为资本的利益努力工作，通过技术上的革新而挤进大资本家的行列。他们的收入可以与百万富翁的收入相比拟。在政治上，他们有可能当上资本主义国家的头头脑脑。实际上，在各资本主义国家中都存在着一个工程师的最高阶层，那些人按其收入、生活方式、整个意志形态来说，与资本家有最密切的联系，而且构成资产阶级的一个组成部分。沙赫特的这帮破坏分子就是原来与资本家有极密切联系的分子。

  在苏联，技术专家没有资本主义国家向他们敞开的那种前景。他们不可能成为百万富翁，不可能挤进大资本家的行列，不可能成为政治领

---

① 共产党员要找到一条对待技术专家的正确路线，是很不容易的。关于这一点，列宁写道："一个共产党员若不能证明自己善于把专家们的工作统一起来并虚心地给以指导，了解事情的本质，详细地加以研究，那么这样的共产党员往往是有害的。这样的共产党员在我们这里很多，我宁可拿出几十个来换一个老老实实研究本行业务的和内行的资产阶级专家。"（参见《列宁全集》中文第2版第40卷第353页。——编者注）

导人。他们只能过某种清寒的生活。如果他们不是浑身浸透了资本主义思想，如果他们没有被这种思想腐蚀，如果他们还保持着创造的乐趣，那么，社会主义的增长就使他们能够以全副精力参加发展生产力的工作，而不会遇到只图赚钱的资本主义给生产设置的种种框框。实际上，现在大多数专家都是忠于苏维埃政权的。但是，有一小部分专家，即战前在资本主义经济中占支配地位的那一部分专家，直到现在仍然没有老老实实地转到工人阶级方面来，他们虽然与工人阶级合作，但不是真心实意地合作。

最糟糕的是，现在共产党员工程师还很少！不言而喻，在帝国主义战争和国内战争时期，共产党员不可能去上五年高等技术学校。只是到现在，才培养出头几批共产党员专家。但是，共产党员仅仅在高等学校毕业是不够的。要变成真正优秀的工程师，他们还需要长期地实践。现在通过了毕业考试的人，明天还不能领导大企业。

在这一方面我们看到，老一代的资产阶级专家和新一代的红色专家正在进行十分有趣的斗争。老的工程师力求保持自己的垄断地位。他们不让年轻的工程师了解自己所掌握的东西。他们不愿意把自己的专门知识传授给青年人，以便做到离了他就不行。实际上，如果没有老专家就不可能实现国家工业化，不管在无产阶级专政时期无产阶级群众的创造力量多么巨大。下列事实已证明了这种巨大的创造力量：虽然一些居于领导地位的专家逐年有步骤地进行破坏，但我们的生产还是取得了我在报告的前一部分描述了的那种巨大的增长。

党和政府已着手采取一系列重要措施，以便防止沙赫特事件重演。最重要的一些措施是：

无情地惩办暗害分子，但反对毫无根据的普遍"株连"；改善苏维埃专家广大阶层的状况；对专家的工作进行经常监督，专家必须时时意识到自己的个人责任；加紧培养红色专家并把他们投入生产过程的相应部门；吸引外国专家；培养技术工人；不断提高工人的技术知识；吸引工人群众讨论实际技术问题；对经济领导者进行技术教育；对庞大的经济组织实行分散，因为这些组织的存在，使对专家的实际监督很难进行，而且反革命分子有可能隐藏在这些组织中；活跃各级党和工会组织的活动；实行批评自由。

人们常常不是没有根据地埋怨苏联存在着官僚主义。

列宁自己就说苏维埃国家是"有官僚主义歪曲现象的工人国家"。反对官僚主义的斗争，直到今天仍然是党和政府的主要任务之一。官僚主义的根源是：沙皇制度遗留下来的群众的文化水平很低；处于建设时期的经济尚在探索之中，还没有找到最好的组织形式；不可避免地在国家机关和经济机关中有相当多冷漠的、敌对的分子[①]，他们所关心的主要是，总要有一个相应的书面决议等等来证明自己的每一步骤都是正确的。我们认为，反对官僚主义的最好的办法，就是提高群众的文化水平，并且让群众能自由批评国家职员的活动。

城市中的住宅荒是一个严重的困难。我们必须公开承认，工人的居住条件远远落后于向他们提出的种种要求（那些可以自由使用国家森林中的材料的农民，自革命以来已修建了许多新房）。城市中住宅紧张是当前苏联经济贫困的结果。进行城市建设，这意味着要从当年的产品中拿出供今后50—100年之用的积累！进行这种建设的特点就

[①] 列宁在共产国际第四次代表大会上说："在上面我们有多少自己人，我不知道，可是我想总共不过几千人，最多也不过几万人。但是在下面，却有几十万沙皇和资产阶级社会留下来的旧官吏，他们部分自觉地，部分不自觉地反对我们。在这方面，短时期内是没有办法的，这是毫无疑问的。在这方面我们要作多年的努力，才能改善机关，改变它的面貌并吸收新的力量。这个工作我们做得相当快，也许太快了。"（参见《列宁全集》中文第2版第43卷第285页。——编者注）

是，修建居宅不是供一年之用，而是供几十年之用。但苏联的经济没有能力从当年的产量中拿出这么多东西作为积累。因此，近年来虽然努力进行建设，但大城市中仍然存在着严重的住宅荒，而且将长期存在。

对于现在存在着的种种困难和缺点决不可掉以轻心。而在同资本主义国家作比较时，必须注意到，苏维埃政权是通过群众进行统治的，任何弊端都应充分公开地加以讨论，因为这些弊端只有通过群众积极参加讨论才能克服。在资本主义国家中是少数大资本家进行统治。那里的一切经济问题和政治问题都由少数人决定。资本家掌握着政府机关、法庭和报刊，他们不让公布任何不利于他们的事实。因此，在"自由的"资产阶级报刊上，资本主义国家的生活被大大地美化了，并不符合实际情况。相反，在苏维埃政权下，往往故意用阴暗的色调来描绘真实情况，以便迅速发动群众同现存的种种缺陷作斗争。

当然，苏联存在着种种困难。由资本主义过渡到社会主义，这不是一个简单的一帆风顺的过程。这种过渡是在不断进行阶级斗争的条件下实现的。为了逐步地把落后的国民经济改造为社会主义的经济，我们必须不断克服种种新的困难。

这不是一个简单的一帆风顺的过程。但是，同样我们也没有丝毫理由对社会主义建设的前景作悲观主义的估计。

今后发展的前景

计划经济尽管还有某些缺陷，但在苏联已深深地扎了根，所以五年计划使我们能了解今后苏联的经济发展。基本的路线是这样的：

在今后的五年当中，工业产量将提高122%，其中**生产资料的生产将提高142%**，消费资料的产量将提高109%。虽然这个增长速度非常之快，远远超过任何一个资本主义国家的工业产量的增长，但在这个五年计划结束时，对某些重要商品（钢铁、有色金属、某些化学产品）的需求仍不能完全满足。到这个时期结束时，拖拉机的产量将为每年6万台，但仍然供不应求。汽车生产的情况也是如此，尽管汽车的生产发展很快。我们工业的生产结构是在资本主义生产方式的无政府状态的基础上形成的（位置不恰当），是适应于按资本主义办法来分配收入的。改造这一整个结构，五年以后仍不能完成。

在这五年中，**工资**名义上将增加30％—40％，但实际上，由于降低物价，将增加50％。

在十年当中，**农产品**应增加一倍。在头五年结束时，开垦的土地面积将增加20％，收获量将增加30％—40％。为了达到这个目的，五年之后在苏联的土地上耕作的拖拉机将不少于15万台，木犁应完全被铁犁代替。50％的粮食播种面积和100％的重要技术作物的土地，都将用经过精选的纯种播种，种植纤维作物的土地将普遍使用人造肥料等等。

在扩大播种面积方面，国营农场起着巨大的作用。五年以后，国营农场所开垦的土地至少将达2000万公顷，它们为了满足国内的需要，每年将至少提供250万吨粮食。

通过建立合作社和签订合同的形式，农民经济的合作化将取得巨大的成就。

今后的前景是这样的：

我国将逐步变为农业—工业国。计划经济的有利影响将越来越大。公有经济部分将越来越扩大。随着公有商业组织的发展，资本主义成分的作用将越来越下降。国营工业的产品价格低廉，这就会排挤小型的私人的工业和手工业。提高个体农民经济的水平，组织集体农庄，使用各种可能的经济手段同富农进行坚持不懈的斗争，——这一切将越来越削弱富农的比重，保证粮食的供应和出口。随着生产的发展，工人的实际工资将不断提高，而失业者的人数将不断减少。今后，列宁所讲的五种社会经济成分将只剩下两种，即社会主义经济和中农的小商品经济，而后者将越来越密切地同公有经济结合起来。与此相适应，将只剩下两个阶级，即工人（职员）和劳动农民。而在更遥远一点的将来，农民就会自愿地逐步过渡到集体经济。随着农业生产资料私有制的消灭，一般的阶级差别就将消失。

在继续实行无产阶级专政的条件下，向社会主义发展是有保证的。虽然现在国内还有敌视无产阶级专政的阶级，虽然阶级斗争仍在继续，——尽管如此，这一方面并不构成对无产阶级专政的任何危险。危险仅仅来自国外，即帝国主义列强的武装进攻，这种进攻也许会吸引国内暗藏的反革命势力进行积极的斗争。苏联的无产阶级正准备对此进行有力的抗击。

1921年，在武装干涉的战争结束以后，列宁说："并不是我们取得了胜利，因为我们的军事力量微不足道，胜利之所以取得，是由于列强不能投入他们的全部军事力量来反对我们。先进国家的工人对战争的进程起着巨大的影响，违反他们的愿望，战争就无法进行，他们终于用消极和半消极的抵抗，使这场进攻我们的战争再也打不下去。"①

在即将到来的战争中，全世界的无产阶级一定要立即而且十分坚决地立即帮助苏联——工人的唯一的祖国，世界革命的坚强堡垒。如果苏联的无产阶级专政被资本主义列强的联合力量所推翻，那就意味着摧毁十年的成就，长期地推迟世界无产阶级的胜利，毫无意义地延长新社会诞生的产前阵痛。不应当出现这样的情况！苏联的无产阶级，在全世界无产者的援助下，将抗击任何入侵，保卫共同的社会主义祖国，直至取得世界革命的最后胜利。

---

① 参见《列宁全集》中文第2版第41卷第125页。——编者注

西坎德尔·苏尔的声明

昨天晚上在会议快结束时，由于罗思坦同志的讲话被延长而发生了意见分歧，当时的英文翻译完全停止了。我曾向译员提出抗议，英国代表团波立特同志随即提出了抗议。后来恢复了翻译，接着，翻译又停止了。在结束会议之后我听说，当时正计算赞成和反对殖民地提纲的票数。

印度代表团认为原来的争论尚未结束，所以投了反对票，现在我们了解到，当时正在对提纲进行表决。

我们的全部发言都表明，我们反对非殖民地化的理论，因此，我们不能同那些坚持这一理论的人一起投票。

在这种情况下，我们两个有表决权的印度代表请求把我们从投票反对提纲的人数中除去，并且把我们计算在原则上赞成通过提纲的票数之内，——不过提纲还需要加以修正。因此，投票反对提纲的不是14位而是12位同志。

墨菲的声明

由于英国代表团的立场在代表大会的某些代表中引起了误解，我认为必须说明：昨天发表声明的罗思坦同志是代表代表团的多数人讲话，代表团中有4人赞成关于殖民地问题的提纲的路线。

（会议休会）

第四十二次会议

(1928 年 8 月 22 日晚)

主席：皮亚特尼茨基

曼努伊尔斯基作关于联共（布）党内情况的报告

我在关于联共党内情况的报告中，必须对我们党同托洛茨基反对派进行的斗争总结一下。为什么还要来谈这个已由党解决了的问题呢？现在，托洛茨基反对派已被粉碎，它的列宁格勒部分在向党公开承认错误之后，已恢复党籍；我们最近在收购粮食方面的困难，已向苏联的劳动者和整个共产国际清楚地表明，如果让反对派的领袖去领导社会主义建设，如果他们开始真正实行斯米尔诺夫的纲领，即我们最好同农民闹翻几年，而更快地实现工业化，那么他们会把我们的革命引向何方。——现在，为什么还要来回顾我们党的这一段历史呢？有这个必要旧事重提吗？谈谈当前联共面临的任务岂不更好？我认为，第六次世界代表大会不能回避我们党同托洛茨基反对派进行多年斗争的教训，不管这个问题使人感到多么乏味、厌烦。托洛茨基反对派不仅是"民族的"现象。在整个国际战线上都同它进行了斗争。对苏联的社会主义建设事业抱不信任的态度，是我们的各个反对派的特点，这同 1923 年德国事件在西欧工人运动中引起的、同英国总罢工的失败以及中国大革命的暂时退却所引起的消沉颓废和失败主义情绪是紧密交织在一起的。因此，托洛茨基反对派不仅反映了我们国内各非无产阶级的阶级压力，它的歇斯底里式的曲折路线的政策也反映了世界资本对整个国际无产阶级及其革命的堡垒——苏联的压力。

托洛茨基思想的根子，不仅在于苏联的阶级关系，它扎得更深，而且在于战后第一次革命浪潮消失以后在欧洲所形成的客观形势。因此，同反对派作斗争，这并不是把俄国的争论人为地搬到西欧各国的支部中去，而是西欧各国党内自动出现的社会民主主义的旧病复发的结果。联共党内反对派的进攻只不过是加速了这个进程而已。我们的第三国际即共产国际时代与战前的第二国际时代的不同之处，就在于我们的各支部的思想政治生活、它们的问题、政治和策略的深刻的国际化。我们与过去的战前时期的各社会党的不同之处，就在于我们各国共产党的党内争论不带有狭隘的地方性质。参加第三国际即共产国际的有一个最大的党，这个党已经胜利地实现了无产阶级革命，十多年来一直在实行无产阶级专政。如果这个党的一些基本问题不决定共产国际其他支部的党内派别划分，那就奇怪了。如果我们党不把使自己在同反对派斗争中获得的经验教训变成整个共产国际的财富，那就也是怪事了。反对托洛茨基思想的斗争，是我们各国共产党布尔什维克化的一个组成部分。联共和整个共产国际进行了反对托洛茨基主义的斗争，认定托洛茨基主义是反映第二国际的社会民主主义残余的学说，欧洲的同志只有通过这场争论，才能理解我们党根据第十五次党代表大会确定的政治方针对当前一些问题作出的答复。这一方针并不是党的政策的某种新的转折。只不过仅仅是在党同反对派用夸夸其谈的假革命词句掩盖起来的最大的机会主义错误划清界限的基础上，这一方针才成为可能的和必然的。反对派一贯破坏这一方针的实行，因此党不得不集中火力对付反对派诋毁和歪曲党的路线的种种责难。联共只是在消灭了反对派之后，才获得了行动自由，以便充分地、全面地贯彻实行党的路线。因此，我在自己的报告中不得不谈一谈我们党的政策的一些根本的原则性问题，这些问题是我们党根据在同反对派的反列宁主义观点进行斗争中所积累的经验解决的。

但是，在讲上述问题的实质之前，我想顺便简单地谈一下苏联和国外的已经破产的反对派拼命制造的一个神话。这个神话是说，某些力求回到党内的反对派分子正在企图说明他们投降的理由：党通过第十五次党代表大会以后所采取的方针似乎已经表明反对派的批评是正确的。从这一类人的言论来看，不是反对派破产了，不是他们在承认自己已经破产之后向党投降，而是上百万人的党转到了这伙不被承认的人一边，这伙人对自己在历史上的作用的主观评价是同客观事实风马牛不相及的。现在这些人就像溺水的人抓住救生圈一样地抓住他们个人转变的这类理由，显然他们认为，在一个大国内——那里的人决非都是心脏病患者和白痴——总会有人真的相信，那些使反对派的支持者坠入了反革命深渊的半孟什维主义和孟什维主义的观点，在我们党内真正成了公认的观点。在我们党的历史和整个工人运动的历史上，我们已不是第一次看到这样的例子：一些在政治上走投无路的集团曾大发慈悲到这样的程度，即愿意宽宏大量赦免误入迷途的党。在由于工人阶级和1905年革命遭到失败而出现的艰苦年代中产生的颇有名气的"前进"集团就是如此。这个集团事实上起了引导个别知识分子集团脱离日常革命工作的极左派的作用，它谴责布尔什维克党犯了机会主义的弥天大罪。这个在政治上腐朽透顶的集团到俄国的新的革命浪潮高涨起来的时候，在1912年也曾大言不惭地说什么，以列宁为首的布尔什维克党走到它即"前进"集团那里去了。这是托洛茨基第一次这样干。他在各反布尔什维主义的流派中徘徊踯躅了20年，在对革命动力的估计、对孟什维主义的态度、对战争的态度等这样一些基本问题上都同布尔什维克党有分歧。1917年，在十月革命的前夜，他走向布尔什维主义，不过他不是作为被战胜者，而是作为这样一个人：列宁的党应当向他重新学习。

托洛茨基在 1922 年写道：

"在 1905 年 1 月 9 日事变到十月罢工这个期间，本书作者＜即托洛茨基＞对俄国革命发展的性质形成了获得'不断革命论'名称的那些观点……虽然事隔十二年，但这个估计被全部证实了……"①

1921 年 12 月 6 日，托洛茨基在众所周知的致奥里明斯基的信中说：

"我认为我对革命动力的估计是绝对正确的。"②

托洛茨基说，他对革命动力的这种估计在 1917 年 10 月已被证实，他认为，根据我国无产阶级专政五年的经验来看，他的这一估计在 1922 年也是正确的。那么他的估计到底是怎样的呢？假如他不把这一估计又运用于这样一个国家，也许我们就用不着来谈这个问题，这个国家的经济结构、社会关系、阶级集团、它与世界帝国主义的相互关系的形式都与沙皇俄国不同。我们指的是中国。围绕着这种估计，我们党同托洛茨基进行了长期的思想斗争，他的同道者曾诬蔑联共领导，说什么它在激烈的争论中臆造出了作为一种思潮的托洛茨基主义，——在这一切之后，现在，1928 年，托洛茨基把他对革命动力的老的估计完全运用于中国。他在提交代表大会的关于纲领问题的一个文件中，关于中国革命问题所说的大致就是这样一个在中国进行社会主义革命的公式。

中国不可能有工农民主专政这样一个阶段，因为一开始中国革命的锋芒就不仅指向城市资产阶级，而且指向农村资产阶级，因为中国的封建主义与工业资本有极其密切的经济上的联系。无产阶级必须单独掌握

---

① 《新方针》俄文版第 194 页。中译文参见《托洛茨基言论》三联书店版上册第 177 页。——译者注
② 参见《托洛茨基言论》三联书店版上册第 372 页。——译者注

政权，因为在中国没有另一个阶级能够解决资产阶级民主革命和土地革命的任务。无产阶级一掌握政权，就不可避免地会走上社会主义革命的道路。广州起义就清楚地表明了这一点。

托洛茨基在给目前充当反对派的他的同道者的一封信中说：

"广州事件对于中国革命的基本问题的巨大的理论上的、有着决定性意义的地方就在于：在这里，我们由于进行了一次冒险，却获得了在历史上和政治中都很少出现的东西，即几乎等于进行了一次大规模的实验室的试验。我们为此而付出了很大的代价，但我们决没有权利对它的教训置之不顾。这次试验的条件几乎具有化学中的那种纯粹的性质。在此之前的一切决议都曾写下了、像二二得四一样地肯定了：革命是资产阶级革命，是土地革命；只有那些'超越'阶段的人才可能谈论什么依靠同占中国农民80%的贫苦农民的联盟的无产阶级专政……可是，在即将发生广州事件之前，按《真理报》的说法，中共中央却通过决议说，中国革命具有不断革命的性质。而且，共产国际的代表H. 同志也持这种观点。在同样也具有实验室试验成分的巴黎公社中，蒲鲁东主义者和布朗基主义者曾违背自己的学说而采取行动，用马克思的说法，这就更加鲜明地揭示了阶级关系的逻辑；广州的情况也是如此，那里的领导人被灌输了满脑袋关于要反对不断革命这一可怕怪物的警告，可是，当他们采取行动时，一开始便犯了搞不断革命的原罪。"

由此我们可以看出，作者妄图使他的估计得到全世界的公认。看来，他想把自己的估计运用于凡是存在着革命形势的一切时代的一切国家。

如果我引证下面的几段话，请同志们不要抱怨。这几段说明他的上述观点的话，在我们的争论中已不止一次被引用过，因此，第六次世界代表大会的许多参加者也许都知道了。但回避这几段话是不行的，因为它们是我以下叙述的出发点。托洛茨基在其著作《1905年》的序言中说，不断革命论反映了这样一个思想，即：

"……直接摆在俄国革命面前的虽然是资产阶级的目的,可是它不能停留在这些目的上面。除非使无产阶级执掌政权,革命就不能解决它当前的资产阶级任务。而无产阶级掌握政权后,又不能以革命的资产阶级范围来限制自己。恰恰相反,无产阶级先锋队正是为了保证自己的胜利,还在它统治的初期,就不仅要最深刻地侵犯封建所有制,而且要最深刻地侵犯资产阶级所有制。在这种情形下,它不仅会和那些在无产阶级革命斗争初期支持过它的一切资产阶级集团发生敌对的冲突,而且会和那些协助过它取得政权的广大农民群众发生敌对的冲突。在农民占人口绝大多数的落后国家,工人政府所处地位的矛盾,只有在国际范围内,即在无产阶级世界革命舞台上,才能求得解决。"

如果对贯穿在这段引文中的思路仔细加以考虑,人们就会从中得出如下基本结论,这些结论说明了通过党同托洛茨基反对派的斗争而揭示出来的托洛茨基反对派政治面貌的特点:

(一)无产阶级革命在单独一国的胜利,如果得不到世界革命的支持,就不可能是任何别的东西,而只能是一个短暂的插曲。这就是说,用不着去胡思乱想什么长期巩固这样的革命成果。它的前景,就是1848年巴黎无产阶级六月起义的前景,或者,充其量也不过是巴黎公社的前景。这种绝望方针的根子就是战前的社会民主党的那种情绪,当时它们用工人阶级刚开始检验自己的力量和遭到失败的时期的尺子,来衡量种种革命事件,它们对无产阶级要夺取政权的意志估计不足,对强大的资本主义体系怕得要死。我们不能不把这种方针叫做革命的失败主义。因为显而易见,如果世界革命迟迟不给予帮助的话,那么已进行了革命的国家的无产阶级就毫无出路。托洛茨基在另一个地方说:

在这种条件下,"休想革命的俄罗斯能在保守的欧洲面前站得住脚,或社会主义的德意志能在资本主义世界中孑然独存,这是历史上的经验和理论上的推论上都证明了的。"①

其次，显而易见，如果无产阶级在单独一国的胜利只能是一个短暂的插曲，那就根本谈不上什么进行扎扎实实的社会主义建设。在这种条件下，无产阶级的政党别无他途，而只能玩弄花招，推迟自己失败的时间。从这种观点来看，新经济政策就不是别的什么，而是退却。那也就用不着去考虑什么——像列宁在第十一次党代表大会上所说的那样——转入对资本主义经济成分实行进攻。这充其量只不过是无效的空忙，因为：

"没有欧洲无产阶级直接的国家援助，俄国工人阶级就不能保持政权，就不能把自己暂时的统治变成长期的社会主义专政。"②

（二）第二个结论是，单独一国的已经胜利了的无产阶级必然同广大农民群众发生敌对的冲突，它没有能力领导农民群众，引导他们参加巩固革命成果的事业，并且沿着社会主义建设的道路前进。我们看到，这个观点显然是否认在无产阶级革命时代无产阶级对农民的领导作用。而关于这种领导作用的学说却是列宁主义关于无产阶级专政问题的基本原理之一。

（三）第三个结论。按照托洛茨基主义的这个观点，无产阶级同农民的相互关系，不是采取在保证无产阶级领导作用条件下的工农联盟的形式，而是采取以必然破裂而告终的阶级对抗的形式。这样一来，存在于资本主义条件下的尖锐的阶级斗争形式，就被机械地搬到了无产阶级已经取得胜利的国家。然而在这样的国家中，无产阶级拥有广泛的可能

---

① 《托洛茨基文集》俄文版第3卷第1册第89—90页。
② 《我们的革命》俄文版第278页。

性来调节阶级斗争，使自己同农民的相互关系沿着妥协的轨道发展。同时，那样提出问题，就是把无产阶级的天然盟友农民与深深敌视无产阶级的其他阶级等同起来。从认为在无产阶级已经获得胜利的单独一个国家不可能建成社会主义这一错误的前提出发，托洛茨基在他最近提交代表大会的一个文件中写道：

"……按照我国的经济水平，按照我国的生活和文化条件来说，现在我们不是接近社会主义社会，而是更加接近资本主义得多，况且是接近落后的和没有文化的资本主义。"

从这一观点出发，它的支持者就不能不根据这一论点而得出一个错误的结论，即他们"按照资本主义的方式"来规定无产阶级专政国家中工农之间的阶级关系的发展，他们把这种发展归入工人阶级及其阶级敌人之间存在着的那种阶级关系的类型。

（四）第四个结论。根据以上所说的工农关系的形式，托洛茨基主义设想工人国家应在无产阶级专政时期起一种特殊的作用。如果说，在无产阶级专政时期这种关系必然采取极其残酷的不可调和的阶级斗争的形式，那么，由此得出的结论就是，工人国家无论对农民或对其他敌对阶级都应当是一个实行强迫和镇压的严厉的机关。既然在无产阶级专政时期进行社会主义建设的任务居于次要地位，既然居于首要地位的任务是要"支持到"世界无产阶级还来得及进行帮助的时候，那么，在这样的国家中进行经济方面的调整的职能就没有什么意义，相反，实行行政方面的压制和镇压的职能，则是一种正常的管理方法。这样的国家的政策必然是随心所欲的政策。

由此还得出第五个结论。它涉及对农民实行无产阶级专政的形式的一些完全错误的看法。显而易见，如果对工农联盟的可能性抱怀疑态度，如果从同广大农民群众以及其他敌视无产阶级的阶级都必然发生"敌对的冲突"这一论点出发，那就不可避免地会得出结论说，对各反革命阶级和对农民实行无产阶级专政的形式是一模一样的。这种专政将不是通过同农民结合的形式，而是通过对农民作威作福的形式来实现。这将是一种搞强迫命令的政策，而不是进行领导的政策，它抄袭资产阶级专政对待农民的方法。这种对农民实行专政的看法，没有一点列宁主义的影子，没有丝毫的"左"，而完全是采用了与无产阶级格格不入的、资产阶级对无产阶级专政实质的看法。这种观点的荒谬是显而易见的，因为它根本不具体地分析无产阶级对农民的不同社会集团的阶级政策。按照旧社会民主党的老习惯，全体农民都不分青红皂白地被看做反动的一帮。贫农和中农群众构成农村的基本阶层，在无产阶级专政时期，对他们无产阶级必须实行有区别的政策，即巩固地依靠贫农，设法同广大中农结成联盟，使之摆脱农村中富农上层的影响。而像上面那样分析问题的人却完全忽视这些不同的集团。无产阶级专政对富农实行统治的形式，与对农村中的其他社会集团不同。然而那些人却把富农、中农和贫农阶层等量齐观，让富农、贫农、中农在脱离基本农民群众的无产阶级专政面前排成一列横队。

最后，第六个结论，关于在迟迟得不到国际无产阶级援助的条件下业已在单独一国夺取政权的工人政党的作用。这样的党必将面临二者择一：要么在无产阶级同农民的搏斗中光荣地死去；要么采取反无产阶级的政策方针，开始迁就敌对阶级的利益，逐渐蜕化。因此，就对苏联的无产阶级专政以及领导这一专政的党采取热月方针。因此，就对联共抱不信任态度，而寄希望于只是在为争取本国无产阶级革命胜利而奋斗的西方各国的共产党。因此，共产国际的当前任务不是使西欧各支部布尔什维克化，不是让它们摆脱旧时代的社会民主主义的遗产，而是让联共欧洲化，即回到托洛茨基在布尔什维主义同孟什维主义进行斗争时期提出的旧社会民主主义的思想。托洛茨基在国外的同道者在马斯洛夫和苏尔的机关报上所发表的关于"第三次革命"的思想根源就在这里，就是不信任联共。

托洛茨基反对派认为，他们对革命动力的估计迄今为止仍然是正确的，然而，从这种估计中得出的全部结论过去、现在和将来都与我们党的政策毫无共同之处，这难道还需要加以证明吗？如果我们接受了这种对世界革命、对社会主义建设和对农民的政策，它就会不再是列宁主义的党，它就会滚到搞假把势的道路上去，就会滚到一小撮人的道路上去，——那些人不怕丧失任何东西，他们在世界无产阶级面前对保持苏联的无产阶级专政、对世界革命的命运不负任何责任。如果那样做的话，我们党的坚定的列宁主义的政策，就会被代之以搞冒险主义飞跃的政策，代之以搞知识分子式的超越历史条件——当前国际工人阶级争取世界革命的真正斗争所经历的历史条件。采取那样的政策，其结果必然使我们苏联的工人和全世界的共产主义在多年内遭到惨重的失败。我们必须牢记从托洛茨基的立场中得出的这些结论。我想根据这些结论在报告中提出六个基本问题：（1）关于国际革命和苏联的社会主义建设；（2）关于无产阶级的领导作用以及同农民结合的形式；（3）关于无产阶级专政时期的阶级斗争；（4）关于无产阶级专政下的国家的作用；（5）关于无产阶级专政和工人民主的形式；（6）关于党的作用及其领导权。

关于国际革命和苏联的社会主义建设

现在我来谈谈关于国际革命和苏联的社会主义建设的问题。这个问题我不想多谈，因为关于在单独一国建设社会主义的问题，在共产国际执行委员会第七次扩大全会上曾非常详细地讨论过。首先，这个问题是关于我国的社会主义建设在如下各个方面提供的帮助的问题：开展国际无产阶级革命；使资本主义国家的工人革命化；用我国社会主义建设的生动活泼的经验和它对于资本主义奴役和剥削制度的优越性进行宣传；使其他国家的无产阶级革命任务容易实现，因为我们这个落后国家的无产阶级在极其困难的条件下正在铺平道路，其他国家的亿万工人在夺取政权之后沿着这条道路前进就比较容易。只有疯子或不可救药的社会民主党人，才会认为这是什么"民族救世论"，即相信本国负有命中注定的使命，这种信仰曾经使盖得和考茨基在战时走向社会爱国主义。如果列举文件来证明每个共产党人都懂得的一个常识，那对于我们党是多余的，有伤体面的，而且对这次代表大会也是一种侮辱。这个常识是，无论无产阶级革命在我国取得胜利之前或者之后，我们党一向认为，我国的无产阶级革命是国际无产阶级革命的一部分，我国的社会主义建设是社会主义在全世界获得胜利的奠基石。全世界的工人都亲眼看到了，由于苏联的工人对英国的总罢工和对中国革命表现了真诚的无产阶级团结的感情，以英国资产阶级为首的世界反动势力怎样对苏联进行报复。无论在世界上的哪一个角落出现革命运动，无论是在印度尼西亚、叙利亚、维也纳发生革命运动，或围绕美国的萨柯和万泽蒂案件，我们党的心脏都和一切被压迫者一起跳动。其次，关于国际革命和社会主义建设的问题，是关于国际无产阶级能够以自己的革命、以自己的革命的支持对社会主义在我国的胜利与帮助的问题。只有疯子才会认为，对被围困在堡垒中的部队进行增援是多余的。我们的道路之所以如此艰巨和严峻，我们的困难之所以如此巨大，就是因为国际革命延迟了。现在，我们不得不在敌视我们的资本主义包围的环境下建设闭关自守型的经济，拘泥于我们国内的分工，用对外贸易垄断制的壕沟来抵抗资本主义的压力，以便保卫我们在十月革命中争取到的进行社会主义建设的权利。只有那些真正丧失了革命者的任何感情的人，才会认为这是什么"民族的狭隘性"。我们知道，无产阶级在其他资本主义国家中的胜利，将使我们在国际分工的基础上重新安排我国的经济。我们党和我国工人阶级的国际主义义务，将不是建立使我们免除对资本主义市场的依赖的自给自足的工业部门，而是在共同提高生产力和实行国际分工的基础上，使高度工业化的国家同我们这个比较落后的国家结合起来。这一切都是无可争辩的真理，凡是政治上成熟的人对此都不会表示任何反对意见。

我们同托洛茨基的争论之点，就是在四分之一个世纪中托洛茨基同布尔什维克党的争论之点。在四分之一个世纪中，除了革命浪潮低落的短暂时刻之外，托洛茨基一贯使用左的口号来掩盖其机会主义的勾当。当布尔什维克同孟什维克作斗争时，情形是这样，当时托洛茨基采取中派主义的立场。在帝国主义战争时期，情形是这样，当时托洛茨基在看起来十分左的国际主义旗帜下，反对列宁的失败主义，而列宁的这一主张是在反对帝国主义战争的斗争中无产阶级积极性的最高形式，是世界工人运动中从来没有见过的表现无产阶级团结的最深刻感情的最高形式。现在的情形也是这样，现在托洛茨基利用国际革命思想，是为了扼杀苏联无产阶级在社会主义建设事业中的创造性和无比的热情；当满天乌云笼罩着苏联的时候，他散布怀疑主义和对国际无产阶级各支队伍的不信任情绪。走向世界革命的道路不是通过苏尔，而是通过有组织的国际共产主义运动及其中坚力量——联共。通过苏尔的道路只会走向阿拉木图。关于第一个问题，我就讲这些意见。

关于无产阶级的领导作用以及同农民结合的形式

现在我来谈谈第二个问题，即在无产阶级专政时期无产阶级对农民的领导作用以及同农民结合的形式。我国的革命以及十多年来无产阶级专政在苏联的存在，已经提供了有关这个问题的丰富经验，共产国际的各支部都应当加以总结。无论在实现无产阶级革命之前或者之后，托洛茨基主义都从来没有提出过关于工人阶级的同盟军问题。在托洛茨基看来，进行无产阶级革命和巩固其成果的唯一承担者，就是孤立于一切阶级之外的无产阶级。因此，无论在无产阶级革命中或者在无产阶级专政体系中，托洛茨基主义都不可能找到农民以及各殖民地的劳动人民的地位。这就说明托洛茨基主义带有社会民主主义思想的胎记。社会民主主义不可能把关于无产阶级革命的问题置于实实在在的基础之上，不可能把反对资本的工人起义的问题同一切被压迫和被剥削者的运动结合起来。战前的社会民主党行囊内的无产阶级社会革命思想，起着社会神话的作用，只能用它来欺骗工人。实际上，在"纯粹无产阶级的"社会革命观念后面，隐藏着对社会革命的彻底的悲观主义态度。事实上，这是把资本主义灭亡的历史期限推迟到资本主义把全世界的大多数居民变成了无产者的时候，推迟到资本主义制度已成熟到这种程度的时候，——那时候，无产阶级革命会像熟透了的苹果一样自己掉下来。对问题的这种提法使得战前的第二国际的学究们，在对无产阶级革命采取极其反革命的和反无产阶级的政策的同时，装着一副"阶级不可调和"的样子。因此，在托洛茨基主义中也没有无产阶级对农民的领导作用的思想。在托洛茨基主义中也没有工人阶级同农民结合的思想。无产阶级专政的思想是空空洞洞的，没有对某一个国家在某些历史条件下的阶级力量进行具体考察的活生生的内容。托洛茨基主义笨拙地卖弄"不断革命"、"社会主义的欧洲联邦"之类的划时代的口号，它在最好的情况下，要么不能回答革命进程暂时停顿时的问题，要么——像人们根据托洛茨基主义最近的演变所看到的那样——作出纯粹社会民主主义性质的回答。我们党的列宁主义的学说同托洛茨基主义不同，第一，它根据俄国革命的经验为无产阶级革命时代提出并且解决了关于工人阶级的同盟军的问题。列宁在第三次世界代表大会上说：

"如果我们把国际革命看做一个统一的过程，从国际观点看来，现在在俄国开始的这个时期的意义实质上就是我们必须从实践上解决俄国无产阶级同最后一个资本主义阶级的关系问题。"①

第二，列宁主义学说使农民问题（许多人认为这个问题是列宁主义的基本方面）从属于无产阶级专政思想。

"列宁主义中的基本问题，列宁主义的出发点，并不是农民问题，而是无产阶级专政、争取无产阶级专政的条件、巩固无产阶级专政的条件等问题。农民问题，即无产阶级在为政权而斗争中的同盟者问题，是一个派生的问题。"②

第三，最后，列宁主义关于无产阶级专政的学说，指出了同农民结成联盟的各种形式，同时突出了关于无产阶级在这一联盟中的领导作用的思想。列宁在第三次代表大会上说：

"孟什维克却这样推论：农民占大多数，而我们是纯粹的民主派，因此多数应当决定一切。但是由于农民不能成为一支独立的力量，那实际上只能意味着让资本主义复辟。"③

由此可见，列宁主义关于无产阶专政以及关于同农民结成联盟即关于争取和巩固无产阶级专政的条件的学说，是我们党的理论指南。这一学说首先防止党对无产阶级专政作托洛茨基主义的理解，即把它同与农民结合对立起来，这种理解从无产阶级专政的理论中取消了农民问题，把无产阶级专政变成了同农民进行内战的问题。另一方面，列宁主义的这一学说也防止党可能作另一种理解，即实际上取消工人阶级对农民的

---

① 参见《列宁全集》中文第 2 版第 42 卷第 44 页。——编者注
② 参见《斯大林选集》上卷第 226 页。——编者注
③ 参见《列宁全集》中文第 2 版第 42 卷第 45 页。——编者注

领导作用，把无产阶级专政问题完全归结为同农民达成协议的问题，把无产阶级专政设想为在政治上完全平等的原则下的两个阶级联盟。如果说对无产阶级专政的第一种托洛茨基主义的理解必然使无产阶级同农民破裂，那么第二种理解——假使在我们这里形成了这种理解的话——则会造成一种危险，即其结果会使无产阶级专政蜕化为纯粹的资产阶级民主并导致资本主义复辟。这对我们党来说并不是一些无聊的问题，这些问题并非只具有理论意义。关于无产阶级的领导作用的问题，关于同农民结合的问题，关于无产阶级斗争阵线将与农村中的哪些社会集团相结合的问题，——在第二次世界革命浪潮来到之前的时期内，我们党将经常面临着所有这些问题。在这些问题上，国际资本和我国内部的各反革命集团将对苏联的苏维埃政权这个堡垒进行试探。首先是我们国内和国际舞台上的阶级力量的对比，将迫使我们要切实地解决这些问题。我们党内围绕着这些问题将形成各种思想流派。例如，我们看到，在最近的粮食采购运动中，在我们党的一些基层组织内，就有对与农民结合作这种理解的倾向，这种理解从无产阶级专政体系中把阶级内容阉割掉了。我们的一些与农村有联系的国家机关和党的机关中，有的共产党员同农村中的富农上层"相结合"，受它的情绪的支配，同它一起暗中反对我们党所采取的加强粮食采购的措施。这些人丧失了阶级嗅觉，在周围环境的影响下接受了另一个阶级的观点，把结合的思想庸俗化，陷入了列宁在第三次世界代表大会上警告过的对工农联盟的孟什维主义的理解。同时，我们也看到了在采购粮食时的所谓歪曲党的路线的做法中的另一种倾向。这种倾向如果增长和形成了的话，就会发展成为托洛茨基主义所特有的那种对无产阶级专政的理解。但是，显而易见，在托洛茨基反对派在思想上被击溃以后，在我们党多年来进行了反对托洛茨基主义的斗争以后，在我们全党已经受到教育、认识到同农民结合的必要性之后，现在，对于我们党来说，第二种倾向的危险比导致在同农民结合这件事情当中削弱无产阶级的领导作用的那种倾向的危险要小一些。

由以上所举的例子可以看出：决不能把无产阶级专政问题同工农联盟问题割裂开来；另一方面，也决不能撇开工农联盟问题对无产阶级专政问题的从属的意义来看待工农联盟问题。如果忘记这一点，那就一定会背离列宁主义，而必然要么偏到托洛茨基主义一边，要么偏到地道的孟什维主义一边。结合并不是消灭阶级利益的非阶级的联合。它是各有各的阶级利益的两个阶级的联盟。工人阶级和农民各有各的阶级利益，这一马克思主义的原理是绝对正确的。但是，托洛茨基主义根据这一原理而作出错误的结论说，这种不同的利益一定会发展成为敌对的冲突。多年以来，我们党孜孜不倦地同这种与农民分离的理论作斗争。假使我们用这种理论教育我们党，那么我们就一定会葬送全世界无产阶级委托给我们的最伟大的历史事业。另一方面，这样一种与托洛茨基主义相对立的反题，在理论上也是可以设想的，即：结合是预计到在一个阶级牺牲自己的利益、一个阶级不断地向另一个阶级让步的基础上的阶级利益的完全一致。如果对结合作这样的理解，那就永远不必担心工农联盟会出现短暂的矛盾。那就是一种最平安无事的结合形式。但是，世界上没有这样的结合。在十年革命当中我们同农民实行的结合，是预计到互相让步，互相分担与过渡时期有关的种种艰难困苦。列宁在第三次世界代表大会上说：

"我们代表着国家政权，在某种程度上我们能够分配这些负担，即把负担分摊在几个阶级身上，从而相对地改善居民中个别阶层的处境。但是我们应当根据什么原则行事呢？根据公平的原则还是根据多数的原则呢？不，我们应当讲求实际。我们应当以**保住无产阶级政权**为前提来进行分配。**这就是我们唯一的原则**。"①

---

① 参见《列宁全集》中文第 2 版第 42 卷第 48 页。黑体字为引者所加。——编者注

我们同农民的结合并非时时都一帆风顺。第一，有时农民提醒我们说，他们认为"分配苦难"的适当比例被破坏了。他们用农民所特有的手段提醒我们注意到这一点，他们的手段，例如在军事共产主义时期，就是缩减播种面积。最近在粮食采购方面给我们出的难题，也是这种提醒方式的插曲之一。有时，无产阶级专政的国家也不得不提醒农民注意到他们作为同盟者应尽的责任。第二，我们依靠贫农，实行同中农结成巩固的联盟的方针，但我们从来不同富农结合。我们同农村中这个社会集团的关系有时非常紧张。也许只要提一下乌克兰的马赫诺运动就够了。因此，与托洛茨基主义的错误方针相反，把关于结合的问题庸俗化，根本否认在无产阶级专政时期同农村中个别集团发生暂时的、局部的、地区性的冲突的可能性，我们认为，那是完全错误的。在结合问题上的列宁主义的政策的英明之处就在于，要根据阶级力量的关系，从保持无产阶级专政这个唯一的原则出发来"分配苦难"。因此，在俄国革命的不同时期，我们同农民结合的形式是各不相同的。为了共同进行反对地主和资本家的武装斗争，我们曾经采取过军事联盟的结合形式。随着国内战争的结束，这种结合形式过时了。1921年，在发生了某些事件之后，我们认识到，这种结合形式必须代之以另一种形式，即以无产阶级同农民的经济联盟为基础的形式。

在实行新经济政策时，我们以市场关系作为这种经济联盟的基础，不过并不是简单地恢复市场的资本主义自发努力，而是由无产阶级控制最重要的经济命脉，使无产阶级能够在一定程度上对这种市场关系进行调节。我们知道，这种结合形式必将存在很长的时间。在社会关系的全部基础得到改造之前，这种结合形式将存在整整一个历史时代。我们的反对派的倒霉之处就在于：它既不了解这一时代的性质，也不了解这一时代的历史期限；它歇斯底里地企图改变这种结合形式，使这种结合以托洛茨基主义的分离而告终。但同时每一个有头脑的共产党人都完全懂得：在实行新经济政策时，社会化的工业的阵地十分不稳固；市场的自发努力有淹没我们的危险；我们不能仅仅停留在各种经济形式自由竞争的框框之内，而一定要随着我们的巩固程度转而对我国经济中的私人资本主义成分实行进攻。我们不仅仅把新经济政策设想为一种退却，我们也不把新经济政策设想为永不变动的各种力量的对比，设想为社会主义经济部分和私人资本主义经济部分之间永不变动的分水岭。我们完全懂得：公有化工业的阵地的加强，它的比重的扩大，我国经济的计划性和调节能力的增加，这一切必然带来对在同农民结合这件事情中的自发的市场关系的限制。列宁在第十一次党代表大会上提出一个口号说，退却已经完结，我们应当在整个经济战线上转入反攻。这个口号还可能有别的意义吗？列宁的合作制计划就已大大修改了在实行新经济政策时所规定的基本结合办法。用列宁的话来说，我们在采取、发展和巩固这一计划的时候，"我们发现了私人利益即私人买卖的利益与国家对这种利益的检查监督相结合的合适程度，发现了私人利益服从共同利益的合适程度"[①]。托洛茨基在他不久以前提交代表大会的一个文件中，企图贬低这个合作社计划对于推动我国社会主义建设前进的意义，说什么这个合作社计划只涉及社会组织或政治方面，而丝毫无助于解决社会主义建设的物质生产方面的问题。只有不可救药的庸人才能这样提出问题，他根本不相信社会主义，他认为，比小的个体经济更高的公有经济形式，不可能改变革命时期遗留给我们的很差的物质生产基础。大家都知道，在资本主义制度下，大型的经济由于对小生产具有优越性，而成了提高生产力的基础。那么，在无产阶级政治专政的条件下，在公有化的基础上扩大了的经济为什么会丧失这种性质呢？

其次，为什么托洛茨基认为，工人阶级的政权问题对于扩大由无产

---

① 参见《列宁选集》中文第 2 版第 43 卷第 362 页。——编者注

阶级的双手建设的经济的物质生产基础不起任何作用呢？大家都知道，把政权交给了资产阶级、打破了封建主义的"社会组织"形式的法国大革命，大大地扩大了18世纪末法国经济的物质生产基础，把法国由一个手工业者和行会的国家变成了资本主义开业狂的国家。如果说，在总的封建关系的背景下，法国资产阶级对于该时代来说是先进的，而我国与其他资本主义国家相对而言是落后的，——如果这样说，那么托洛茨基就陷入对问题的纯粹的孟什维主义的提法了，即认为我国还没有成熟到可以建设社会主义的程度。否认"社会组织"形式对物质生产基础的水平的影响，那就意味着抛弃马克思主义。在资本主义的全部历史上以及在资本主义以前各种经济形态的历史上，都可以看出，社会组织形式不仅仅是物质生产结构的派生物，而且反过来影响于物质生产结构。我们在自己的发展中恰恰已经接近了同农民的关系的这样一个界限：无产阶级力求通过更高的"社会组织"形式来提高农业劳动的生产率，提高农业的收获量。托洛茨基都认为农业的集体形式不会提高农业的物质生产基础，从而投入了康德拉季耶夫教授所代表的富农思想的怀抱。最近我们的第十五次党代表大会提出的建立集体农庄和国营农场的计划，并不是什么原则上的新东西，这并不是我们同数百万个体农户的关系中的新的转折。党完全了解，在今后的多年中个体农民经济仍将在我国的经济中占极其重要的地位。我们在无产阶级专政的第十一年所提出的集体化计划，只不过是列宁的合作社计划的进一步发展和深化。现在，我们正在创造极其丰富的经验，正设法在农村生活建立这样一些公有化的据点，它们就像迄今为止我们在城市中所控制的那些经济命脉一样。这项任务极其复杂而艰巨，因为我们必须克服在多年内形成的个人主义的偏见和习惯，必须用活生生的经验一年一年坚持不懈地使千百万农民相信集体经济形式对个体经济形式的优越性。对我国的资本主义残余实行进攻的这个阶段将是十分漫长的。在这个阶段上，我们一分钟也不应忘记，我们的唯一原则仍将是保持和巩固无产阶级专政。这个阶段的特点是，我们更须使我们同农民结合的形式不同于迄今为止的形式。我们将从新经济政策的市场关系出发，但同时一方面通过我们的经济命脉、另一方面通过农民经济的合作制对市场关系的自发势力加以约束，加紧进行使贫农和下中农农户实现集体化的工作，建立示范的国营农场，——这样一来，在巩固同农民的结合的事业中，我们就将获得无产阶级影响农民的许多渠道。同时我们不能忘记实现结合的一个最重要的工具，即我国正在进行的文化革命，它用十月革命的政治和社会思想重新教育基本农民群众中正在成长起来的一代一代青年。我们的农村通讯员运动，各种辅导团体，对于从农村的半文盲青年中征召来的我们的红军所进行的大规模的政治教育，一批农村积极分子和农村生活改革者的出现，无线电的电波，电气化的线网，所有这些结合的工具在我国农村苏维埃化的事业中都起着不小的作用。其次，我们还不能忽视另一个影响渠道，即工会在雇农、制糖工业工人、林业工人等等中间所进行的工作。最后，在贫农中进行的政治工作，对于实现与农村的结合具有重大的意义。

这是一个详尽的、经过全党深思熟虑的结合计划——这个计划是经过在我国无产阶级专政存在的11年中通过无产阶级和农民的相互关系的经验检验了的，我们党把这个计划与没有生命力的、极其悲观主义的托洛茨基主义的呆板方案相对立，托洛茨基主义的呆板方案是从工人阶级和农民必然发生阶级冲突的前提出发的。

无产阶级专政时期的阶级斗争

我要谈的第三个问题就是关于无产阶级专政时期的阶级斗争问题，结合的问题部分地也在这个问题上遇到困难。在无产阶级专政时期是否有阶级斗争呢？非常清楚，只要还存在着阶级，则在任何社会制度下，阶级斗争都不会消失，不会消灭。在无产阶级专政下，在国内战争时期，这个无可辩驳的真理是显而易见的。国内战争是一种最"纯粹的"阶级斗争形式，是抛开了关于社会和平的花言巧语的一切"民主"俗套的、赤裸裸的阶级斗争形式。在这里，一切都很清楚，无需作任何解释。而关于无产阶级专政的第二阶段即新经济政策时期，则情况有所不同，这时的情况更加复杂。这时，已经刀枪入库了，剥削阶级已被镇压下去了，其中的一部分人在肉体上被消灭了，另一部分人逃到国外去了，第三部分人向胜利的无产阶级投降了，屈服了，适应新制度的条件了，为苏维埃政权服务。军事专家，搞技术工作的知识分子，最后，还有无产阶级专政制度暂时认为合法的新资产阶级，都承认苏维埃政权并且同它"合作"。无产阶级利用他们来建设社会主义，就像资产阶级在其统治时期过去和现在都利用技术力量来建设和巩固资本主义一样。这就使人糊涂起来，这可能造成一种幻想，即认为在无产阶级专政下阶级斗争停止了，各个阶级的利益完全和谐一致。在沙赫特的破坏事件给我们猛击一掌之前，这种没有国内战争、没有同反苏分子的严重阶级冲突的"和平"环境，很能给人造成一种非常田园诗般的印象。其次，还把关于结合的问题搞混了。既然结合意味着工人阶级同农民合作，既然实行合作，那就是说要结束阶级斗争。不需要进行阶级斗争，它只能使局势复杂化。社会主义在我国的胜利进军将越来越把农民置于无产阶级的影响之下，阶级斗争将日益泯灭，应当提到首位的是各个阶级的利益和谐一致的因素。这里，把正确的前景同现实混淆在一起了，我们当中的一些人中出现了一种把现实理想化的倾向。我们总喜欢按照同资产阶级专政下的敌对的阶级关系进行简单对比的方式来分析无产阶级专政时期的阶级相互关系，这结果也使人迷失方向。我们在谈资本主义时期的阶级斗争和阶级合作的时候，总是把社会金字塔颠倒过来，并且在此基础上来分析无产阶级专政下的阶级关系。因此，首先谈一下列宁怎样看待无产阶级专政下的阶级斗争问题是十分有益的。列宁说：

"无产阶级专政也是一个阶级斗争时期，只要阶级没有消灭，阶级斗争就不可避免，不过它的形式有所改变，在推翻资本后的初期变得更加残酷，更加独特。无产阶级夺得政权之后，并不停止阶级斗争，而是继续阶级斗争，直到消灭阶级——当然，是在另一种环境中，在另一种形式下，采取另一些手段。"①

托洛茨基主义怎样对待列宁关于无产阶级专政下阶级斗争性质的这一绝对正确的观点呢？它从必然同农民发生阶级冲突出发把这一观点歪曲得面目全非，不过那是它所办不到的。按照托洛茨基主义的公式，工人阶级和农民一道进行的反对地主和资本家的国内战争，必然发展成为工人阶级和农民之间的国内战争。这样一来，国内战争就变成了无产阶级专政的正常状态。在消灭白卫叛乱以后，在资本主义阶级投降以后，在新经济政策时期，在进行社会主义建设时期，如列宁所说的，在另一种环境中，采取另一种形式，运用另一些手段来进行阶级斗争，——托洛茨基反对派认为这是右倾。

托洛茨基反对派根本不了解在新经济政策时期无产阶级同基本农民群众进行合作的全部性质。这种经济合作是反对地主和资本家的国内的阶级战争战线上进行的合作的继续。这种合作是什么呢？能不能按照类比的办法，把它归入资本主义社会中常见的那一类阶级合作呢？历史给我们提供了资本主义国家中有产阶级进行阶级斗争和阶级合作的许多事例。英国的辉格党和托利党互相进行斗争的结果，是实现了阶级妥协，英国的地主长入了英国资本主义的体系；无论在革命以前或者11月9日革命以后，普鲁士的容克都与德国的金融资本结合在一起了。这里我

---

① 参见《列宁选集》中文第2版第37卷第12页。——编者注

们看到了这样一种阶级合作的形式：其结果是由合作的各阶级分掌政权。这种分掌政权的情况之所以可能，是因为那些阶级——工业家、银行巨头和大地主——都站在共同的基础之上，即私有和剥削制度。在资本主义国家中，例如在工人阶级和有产阶级之间就不可有这种合作，因为它们的社会基础不同。一些上层分子，例如西特林、托马斯之流，可以与之合作，但整个工人阶级不能与之合作，因为工人阶级与整个资本主义制度之间的鸿沟太深，这个鸿沟是社会民主党用任何团结政策都无法填平的。无产阶级是唯一集体主义的阶级，它不能同任何站在私有和剥削制度基础上的阶级分掌政权。无产阶级专政是这样一种政权形式，其基础是同农民合作，但不是"民主地"分掌政权。无产阶级专政不是工农民主专政。前者立于推翻资产阶级、对社会进行社会主义改造、实行一个阶级专政的基础之上；后者仍然停留在资本主义的基础之上，停留在由无产阶级和农民分掌政权的基础之上。第五次世界代表大会解释说，工农政府的口号是无产阶级专政的同义语，这是表明，我们的工人国家实行极其仔细地、极其审慎地考虑到基本农民群众的一切利益和需求的政策。无论在资本主义社会中，或者在无产阶级专政下，农民都是对无产阶级最亲密、最友好的阶级。无论在无产阶级革命之前或之后，把农民争取到自己方面来，这始终是无产阶级的基本任务。但是，农民由于处于过渡性的社会地位，他们的身上有两种本性在进行斗争。

"农民作为劳动者，倾向于社会主义，更愿意要工人专政而不要资产阶级专政。农民作为粮食出售者，倾向于资产阶级，倾向于自由贸易，就是说，要退到'惯常的'、旧有的、'历来的'资本主义去。"①

我们同农民的合作的实质，决不是我们支持他们的偏见，决不是我

---

① 参见《列宁选集》中文第 2 版第 36 卷第 376 页。——编者注

们实行要让小生产者存在的方针,而是无产阶级帮助农民提高,帮助他们发展自己的经济的生产力,并且力求把他们的经济活动纳入集体形式的轨道。1921年5月,列宁在俄共第十次全国代表会议上说:

"领导农民是什么意思呢?这就是说,第一,要实行消灭阶级而不是依靠小生产者的路线。如果我们离开了这条根本的和主要的路线,那我们就会不成其为社会主义者,就会滚到小资产者阵营,滚到无产阶级当前最凶恶的敌人社会革命党人和孟什维克的阵营里去。"①

但是,托洛茨基反对派从列宁的这一正确的原理出发又作出了荒谬而有害的结论。它对"要实行消灭阶级而不是依靠小生产者的路线"这样加以解释,说什么社会主义的经济形式不是要改造、而是要吞噬个体小经济(普列奥布拉任斯基语),说什么要按照宗主国对待殖民地的那种资本主义方式来建立无产阶级同农民的关系,正在向社会主义的生产组织过渡的国家,在经济上越落后,它的社会主义积累就越需要依靠对资本主义以前的经济形式进行剥削。如果我们仔细考虑一下普列奥布拉任斯基这个托派经济学家关于社会主义积累的这一整个经济的纲领,我们就会看到,这是一个完整的、考虑得十分周全的关于建立无产阶级专政下工农关系的观点,这种关系同资本主义原始积累时期财富大王、资本骑士与资本主义以前那种类型的被剥削的小生产者群众之间的关系是一样的——关于那种关系的悲剧马克思在谈到资本主义原始积累的一些章节中曾作过生动的描绘。托洛茨基反对派不了解,在恢复时期我国经济之所以由于缺乏固定资本而遇到周期性的困难,是因为我们不能走资本主义投机企业家进行积累的那个时代的道路,我们作为无产阶级的国家和正在进行社会主义建设的国家,不能使用一切资本主义国家用以

---

① 参见《列宁选集》中文第2版第41卷第312页。——编者注

建立自己的资本主义积累基金的那些办法。托洛茨基反对派也不懂得，它关于我国发展速度和资本主义国家发展速度的超工业化比喻，也是一派胡言。因为二者情况不同，不能相比。资本主义的工业不实行七小时工作制，不实行各种社会保险，不发放各种物质方面的开销来保障工人阶级的福利，提高其体质、道德和文化水平。而我们虽然是一个不富裕的国家却做到了这一切。托洛茨基派的经济纲领按这种类比，这决不是偶然的。这是从他们的全部方针中得出来的，他们的方针按孟什维主义的方式把我国的社会主义建设说成是一种资本主义，而且是没有文化的、落后的资本主义，因此，它通过"资本主义的"眼镜来看工农关系。其次，如果我们研究一下关于农村分化的问题，我们就可以看出托洛茨基主义的同一根本错误：它按照斯托雷平的方式把这种分化设想为形成两个极，即一方面是农村穷人，另一方面是富农，而中农则不见了。托洛茨基主义没有考虑到：第一，在无产阶级专政下我们有可能制止这样的进程；第二，在无产阶级专政的环境下，农民的分化几乎是在农村中的一切阶层共同提高的背景下发生的。由此可见，托洛茨基主义在工农关系方面破坏了我们党所捍卫的那种合作的思想；在农村的不同社会集团的关系方面，托洛茨基主义主张采取1918年即消灭我国的农奴制度残余的时期所特有的那些阶级斗争形式（剥夺富农）。托洛茨基主义不了解："依靠贫农，同中农结成巩固的联盟，一分钟也不放弃同富农作斗争"①——列宁的这一正确的口号，在无产阶级专政的国家业已巩固的情况下，应当通过国家，通过国家机关来实行，而不是按照1918年的方式去实行。1918年时，无产阶级专政的基础受到反革命阴

---

① 引文和列宁的原话有出入，列宁的原话为："善于同中农妥协，——同时一分钟也不放弃对富农的斗争，完全地紧紧地依靠贫苦农民。"参见《列宁全集》中文第2版第35卷第191页。——编者注

谋的威胁，当时无产阶级之所以直接发动贫农同富农进行国内战争，就是因为它没有掌握施加国家的和经济的影响的渠道来制服富农。在无产阶级专政下，工人阶级同新资产阶级（耐普曼）、同租让制资本的代表的关系是怎样的呢？同从事技术工作的知识分子的关系是怎样的呢？能不能认为这种关系与资本主义国家中立于资本主义基础之上的同一类社会集团之间存在着的阶级合作是一回事呢？列宁在《怎样改组工农检查院》一文中谈到我们的"社会制度是以工人和农民这两个阶级的合作为基础的"时指出，"现在也容许'耐普曼'即资产阶级在一定的条件下参加这个合作"。① 当然谁也不会想到要根据这些话得出结论说，列宁的观点是在无产阶级专政下实行三个阶级合作。**在工人阶级所规定的一定的条件下容许**，这就意味着利用。这是骑马者和马之间的那种合作。容许一个工人在资本家所规定的一定的条件下去工厂做工，这一事实决不表明那个工人和资本家之间的关系是合作。即使这种现象大量存在，这种关系也不会成为阶级合作。当个别脱离工人阶级的、被资产阶级腐蚀了的分子投靠资本主义而背叛工人阶级时，那时出现的就是阶级合作关系。能不能说新资产阶级或租让制资本的代表离开了资本主义的土壤而背叛了本阶级呢？这种想法的荒谬不经，可以从列宁的一段话中看出。列宁在前面引证的那篇文章的底下几行，提醒党要注意对待新资产阶级的老口号："谁战胜谁？"他说：

"因为我们共和国的命运归根到底将取决于农民群众是和工人阶级一道走，忠实于和工人阶级的联盟呢，**还是让'耐普曼'即新资产阶级把他们和工人拆开，使他们和工人分裂**。"②

---

① 参见《列宁全集》中文第 2 版第 43 卷第 377 页。——编者注
② 参见《列宁全集》中文第 2 版第 43 卷第 377 页。黑体字为引者所加。——编者注

只有那些搞技术工作的知识分子的代表人物才能背叛资产阶级,接受工人阶级的观点;而这也并不是轻而易举的,沙赫特案件就证明了这一点。

但是,如果否认无产阶级能够改造这个社会集团中的一部分人,看不到工人阶级有创造性的能力,用自己的范例去影响其他动摇的、中间的阶层,那就意味着对无产阶级的力量估计不足,而陷入了敌视专家的严重错误。敌视专家,这从来不是我们党的情绪。康德拉季耶夫集团的例子表明,新资产阶级企图在思想战线上巩固阵地,现在,我们反对新资产阶级的阶级斗争,与反对旧的资本主义阶级的阶级斗争不同,它是"在另一种环境中,采取另一种形式,运用另一些手段"进行的。我们容许这个新资产阶级在一定的条件下参加经济生活,我们利用它的组织能力,尊重它的技能,但是,我们一分钟也不忘记,它是危险的、狡猾的阶级敌人。现在,它在磨砺自己的牙齿,和它"合作"是因为它还没有能力来进行一场大规模的阶级战争。在我国,这个阶级本身是微不足道的,它之所以危险,并非它自己有多大的阶级力量,而是由于别人有力量。它的危险性在于,它力求通过农村中的富农上层来破坏工人阶级同农民的联盟,它之所以特别危险是由于,它背后还有世界资本的全部努力。我国阶级斗争的形式不仅取决于我们的意志,而且还取决于国际舞台上各种力量的对比关系。世界资本对苏联的进攻,必将影响我们国内各种力量的对比关系,它将提高一切敌视无产阶级专政制度的社会集团的政治积极性。因此,我们如果不考虑如下的事实,那就是马尼洛夫精神①。这个事实是:在世界资本的积极性正在提高的情况下,我国

---

① 马尼洛夫是俄国作家尼·瓦·果戈理的小说《死魂灵》中的一个地主。他生性怠惰,终日想入非非,崇尚空谈,刻意讲究虚伪客套。意为耽于幻想、无所作为的马尼洛夫精神一语即由此而来。——编者注

的阶级斗争可能不仅采取不同经济成分进行经济竞赛的形式。

关于无产阶级专政时期的国家的作用

从无产阶级专政条件下的阶级斗争问题引申出的第四个问题，是关于工人国家的作用问题。无产阶级专政的国家，由资本主义向社会主义过渡时期的国家，除了其阶级内容之外，其不同于资本主义国家之处就在于，它承担着世界上任何国家都不拥有的巨大经济职能。这些职能是从公有经济的性质中产生的，决不可与全部经济都建立在私有制基础上的那些国家的国家资本主义倾向相提并论。在无产阶级专政下，工人国家的职能，除了"管理人"之外还有"管理物"的新任务，除进行行政管理之外还要进行计划和调节。我们的国家计划委员会和最高国民经济委员会，既是无产阶级专政的机关，也是苏维埃政府的行政机构。任何资产阶级国家都没有抱着这种目的和实行这种阶级政策的机关。在社会主义下，阶级将会消灭，国家的政治职能将会消失，但国家在进行社会的计划和监督方面的职能不会消失，反而会增长。至于在过渡时期内哪一种职能占主导地位，这个问题要看具体情况，要看国内和国际范围内的各种阶级力量的对比关系。显而易见，例如被敌人从四面八方包围的匈牙利苏维埃共和国，当时是谈不上抓计划和抓经营管理的。正是在无产阶级专政的头几个月和头几年中，当阶级斗争采取武装的形式时，在工人国家的政治中，政治的职能、行政管理就被提到首位。当我们同卡列金、科尔尼洛夫、高尔察克之流进行生死搏斗时，我们是用命令、动员、劳动义务制、劳动军、突击运动和镇压等方式来管理，或者更确切地说，力求管理我国的经济生活。在贫困和我国经济陷于瘫痪的情况下，我们力求用共产主义星期六义务劳动来解决生产不足的问题。当时没有别的办法，因为我们的国家处于刀光剑影之下，工人和贫苦农民处于饥寒交迫之中。如果现在有人根据我国无产阶级专政第二时期的经验对军事共产主义时代指手画脚，说什么那个体制是胡闹，那么此人就是十足的书呆子。但是，在托洛茨基主义看来——它的出发点是，无产阶级专政同包括农民在内的一切阶级处于不断进行战争的状况之下，军事共产主义制度决不仅仅是适应当时的力量对比关系的无产阶级专政的一个阶段，而是在两次无产阶级革命浪潮之间的过渡时期内无产阶级国家的一种正常制度。说明托洛茨基观点的全部体系的一个典型事例是，1921年，当军事共产主义制度已经过时，在发生喀琅施塔得事件的时刻，当我们面临极严重的阶级危机时，托洛茨基建议我们党沿着旧路继续前进，即实行行政命令、强制、集中化，甚至要通过融合由无产阶级国家吃掉工会。在无产阶级专政时期由国家吃掉工会的计划，是这样一个完整的纲领，即不顾新的革命阶段的阶级力量对比关系，完全用赤裸裸的阶级暴力的方法，把国家强行推到社会主义去。这些特点，后来当托洛茨基同党就计划问题进行争论时，也表现出来了。托洛茨基的"计划"建筑在这样的基础上，即用突击方式跳过农民的瘦马，而将其代之以机器工业的铁马。要么违背千百万农民的情绪、愿望和意志由上面建立社会主义，要么就必然灭亡。在托洛茨基的计划中，根本没有对农民经济进行改造的历史阶段，即列宁的"合作制的社会主义"。托洛茨基主义不了解，国内战争结束以后，随着无产阶级专政的巩固，随着公有经济部分比重的增加，工人国家的政策中的阶级强制，其形式与战争时期不同。对经济生活实行计划和调节，这不是意味着只是从现有的东西出发搞一些修修补补的工作，按照经济自发势力的意志行事，这意味着要对我国的小的和极小的农民经济的经济过程进行有意识的干预，因为这种小经济有时具有违背工农的广泛的长远的利益的倾向，这意味着要调整和改变这些过程的方向，使之有利于工人阶级。在这个新经济政策时期，国家不持、也不可能持自由贸易主义的观点，即对国内的阶级斗争——用经济学的语言来说，就是社会主义经济成分和私有经济成分之间的斗争——不加干涉。我们通过价格政策、税收政策、财政方面的种种手段实行无产阶级专政初期的那种阶级政策，不过是采取另一种形式，运用另一些手段。如果说托洛茨基反对派承认新经济政策下所形成的这种新的关系，承认我们的阶级政策的新的形式，它却骇人听闻地破坏一切价格比例，如此粗暴地破坏各种经济形式的相互关系，那么托洛茨基主义的这种"新政策"还是不可避免地掉进军事共产主义时期的托洛茨基主义中去了。在这种政策中，一个基本的尺度，即列宁认为在处理与农民的关系问题上，在"分配苦难"问题上的唯一的原则——保持无产阶级专政，不见了。托洛茨基主义只强调在无产阶级专政的一定时期所必需的实行阶级强制的方法。在这个问题上，我们已经粉碎了托洛茨基主义。但能不能由此得出结论说，我们在原则上否认这些方法呢？正因为我们从列宁教给我们的要保持无产阶级专政这个原则出发，现阶段业已变化的情况是否可能要求我们采取一些超出工人国家计划职能范围的阶级强制措施呢？当然任何人都不会否认这种可能性，因为如果否认，那首先就意味着我们承认在我们建成社会主义以前资本主义世界同苏联和平共处是可能的。例如，战争可能迫使无产阶级国家恢复无产阶级专政初期所特有的某些措施。除了战争之外，还可能出现某些非常的内部情况，要求我们运用非常措施。例如，由于某些阶级暗中进行抗拒，某些一般的正常的经济计划措施就可能不够用，一些敌视无产阶级专政制度的政治集团可能蠢蠢欲动，最后，某些社会集团可能采取苏维埃的宪法所没有预见到的方法和手段，企图改变我们根据一定的力量的对比关系所作的计划和调节。在这些情况下，我们根据局势的严重程度，分别采取的性质不同和激烈程度不同的非常措施，就将是无产阶级国家的自卫手段。例如，最近我们在粮食采购方面遇到种种困难时，不得不采取一些非常措施，情况就是如此。我们为什么这样做呢？我们之所以采取那些措施是因为：到1928年1月1日为止，我们亏空1.28亿普特粮食；我们的整个粮食计划有遭到破坏的危险；工人阶级的供给成了问题；供应的中断使我们有同工人闹翻的危险；我们党在经过一场大争论之后，在经过多年的和平喘息之后，"高枕无忧"的情绪太严重了，对粮食采购放任自流。如果我们在这种情况下竟然无所事事，仅仅寄希望于计划机关，那么我们就不是善于克服一切困难的布尔什维克了，就不是能够同一切困难作斗争的革命者了。但我们一开始就把这些措施看做非常措施。当我们在采购粮食方面已取得了必要的成果时，当我们看到这些反对农村中的富农上层的措施已暴露出了明显的伤害中农的倾向时，我们就取消了这些措施。我们之所以取消这些措施是因为，这些措施有走向其应当达到的目的的反面的危险。但是，由于我们采取了一些非常措施，农村中的富农分子，城市中的商人和投机分子就散布恶毒的流言蜚语说：新经济政策被放弃了，我们党已经采取了托洛茨基反对派所建议的政策了。外国的资本主义报刊也起劲地支持这种说法。国际资本以及力求与之勾结在一起的我国农村中的富农和城市中的耐普曼所渴求的新经济政策，并不是我们党在一定条件下所容许的新经济政策。那种新经济政策不仅是市场对计划的"专政"，而且是要取消对外贸易垄断，要破坏我们的业已实行公有化的工业以及由此而产生的在阶级关系方面的一切变化，要缩小工人阶级的成果和权利。在我国，即正在胜利地建设社会主义的国家，根本没有那样的政策。

关于无产阶级专政和工人民主的形式

第五个问题，关于无产阶级专政和工人民主的形式。根据以上所说的，可以看出，在托洛茨基看来，无产阶级专政的形式永远是铁面无情的，主要是实行镇压。其形式也只能是这样，因为无产阶级专政是一个阶级反对其他一切阶级的战争。在过渡时期内，无产阶级专政的形式永远是千篇一律的，因为在"不断的"阶级战争的状态中既没有"喘息时期"，也没有间歇。无产阶级专政和工人民主是两个对立面，因为托洛茨基主义认为，无产阶级专政是资产阶级专政的直接对立面。在资本专政的条件下，资产阶级民主仅仅是专政的遮羞布。无产阶级专政并不需要这种遮羞布。托洛茨基主义没有注意到无产阶级专政的特殊性质，即它是少数人的专政，不过是为了多数劳动者的利益而实行的专政，而有产阶级的专政是少数人为了少数剥削者的利益而实行的专政。其次，它不了解无产阶级专政的第二个特点，即它是以工农联盟为基础的。无产阶级专政区别于有产阶级专政的这两个基本的特点，使无产阶级专政和无产阶级民主不仅不是互相排斥的，而且是互相依存的。战争、反革命运动之类的特殊情况可能使无产阶级民主的范围缩小，但不可能扼杀这种民主，因为那时无产阶级专政是采取少数领导者专政的形式，他们是在不通过群众的情况下行事。但这种专政不仅不会持续10年，而且连10个月、10个星期也不会。如果我们没有得到我们苏联的千百万劳动者的全力支持，难道我们能够抗击派遣了讨伐队来反对无产阶级革命、用物资和装备支持反革命将军们进攻的整个资本主义世界吗？如果我们打破千百年来的一切传统和习惯，扔掉过去时代所遗留下来的一切个人主义的方式，用对群众实行专政、把群众抛在一边而独断专行的方式、方法，我们能否建设社会主义呢？列宁在《无产阶级革命和叛徒托洛茨基》这本小册子中说：

"无产阶级民主比任何资产阶级民主要民主**百万倍**；苏维埃政权比最民主的资产阶级共和国要民主百万倍。"①

---

① 参见《列宁全集》中文第 2 版第 35 卷第 249 页。——编者注

但是，无产阶级民主是阶级的民主，它不是对一切人的民主，而仅仅首先是对无产阶级以及对那些支持无产阶级专政的农民阶层的民主。在无产阶级的民主制度中，无产阶级的领导作用并不消失，否则，那就不是无产阶级民主制而是工农民主制了。无产阶级专政不同于工农民主专政的一切特点，对于这两种民主制也是起作用的。在无产阶级专政下，专政的因素或无产阶级民主的因素在什么时候表现得更强一些呢？这是一个关于无产阶级专政的形式的问题。无产阶级专政的形式取决于什么呢？取决于无产阶级专政的国家和包围着它的资本主义世界之间的力量对比关系。假使资本主义世界不向无产阶级国家施加压力，那么发扬无产阶级民主的进程就会比现在——当敌人从四面八方包围着这个国家的时候——要快得多。第二，无产阶级专政的形式取决于国内各种阶级力量的配置情况。假使我们在理论上设想这样一种局面：各个阶级都无条件地跟着无产阶级走，老老实实地接受对个体经济形式的改造，接受按照社会主义精神进行的再教育，愿意被利用来建设和巩固社会主义（搞技术工作的知识分子，租让企业中的资本家，新资产阶级），那么，无产阶级民主的增长就不会停顿，我们就会在没有阶级冲突的条件下逐步消灭阶级，变无产阶级专政为最广泛的劳动民主。但是，我们生活在国际舞台上阶级斗争尖锐化的环境中，生活在排除这种发展道路的战争与革命的时代，我们正在进入这样一个阶段，此时国际形势的影响将使苏联的阶级斗争越来越尖锐化，因此，在国内外各种因素的影响下，无产阶级专政的形式可能发生变化。最后，第三，无产阶级专政的形式取决于，无产阶级的先锋队即它的党能在多大程度上通过自己的不倦努力在政治上对劳动群众进行教育，使工人阶级中的基本群众以及农民中的贫农和中农阶层跟着先锋队走。显而易见，例如，1919年1月，在工人阶级的相当多的阶层支持诺斯克的党的情况下，假使斯巴达克派在德国夺取了政权，那么无产阶级专政的形式就会与现在当德国共产党是共产国际的最具有群众性的支部之一时的形式不同。那时他们的专政将更接近于"雅各宾党人的"形式，而不是领导着起决定作用的工人阶级的基本阶层的共产党的专政。在国内战争结束以后的年代中，我国的先锋队与劳动群众相互关系的特点是，我们党同工人阶级和广大农民群众之间的最密切的联系在不断加强。最近我们提出了进行自我批评的口号，它的意义何在呢？就在于要进一步推动党"长入"劳动群众的进程，要在劳动群众的直接帮助下纠正有时反映其他阶级压力的我们的一些国家机关和经济机关的错误和倾向，要无情地揭露种种官僚主义的乖戾行为。我们把这种广泛的、真正群众性的无产阶级民主，同那种为个别知识分子集团、为托洛茨基主义的一些"派别"要求自由的民主相对立。那些托洛茨基主义的"派别"看来是要成为准备过渡到资产阶级民主制的一些政党的萌芽。白卫的报刊和各资本主义国家的报刊，根据最近我们在粮食采购中遇到的一些困难，说什么我们党同农民的关系发生了危机。不过只有大傻瓜——而不是政治家——才不了解，如果工人阶级和农民的关系发生了这样的危机，那么管理世界上最大的国家的政党如果不是发疯的话，是不会在这样的时刻提出进行自我批评的口号，让千百万工农群众对当局进行批评的。哪一个国家的资产阶级政府在遇到阶级关系方面的严重政治危机时，敢于掀起批评的浪潮、造成不满情绪、向执政党发出指示说丝毫也不要害怕劳动群众的批评呢？国外的每一个非党的工人，每天读到舍费罗夫先生等滥用苏联的好客态度的资产阶级记者先生们的报道时，岂不会自言自语地说："布尔什维克这些人倒是足够勇敢的，他们在遭到危机的时刻竟然不害怕农民的批评。显然，这是世界上最稳固的政府。"我们知道，有一个邻国政府不久以前在同农民的关系方面遇到了危机，农民在阿尔巴尤利亚采取了行动。事情发展到了这样的地步，为了阻止农民向布加勒斯特前进，竟然动员了陆军和空军力量。请罗马尼亚的贵族先生们试试看：给农民群众的批评打开一切阀门。为什么布尔什维克不害怕这样做呢？因为所谓苏联工农关系的危机，是各国的白卫分子用以"吓唬人"的，其目的是要调动各资本主义国家的政府的干涉主义者的胃口。因为世界上没有一个党像共产党这样坚决捍卫无产阶级和最广大农民群众的利益，世界上没有一个党像共产党这样相信劳动群众的创造能力。因为世界上没有一种民主比苏维埃民主更广泛，更公平合理。

我们发动了这么多的阶层参加政治生活。这样的事是英国的"工人政府"、瑞士的社会民主党政府和在全世界的任何一个资本主义国家中都绝对办不到的。我们国家的面貌开始变得难以辨认了。这个打架斗殴、没有文化、愚昧落后的国家，正在一天天越来越成为一个具有新的社会主义文化的国家。新的一代自由的人正在成长，由新生活的建设者所组成的牢固的长城正在增高。就拿农村通讯员和工人通讯员运动为例来说吧。在各个偏僻的角落里都在造就出新型的苏维埃社会活动家，他们像哨兵一样地在保卫我们艰巨的建设事业，使之免除旧时代的污泥浊水，即受奴役的时期所遗留下来的腐败、停滞等现象。就拿我们提拔干部这件事情来说吧：在1925年这一年内，我们党从工人中提拔了7459人担任经济和行政领导职务。我们的几乎每一个稍微大一点的党组织，都在这一方面做出了显著的成绩。而这个运动才刚刚开始。

难道自我批评对我们来说是可怕的吗？在这种条件下，自我批评是发挥首创精神的工具，是发动千百万人积极参加社会主义建设的学校。社会主义建设不仅是我们100万党员的事业，不仅是我们的托拉斯领导者、行政人员、办合作社的人员、苏维埃工作者的事业。这是群众自己的事业。我们必须根除群众中的旧思想，即把人分成被管理者和管理者，把社会主义建设看做是由一些无所不知无所不晓的人"从上面"实行的事业。必须使群众学会把社会主义建设及其一切成就和缺点，都看做是与自己休戚相关的、切身的事业。为了培养社会主义文明的感情，我们需要自我批评。

关于群众参加社会主义建设的问题，列宁曾经写道：

"如果说农奴制时代这样的建设者是几百人，如果说资本主义时代国家的建设者是几千人几万人，那么现在的社会主义革命就要有几千万人积极地、直接地、实际地参加国家管理才能完成。"①

无产阶级专政时期党的作用和领导权

第六个问题，也就是最后一个问题，关于无产阶级专政时期党的作用和领导权。无产阶级专政时期的趋势是扩大无产阶级民主。那么能不能根据这一事实而得出结论说：党正在"融入"群众之中，它对于领导社会主义建设的各个方面的领导权现在应当削弱呢？现在领导经济生活和政治生活等各个方面的问题十分复杂，这些问题越来越专门化，它们不仅要求具有总的政治方面的生活条件，而且要求切实了解党所面临的每一个政治管理和经济管理问题的细节。这样一来，是不是就必须削弱党的领导权呢？值得注意的一点是，任何反对派，不管是来自哪一方面的，"来自右边的"或"来自左边的"，都一定是一开始就打击党的领导，它们认为，党的领导是实行机关"压制"、"不称职"、扼杀首创精神、实行政治局"专政"、搞烦死人的干涉等等。这就表明，在无产阶级专政时期，在党居于垄断地位的情况下，关于党的领导的问题，过去、现在和将来都是各个非无产阶级极力反对的一点，各个反对派过去首先是围绕着这一点形成的，将来也会如此。托洛茨基反对派以反对党

---

① 参见《列宁全集》中文第 2 版第 35 卷第 439—440 页。——编者注

内制度、反对党的机关官僚化为幌子，把无产阶级民主同党的领导对立起来。一切反对派打击党的领导，实际上是反对无产阶级专政。因为工人阶级的有觉悟的先进部队即党吸收了无产阶级中一切最优秀、最忠诚、最能干的分子，如果不由党来领导无产阶级专政，那就不可能有无产阶级专政。历史上没有不是由作为专政承担者阶级的政党所领导的专政。党的领导和无产阶级民主不是互相对立、互相排斥的两个极，而是无产阶级专政的两个组成部分。如果没有无产阶级民主，党的领导就会把无产阶级专政变成脱离阶级的专政。如果没有党的领导，无产阶级民主就不是无产阶级专政，而是向资产阶级民主制过渡的一种制度。它就会是一个短暂的插曲，如德国十一月革命以后的人民全权代表政府，或者如匈牙利共产党人交出政权以后社会民主党的统治。老的德国工团主义之所以遭到可耻的破产，就是因为它否认工人阶级政党的作用。1920年，意大利无产阶级在夺取工厂以后之所以丝毫无所作为，就是因为没有一个能够领导无产阶级去进行战斗并且夺取胜利的党。在无产阶级专政时期，党的作用比在夺取政权以前更加巨大。不仅在进行国内战争的情况下是这样，在进行社会主义建设的时期尤其是这样，因为此时无产阶级必须在存在阶级矛盾的情况下解决许多极其复杂的任务。无产阶级在消灭资产阶级和地主之后，面对着一个小商品生产者阶级，可是对这些人既不能驱逐，也不能镇压，而必须与之和睦相处，必须通过长期的、顽强的组织工作改造他们，重新教育他们。列宁说：

"他们用小资产阶级的自发势力从各方面来包围无产阶级，浸染无产阶级，腐蚀无产阶级，经常使小资产阶级的懦弱性、涣散性、个人主义以及由狂热转为灰心等旧病在无产阶级内部复发起来。要抵制这一切，要使无产阶级能够正确地、有效地、胜利地发挥自己的**组织**作用（而这正是它的**主要**作用），无产阶级政党的内部就必须实行极严格的集中和极严格的纪律。无产阶级专政是对旧社会的势力和传统进行的顽强斗争，流血的和不流血的，暴力的和和平的，军事的和经济的，教育的和行政的斗争。千百万人的习惯势力是最可怕的势力。没有铁一般的在斗争中锻炼出来的党，没有为本阶级一切正直的人们所信赖的党，没有善于考察群众情绪和影响群众情绪的党，要顺利地进行这种斗争是不可能的。战胜集中的大资产阶级，要比'战胜'千百万小业主容易千百倍；而这些小业主用他们日常的、琐碎的、看不见摸不着的腐蚀活动制造着资产阶级所需要的，使资产阶级得以**复辟**的**那种**恶果。谁哪怕是把无产阶级政党的铁的纪律稍微削弱一点（特别是在无产阶级专政时期），那他事实上就是在帮助资产阶级来反对无产阶级。"①

我们来具体地看一看我们的无产阶级专政国家吧。小资产阶级的自发势力不是从四面八方向我们的无产阶级施加压力吗？我国无产阶级同农民的联系比任何一个欧洲国家中的这种联系都更加密切。农民的任何一点微小的不满都像晴雨表般地在无产阶级的情绪中反映出来。例如，我们最近在粮食采购中所遇到的困难，以及今年夏天由于大批季节工人由农村涌向城市而使我们遇到的困难，都说明了这一点。我国的无产阶级是一个农民众多的国家中的无产阶级，我国正在发展的工业需要来自农村的工人人手。所以我国的无产阶级无论在数量和质量方面都不是固定不变的。无产阶级中有许多不同的阶层。同农村割断了联系的纯血无产者阶层人数很少。除此之外，大量的无产阶级群众同农民有日常生活、亲属和经济方面的联系。这种联系的形式非常之多，有些农民到城里去做季节工，只是为了挣一点额外收入；有些农民则除了自己的一双手之外别无维持生计的来源。在西欧，无产阶级作为一个具有不同阶层的阶级，它的这种结构是工人运动中形成不同派别的基础，而在我们这

---

① 参见《列宁全集》中文第 2 版第 39 卷第 24—25 页。——编者注

里，我们只有一个政党，它领导着无产阶级专政，——在这种条件下，这种结构就是我们党内分成不同的集团和派别的根源。在这种条件下，党如果不对自己的社会成分进行整顿，不对工人阶级的一些新的阶层涌入党内的现象加以控制，它就会被半农民、半市侩的情绪的自发势力所淹没。这就是尾巴主义的政策，即要让党迁就中间状态的情绪，而不是布尔什维主义的政策，即要提高无产阶级的阶级觉悟水平，对它进行教育，使之日益接近先锋队。在过去的十年中，我们十分小心谨慎地扩大党的队伍，抵制种种离奇古怪的建议——让整个工人阶级在两三天内加入我们党。我们一分钟也没有忘记：对我们的干部进行共产主义的列宁主义教育，使之受到布尔什维主义的锻炼，对加入了我们党的一些新阶层进行改造，——这是一项极其复杂的任务。因为在我们党的队伍中，在1905年革命以前入党的地下党员占0.3%，而在二月革命以前入党的地下党员只占0.8%，这就是说，在思想斗争中久经沙场、在沙皇统治的秘密条件下久经考验的老近卫军，只占全体党员的1%左右。我们的第二代，即国内战争中的一代，只占我们全党的1/3左右（1917年入党的党员占4%，1918年——6.4%，1919年——10.4%，1920年——11.8%）。我们党的其余2/3，是在国内战争结束之后、在实行新经济政策之后入党的一代人。其次，还不应该忽视，领导着无产阶级专政的我们党，与那些只是为夺取政权而斗争的党不同，它的人数很多，它担负着各种各样的职能。我们的各兄弟支部的主要活动，就是在群众中进行宣传鼓动和组织工作。而我们必须进行管理，抓经济、贸易、计划工作，逮捕人，审判人，必须保卫无产阶级的国家以防止反革命的颠覆活动。我们必须充当红色经理、检察长、教授、军队的指挥官等等。我们要派遣党员去领导、监督几十个托拉斯、合作社，几百个省、边区和区的执行委员会，以及铁路、水运、邮政、电讯等等。我们必须把我们统一的党分成一些组，它们各有各的"团体的"和"本单位的"特殊利益。做一个眼中时时只有本阶级的利益的党员，要不囿于本机关的特殊利益，善于使本机关服从无产阶级的意志——这就要求具有严肃的布尔什维主义的顽强精神。只有党、党的监督和领导，才能把相隔几千里、分散在各个不同工作部门中的全体共产党员紧密团结起来，才能使他们不致乱了无产阶级的步伐。现在，只要稍微削弱党的领导，就会形成一种奇特的制度：与不同的工作部门有关的组都各行其是，如同张开的"剪刀"一样，其锋刃的所向彼此不同。各种阶级矛盾总是企图沿着这些渠道爆发出来。体现党的统一领导的无产阶级专政，如果松松垮垮，那么我们这里就会形成一些维护集团狭隘利益的、不断互相发生冲突的特殊的"党"。在这一方面，沙赫特事件不是很说明问题吗？只要党在什么地方稍有疏忽，只要地方党组织放松警惕，哪怕是稍稍受制于经济组织，则整个苏维埃机关和工会都会发生问题。整个国际工人运动的经验教导我们，只要党员脱离党的领导，往往就出现机会主义。这一点，在资本主义条件下工作的各国共产党都是了解的。

因此，列宁主义的党一方面在无产阶级专政的国家内发扬民主，同时坚决斥责托洛茨基主义—孟什维主义修正党的领导权的思想的一切企图。

结 论

我们党的第十五次代表大会的决议清楚地表明：反对派对我们党内的发展状况作出估计说，我们党已走上热月的轨道，这全是一派胡言乱语。第十五次代表大会的决议以及大会后我们党所采取的方针，不仅在我们国内，而且在国际范围内，都已使反对派遭到惨败。反对派能用什么来对抗这些决议和这一方针呢？是那种说什么在实行左转弯的窃窃私语吧？是那种说什么党坚持不了这一方针而会滚到右边去的恶毒预言吧？是那些令人并不觉得可笑的人们说什么他们准备帮助我们实现"左转弯"的可笑的声明吧？列宁主义的党并不需要那些已丢掉了自己的行李、已经走近孟什维主义的最后的边界线的人的帮助。列宁主义的党有足够的力量，用铁的手腕实行第十五次党代表大会的决议，粉碎修正这些决议的一切企图。我们的党在十年的革命当中领导无产阶级专政国家克服了国内和国际方面的重重困难，经受了严酷的考验。它完成了而且将继续胜利地完成这一任务，直到国际无产阶级来进行帮助之时为止，它确信，除了列宁主义的道路之外别无其他更左的道路，而各种右的道路将使联共和共产国际偏离走向工人阶级胜利和走向社会主义的伟大的无产阶级道路。

（会议休会）

第四十三次会议

(1928年8月23日)

主席：库恩·贝拉

各国党关于瓦尔加和曼努伊尔斯基的报告的声明

台尔曼（德国）：

昨天我们在全体会议上听到了瓦尔加同志和曼努伊尔斯基同志的报告。我们认为，主席团和共产国际执行委员会应尽快地把这两个报告和有关的图表印成小册子寄给各个支部；在我们同国际社会民主党的反苏谎言和叛卖政策进行的斗争中，这两个报告可能给我们很大的帮助；这两个报告可能对我们的革命运动有很大的教益。

关于在全体会议上对苏联和联共（布）党内情况进行的讨论，各国代表团决定以书面形式把自己的看法提交第六次代表大会的全体会议。

我受德国代表团、青年共产国际代表团以及捷克斯洛伐克、波兰、奥地利、匈牙利、瑞典、芬兰、挪威、丹麦、立陶宛、拉脱维亚、爱沙尼亚等代表团的委托，宣读如下的声明：

以下署名的代表团对关于苏联和联共（布）情况的两个报告发表声明如下：

"（1）以下署名的代表团所代表的各国共产党和共产国际支部，完全赞同联共（布）及其列宁主义的中央委员会的政治路线和组织路线。在帝国主义包围的极其困难的条件下，这一正确的布尔什维主义的政策使社会主义建设取得了巨大的成就、使工农群众的物质和文化水平获得了很大的提高、使工农联盟加强了，保证了无产阶级及其共产党的领导权，巩固了无产阶级专政，提高了苏联——国际革命运动的中心、无产阶级阶级斗争的堡垒、各殖民地被压迫人民斗争的靠山——的威望。

（2）社会主义建设的最重要的成果是：社会主义工业化取得了成就，国营工业的发展超过了战前的工业水平，工业无产阶级的人数蓬勃地增长了，实行了七小时工作制，实际工资和劳动生产率提高了，全部工业操作得到了根本改造。在社会主义国营工业蓬勃高涨的同时，无产阶级国家的其他经济命脉，如交通运输、国家预算、银行和信贷网、贸易机关等等的作用也提高了。贸易机关保证了对外贸易的垄断，不断地排挤私人资本，用国家的和合作社的经济组织代替私人资本，在市场上占有了决定性的地位。党的农业政策也取得了重大的成就：扩大了播种面积，增加了农产品的总量，已把一些高级技术运用到农业当中，加强了城乡结合等等。

（3）这些成就并不意味着、也不可能意味着已经消除了由于社会主义建设的客观条件、由于国家在技术和经济方面落后、由于国内各种敌视无产阶级的阶级势力施加压力、由于各资本主义国家实行反革命的和敌视苏联的政策而造成的种种困难、危险和矛盾，这些困难有：进出口问题、资金问题、降低生产成本和工业品价格问题、失业问题、农村的商品荒问题和对城市来说的粮食采购问题等等。

（4）联共（布）的全部政策都由一个正确的原则出发：只有同一切敌对的阶级势力进行布尔什维克式的无情斗争，才能克服这些困难，并且沿着社会主义的道路继续前进。针对资本主义成分的日益活跃、反革命势力进行破坏的企图以及官僚主义的腐蚀影响，联共（布）领导的工人阶级正在大力加强无产阶级专政的统治，进一步发扬无产阶级民主，进一步提高广大无产阶级群众的积极性、主动性和革命的自我批评。针对富农在政治和经济方面向无产阶级施加压力,党坚决实行工人阶级依靠贫农而同中农结成联盟的政策,并且加紧向富农发动进攻。

联共(布)第十五次代表大会的决议对于这一政策具有特别重要的意义。决议指出,要通过进一步实现农业集体化(集体耕种土地、实现农业的集约化和机械化、实现农村的社会主义集体化),使分散的农民经济转上大生产的轨道,同时要战胜农村中的资本主义成分,并且全面发展独立的中小生产者的个体经济。

(5)以下署名的代表团以它们所代表的各国共产党和共产国际支部的名义认定,联共(布)党内原来的托洛茨基反对派,从修正列宁的学说开始,已滚到了孟什维主义的立场。反对派从否认在苏联胜利地建设社会主义的可能性出发,已堕落到了否认苏联的无产阶级专政('热月政变')。托洛茨基反对派由于坚持其纲领、策略和组织方针,已成为反对苏联无产阶级的小资产阶级分子的工具,已成为国际社会民主党的别动队。在国际舞台上,托洛茨基派同公开的敌人以及被共产国际开除的共产主义的叛徒(马斯洛夫、鲁特·费舍、科尔施、苏瓦林等人)结成联盟。以下署名的代表团赞成联共(布)中央反对孟什维主义反对派的各项决议,赞成第十五次代表大会把他们开除出党。以下署名的代表团声明,它们支持对反对派破坏无产阶级专政的活动所采取的一切措施。同时,它们赞成自第五次世界代表大会以来共产国际执委员全会所通过的一切有关的决议。共产国际和联共(布)同托洛茨基派小资产阶级集团进行的坚决斗争,使这个集团已经在苏联和共产国际中被彻底消灭。参加托洛茨基反对派和宣传它的观点,是同留在共产国际的队伍中不相容的。

(6)以下署名的代表团,特别强调资本主义对苏联进行干涉的危险正在日益增加。社会主义建设的成就越巨大,帝国主义者对苏维埃的无产阶级国家的进攻就越猛烈,反对苏联的反革命战争就越迫切。列宁曾预见到这场战争是不可避免的,现在,在无产阶级专政存在的第十一年,这场战争如同一把可怕的剑一样,悬挂在各国劳动群众的头顶上。在这场大规模的阶级战争中,共产国际应当经得起、而且一定会经得起具有世界历史意义的战斗考验。共产国际将高举变剥削者的战争为一切被剥削者争取无产阶级专政在资本的堡垒中获得胜利的国内战争的旗帜。在当前的形势下,各国共产党人的最重要的任务,就是要动员整个国际无产阶级和各国的被压迫人民,保卫苏联——工人阶级的唯一的社会主义祖国,世界革命的堡垒、基地和最强有力的支柱。"

署名人:

德国代表团:**台尔曼**

青年共产国际代表团:**许勒尔、希塔罗夫**

捷克代表团:**伊列克、扎波托茨基**

波兰代表团:**科斯切娃、别列夫斯基**

奥地利代表团:**科普勒尼希**

匈牙利代表团:**库恩·贝拉**

立陶宛代表团:**安加雷蒂斯**

拉脱维亚代表团:**克拉斯滕**

爱沙尼亚代表团:**安韦尔特**

瑞典代表团:**奥斯卡尔·萨穆埃尔森**

挪威代表团:**K. 瑟德斯特伦**

芬兰代表团:**曼纳**

丹麦代表团:**蒙克-彼得森**

塞马尔(法国):

法国、意大利、比利时、西班牙、瑞士和荷兰等国共产党代表团完全赞同自共产国际第五次代表大会以来联共(布)中央、代表会议和代表大会的决议中所阐明的政治路线和策略路线。

一方面,它们非常赞同第十五次代表大会的决定,这次代表大会采取了一切必要的措施,不许削弱无产阶级群众同贫农、中农群众之间的联系,因为这种联系是为了巩固无产阶级专政所必需的,另一方面,它们也非常赞同建立和增加国营农场数目的坚决措施,并且继续进行工作来巩固中小型个体经济,以便提高生产能力并且通过合作制吸引它们参加社会主义建设。

由于系统地贯彻实施这些决定，苏联在经济上和政治上已经巩固了，这表现在：社会主义建设已取得了不容争辩的成就；工人的状况和劳动条件已经改善了（提高工资，逐步实行七小时工作制，修建住宅等等）；由于实行了社会主义的合理化，工业发展了，社会主义的合理化提高了劳动生产率，促进了总产量的增长，使之超过了战前的水平。

积极支持贫农、同中农结成联盟、坚决同富农作斗争的政策，还提供了一种可能性，即使得无产阶级同农民群众的联系更加切实有效和更富有成果。因而无产阶级的领导加强了，无产阶级专政巩固了。

苏联正在沿着社会主义道路迅速发展，它在地球1/6的土地上蒸蒸日上，它在全世界的影响日益提高，——这一切使得资本主义国家和殖民地国家被剥削被压迫的群众，越来越把苏联看做革命的堡垒和世界无产阶级革命的主要支柱。

但是，苏联越巩固，它对国际工人运动的影响越增长，帝国主义列强就越想摧毁它，——今天是用经济封锁，明天则是用战争，现在，它们在社会民主党的协助下，正在疯狂地准备战争。资产阶级和社会民主党利用旧制度的沉重遗产、工业不发达和技术落后带来的种种困难进行投机，预言布尔什维主义必遭灭亡，同时，它们竭力支持国内外反对苏维埃制度的一切反革命势力。

联共（布）已经用事实证明：它有能力克服各种困难（建立粮食储备的政策、进出口问题、消灭商品荒和失业等等）；它有坚定的决心消灭国内罪恶的反革命破坏活动，并且在苏联广大工农群众的支持和全世界无产阶级的积极帮助下，对帝国主义的进攻和威胁给予坚决的反击。

联共（布）所采取的关于改进党的工作和工会工作、特别是关于实行从下到上的广泛而健康的自我批评、关于同官僚主义和因循守旧习气进行坚决斗争、关于完善各种苏维埃机关的措施，——所有这些措施都有助于增强首创精神，加快广大群众的工作速度和消除各种困难。

以下署名的代表团非常赞同联共（布）为加紧对富农和耐普曼实行进攻而采取的种种有力措施，因为在当前形势下富农和耐普曼既是经济上的也是政治上的危险。

只有现在已滚入孟什维主义泥潭的托洛茨基反对派，才敢于否认联共（布）和共产国际路线的正确性，才敢于诬蔑这两个领导机关的决定和决议。

托洛茨基反对派否认在一个国家建设社会主义的可能性，胡说什么俄国革命已发生热月蜕化，它在国际范围内进行派别活动，特别是在联共（布）党内搞阴谋活动，使无产阶级专政的存在本身受到威胁，从而已同共产主义的死敌结成一伙，所以，应对托洛茨基反对派和共产主义的死敌一并加以痛斥。

因此，上述各党的代表团完全赞同联共（布）对反对派所作的决定，以及共产国际关于这个问题所通过的决议。

我们这几个代表团声明：无产阶级的国家有义务对那些人采取最强有力的和最严厉的措施，因为他们通过进行罪恶的活动来阻挠社会主义建设并且使革命受到威胁；这不仅是一个纪律问题，而且是一个关系到无产阶级专政的生死存亡问题。

共产国际各支部内的反对派随声附和资产阶级和社会民主党的一些极虚伪的指责，从"左"的观点来宣扬那些指责。在理论和策略的一些基本问题上，它们同共产国际的路线进行斗争。

例如，比利时的反对派在党内实行了分裂之后，却指责共产国际和工会国际破坏工会的团结，而且密切配合阿姆斯特丹国际的领导人，同共产党人作斗争。

在荷兰，托洛茨基派促使属于全国工人书记处的工会退出了工会国际，并且使之走上了改良主义的工团主义道路。

在意大利共产党内,由博尔迪加的老派别所组成的一个人数不多的反对派少数派,特别是对党在侨民中的活动、也包括对党在群众组织中的活动以及党保卫意大利劳动总联合会的活动,不断地、罪恶地进行破坏。

在法国,反对派也采用同样的方法来分裂党,而且它对联共(布)积极的工作人员进行虚伪的、毫无根据的指责,这就表明,它在反对布尔什维主义的斗争中完全与社会民主党和资产阶级串通一气。在它的一些最积极的成员被开除出党之后,它开始走下坡路和陷于瓦解,现在它完全被群众孤立起来了。

第六次世界代表大会应当坚决谴责国际托洛茨基反对派,因为它们通过在各国共产党内进行的起腐蚀作用的活动,为反革命事业效劳,支持社会民主党进行反对布尔什维主义和苏联的斗争,并且直接帮助资产阶级准备反对无产阶级国家的战争。

第六次代表大会号召全世界的工农群众把自己的队伍团结在俄国革命的周围,千方百计地保卫俄国革命,使之不致受到帝国主义者的侵犯,充分信任英勇的布尔什维克党和第三国际,因为它们给工农群众指出了通过建立无产阶级专政而战胜资本主义的道路。

共产党代表团:法国、比利时、瑞士、意大利、西班牙、荷兰

贝尔(英国):

美国、英国、加拿大、拉丁美洲、南非和新西兰等国代表团声明:

共产国际第五次世界代表大会以来所发生的种种事件都证明,共产国际执行委员会对托洛茨基以及他在苏联国内外和共产国际队伍中的同盟者所采取的一切坚决措施是正确的。联共(布)在农民问题上的政策顺利地解决了具有大批农村居民的不发达国家所特有的一系列问题。

同富农以及一切企图把新资产阶级武装起来的分子的斗争，可能取得最后的胜利，即只有在发展生产生产工具的工业的基础上，在实现农村工业化的基础上，实行集体化农业的形式。同托洛茨基派的预言相反，联共（布）正在迅速地接近这个目标。

联共（布）的政治路线，就是要在外国进行经济封锁和国内的反革命分子进行破坏的情况下，依靠本国的资金来发展国营工业和大型工业企业。这条政治路线已取得了一系列的辉煌成果。托洛茨基派硬说无产阶级群众的状况在不断恶化，这是一文不值的和毫无根据的诽谤。现在，正在许多重要工业部门实行七小时工作制，同时产量却正在提高，而且为社会和文化生活创造了更好的条件，这就证明，工人的状况不但没有恶化，相反地，正在改善。

进一步改善之所以受到限制，完全是由于被敌对的资本主义世界包围的国家财力不够。如果说托洛茨基派否认这一点，那么各国有觉悟的工人都知道，现在苏联的社会主义建设正在迅速地向前迈进。

由于苏联已经巩固，在共同反对世界帝国主义的斗争的基础上，苏联工农群众同外国无产阶级的关系正在变得更加密切。一些改良主义的工会领袖在破坏了英俄委员会之后，已暴露了自己分裂无产阶级国际团结的嘴脸。这就使得那些为争取工会的国际团结而斗争的积极工人头脑更加清醒了，而且给了争取下层团结的运动以新的推动。在这一方面，正确的是共产国际的路线，而不是托洛茨基的路线。

受到联共（布）鼓舞的苏联无产阶级，对英国的矿工、对英国的总罢工，以及在发生许多具有国际意义的工业冲突时所提供的坚决的支持和帮助，尤其驳斥了托洛茨基派关于所谓"民族局限性"、所谓为了狭隘的民族目的而牺牲世界革命的胡说。联共（布）在政治上支持一切被压迫的人民，特别是支持中国革命，这也进一步驳斥了那些胡说。

同样，还必须揭露他们指责共产国际"蜕化了"、有"小资产阶级性"、搞"机会主义"是卑鄙的诽谤。这些指责无视各国共产党党员数量的增加及其影响的扩大，也无视各国共产党在表明劳动群众日益左倾的许多大规模的运动中过去和现在所起的积极作用。可以作为这一方面的例子的有：英国共产党在发生矿业、纺织工业、丝绸工业中的冲突时所采取的行动；美国共产党在矿工、纺织工人和缝纫工人中进行的工作，它领导黑人和殖民地群众同美帝国主义进行的斗争；拉丁美洲各个国家内共产主义运动的发展；以及在拉丁美洲一些共产党的建立，它们在无产阶级和农民运动中的影响的日益增长。

最后，由于苏联正在巩固，一方面资本主义矛盾和帝国主义者之间的竞争也在加剧，另一方面帝国主义者正在加紧进行武装并且玩弄种种花招，以便结成反苏的帝国主义同盟，对世界社会革命的中心——苏联进行战争，在这种情况下，托洛茨基反对派是共产国际的一切敌人之所以猖獗的原因。托洛茨基反对派诽谤联共（布）的领袖们搞"热月政变"、搞"机会主义"和"民族局限性"；进行反革命的派别活动，企图建立第二党；诽谤共产国际蜕化变质和搞机会主义；因此，他们成了我们的社会民主党敌人获得新的力量和鼓舞的源泉。所以，革命的无产阶级从托洛茨基派口中所听到的这些指责，正是他们多年来从社会民主党人那里听腻了的指责。继续进行托洛茨基主义的宣传的目的，就是要在共产国际和国际无产阶级的队伍中散布悲观主义。

美国、英国、加拿大、拉丁美洲、南非和新西兰的代表团认为，第六次世界代表大会应当赞同共产国际执行委员会第七、八、九次全会的决定，以及联共（布）第十五次代表大会所采取的路线，即谴责和开除托洛茨基反对派，并且对那些不是无条件地抛弃自己的虚伪的指责和政治路线的声明，一概不予理睬。

签名者：

美国：**杰·洛夫斯通**

英国：**托·贝尔**

加拿大：**涅尔斯**

拉丁美洲：**拉米雷斯**

南非：**邦廷**

新西兰：**格里芬**

罗吉奇（南斯拉夫）：

我受南斯拉夫、保加利亚、罗马尼亚和希腊等巴尔干国家共产党的委托发表如下的声明：

"联共（布）在自己久经考验的中央领导下始终不渝地执行列宁主义的政策，不顾帝国主义的经济的和政治的反苏联盟，在社会主义建设中取得了巨大的成绩。依靠联共（布）的领导，在世界革命的堡垒中，工农联盟已成了不可动摇的。巩固了的无产阶级专政在过去的四年之内取得了巨大成就。

城市和农村的广大劳动群众的物质和文化水平日益提高，工业化飞速前进，生产过程得到改善，劳动生产率日益增长。社会主义经济越来越排挤私人资本主义企业。在各个领域内都可以看到社会主义建设的巨大成绩。

从资本主义经济过渡到社会主义经济，过渡到社会主义，在这个技术和经济都落后的国家里是会遇到很大的困难和危险的。由于缺乏必要的大量资金投入固定资本，苏联的工业尽管迅速增长，但仍然不能全部消除农村中的商品荒并且降低工业品的价格，使之与农产品的价格水平相适应。

过渡时期的这些以及其他的困难是完全可以克服的，但只有通过同一切敌视社会主义建设的分子进行坚决的斗争，通过忘我的工作才能逐渐克服。联共（布）依靠工人阶级、贫苦农民和中农的广大群众的帮助和监督，正信心百倍地和坚决地同国内的敌对阶级分子进行斗争，并且顶住各帝国主义大国的压力。

只有拥有统一领导的、团结一致的列宁主义的党，才能抗击国内外的一切阶级敌人，克服过渡时期的种种困难，顺利地完成社会主义建设。

我们完全赞同从联共（布）的队伍中把托洛茨基反对派开除出去。托洛茨基反对派背离了列宁的道路，对无产阶级专政的存在和苏联的社会主义建设失去了信心，并且已陷入了社会民主主义的泥潭。在巴尔干各国，托洛茨基反对派只是在少数知识分子中，在被希腊共产党轻而易举地彻底清洗出去了的希腊取消派中找到了支持者。今后，所有各党应一如既往坚决地和有组织地把任何背离列宁主义坚定立场的一切反对派清除出去。

各帝国主义大国正在疯狂地准备反对苏联——所有被剥削者和被压迫者的支柱——的战争，在这场日益迫近的战争中，各国的共产党人一定要执行列宁关于变帝国主义战争为国内战争、为无产阶级专政的口号。世界无产阶级现在有了祖国，他们应当保卫这个祖国。

在世界无产阶级的党——共产国际的领导下，巴尔干的无产阶级和劳动农民群众将为反对战争危险而斗争。而一旦爆发战争，就保卫自己的祖国——苏联。"

签名者：
南斯拉夫共产党代表团：罗吉奇、利金、纳科瓦诺维奇、斯帕希奇
保加利亚共产党代表团：阿谢诺夫、沙伊塔诺夫、斯特凡诺夫
希腊共产党代表团：萨里斯、西夫尼奥斯、尼古劳
罗马尼亚共产党代表团：佩特鲁列斯库、斯坦库、巴尔塔扎尔

斯特拉霍夫（中国）：

下面签名的各国代表团认为，关于苏联的发展，关于作为全世界无产阶级祖国的苏联的社会主义建设问题，是国际共产主义运动最重要的问题。我们认为，在俄国伟大十月革命取得胜利十年之后，尽管全世界的帝国主义者、社会民主党和国民党在进行诽谤和反革命宣传，共产国

际的第六次代表大会可以自豪和高兴地指出：

（1）在联共（布）领导下，苏联的社会主义建设已取得了显著的成就。尽管托洛茨基反对派硬说不可能在一个国家建设社会主义，我们认为，苏联在五至六年内已自力更生地恢复了大工业，苏联的生产量已经超过了战前水平，苏维埃国家的经济发展速度比任何一个资本主义国家的经济发展速度都要快，苏联的社会主义经济开始了一个改造的新时期。例如，苏联的生铁和铜的生产增长速度比英国、美国的增长速度快得多，如此等等。这一切都粉碎了托洛茨基反对派的胡言乱语和帝国主义者、社会叛徒和中国革命的叛徒即国民党人的反革命宣传，他们常常利用托洛茨基反对派的言论说：十月革命的"领导者"托洛茨基本人断言，十月革命"所开辟的只不过是通向资本主义发展的道路而已"。

（2）联共（布）中央对农民的政策是唯一正确的政策。最近苏联在采购粮食当中的困难表明，假如让反对派的领袖们去领导社会主义建设，假如他们真正开始实行让联共（布）在一两年内最好与农民闹翻，从而更快地推动工业化的纲领，那么这些人会把革命引向何处，那是再清楚不过的。我们认为，在联共（布）发展的四分之一世纪中，托洛茨基几乎总是不断地利用表面上左的口号来掩盖其机会主义的路线。现在，托洛茨基利用国际革命的思想，来扼杀苏联无产阶级在社会主义建设事业中的蓬勃激情。当战争的乌云正笼罩着苏联的时候，他在国际无产阶级的队伍中散布怀疑主义和对苏联的不信任情绪。我们声明，对一切滑到了孟什维主义道路和同无产阶级专政进行反革命斗争道路的人实行镇压，这不仅是无产阶级国家的权利，而且是它的义务。

（3）苏联的繁荣和发展之所以对于世界无产阶级革命特别重要，因为它是世界无产阶级革命运动的中心，是民族解放运动和反对帝国主义者的殖民地起义和战争的中心。苏联以自己的发展和社会主义建设的成就，不仅正在发动全世界的甚至落后国家的无产阶级，为争取解放和建立自己的政权而斗争,而且还发动千百万殖民地的农民、千百万劳苦大众,为争取土地,反对帝国主义者、资本家和地主的统治,反对民族压迫和一切其他的压迫而进行坚决的斗争,因为殖民地的劳动群众亲眼看到,只有像苏联那样,同无产阶级结成联盟并且在无产阶级领导下,他们才能在争取社会主义的斗争中获得解放。

(4)中国革命是在胜利的十月起义的影响下和苏联无产阶级的大力支持下发展起来的。苏联的成就,中国革命的发展,庶民的土地革命的开展,这一切对全世界帝国主义构成一个很大的威胁。正因为如此,帝国主义者和追随他们的国民党叛徒,既对苏联也对中国革命拼命发动进攻。现在,帝国主义者不仅在中国进行公开的干涉(济南惨案),以便镇压中国革命,而且在千方百计地准备反苏战争。帝国主义者不仅收买社会民主党,使黄色工会的官僚同国家机关串通一气,成为准备反苏战争的"走狗",而且企图收买中国的资产阶级,在中国制造反对所谓"红色帝国主义"的空气。在印度,英帝国主义竭力残酷地破坏和镇压日益发展的工农群众的革命运动。与此同时,英帝国主义正在疯狂地加强自己的军事准备,以便利用印度作为反苏战争的基地。在这一方面特别重要的一点是,自发地起来反对英帝国主义的印度的工人和农民,一定要正确地吸取俄国和中国革命的教训。印尼和其他殖民地国家也是如此。

一切都是为了进行反苏战争,为了反对无产阶级革命,为了反对中国革命,为了镇压殖民地和半殖民地的革命运动,——这就是帝国主义者的全部政策。

(5)托洛茨基反对派企图把自己的早在1905年就被批判了的不断革命论搬到中国,他们堕落到了这样的地步,以致把广州起义叫做纯粹的冒险和盲动,而且认为任何全国性的农民(哪怕是中国农民)组织,都是反革命的。这样,他们客观上无非是在帮助帝国主义者、社会民主党和国民党反对中国革命。以下署名的各国代表团完全赞同共产国际执行委员会第七、八、九次全会所通过的关于俄国问题和中国问题的一切决议，以及联共（布）第十五次代表大会的各项决议，我们这几个代表团声明，我们完全支持联共（布）在国内和国际问题上的政策。

中国共产党代表团
日本共产党代表团
印度共产党代表团
印度尼西亚共产党代表团
其他一些东方国家代表团

法赫里（土耳其）：

　　土耳其、波斯、叙利亚、巴勒斯坦、埃及和其他阿拉伯国家的共产党宣布赞同德国代表团的声明。它们认为联共（布）和共产国际执行委员会的政治路线和策略是正确的。它们对联共（布）第十五次代表大会和共产国际执行委员会全会所采取的反对小资产阶级的、孟什维主义的托洛茨基反对派的决定表示赞同。以上列举的各国代表团根据切身的痛苦经验认识到，苏联是国际无产阶级的唯一的国家，是国际工人运动和殖民地国家解放运动的唯一的支柱。我们完全同意德国共产党的声明。

主席：

　　关于这个问题，再没有人发言了。现在我们选举一个委员会来起草决议案。主席团推荐下列同志参加委员会：台尔曼、塞马尔、贝尔、斯特拉霍夫、罗吉奇、法赫里以及报告人——曼努伊尔斯基和瓦尔加。（此提案被一致通过）

　　（会议休会）

第四十四次会议

(1928年8月29日)

主席：雷梅尔

悼念捷克斯洛伐克共产党领导人霍拉斯

主席：

　　在开完最近一次全体会议之后的这段时间内，我们兄弟的捷克斯洛伐克党遭到了严重的打击：捷克共产党的奠基人之一霍拉斯同志由于心力衰竭与世长辞了。为悼念他，请大家起立默哀。(代表们起立)

　　霍拉斯同志是最积极热情的党员同志之一，他一直处在革命斗争的前线。在苏俄国内战争时期，他在红军队伍里战斗，他是第一批参加俄国革命的人之一。随后，他回到了捷克斯洛伐克，在那里履行革命战士的义务。霍拉斯同志在40岁的时候当选代表大会的代表，这一点就说明，不仅在国内战争前线的战斗时日，而且后来在共产主义宣传鼓动战线的残酷斗争时期，他都彻底地履行了自己的义务。他死在献身革命斗争的工作岗位上。他的火化在今天下午四点举行。

　　同志们，现在我们进入议事日程。第一项是资格审查委员会的报告，请皮亚特尼茨基同志发言。

皮亚特尼茨基作资格审查委员会的报告

资格审查委员会审查并批准了有表决权的372名代表、有发言权的143名代表的资格。出席第五次代表大会的共有475位代表，其中有表决权的代表342名，有发言权的代表133名；出席第六次代表大会的共有515位代表，比上一次代表大会多40张代表资格证。

共产国际执行委员会邀请了66个党和组织派出代表参加代表大会，它们共有党员4024159人。其中有1798859人属于共产党以及同情共产党的组织；这其中有1210954人是联共（布）的党员和预备党员，583105人是其他国家，即资本主义国家和殖民地的共产党的党员和预备党员。共青团的代表代表着2225300名团员，其中苏联的共青团员2030000名①，资本主义国家的共青团员195300名。这一资料的根据是1928年第一季度各国共产党交纳党费的人数，也许现在各国共产党的党员人数更多一些。

这样，被邀请参加代表大会的各党中，有58个有表决权和发言权的党出席这次大会。参加第五次代表大会的有表决权的有42个支部，有发言权的有7个支部，共49个支部。现在我们这里共有58个支部的代表，比在第五次代表大会上多了9个支部。被邀请的有表决权的共57个支部，到会的有52个支部，即还缺5个支部，它们是澳大利亚、葡萄牙、朝鲜、埃及和古巴的支部。至于澳大利亚，根据收到的消息，代表们在途中，很可能他们会在大会结束前赶到。

9个被邀请的有发言权的党和组织中，到会的有6个，缺席的有3个，它们是：唐努图瓦共和国人民革命党，秘鲁和菲律宾的共产主义组

---

① 原文为2030人，显然有误，应为2030000人。——编者注

织。参加第六次代表大会的有9个没有出席过第五次代表大会的党，它们是：巴勒斯坦、哥伦比亚、叙利亚、乌拉圭、厄瓜多尔、巴拉圭、委内瑞拉、新西兰和智利的党。葡萄牙、埃及和朝鲜的共产党出席了第五次代表大会，但没有出席第六次代表大会。

现在我向大家介绍一下对代表们填的履历表进行调查统计的结果。共调查了468位代表所填的履历表，其中有337位有表决权的代表和131位有发言权的代表。47位代表未填履历表。

代表的性别

	有表决权的代表	有发言权的代表	总计	
			人数	%
男 …………	313	119	432	95.8
女 …………	12	7	19	4.2
	325	126	451	—

在第五次代表大会上，被调查研究过的履历表的百分比比第六次代表上的小一些，但出席第五次代表大会的女代表的百分比大一些（占5.37%）。参加第五次代表大会的男女代表的情况如下：

	有表决权的代表	有发言权的代表	总计	
			人数	%
男 …………	18	76	265	94.6
女 …………	11	4	15	5.37
	200	80	280	—

我认为，参加第六次代表大会的女代表的人数减少了，这是一个缺点，在下届代表大会上无论如何应予以纠正。每一次代表大会上，女代表的百分比无论如何不得低于各国共产党内女党员的百分比。

关于代表的社会状况

428位代表所填的履历表说明了自己的社会状况。

按职业种类划分，这428位代表的情况是这样的：

	有表决权的代表		有发言权的代表		第六次代表大会总计		第五次代表大会总计	
	人数	%	人数	%	人数	%	人数	%
工人	166	57	48	37.40	214	50	116	57.14
职员	44	14	25	19	69	16	联共（布）代表团没有统计	
知识分子和自由职业者	60	20	48	36.30	108	25.60		
独立劳动者	2	0.6	0	—	2	0.4		
农民	8	2.4	5	3.8	13	3		
农业工人	2	0.6	1	0.75	3	0.7		
官吏	5	1.6	1	0.75	6	1.4		
家庭妇女	2	0.6	0	—	2	0.4		
其他	9	2.8	2	1.5	11	2.5		
总计	298	100	130	100	428	100		

按现在的职业种类划分，代表们的情况是：

	有表决权的代表		有发言权的代表		总计	
	人数	%	人数	%	人数	%
工人…………	78	26	12	9.2	90	21.0
职员…………	6	2	5	3.8	11	2.5
知识分子和自由职业者……	17	5.7	11	8.4	28	6.0
独立劳动者…	3	1	0	—	3	0.6
农民…………	1	0.3	0	—	1	0.2
家庭妇女……	1	0.3	0	—	1	0.2
农业工人……	1	0.3	0	—	1	0.2
失业者………	2	0.6	3	2.2	5	1.1
其他…………	4	1.2	0	—	4	0.9
党务工作人员…	18	62.6	99	76.35	284	67.1
总计…………	298	100	130	100	428	100

从这些材料中，我讲一下来自车床旁的工人和党务工作人员的材料。

根据这些材料，428位代表中，只有90位有表决权和发言权的代表（占21%）现在还在企业中工作。

284位代表（占67.1%）是领工资的党务工作人员，其中大部分过去在车床旁工作。

根据单个的代表团来看，只有关于7个代表团的详细材料。情况如下：

法国代表团中：有9位直接来自车床旁的工人，占21%；有27位专职党务工作人员，占73.8%。

在捷克代表团中：有 5 位来自车床旁的工人，占 14.7%；有 28 位专职党务工作人员，占 82.3%。

在意大利代表团中：有 5 位来自车床旁的工人，占 29.4%；有 12 位党务工作人员，占 70.59%。

在德国代表团中：有 9 位来自车床旁的工人，占 29%；有 21 位党务工作人员，占 72.8%。

在南斯拉夫代表团中：没有 1 位来自车床旁的工人；有 3 位党务工作人员，占 75%。

在比利时代表团中：有 3 位来自车床旁的工人，占 75%；有 1 位党务工作人员。这位党务工作人员是有发言权的代表，共产国际执行委员会的委员。

在瑞士代表团中：有 1 位来自车床旁的工人和 1 位党务工作人员，各占 33.33%。

关于这 7 个代表团的更详细的材料，将附在记录中。

下面谈一下第六次代表大会的代表们在本国党内所担任的职务。这些材料是对 284 位领工资的党务工作人员进行统计而得出的。

代表	有表决权者	有发言权者	总计
中央委员	115	30	145
中央书记	39	5	44
中央主席	5	0	5
中央机关报编辑	25	4	29
联共（布）中央监委委员	10	2	12
共产国际执行委员会委员	12	6	18
国际监察委员会委员	0	4	4
青年共产国际执行委员会委员	16	5	21

区委委员 ……………………………	52	6	58
区委书记 ……………………………	40	5	45
省报编辑 ……………………………	2	0	2
中央或区委各部的领导人或工作人员…	45	28	73
工会书记（或工会部门领导人）……	22	1	23
执行委员会委员			
（1） 工会国际 …………………………	1	4	5
（2） 农民国际 …………………………	1	2	3
（3） 体育国际 …………………………	0	3	3
（4） 国际工人救济协会 ………………	0	2	2
（5） 国际支援革命战士协会 …………	1	0	1
（6） 反帝同盟 …………………………	1	0	1
（7） 太平洋书记处（工会国际）……	0	1	1
共青团中央书记 ……………………………	19	0	19
从事农民工作的党的工作人员 …………	2	0	2
从事黑人工作的党的工作人员 …………	1	1	2
从事妇女工作的党的工作人员 …………	2	0	2
领导合作社中党组工作的人员 …………	4	0	4

依我看来，代表大会人员的构成应是另一个样子才好。参加代表大会的人员中，专职人员占大多数，这无论如何是不理想的。如果无法派出在车床旁工作的工人党员，那么总可以派做群众工作的党的积极工作人员当代表，而不是派那些领工资的专职人员。在我们的各届代表大会上，最好能有更多的直接来自在车床旁工作的工人党员。

现在谈谈代表们的**年龄**：

	有表决权者		有发言权者		总计	
	人数	%	人数	%	人数	%
20岁	3	0.9	1	0.75	4	0.9
21—30岁①	130	39.0	34	25.0	164	35.0
31—40岁	135	39.9	60	46.45	195	41.2
41—50岁	54	16.0	28	21.0	82	18.0
51—60岁	9	2.7	7	5.3	16	3.4
61—71岁	5	1.5	2	1.5	7	1.5
总计	336		132		468	

代表们的党龄：

	有表决权者		有发言权者		总计	
	人数	%	人数	%	人数	%
1. 1905年革命前	19	6.7	13	11.8	32	8.1
	（平均党龄28年）		（平均党龄27年）			
2. 1905—1917年	20	7	11	10	31	7.9
	（平均党龄18年）		（平均党龄19年）			
3. 1917—1928年	244	86.3	86	78.2	330	84
	（平均党龄7年）					

由此可见，本届代表大会的大多数代表都是在1917年以后入党的。

---

① 大多数代表（359人）属于这两类年龄。

关于在 1919 年以前属于社会党或社会民主党的材料

	有表决权的代表	有发言权的代表	总计
1. 1917 年以前属于社会民主党者…	57	33	90
	平均社会民主党党龄 18 年	平均社会民主党党龄 22 年	
2. 1917—1919 年加入社会民主党者…	2	3	25

由此可见，本届代表大会的代表中有 115 人（占 29.3%）在加入共产党①之前是社会党（不包括俄国社会民主工党（布））的党员。

在加入共产党之前已加入共青团的代表

有表决权者	有发言权者	总计
20	7	27
平均团龄 10 年	平均团龄 3 年	

过去曾参加其他革命党派（国民党、伊斯兰联盟党、非洲北方之星等）的代表：

有表决权者	有发言权者	总计
13	8	21

此外：
| 参加过锡安工人党者………… | 1 | — | — |
| 曾接近无政府主义者………… | 1 | — | — |

---

① 资本主义国家中的共产党。

149位有表决权的代表和59位有发言权的代表，即共计208位代表过去没有参加过任何其他党派和组织。由此可见，大多数代表（包括原俄国社会民主工党（布）的党员）是直接加入共产党的。这是一个十分重要的事实。

现在谈谈代表们参加工会的情况：

	有表决权者		有发言权者		总计	
	人数	%	人数	%	人数	%
参加了工会的代表……	275	0.8	77	67.0	352	77.0
未参加工会的代表……	48	14.0	25	24.0	73	16.0
被工会开除了的代表……	5	1.4	2	1.7	7	1.5
没有提供任何材料或只提供了不确切材料的代表…	13	4.6	10	7.3	23	5.5
总　　计……………	341	100	114	100	455	100

48位有表决权的代表和25位有发言权的代表，即共73位代表（占16%）没有参加工会。我们早就力求使共产党员百分之百地参加工会。共产党员如果不全参加工会并在其中工作，共产党就很难扩大和加强自己在工会中的影响。可以肯定地说，平均每个共产党员能影响其周围的10个工人（在进行各种代表机关的选举时，每个党应保证10多张选票），由此可见，每一个共产党员如果不参加工会，这就是放弃影响其周围的工人，这样一来，他就是不仅不促使共产党在工会中影响的提高，反而是促使这种影响的缩小。此外，这样的共产党员还阻碍阶级的工会的发展。的确，如果连共产党员也不全加入工会，那么资本主义国家中的共产党怎么能在工人和职员中卓有成效地进行组织工作，使他们

加入工会呢？要知道，现在我们还有20%—30%的共产党员没有加入工会。如果出席此次代表大会的党的代表，即党内最积极的力量都还没有100%地参加工会，那么怎么能做到让普通党员都参加工会呢？我认为，应当消除这种现象。那些还没有参加工会的同志，回去以后无论如何应马上加入工会。

本次代表大会的代表出席以往历次代表大会的情况

	有表决权的代表	有发言权的代表	总计
出席过第一次代表大会者	8	2	10
出席过第二次代表大会者	25	12	37
出席过第三次代表大会者	44	27	71
出席过第四次代表大会者	51	31	82
出席过第五次代表大会者	74	40	114
总　　计	202	112	314

本次代表大会的代表出席以往代表大会的次数的情况

	有表决权的代表	有发言权的代表
出席过一次者	69	21
出席过两次者	28	13
出席过三次者	7	16
出席过四次者	9	5
出席过五次者	4	2
总　　计	117	57

本次代表大会的代表中以前从来没有出席过代表大会者

有表决权的代表		有发言权的代表		总计	
人数	%	人数	%	人数	%
209	64	69	63	278	54

以上是一些总的数字材料。

现在我来谈谈第六次代表大会上执行代表权的办法。

在以往的历次代表大会上,采用什么办法来执行代表权呢?——不管出席的代表的人数,而根据各国党的党员数目,给每一个代表团一定的票数。

在第五次代表大会上,把共产国际代表大会执行代表权的办法的专门条款写进了共产国际的章程。我宣读一下这一条款的有关段落。

第七节第四段。

"各支部拥有的表决票数,应由每次代表大会根据各党党员人数和党所在国的政治重要性,作出特别决议加以确定。"

据此第五次代表大会决定:

"代表大会委托共产国际执行委员会根据第七节第四段重新研究一下第三次代表大会关于在参加共产国际的各党之间分配票数的办法,并建议第六次代表大会作相应的修改。"

共产国际执委会第九次全会拟订了一个要向代表大会提出的建议。资格审查委员会建议通过这个建议。我请大家把第三次代表大会确定的、在第三、四、五次代表大会上所采取的执行代表权的办法,同共产国际执行委员会第九次全会的建议加以比较。

在第三、四、五次代表大会上,各党被分为五类:属于第一类的党，不论出席代表大会的代表有多少，有40票，属于第二类的党——有30票，第三类——20票，第四类——10票，第五类——5票。

第一类

(6个支部，各40票)

1. 德国共产党
2. 法国共产党
3. 意大利共产党
4. 联共（布）
5. 捷克斯洛伐克共产党
6. 青年共产国际

第二类

(7个支部，各30票)

1. 美国共产党
2. 英国共产党
3. 保加利亚共产党
4. 挪威共产党
5. 波兰共产党
6. 乌克兰共产党
7. 南斯拉夫共产党

第三类

(11个支部，各20票)

1. 奥地利共产党
2. 比利时共产党
3. 西班牙共产党
4. 荷兰共产党
5. 罗马尼亚共产党
6. 芬兰共产党
7. 瑞士共产党
8. 瑞典共产党
9. 日本共产党
10. 匈牙利共产党
11. 拉脱维亚共产党

第四类

（11 个支部，各 10 票）

1. 阿塞拜疆共产党
2. 格鲁吉亚共产党
3. 丹麦共产党
4. 印度共产党
5. 加拿大共产党
6. 中国共产党
7. 立陶宛共产党
8. 波斯共产党
9. 印尼共产党
10. 爱沙尼亚共产党
11. 土耳其共产党

第五类

（9 个支部，各 5 票）

1. 阿根廷共产党
2. 阿尔明尼亚共产党
3. 白俄罗斯共产党
4. 巴西共产党
5. 希腊共产党
6. 埃及共产党
7. 葡萄牙共产党
8. 澳大利亚共产党
9. 冰岛共产党

共产国际执行委员会第九次扩大全会根据第五次代表大会的决定，建议按以下的方式分配代表资格证：今后，代表大会发给哪一个党多少张有表决权的代表资格证，哪一个党就有多少位有表决权的代表。资格审查委员会按照这一建议处理自己的工作。现在我宣读共产国际执行委员会第九次全会制定的执行代表资格的办法。

第六次代表大会代表资格证的分配和各代表团的人数表

国家类别	票数	出席的代表		
		有表决权者	有发言权者	总计
第一类（1个支部）……	50			
俄罗斯联邦 …………		50	4	54
第二类（1个支部）……	30			
青年共产国际 …………		30	5	35
第三类（4个支部）……	25			
法国共产党以及法属殖民地的共产主义组织 ……		25	6	—
印度支那 …………	3	—	—	—
阿尔及利亚 …………	2	—	—	—
突尼斯 …………	1	—	—	—
	6	25	6	37
德国共产党 …………		25	6	31
捷克斯洛伐克共产党 …	25	10	35	
意大利共产党 …………		18	—	18
第四类（3个支部）……	20			
英国共产党 …………		19	2	21
中国共产党 …………		20	9	29
美国共产党 …………		20	5	25
第五类（1个支部）……	15			
波兰共产党 …………		14	10	24
第六类（3个支部）……	10			
印度共产党 …………		3	3	6

国家类别	票数	出席的代表		
		有表决权者	有发言权者	总计
瑞典共产党 ……………		8	3	11
乌克兰共产党 …………		9	0	9
第七类（5 个支部）……	7			
保加利亚共产党 ………		6	1	7
南斯拉夫共产党 ………		4	0	4
芬兰共产党 ……………		7	5	12
挪威共产党 ……………		7	1	8
阿根廷共产党 …………		4	0	4
第八类（4 个支部）……	5			
日本共产党 ……………		5	0	5
印尼共产党 ……………		3	3	6
墨西哥共产党 …………		3	1	4
白俄罗斯共产党 ………		4	1	5
第九类（5 个支部）……	4			
匈牙利共产党 …………		4	0	4
奥地利共产党 …………		4	0	4
比利时共产党 …………		4	0	4
加拿大共产党 …………		4	0	4
罗马尼亚共产党 ………		4	0	4
第十类（6 个支部）……	3			
荷兰共产党 ……………		3	0	3
南非共产党 ……………		3	0	3
澳大利亚共产党 ………		0	0	0

国家类别	票数	出席的代表 有表决权者	出席的代表 有发言权者	总计
瑞士共产党…………		3	0	3
格鲁吉亚共产党………		3	0	3
阿塞拜疆共产党………		3	0	3
第十一类（20个支部）…	2			
阿尔明尼亚共产党……		1	0	1
智利共产党…………		1	0	1
丹麦共产党…………		3	0	3
西班牙共产党…………		1	0	1
爱沙尼亚共产党………		1	1	2
拉脱维亚共产党………		2	1	3
立陶宛共产党…………		2	1	3
希腊共产党…………		2	0	2
葡萄牙共产党…………		0	0	0
土耳其共产党…………		1	0	1
巴勒斯坦共产党………		1	0	1
波斯共产党…………		2	0	2
埃及共产党…………		0	0	0
巴西共产党…………		2	0	2
哥伦比亚共产党………		0	2	2
伊朗共产党…………		1	0	1
朝鲜共产党…………		0	0	0
乌拉圭共产党…………		1	0	1
古巴共产党…………		0	0	0

国家类别	票数	出席的代表		
		有表决权者	有发言权者	总计
厄瓜多尔共产党 ………		0	1	1
第十二类（1个支部）…	1			
叙利亚共产党 …………		1	0	1

出席这次代表大会的上述各国共产党中有表决权的代表共 372 人，有发言权的代表共 81 人。

此外，还有几位有发言权的代表：

  新西兰共产党 ……………… 代表 1 人

  委内瑞拉共产党 …………… 代表 1 人

  内蒙古人民革命党 ………… 代表 1 人

  巴拉圭共产党 ……………… 代表 1 人

  冰岛共产主义小组 ………… 代表 1 人

此外，资格审查委员会向外蒙古代表团寄去了列席请柬，因为迄今为止共产国际和外蒙古革命党之间还没有正常的关系。朝鲜党的代表也收到了列席的请柬，因为并非所有被邀请的共产主义小组都出席代表大会，所以资格审查委员会不能给予一个小组的各位代表以发言权。

我提请代表大会批准资格审查委员会的工作和共产国际执行委员会第九次全会关于分配代表资格证的建议。

通过资格审查委员会的报告

主席：

现在开始讨论。谁想就皮亚特尼茨基同志的报告发言。看来没有人想发言。那么我们进行表决。我首先请大家对关于分配代表资格证的问题进行表决：有没有人反对皮亚特尼茨基同志提出的分配代表资格证的办法？请投票表决。谁赞成？谁反对？谁弃权？

一致通过。

现在我提议对整个报告进行表决。谁同意通过并发表报告？谁反对？谁弃权？

那么资格审查委员会的报告被认为已经通过。

主席：

现在我们进入今天议事日程的第二项，即章程委员会的报告。请皮亚特尼茨基同志发言。

皮亚特尼茨基作章程委员会的报告

在第五次代表大会上关于组织问题的委员会也研究了章程，对第二次代表大会制定的章程作了许多修改，但对过去通过的导言没有作任何改动。当时委员会之所以那样做，是因为导言中的许多东西应写进纲领，然而当时共产国际没有制定纲领，所以章程必须有一个导言。

因为这次代表大会将通过共产国际纲领，所以各代表团代表会议建议去掉章程的导言。我们建议删掉章程的导言。

主席：

皮亚特尼茨基同志刚才建议删掉章程的导言，因为它正写进纲领，现在对此进行表决。（通过）

皮亚特尼茨基（苏联）：

第一条修改成这样，开头是："共产国际——国际工人协会——是各国共产党的联合组织"等等。这样，第 2 条就是多余的了，第 2 条说："新国际工人协会称为'共产国际'"。旧章程的第 3、4、5 条仍保留原样。一些代表团建议把关于在群众组织中共产党党团的工作的条文写进章程。在原来的章程中没有这样的条文。这是因为在第五次代表大会上提出的首要问题是关于改组党的问题，所以全部注意力主要集中在建立工厂支部上面。除议会和市政局中的共产党党团之外，当时根本不存在关于共产党在群众组织中的党团问题。当时还没有把关于共产党党团的条文写进章程的需要。第五次代表大会后 1925 年的第一次组织会议已特别注意到了这个问题。现在大多数支部所采取的经共产国际通过的示范章程中已写了谈共产党党团的整整一节。

第五次代表大会后，已发展了一些巨大的非党组织，如国际支援革命战士协会、退伍军人组织和无神论者组织等等。这些组织都有自己的国际中心，现在必须确定它们与共产国际的相互关系。所以一些代表团建议写一项关于共产党党团的专门的条文。我们已经拟好了这一条文，现在我宣读一下。

第 6 条："在党外一切工人和农民组织和机构（工会、合作社、体育协会、退伍军人组织，各种代表大会和代表会议，市政管理机关和委员会、议会等等）中，只要不少于两个共产党党员，就必须组成共产党党团，以便在这些组织和机构中加强党的影响并执行党的政策。"①

第 8 条："共产党党团由有关的党机关领导。

注 1. 国际性组织（红色工会国际、国际支援革命战士协会、国际工人救济协会等）中的共产党党团，由共产国际执行委员会领导；一国范围内组织的

---

① 通过的正式文本文字有修改。参见本卷收录的《共产国际章程》。——编者注

共产党党团受该国共产党中央领导;地方组织的党团受相应的地方党组织的领导。

注2. 共产党党团的组织结构和对其工作进行领导的方式,由共产国际执行委员会和共产国际各支部中央委员会发布特别指示加以确定。"① 这两条是新的。

主席:

有没有什么反对的意见或补充?没有?通过。

皮亚特尼茨基(苏联):

我们已删去了旧条文的第 9 条(现在的第 10 条)中关于共产国际主席的全部内容。第 9 条说:"世界代表大会选举共产国际主席、共产国际执行委员会和国际监察委员会"。我们删掉了"共产国际主席"这几个字。因为在第七次全会上已作出决定:取消共产国际主席,而建立一个进行集体领导的集体机构,所以,正像大家所知道的那样,在共产国际执行委员会第七次全会之后就已没有共产国际主席了,因此应把实际上已不存在的东西从章程中删去。

主席:

谁赞成皮亚特尼茨基同志宣读的建议?通过。

皮亚特尼茨基(苏联):

章程委员会还决定删去有关组织局的第 19 条。这一条是讲组织局

---

① 通过的正式文本为第七条,且文字有修改。参见本卷收录的《共产国际章程》。——编者注

的权限和职能，但第七次全会已决定取消组织局，把它的主要职能交政治书记处。所以我们决定把这一条文从章程中删去。

主席：

有没有人反对皮亚特尼茨基同志宣读的建议？没有？通过。

皮亚特尼茨基（苏联）：

章程委员会列入了两个新的条文。这两条是讲共产国际执行委员会的国外常务局。近来各支部都感觉到有必要由共产国际执行委员会对各支部直接进行领导。从资格审查委员会的报告中可以看出，参加共产国际的有一些离莫斯科极远的国家的支部：澳大利亚、南美、非洲等国家的支部。而共产国际执行委员会从莫斯科直接进行领导是根本不可能的，因此第九次全会就曾决定建立国外的西欧局。西欧局的工作经验证明，非有这种国外局不可。可能要在南美和东方建立这样的局。所以章程委员会决定加上关于建立国外局的专门条文。现在我给大家宣读这两条，即第20和第21条。

第20条。"共产国际执行委员会及其主席团有权建立常设局（共产国际执行委员会西欧局、南美局、东方局和其他局），以便同共产国际各支部建立更密切的联系，并更好地指导它们的工作。

注：各常设局的活动范围由共产国际执行委员会或由它的主席团规定。应把各常设局被授予的职权通知其活动范围内的共产国际各支部。"

第21条："各支部必须执行常设局的各项指示。各有关的支部可以对常设局的指示向共产国际执行委员会和它的主席团提出申诉，但在共产国际执行委员会或它的主席团加以改变之前，必须继续执行常设局的种种决定。"①

主席:

谁赞成皮亚特尼茨基同志宣读的建议？通过。

皮亚特尼茨基（苏联）:

原章程的第20、21、22、23条，我们已用另外的条文代替。原章程说：共产国际执行委员会选出书记处、《共产国际》杂志编委会和共产主义妇女运动的国际书记处。这些事情共产国际执行委员会过去可以做到，因为根据章程它每月召开一次会议。但现在，大家看到，根据我们的建议，共产国际执行委员会是每六个月召集一次会议，所以不能仅仅由共产国际执行委员会来行使这项权力，因为，假使共产国际执行委员会的书记或者机关刊物的编辑离开了，或者他们由于什么缘故应由别人代替，那么，如果没有得到共产国际执行委员会的许可，没有由共产国际执行委员会作出决定，就无法处理这些事情。因此，我们用新的条文代替了这项条文。新条文就是第25、26条，这两条说：

"主席团选举政治书记处。政治书记处是共产国际执行委员会和它的主席团的决策、执行和筹备的机关。"

"主席团选举共产国际定期刊物和其他出版物的编委会。"

关于机关，因为我们还没有固定的、硬性的组织机构，所以我们必须根据需要不断地改善和完善我们的机关，因此，应把这项权力交给主席团。第二十七条说：

"共产国际执行委员会主席团任命国际妇女书记处以及若干国家的

---

① 正式公布的章程文本文字有修改，参见本卷收录的《共产国际章程》。——编者注

常设委员会（地区书记处），并建立各个部。"

"授权主席团按最合理的方式建立共产国际执行委员会的机关。"

主席：

对皮亚特尼茨基同志宣读的建议有反对意见没有？通过。

皮亚特尼茨基（苏联）：

对原章程的第 24 条即现在的章程的第 29 条加上了一段关于指导员的文字。现在我们已经有指导员，主要是组织部的指导员。这些指导员并非到处受到各党的欢迎。经常发生这样的事情：好几个月不让他们接触工作，并且阻挠他们进行工作。现在的章程决定在原来的第 24 条即现在的第 29 条中加上专门的一段，谈共产国际执行委员会的全权代表和指导员，以便各党不仅不会妨碍指导员完成被委托的工作，相反，应该千方百计地协助他们做好工作。这一段说：

"此外，共产国际执行委员会及其主席团有权向共产国际的一切离得远的支部派遣指导员。指导员的权限与职责由共产国际执行委员会规定；指导员的工作对共产国际执行委员会负责。"①

主席：

对皮亚特尼茨基同志提出的建议有没有反对的意见？通过。

皮亚特尼茨基（苏联）：

章程委员会决定删去论述扩大全会的第四节（第 26 条）。召开扩

---

① 在正式公布的《共产国际章程》第 29 条中没有这段话。参见本卷收录的《共产国际章程》。——编者注

大全会是在第三次代表大会以后实行的。当时，共产国际执行委员会的大多数委员必须时时待在莫斯科，因为共产国际执行委员会应每月召开一次会议。此外，主席团每星期召开一次会议，但实际上主席团和执行委员会的一些委员几乎是同一些人，所以根据要研究的问题，主席团的会议有时叫做主席团会议，有时叫做执行委员会会议。共产国际执行委员会扩大全会事实上变成了小型的代表大会。因此，章程委员会建议取消扩大的执行委员会，而代之以由代表大会选出的经常进行工作的机关——共产国际执行委员会。

在第五次和第六次代表大会之间，召开过三次共产国际执行委员会扩大全会，两次正常的全会。第一次（即第五次）全会于1925年3—4月召开。出席这次全会的有各国党的281位代表，其中有表决权的代表136人，有发言权的代表145人。第六次全会于1926年2—3月召开。出席这次全会的有246位代表，其中有表决权的代表98人，有发言权的代表148人。当时某些党出席的代表人数，几乎与出席这次代表大会的人数相等。法国党出席第六次全会的有27位代表，而出席这次代表大会的有37位代表。第七次全会于1926年11—12月召开，出席这次全会的有195位代表，其中有表决权的代表97人。第八次正常的全会于1927年5月召开，出席这次全会的有75位代表，其中有发言权的代表34人，他们多半是执行委员会的委员。最后，第九次全会于1928年2月召开，出席这次全会的有72位代表，其中有发言权的代表31人，他们都是执行委员会的委员。

1927年5月全会和1928年2月全会所讨论的问题的重要性，并不亚于以前的几次全会。这两次全会表明，它们讨论问题比以前的扩大全会快得多，因为出席的同志少些，但讨论问题的严肃性并不比以往的全会稍差。这一经验向我们表明，最好采用召开执行委员会全会的办法，在非常的情况下，如果要讨论某些支部的问题，则除了执行委员会委员之外，还邀请地方组织的代表出席，而不再召开扩大全会。因为扩大全会实际上已成为代表大会，而同时有人却指责我们，说我们四年没有召开共产国际代表大会，其实在第五和第六次代表大会之间已等于召开了三次代表大会。（曼努伊尔斯基："对！"）

各代表团代表会议主张执行委员会的全会每六个月召开一次，在全会上提出原则性的重大问题。此外，各代表团代表会议责成共产国际的各大支部把各国共产党的一些有威望的代表留在莫斯科，以便在两次全会之间主席团是有权威的机关，它能决定在两次全会之间必须解决的一切问题。大家看到，一项涉及执行委员会组成人员的建议就是由此而产生的。有人建议扩大执行委员会的组成人员，使执行委员会同一切支部保持联系，以便当同志们来出席全会的时候，可以利用他们的经验。

主席：

有反对意见没有？通过。

皮亚特尼茨基（苏联）：

旧章程的第 25 条，即现在的章程的第 23 条规定召开共产国际执行委员会的期限以及出席会议所需的法定人数。我们还加了关于共产国际主席团会议的一个新条文（第 24 条）。

主席：

有没有反对意见？通过。

皮亚特尼茨基（苏联）：

关于国际监察委员会的原来的第 27 条，即现在的第 28 条，用了另外的表述方法,写得更确切了。国际监察委员会最初是在第五次代表大会上建立的,当时我们没有国际监察委员会的工作经验。现在,在有了四年的经验之后,我们可以把国际监察委员会的职权规定得更明确。原来的第 27 条中说,国际监察委员会的职权包括:"审理党员个人或整个组织就所属支部给他们的纪律制裁提出的申诉,并就申诉向共产国际执行委员会提出建议,以便执行委员会作出决定。"从这一条文可以看出,国际监察委员会并不是一个独立的机关,它只能建议执行委员会采取某种措施,采用的新的条文给国际监察委员会规定了独立的职权。这一条文是:

"第二十八条。国际监察委员会审查有关共产国际各支部的统一和团结的事项,以及有关各支部个别成员的行为的事项。

为此,国际监察委员会的职权是:

(一)审理那些因政治上的分歧而受到纪律处分的党员对有关的共产党中央委员会的处理方式所提出的申诉。

(二)审理共产党中央机关成员和个别共产党员的类似的案件。这类案件可由国际监察委员会根据自己的意见在认为必要时进行审理,或由共产国际执行委员会各负责部门提请国际监察委员会审理。"①

从这一条文可以看出,国际监察委员会被赋予了独立的职权。

主席:

谁赞成通过新条文?通过。

---

① 正式公布的章程文本文字有修改。参见本卷收录的《共产国际章程》。——编者注

皮亚特尼茨基（苏联）：

章程第32条（原来的第30条）作了修改，原来的条文说：

"共产国际各支部，特别是毗邻国家的支部，应在组织和情报问题上，彼此建立最密切的联系。"

现在这三行文字将表述为：

"共产国际的各支部，特别是宗主国及其殖民地的各支部以及毗邻国家的支部，必须在组织和情报方面彼此保持最密切的联系。"①

主席：

对第32条的改动有没有反对意见？通过。

皮亚特尼茨基（苏联）：

其余的条文没有改动。

主席：

谁赞成通过经皮亚特尼茨基同志建议修改和补充后的共产国际章程？一致通过。

（会议休会）

---

① 正式公布的章程文本为第31条，且文字有修改。参见本卷收录的《共产国际章程》。——编者注

第四十五次会议

（1928年8月29日晚）

主席：伊莱克

贝尔作军事委员会的报告

我在提出军事委员会的报告时，想作一两点说明。由于纯粹技术方面的原因，经委员会通过并经编辑委员会作了文字加工的提纲定稿没有分发给全体代表。技术部门为准备关于国际形势的决议案、准备纲领和对纲领的修改意见，要进行的技术工作量非常之大。主席团在讨论了这种情况之后作出决定：由于无论如何必须把纲领和对纲领的修改意见以及关于国际形势的决议案立即分发给各代表团，所以关于军事问题的提纲只能分发少量的份数，并且应就委员会对提纲所作的修改作一口头报告。我们估计，委员会的报告在星期四以前搞不出来，而且由于修改意见还没有俄译文和法译文，所以至今没有分发。对此我们必须请大家原谅。

我想向法国和俄国的同志说一下，委员会最后一次会议上所作的重大修改，都被编辑委员会采纳了，而且文字加工方面的修改不多。大家手头的提纲文本不包括我们所作的全部修改，但我们已把这些修改作为补充附在提纲之后。在向这次全体会议分发之前要把这些修改加进各种语言的定稿中去是无法办到的。我只指出一点：这些修改大部分都是文字或修辞方面的改动，只有少数改动是原则性的。在我们于星期天举行的最后一次会议之后，编辑委员会对每一处修改都仔细地进行了研究，因此现在分发的文本加上补充的附页就是提纲的定稿。

另一点说明。提纲中有许多地方谈到非法工作的一些问题，对于我们的许多非法的党来说，这些地方是不能发表的。我们的委员会曾一再试图详细地研究各党在反战斗争中的策略。因此，提纲中使用了一些尖锐的提法，在我们的党处于非法地位的国家中，这些提法带有非法的性质。新的共产国际执行委员会应当决定，这个提纲应以什么方式发表。委员会希望，在尽可能短的时间内搞好提纲的定稿工作和准备发表的工作，以便尽快地把定稿送交各个党。

在谈到提纲的定稿时，我想简单说一下提纲的结构。我们的初稿共有八部分，超过49页。我们原想尽量加以压缩，尽可能地减少篇幅。我们的定稿共有五部分，38页，只减少了11页。

委员会在研究了初稿之后，首先反对了存在于部分条文中的一种倾向，即言之无物和带有学院气味。提纲的新名称是《反对帝国主义战争的斗争和共产党人的任务》[①]，这个名称体现了提纲的新的方针和委员会的新的态度。不过我要说一下，提纲的基本原则丝毫没有修改。行文中的一切修改，或者是涉及实际的活动，或者是强调实际的工作方式，而且尽可能地删掉了那些可能被认为是学院主义或言之无物的东西。

初稿的第一部分被合并成一章。《引言》那一章以及另一章即谈经济和政治形势的那一章，被合并成部分。我们在准备提纲初稿时，还无法知道布哈林同志关于国际政治形势的报告将包括哪些问题。

结果，我们的初稿中有某些重复，这些重复的地方我们已尽量删去

---

① 提纲正式公布时改为《制止帝国主义战争危险的措施》，参见本卷收录的相关决议。——编者注

了。我们还进行了某些调整，把头两章中的某些内容落到最后几部分，对最后几部分也作了一些变动，以便使次序更好、更一目了然。

我们的提纲初稿带有某种描述的性质。定稿则更直接地、坚定地指出我们活动的实际方向。例如，我们的定稿更明确、更直接地指出，国际联盟是准备战争的工具。此外，关于反苏战争，我们指出，一切帝国主义努力都十分想对苏联直接发动进攻。同时，比在初稿中更认真地研究了吸引农业工人参加斗争的必要性，以及少数民族的重要意义等等。初稿的第一和第二部分现在都被放在第一部分中，题目是《帝国主义战争的威胁》。

提纲定稿的第二部分包括初稿中的第三、四、五部分，题目是《无产阶级对战争的态度》。我们对初稿这样加以调整和压缩，力求把无产阶级反对帝国主义战争、无产阶级保卫苏联、无产阶级支持和领导被压迫民族进行民族革命战争等这些内容都写进第二部分。

委员会内对提纲初稿中对战争所作的分类进行了一些辩论。初稿中说有两种战争，即反动的战争和革命的战争，接着对其中每一种战争进行分类，把它们都分成三种不同的类型。对这种详细的分类所进行的辩论表明，许多同志担心可能引起误解和混乱。令人感觉到似乎我们从科学的理由出发，力求进行过分细致的分类。为了避免搞这种抽象的分类，同时为了强调在反帝斗争各个领域内无产阶级行动的统一，我们把文字简化了，根据第八次全会的决议，指出有三种战争。这些战争是：第一，反对帝国主义战争的斗争；第二，保卫苏联，反对帝国主义；第三，反对帝国主义的民族革命战争。对这三种战争中的每一种战争的策略，都制定得十分详细。

关于同帝国主义者作斗争的策略问题，进行了充分的讨论。我们的初稿用了许多篇幅谈论使用"抵制"。在这一部分中我们主要是力求把反对帝国主义战争的一切办法，如拒绝提供供应、拒绝进行运输等等，同无产阶级活动的一切领域内的群众性的行动结合起来。我们的初稿力图把所有这些措施同在实行志愿兵制的国家中、特别是在各盎格鲁－撒克逊民族的国家中拒绝服兵役的办法结合起来。因此我们就使用了"抵制"这个用语。

这个局部性的问题引起了长时间的辩论。

虽然没有人不表示反对帝国主义者的召兵原则，但许多同志担心，我们的这种措词在某种程度上会使我们同和平主义者混同起来。根据这些理由，我们把这一部分改了，对关于个人拒绝服兵役的问题、关于群众性的拒绝服兵役的问题作了更明确的表述，并且非常明确地指出了我们在这些方面的斗争同和平主义的斗争毫无共同之处。我们的定稿说明：从纯粹的和平主义的理由出发，采用个人拒绝服兵役或群众性的拒绝服兵役的和平主义的方法，是不可能取得什么好结果的；无产阶级只有通过在军队中进行工作才能收到成效。我们的提纲中指出，在实行志愿兵制或雇佣兵制的国家内，群众性地抑制征召，是无产阶级反对战争的总的群众性的活动的一部分。

我们对关于联欢和逃亡问题也进行了讨论。这里也没有发生任何特别的原则性的分歧：只需对某些问题使用更明确的提法。有些同志反对我们的初稿中的一个说法，即联欢仅仅是我们在前线活动的一个问题。他们主张必须把在后方和在前线的活动作为无产阶级整个反战斗争的两块磁石结合起来。有些同志担心，如果我们说联欢仅仅是前线的活动，那么我们就会割裂和缩小我们的同联欢口号联系在一起的全部策略。另一些同志偏向相反的极端，认为联欢主要是一些局部要求的结果。我们的定稿中说，联欢是我们在后方、在军队中和在前线的全部活动的结果。我们的提纲提出进行联欢，不是作为一种和平主义的方法，而十分明确地指出：联欢、逃亡和组织游击队，这一切都会使无产阶级由帝国主义的军队变成革命的军队。使无产阶级由帝国主义的军队变成革命的军队,这是联欢的最高形式。

关于保卫苏联的问题,我们讨论了一下谁是苏联的盟友。我们在提纲定稿中作了鲜明的分类,并且十分明确地指出了,保卫苏联是国际无产阶级和苏联无产阶级的事业。苏联的农民和各被压迫的殖民地国家的民族革命力量,是保卫苏联这一事业中可靠的盟友。我们对殖民地国家民族革命力量的评价,其中有许多东西是采用了中国同志提出的修改意见,这些意见是根据中国革命的经验而得出的。

其次,在关于我们对军队的态度这个问题上,有些同志对"不出一个人,不出一文钱"这个口号表示有些怀疑。而且有人指出,这个口号是无政府主义者提出的。我们仔细地研究了这个问题,我们把这个问题写得更简化了,下了一个更明确的定义,以便不致造成任何混乱。

在委员会内对关于无产阶级的民兵、劳动者的民兵、赤卫队和红军等问题进行了长时间的讨论。现在对我们有切身利害关系的一个问题、各国共产党必须牢记和清楚地认识到的一个问题,就是现在社会民主党人正在开始玩弄所谓"人民的军队"、"民主的民兵"等口号。这对我们是一个莫大的危险,我们必须把我们的无产阶级民兵的概念同社会民主党人的"人民的军队"和"民主的民兵"严格区别开来。我们在提纲中明确地指出:我们的根本目的是要武装无产阶级、赤卫队、无产阶级的民兵和劳动者的民兵;拉丁美洲的一些同志提出的建立工农民兵,仅仅是武装无产阶级的口号。所有这些口号在建立红军之前都是无产阶级革命的军事政策的必要阶段。

在某些国家中,可以较公开地谈论赤卫队;在另一些国家中,例如在拉丁美洲,则必须讲工农民兵,但委员会所采取的基本路线是,我们不能教条主义地来提关于所有这些口号的问题。我们的主要目的——这一点在提纲中适当地强调指出了——不是在和平条件下组织与资产阶级军队相抗衡的军队。我们必须提出作为无产阶级民兵最高形式的赤卫队的口号，和准备武装起义的口号。

有些同志认为，我们反对第八次全会的路线。并非如此。相反地，我们发展和加深了第八次全会的正确路线。上面提到的提纲的那一部分，也规定了我们对资产阶级的民兵、普遍义务兵役制、雇佣军和军国主义化的态度。我们再来谈一下关于一些局部要求的问题。我们讨论了关于缩短服兵役的期限的问题。有些同志担心，我们的党提出关于缩短服兵役的期限的问题，可能同关于消灭服兵役和消灭军队的和平主义思想混淆起来。显然，如果某些同志不从本国的具体情况出发，他们可能产生一些误解。例如，众所周知，德国的资产阶级只要有可能获得更加训练有素的军队，是会非常乐意缩短服役期限的。但德国的这种情况可以视为例外。

我们主要关心的一点是：不怕提出这个口号，但要使之适应各有关国家的具体情况，我们提出这个口号是作为动员群众反对帝国主义的口号。我们的想法不是逐步缩短服役期限，从而彻底消灭军队，我们提出这个口号，是把它作为动员和领导群众的手段，作为瓦解资产阶级军队的手段。同时我们应当清楚地认识到，无产阶级一定要学会使用武器（提纲详细地谈到了这一点）。

提纲第三部分提出了无产阶级对军队的态度的问题以及关于殖民地国家的军队的问题。这是我们运用了中国的斗争经验。在这一部分我们分析了关于国民军例如中国革命第一阶段的军队和帝国主义军队的问题，关于国民军变为替帝国主义目的效劳的军队的问题，以及存在于印度、摩洛哥、埃及等国的第三种混合的类型。

我们在第四部分提出了关于无产阶级对废除武装的态度的问题，以及社会民主党人的废除武装的纲领的问题，分析了在废除武装问题上托洛茨基主义思想以及所谓左派社会民主党人的立场。我们的提纲定稿阐明了，执政的无产阶级的纲领不同于为夺取政权而斗争的无产阶级的纲领。我们特别强调了要同各种形式的法西斯主义作斗争。

关于最后一部分《各国共产党工作中的缺点及其任务》，我想指出一点，大家以书面形式向委员会提出了一系列重要提案：关于妇女工作、农民工作、反对法西斯主义的斗争、少数民族工作等等问题；这些提案的内容都已写进了这一部分。

委员会专门研究了这一部分中关于必须开展反对战争的更强有力的国际行动的条文。这个问题非常重要。我们在讨论时曾多次谈到，各国的党无论在本国或国际舞台上都没有表现出足够的积极性。在这一方面我们详细地讨论了针对某些个别的事件开展某些国际行动的可能性。新的执行委员会一定会仔细研究这个问题。

在研究关于我们的反战活动这个问题的过程中，委员会认为应由宣传鼓动部、组织部、农民国际等各个部门做这项工作。我们建议，新的执行委员会设立一个专门的委员会来协调这项工作。

当我们在这里，在全体会议上讨论我们对战争的态度时，恰好第二国际也在讨论自己对战争问题的立场。我们在讨论时说并且强调说：合理化、国际性的卡特尔和托拉斯等等，以及在资本主义的合理化的基础上产生的日益加剧的竞争，一定会导致战争。而第二国际在讨论这个问题时却说，国际性的卡特尔、资本主义的大型联合组织是和平的工具。

我们在讨论中揭露了国际联盟是不折不扣的准备战争的工具。而第二国际却说什么，国际联盟是和平的唯一保障，必须采取一切强迫手段，包括对拒绝服从它的国际仲裁的任何国家的政府使用暴力。

由此可见，我们在报告中指出，麦克唐纳、王德威尔得、邦库尔和社会民主党的一些代表人物会站到国际联盟的反苏白旗之下去，这并非夸大其词。

我们在讨论中强调了一点：推翻帝国主义是实现彻底的普遍裁军的

唯一手段。而第二国际却说，只有在国际联盟的领导下，在和平信念的帮助下，才能把裁军进行到底。

我们说，第二国际是帝国主义的直接的工具，它在某些方面甚至比帝国主义者本身更富有帝国主义性。我们之所以这样讲，是因为叛徒列诺得尔曾反对那些拒绝实行仲裁的各国政府，他说，在这种情况下起义就是神圣的职责。

我们在自己的报告和提纲中说明了我们的基本路线，我们必须根据这些路线集中精力加紧进行工作。

我们各国的党必须不仅更加注意认识到资本主义经济的矛盾必然导致战争，而且更加注意到社会民主党人仍然在无产阶级的许多阶层中具有影响。

我们的提纲强调说，不应把各国共产党的反战工作仅仅看做一批专家们的事情。各国共产党的反战工作应当是各个党全党的事情，应当成为它们的群众工作的一部分。我们必须重复说一下，在这一方面必须加强各党在所有国家中的群众工作。必须加强我们在国际上的主动性，而且只要我们还有时间来准备我们的力量，我们就要尽可能地抓紧。

今天我们提出给大家的这个提纲，不是哪一个人的劳动成果，而是集体工作的结果，出席这次代表大会的大多数主要的党都参加了这项工作。不能把提纲看做学术论文。提纲试图说明我们的实际任务，为每一个党指出为了我们的共同目的——推翻资本主义——而进行工作的实际路线。这些任务应当由在共产国际旗帜下的我们的所有的党来付诸实现。

我提议代表大会一致通过提纲的定稿。

（经表决，一致通过提纲。）

台尔曼作政治委员会的报告

政治委员会在一系列会议上讨论了各代表团提出的许多修改建议。它试图把那些最重要的观点,把那些对个别章节、对各个具有现实意义的原理的切实可行的修改意见,都写进提纲草稿。当然委员会的工作是非常艰巨的,因为各代表团都非常踊跃地提出了种种建议和修改意见。我们无法把所有的修改意见和思想都写进提纲草稿。我们是从如下的考虑出发:第一,我们力求不把提纲写得太长;第二,有些一般原理已包含在过去的一些决议和决定中,我们就不写进去了;第三,我们只把一些真正新的观点加进个别章节中去,从而对俄国代表团的提纲草稿中已经提出的一些问题加以补充。

不言而喻,在研究一些修改意见时,对许多修正案无法加以考虑,例如,奥地利代表团建议往提纲草稿中加上谈奥地利问题的专门一节。委员会在原则上并不反对这个建议,不过它认为,因为已经搞出了两个经主席团通过了的关于奥地利问题的决议,而且现在还在准备另一个决议,主席团也将予以通过,所以,考虑到这一切,就没有必要把奥地利代表团的建议写进提纲。这些道理是很充足的。

关于就近东和阿拉伯东方写上专门一节的提议,也被我们否定了。关于这个问题,我们同殖民地委员会商谈过;曾问它可否在自己的决议中写上一节,论述对于我们的阿拉伯东方各党具有特殊意义的任务。

关于某些问题,委员会内部没有争论。我们只对一点交换了意见,即我们能在多大程度上把许多建议加进提纲草稿。代表们根据现有的书面修正案可以看出,对俄国代表团拟订的总的提纲草稿有一些新的建议,特别是写了新的一节,**论述改良主义者和改良主义工会官僚在国际范围内的分裂政策和我们的任务**。

此外，还加上了专门的一节，论述由于资本主义合理化引起的整个发展结构的变化，由于生产力提高、劳动强度加大以及由于对工人阶级进行骇人听闻的剥削等等而发生的经常性的失业现象。其次，我们把一个重要的条文改写了，那是原来的提纲草稿中的第37条，即主要谈工会问题和我们在工会中的任务那一条。这一条的草稿被改得更好了；它力求主要说明一些新的切实可行的方法和共产党在工会中的任务。对这条提纲作这种修改，当然丝毫没有改变它的性质，但这样一改，提纲的结构就显得更突出了。

由于整个代表大会都确信，来自右的危险现在是对工人运动的主要危险，所以我们也在论述国内形势以及各支部内的形势的某些章节中，着重强调了必须同右倾危险作斗争的思想。

还有一些最重要的修改和新的观点，已用书面形式分发给代表们了，现在对此再简单地讲一点意见。

根据俄国和捷克斯洛伐克代表团的建议，在导言部分的第一条中更准确地描述了各个时期的性质。我认为，这一点无需在此单独讲了：例如我们为什么要清楚地阐明第一和第二时期的一般性质，这个意思已体现在条文当中。

提案草稿第一节的标题是：《世界经济的技术状况和经济状况》。在这一节中，我们企图在论述资本主义的矛盾时，更详细地阐明生产力的增长同日益发展的矛盾之间不可分割的联系；除了德国问题之外，我们还着重描绘了英帝国主义衰落的情景。英国代表团曾提出一个专门的提案，要求加上这一点。除了最大的英美矛盾之外，对于当前这个时期来说，德国问题和英帝国主义的衰落，也具有真正重大的意义。我们还对这一节进行了补充和扩展。

往这一节里加上了新的一条，论述国际失业现象。合理化正在日益发展，生产机构正在改善，与此相联系的是，加强劳动强度，加重对劳动力的剥削，结果失业现象本身也增加了。因此，我们必须加强我们在这一方面的活动。由于生产过程被实行改组（用非熟练工人代替熟练工人，扩大对女工和童工的剥削），最近我们的各支部在实际工作中对此已给予了很大的注意，今后必须给予更大的注意。

第二节谈各国之间的相互关系以及所谓对外政策问题。我们企图在这一节中着重说明美国的世界霸权，更明确地揭示美国和英国之间的矛盾，并且指出，最近以来，美国比以往任何时候都更加企图削弱两国的实力，其办法是打破英国在橡胶采割和石油开采方面的垄断地位，削弱英国在棉花生产国埃及和苏丹的地位。对这个问题作了专门的补充。

下面，第三节谈资产阶级国家政权和阶级力量的重新组合。我们在第十四条中作了一个小小的、但十分重要的增补，论述资产阶级国家制度的演变。这一小小的增补具有重大的意义，所以在下一节，即论述阶级斗争、社会民主党和法西斯主义的那一节中，我们也增加了一段文字，说明改良主义者和改良主义的工会官僚所实行的分裂政策。

前一段论述资产阶级国家制度演变的增补文字（第三节中），同社会民主党在当前这个真正严重的时期的独特的发展情况有关。

第一，企业家的组织正在同资产阶级国家机关结合起来。第二，因此，经济斗争的意义正在扩大，它具有极其鲜明的政治性质，它比以往任何时候都在更加巨大的程度上是一种政治因素。第三，由于资产阶级国家制度的演变，社会民主党在资产阶级的策略和政策的制约下，正在改变自己对国家问题的策略和政策，而且不得不改变自己对革命的阶级阵线的策略方法。革命的阶级阵线越强大，改良主义者反对这一阵线的斗争就越凶狠。因此，我们在第21条中加上了一段，着重强调必须为争取统一、反对改良主义者和改良主义的工会官僚①所推行的阶级②分裂政策而斗争。增加的这一段文字是：

"改良主义的领袖在资产阶级的授意下，从无产阶级群众组织中开除了许多优秀的革命分子。他们现在广泛实行的这种阶级分裂政策，是他们同资产阶级合作政策的一个不可分割的组成部分，其目的在于一开始就破坏无产阶级战斗队的内部统一，从而削弱它抵抗资本进攻的力量。这种政策是社会民主党整个社会帝国主义政策（扩充军备的政策、反苏政策、殖民地掠夺政策）的一个必要环节。"③

这一处对于共产国际的世界各支部当前和未来的任务都具有十分重要的意义。要知道，由于改良主义者和工会官僚实行进攻，我们必须改变反对他们的斗争方法，必须加紧进行斗争，反对改良主义者搞阶级分裂的活动。我们必须这样决定自己的策略，即针对改良主义者分裂党外最重要的群众组织（工会、合作社、文化和体育团体）的政策，要进行争取阶级团结的群众斗争。

随着共产党人影响的增长和革命反对派在这些组织中的阵地的加强，分裂的危险也在增长，因为改良主义者正在竭尽全力防止革命反对派夺取这些组织和把这些组织变为进行革命阶级斗争的组织。这一节中论述法西斯主义的一段文字具有特别重要的意义。初稿中，关于法西斯主义，主要是谈意大利和波兰。而对整个法西斯主义的问题、对法西斯主义的全部发展情况及其在各国的特殊形式，并没有详尽地加以探讨。

---

① 原文是"демократия"（"民主"），从下文看似为"бюрократия"（"官僚"）之误。——译者注
② 原文是"активная"（"积极的"），从下文看似为"классовая"（"阶级的"）之误。——译者注
③ 参见本卷收录的《国际形势和共产国际的任务》第 21 条。——编者注

经我们修改过的条文贯穿了如下的思想：第一，法西斯主义的总的方法是，既要腐蚀群众，也要破坏工人组织和贫苦农民的组织；第二，代表大会认为，几乎在各国社会民主党和改良主义工会官僚的活动中，都存在着法西斯主义倾向和萌芽。代表大会上有许多同志企图把资产阶级在反对工人阶级的斗争中所使用的两种方法机械地割裂开来。特别是当革命的阶级阵线正在发展的时候，当资本主义的矛盾正在加剧的时候，资产阶级及其走狗只使用资产阶级民主制所代表的手段就不够了，资产阶级不得不使用其他的、更强硬的方法来奴役工人阶级。这一处重要的修改是这样说的：

"现在，几乎到处都存在着程度不同的法西斯主义倾向和法西斯运动的萌芽。社会民主党的正统思想——阶级合作的思想，在许多方面是同法西斯主义思想不谋而合的。许多社会民主党的实际活动，以及改良主义工会官僚的实际活动，都已经显示出采取法西斯主义方法来对付革命运动的萌芽。"[①]

政治委员会之所以加上这层意思，是因为我们都认为，甚至一些大支部的工作人员也还没有看到这种新的发展形式，而且因为代表大会责成我们注意这些现象的发展，这样，在革命浪潮高涨的情况下资产阶级在同有觉悟的无产阶级进行斗争中不得不采用的一些方法，就不致把我们搞得措手不及。

我已经说过，我们认为，不可能往标题为《殖民地国家和中国革命》的第五节中加上一节来论述阿拉伯东方。我们之所以无法这样做，不仅是由于一些我已列举过的实际的考虑，而且是由于我们的出发点是：在这一节中只应突出同世界革命发展有联系的当前国际形势中最本质的东西。也许有些同志感到不满意，不过我们认为，殖民地委员会会

---

① 参见本卷收录的《国际形势和共产国际的任务》第24条。——编者注

赞成政治委员会种种实际的考虑，而且也许会在关于殖民地问题的提纲中加上这样一节。第五节是谈中国、印度和南美。由此可见，恰恰是中国，特别是印度——最近那里的斗争正在重新高涨——对于共产国际的工作和任务具有重大的意义。

标题为《共产国际的策略方针和基本任务》的第六节，被重新改写了，主要是论述工会工作的条文修改了。之所以特别强调这一条文的意义，是因为各代表团对它提出了大量的修正案。我们基本上利用了所有这些修正案，特别是关于罢工战略和策略方面的新方法和新任务问题、关于我们对待改良主义者使用开除政策的方法问题，以及关于争取一国范围和国际范围内的阶级团结的群众斗争问题。同时，我们与其说是注意到总任务，不如说是注意到一些现实的新的方法和我们在当前工会工作中所面临的任务。

各支部都希望对标题为《各支部的工作总结、成绩、错误和任务》的第七节即最后一节作大量修改。因为许多委员会，如波兰委员会、捷克斯洛伐克委员会，尚未结束自己的工作，所以我们当然无法按照这些支部的代表团的意愿和要求对这一节进行修改。

不过，政治委员会必须根据代表大会对有关问题的态度，根据各种委员会对这些问题的讨论情况，对涉及各支部的内部生活和情况的某些节加以修改，以便使提纲表达各委员会的工作所反映的政治情况和党内情况。从这一点出发，我们对最后一节作了某些修改。首先是加上了论述巴尔干和斯堪的纳维亚各国的新条文。关于这两个半岛上的国家的重要性无需多说。由于战争的危险正在增长，特别是由于帝国主义者正在做反对苏联的军事准备，人人都了解我们的各巴尔干国家支部的重要性。斯堪的纳维亚各国最近以来的相当强大的罢工，以及芬兰、挪威和俄国工会组织之间的联盟，对于当前的局势也具有一定的意义。

我们对提纲中谈到各支部的部分反复作了修改，加上了论述法国支部和意大利支部的一些文字。例如，在谈意大利支部和意大利形势的那一段中，特别强调说：党没有从法西斯主义全面发展这一情况出发，及时地采取新的方法，并且针对法西斯主义的统治而重新安排自己的组织工作。因此，意大利支部今后应更密切地注意自己的任务，同时应针对法西斯主义而加强和改进自己的工作和方法。

论述法国的那一段着重指出，现在党内的主要危险是右倾危险。第九次全会的决定认为，在竞选运动中暴露出了一些缺点和意见分歧。因此，必须根据新的策略加紧进行工作，其办法是进一步开展有利于党的党内争论。此外，党必须加紧进行反对右倾的斗争，同时也要反对"左"倾，这种倾向在巴黎的组织表现得尤为严重。

关于论述中国的那一段，也作了某些修改。这些修改，一方面，同对过去的估计有关，另一方面，对于对未来发展的估计很重要。中国代表团在政治委员会中表示了这样的意见：未来最重要的任务就是动员群众；因此，必须加强群众工作，在当前革命发展条件下要注意到这些任务。此外，针对中国党领导所犯错误的估计问题，我们拟定了几个新的提法。

政治委员会要向代表大会加以说明的一些最重要的修改就是如此。我觉得，这个提纲的意义，我们每个人都很清楚。这个提纲是我们的工作中的指导方针，是对我们反对帝国主义者的战争准备、对殖民地的革命工作、对保卫苏联、对我们在拉丁美洲所面临的新的重大任务、对建立群众组织、对完成我们和许多代表也许还不解其意义的种种任务，——对这许许多多错综复杂的任务的指导方针。

我认为，这个提纲为我们的工作奠定了十分良好的基础，问题在于要善于突出我们在不同的国家和大陆的不同的任务，并且使之具体化。我们以真正布尔什维克的明确性提出了问题，以同改良主义进行无情斗争的坚定性、以革命的精神、以列宁主义的精神，解决了我们所面临的任务。

我们的主要任务应当是：过渡到我们的革命工作的高级阶段；在全

世界的无产阶级群众中推动革命力量和意志的增长，使之走向新的革命行动，从而加速伟大的世界革命的发展。

从这一点出发，政治委员会提议通过俄国代表团提出的草案以及所作的补充和修改。（鼓掌）

主席：

现在，我们对以俄国代表团的草案为基础，由台尔曼同志代表政治委员会作了修改的政治提纲进行表决。对整个提纲进行表决。谁赞成？谁反对？谁弃权？提纲被一致通过。约翰斯顿同志要求代表美国代表团一部分人发表声明，洛夫斯通同志要求代表工人党中央委员会发表声明。请约翰斯顿同志发言，我预先说一下，发表声明的时间不得超过三分钟。

约翰斯顿的声明

美国共产党代表团中的少数派赞同布哈林同志的提纲，并且投票赞成提纲，但不同意专谈美国的第52条，理由如下：（1）这一条没有充分强调美帝国主义面临的日益增长的矛盾、群众的日益激进化以及进行群众斗争的日益广阔的前景；它没有充分强调中央委员会中的多数派没有能力看到这些新现象并且选择与之相适应的政策。

这一条没有谴责中央委员会中的多数派（佩珀、洛夫斯通等人），千方百计地不让我们党执行共产国际政策的基本路线。

（2）这一条没有明确地批驳占领导地位的多数派的右倾路线，多数派总是夸大困难，缩小进行斗争的机会。

（3）这一条没有明确地谴责占领导地位的多数派违抗工会国际第四次代表大会的决定，特别是在要把没有组织的工人组成新的工会这个问题上。

中央委员会在黑人工作方面所犯的严重的机会主义错误没有受到谴责。它几乎在整整两年半当中忽视了这一重要工作，却没有受到充分的批评。

（4）这一条没有谴责缝纫工人工会和一些合作社中的极右翼，也没有指出要采取什么措施来改组这两个重要工作部门中的党的领导。

（5）这一条没有纠正中央委员会在反帝工作中的错误路线（美国充当英国的走狗，美国在中国支持日本，如此等等）。

（6）这一条没有明确地指出：我们党内的主要危险来自右面，必须动员全党同右倾危险作斗争。我们认为，如果把关于工人党的那一条提纲写成像下面这样也许更加正确，即："关于建立工人党的口号不再是进行鼓动或组织运动的口号，而在这个时期内只能用来进行宣传"。

（7）我们声明：我们欢迎经修改过的提纲中的一个建议，即让我们加紧把工人吸收到我们党内来，并且坚决把工人提拔到我们党的领导岗位。我们承认我们所犯的错误，并且已开始纠正这些错误，我们将继续这样做。

同时，我们继续坚持：必须完全按照共产国际的路线进一步使我们党的政策向左转。

洛夫斯通的声明

我代表工人党中央委员会并且受我们代表团的委托声明，我们完全同意并且十分赞赏俄国代表团提出的政治提纲。关于我们，我认为，提纲首先是指出我们党的成就，即：（1）进行了大量的革命活动；（2）利用了美国政策的危机；（3）党领导了一系列艰苦卓绝的阶级搏斗（矿工的罢工）；（4）党领导了反对处死萨柯和万泽蒂的运动；（5）多年的派别斗争有所缓和；（6）中央委员会在关于工党的问题上实行了正确的政策。最后，我们赞同中央委员会对美帝国主义的经济形势和发展所作的估计。我们着重指出，我们完全赞同提纲，以及提纲对我们党的下列错误所作的批评：

（1）没有努力把无组织的工人组织起来；（2）没有在黑人中进行充分的工作；（3）没有同美帝国主义在拉丁美洲的扩张进行坚决的斗争；（4）在对社会党的态度方面犯有右倾错误，但显然不能把这些错误完全推到居于领导地位的多数派身上。提纲中论述美国的这一条认为：反对派说美国党的领导右倾，对这种责难应予否定。反对派说美国党推行右倾路线，提纲驳斥了这种责难。决议案谈到了属于各个集团的一些同志所犯的错误，但这些错误并不构成路线。反对派责备中央委员会束缚群众的手脚，提纲对这种责备作了答复，指出：党在中央委员会领导下坚决地领导了艰苦卓绝的阶级搏斗。反对派要求代表大会向我们党发出一封公开信，建议改变领导。提纲没有这样做。由此可见，这是对美国党的中央委员会投信任票。共产国际支持现在的领导，四年以来，它的基础就是鲁滕伯格派，共产国际认为，福斯特派是一个具有机会主义倾向的工联主义派别。

提纲正确地指出：我们必须消灭美国党内分成两派的制度。我们必须结束派别斗争。我们完全同意这一点，但为此我们首先需要有两个先决条件：第一，中央委员会应作为中央委员会而不是作为一个派别进行活动；这个条件已经实现，而且将继续实现。第二，少数派应服从多数派。我们希望，在这次代表大会之后，少数派将这样做。现在的国际形势和美帝国主义的形势，都绝对要求我们消灭分成两派的制度，而且实行统一的政策。

目前，在帝国主义稳固的条件下，右倾危险是最大的危险，我们一定要同这种危险进行更坚决的斗争，为此我们必须有统一的党。因此必须贯彻执行共产国际的路线，并且强调必须进行斗争，消灭派性。我们说，反对派应当无条件地接受关于少数服从多数的这条提纲。我们以中央委员会的名义保证,继续真正作为中央委员会进行活动。我们保证坚决地同机会主义作斗争,比以往任何时候都更加坚决。我们保证增加党的领导机关中的无产阶级成分。我们保证增加党的领导机关中的无产阶级成分,进行团结无组织的工人的工作,加强我们在黑人中的活动,同美国在拉丁美洲的帝国主义行径作斗争。我们不容许反对派对我们进行挑拨离间,我们将继续执行我们现在把党团结起来的路线。我们认为,第六次代表大会的提纲和工作标志着我们党的一个新时期的开始,这个时期宣告,美国的一个统一的布尔什维克式的党将更迅速地发展,它的存在条件将更加有利。

主席:

现在我们来讨论关于国际支援革命战士协会的决议案。请雷梅尔同志发言。

通过关于国际支援革命战士协会的决议

在代表大会的工作期间,成立了一个由各党的代表组成的委员会来讨论关于国际支援革命战士协会的活动的问题。委员会的工作成果就是已由各代表团代表会议审查过的决议案。现在,提请代表大会通过这个决议案。

主席:

谁想发表意见?没有。开始表决。决议案被一致通过[①]。

(会议休会)

---

① 参见本卷收录的《关于国际支援革命战士协会的决议》。——编者注

第四十六次会议

(1928年9月1日)

主席：雷梅尔

布哈林作关于纲领委员会的报告

同志们，我们在大范围的纲领委员会内对一些根本的总的问题进行了讨论。纲领委员会举行了11次全体会议。我在代表大会全体会议上的总结性的发言中，已经报告了大范围的纲领委员会的工作以及在它的会议上对一些最有争议的问题进行讨论的情况。除了这个大范围的委员会之外，还有一个小范围的委员会进行了整整一个星期的工作。情况是，大家对草案提出了许多各种各样的补充、批评意见、具体提案和修改意见。这些批评和修改意见共有600多条。因此，小范围的委员会所面临的相当艰巨的任务，就是对所有这些修改意见反复加以推敲，有的接受，有的否定，而对多数意见进行加工整理，把它们包括到纲领的条文中去。在小范围的委员会进行了一个星期的工作之后，我在大范围的委员会的全体会议上作了一次报告，又开展了讨论：小范围的委员会的工作被批准了，但与此同时又提出了一些新的提案。因此，在大范围的纲领委员会会议之后，我们又不得不进行一些工作。在进行这项工作的过程中我们认为，除了研究从各方面提出的大量具体的提案之外，我们还必须完成一项任务：在宣读整个纲领草案时发现了许多缺点，大部分是统计方面的缺点，所以我们不得不消灭这些缺点，从而对文字再修改一番。我认为，在这里根本不可能向大家报告关于对纲领草案所作的全部修改、重新编排和细小统计方面的改动。新的草案已分发给大家，我相信，这个草案同志们都已读过了，不仅读过，而且批判性地仔细考虑过了。这里我只讲一下对纲领草案所作的某些最重要的修改。

首先，我们在论述资本主义发展进程的那一章中加上了完全新的一段，说明在资本主义制度的基础上产生的一般生活方式和社会关系中各种各样的变化，如在家庭关系方面、文化方面以及其他方面的变化。有关的提案首先是由克拉拉·蔡特金同志以及其他一些同志提出的。因此，根据蔡特金同志和我们的国际妇女组织所表示的愿望，我们对纲领草案适当地作了补充。在大范围的委员会以及代表大会全体会议的讨论中，有人指出纲领草案中即关于现存资产阶级政权的演变那一部分中有一处疏忽。这是我们的纲领草案的一个缺点，因此，在分析法西斯运动和法西斯统治的那个地方，我们不得不往草案中加上了很长的一段，论述在垄断资本和资本主义制度危机条件下国家政权的演变。其次，对论述世界革命发展过程的一段以及对评论社会民主党的那一段也做了相当大量的工作。

许多同志在这里改变了自己原来的看法。当我们在小范围的委员会内讨论这些问题时，多数同志主张删掉草案中对世界革命过程的各个阶段以及社会民主党所干的叛卖勾当所作的历史评述的那两段文字，而换成另外的文字（特别是关于第二个问题），不作历史的描绘，而作系统的评述。因为多数人坚持这个观点，所以我们在小范围的委员会内（我本人在其中处于少数地位）作出了相应的决定。但是在我作了报告之后，在大范围的纲领委员会内进行讨论时，所有的同志都有机会完全自由地对这个问题发表意见，结果原来的观点又占了上风，于是大范围的纲领委员会决定恢复草案中对世界革命过程和社会民主党的叛卖行为加以评述的那些文字。不过按照辩证法的一切规则，这不是简单地重复原来的东西，而是一种所谓"更丰富的"重复。因为大范围的纲领委员会决定，不是把新增的作"系统"评述的文字抛弃不要，而是把它放到另一个地方，即第六章的开头，那个地方是讲工人运动中的各种派别，那里对各种社会改良主义作了评述，但没有对改良主义的理论作总的系统的说明。我们就这样完成了这个任务。总之，我们保留了原来那个地方对社会民主党的叛卖行为加以评述的原来的文字，而在第六节的开头又作了更系统的说明。这是我们草案中的第三类重大问题和改动。

第四个问题是法西斯主义问题。同志们都记得，在大范围的纲领委员会的全体会议上对这个问题讨论得多么热烈，提出了一系列提案。在这个问题上起初分歧不少。但我们终于达到了一致的结论，这就是我们在纲领草案中（论述法西斯主义的那一段）所阐述的结论。

对于问题的实质我不在这里讲了，因为我已在向代表大会全体会议的报告中谈过了。

作了相当多的增补的第五类问题，就是关于资本主义制度的最现代的形式、关于资产主义组织的形式、关于现代托拉斯、关于合理化及其后果等问题。我们的纲领草案的缺点就在于，没有用足够的篇幅来谈这些十分重要的问题。我们纠正了这个缺点：我们在适当的地方增加了一些相应的段落。

草案的第四章是论述**过渡时期**，这一章作了**重大的修改**，我甚至想说是极其重大的修改。同志们都知道，这一章一方面论述了过渡时期的一般特点，同时又包括许多节简单地说明**无产阶级专政的要求**或**任务**。对纲领草案的这一部分不仅有补充和修改，而且新增加了两条：一条谈劳动保护以及与之相联系的一些问题，另一条谈民族问题和**殖民地问**

题；另外还有其他许多增补。在大范围的纲领委员会内进行讨论时，我们没有听到对此的反对意见。

第七类修改是关于殖民地问题。在这一方面我们的纲领草案有毛病：我们没有在其中具体地提到**各种**殖民地。我们所讲的几乎仅仅是存在着比较发达的资本主义制度的殖民地。无产阶级领导权问题，资产阶级民主革命发展成为无产阶级革命的问题，无产阶级和农民的相互关系问题，所有这些极其重要的问题我们的纲领草案中都讲了。但草案几乎只字未提那样一些殖民地：那里的经济发展在很大程度上仍停留在资本主义以前的阶段，那里的土著居民仍处于氏族的经济和社会制度中。必须弥补这一缺陷。我们已完成了这个任务。在这里谈到问题的实质时，我们必须说一下，我们在这里同时提出了"人民苏维埃"或农民苏维埃的口号，并且使其他一切问题都同这一情况协调一致。

第六章也有相当重大的修改。如果不谈修辞方面的话，我必须指出，这里我们也增补了一些新的意思。其中有几段是谈工人阶级中的**宗教派别**——天主教派、基督教派等等。在这一章的开头，我们对无产阶级队伍中一些敌视我们的派别的不同的**社会本性**分别作了分析：一方面是大资产阶级对无产阶级的影响，另一方面是小资产阶级和其他各个阶层（如流氓无产阶级、精神堕落的知识分子等等）对它的思想影响。

在分析改良主义的一些变种时，我们谈了**合作社**社会主义，这是草案中原来没有的。这一修改是根据从事合作社运动的工作人员和一些代表团的代表们的倡议而作的。

在新的草案中有专门的一段谈**奥地利马克思主义**，并对社会民主党改良主义中的这个思想流派加以评述。对这一章的某些段落总的作了重新安排，在纲领草案的结尾，正如在开头一样，都突出了**无产阶级团结**的思想。这些改动我们是在工作的第一阶段即由大范围的纲领委员会加以讨论之前作的。在小范围的委员会的工作的第二阶段中，部分地是由于通过大范围的纲领委员会的讨论，我们发现，经我们修改过的纲领草案还有许多缺点。例如，我们对第四章作了许多修改，更好地把系统的部分同关于我们的要求的问题联系起来之后，发现关于大学、关于培养无产阶级的专家、关于无产阶级的各种文化任务等许多段落，在纲领草案的结构中就像突然冒出来的一样。不难理解为什么会这样。原来是作历史性的叙述，而加以系统化之后，从文章的结构来看，表述就有毛病了。这就使我们不得不把一些大的段落重写，把它们放到适当的地方。现在我们有专门的一节谈**文化革命**和文化革命的基础，谈无产阶级在这一文化革命改造时期的任务。我们阐明了无产阶级关于在人民群众中进行工作的任务，用马克思的话来说，就是"人改造人"的问题。这是纲领草案中完全新的一节。原来，在工作的第一阶段，在小范围的委员会内，有些同志指出，在我们的纲领中尽管有一些专门的段落谈**孙文主义**和**甘地主义**，但纲领的解释太"欧洲式"了。有些同志专门谈到了在美国黑人中具有一定影响的加维主义。我们在大范围的纲领委员会内提出了这个问题，多数同志**赞成**加上一个相应的段落。最后一章是关于战略和策略，其第二部分是谈共产国际的战略策略本身。这一章显得有些杂乱。部分地是由于同志们都累了。草案的结尾部分的确很不连贯。因此，我们不得不对整个第六章再次加以修改，把有些东西删掉，把有些东西贯串起来，突出某些问题，对全部材料作了一番整理。我们所能做的就是如此。请代表大会的全体会议审议。

  总的说来，我们向代表大会全体会议加以说明的一些最重要修改就是如此。毫无疑问，经过我们做了一番艰苦工作之后，纲领草案**大大改善了**。只要对新旧草案仔细加以比较，就可以深信这一点。旧草案的一多半要么重新写过了，要么修改过了，其中保持原样的约占40%。据我看来，之所以做到了这一步，是因为在代表大会上和纲领委员会内，我们真正进行了**集体的工作**。不仅一切重大问题，而且一切次要的问题，我们都**集体地**进行了讨论，首先在大范围的委员会内，然后又在小范围的委员会内。

诚然，令人感到不怎么愉快的一点是，这项工作拖得时间很长。例如第二国际的代表大会总共也就开两三天。但是，既然我们提出的是关于纲领的问题，我们就应当审慎地完成相应的工作，为此就需要时间。我们几乎对每一个字都进行了推敲，几乎对每一个意思都批判地进行了分析，几乎对每一句话都好好地加以斟酌。由于我们适当地吸收了一切健康的、合理的、有益的东西，由于进行了**真正集体的**工作，我们现在的纲领草案就**比原来的好**多了。这决不是说，现在的纲领草案完美无缺，十分合乎理想，但相对而言，我和在座的多数同志都相信，可以通过这个纲领草案了。现在我们都要回家了……我们将各走各的路，但不是没有纲领空手而走。我们**将有一个纲领**。毫无疑问，这个纲领将具有巨大的全世界的历史意义。我们的工作虽然拖得时间很长，但不难在这一点上得到补偿。

我以纲领委员会的名义请求代表大会全体会议通过**共产国际纲领**。

（暴风雨般的掌声，接着转为欢呼。代表们起立唱《国际歌》。）

主席：

应予通过的纲领草案在纲领委员会和代表大会全体会议上已讨论了许多天。现在只需加以表决了。如果还要讨论的话，发言请简短一些。有要发言的没有？没有。我们进行表决。

（在《国际歌》声中一致通过纲领[①]。）

---

① 参见本卷收录的《共产国际纲领》。——编者注

主席：

请库西宁同志代表殖民地委员会作报告。

库西宁作关于殖民地委员会的报告

我的任务是要非常简单地报告一下委员会对提纲初稿所作的最重要的修改和补充。由几乎是殖民地国家的一切最重要的党的代表所组成的委员会作了大量的工作。我认为，由于进行了这些工作，提纲草稿已大大地改善了，不过令人遗憾的是还很庞杂。迄今为止我们还未能完成加以压缩的工作。

委员会所作的最重要的补充是：

委员会用有关中国革命的最重要事件、有关印度和印尼革命运动的最重要事件等比较详细的材料，对第一章作了补充。这是必要的，因为提纲初稿有些不足之处，即它同具体的历史基础结合得不够，就是说，它过分偏重理论方面。现在我们企图消除这一缺点。由于我们决定不再按不同的类型对国家进行分类，我们已在一定的程度上消除了这一缺点。之所以只是部分地做到了这一点，是因为我们还没有掌握关于各殖民地的充分的情报。

初稿中论述策略问题的那些条写得颇为笼统，现在我们已把这一部分写得具体了：现在这些条只针对一类殖民地国家，即中国、印度、埃及、印尼等最主要的殖民地。我觉得，由于写得具体，因此阐述得好多了。

关于第二章，委员会不同意草稿中论述帝国主义殖民政策实质的基本路线。我们作了许多补充，以便更明确地提出问题。我们更详细地谈了对殖民地的资本输出，说明了对殖民地的资本输出加速殖民地的资本主义发展，同时也越来越加强金融资本对殖民地的奴役。

此外，我们还明确地表达了一个意思，即明确地指出，个别自治领、特别是像南非自治领这样的殖民地或半殖民地的情况有所不同。要知道，对于这些国家来说，许多问题——在某种意义上包括资本输出的作用，甚至包括资本主义殖民政策的实质本身——完全是以另外的方式提出的。向自治领的资本输出对它们的工业化产生直接的影响。这里必须特别尖锐地强调与本义的殖民地统治、与表现在印度和中国那样的真正殖民地国家中的殖民地体系的差别。我已经讲过，有几条提纲是论述民族资产阶级的作用、革命的不同阶段，以及资产阶级民主革命的最后的时期，即无产阶级和农民夺取政权以后的时期，提纲的这些条现在具体地是针对中国、印度、埃及等国；我们还设法把某些策略问题表述得更加具体了。委员会完全同意初稿中提出的策略路线，但从两个阶段出发，把一切表述得更清楚了。例如，目前这两个阶段一方面表现在印度的革命运动中，另一方面表现在中国的革命运动中，可以说，它们是革命运动的两个不同的发展阶段。当然我们在委员会内决非对印度资产阶级、特别是对中国资产阶级的叛变行为默不吱声。我们把一切都表述得不要有发生任何误解的余地。

再者，我们对论述各殖民地国家的共产党的当前任务的那一章作了许多补充，不仅是笼统地谈，而且使之适应于各个国家；我们指出了我们的一些共产党——特别是中国、印度和黑人殖民地的共产党——的任务；我们加了专门的一部分论述在美国提出的整个黑人问题；我们讲了我们在拉丁美洲、埃及等国家的党的任务。由于这样加以具体化，尽管只能写得非常简短，我觉得，提纲已改得好多了。

我们还对关于小资产阶级和农民的作用的问题作了种种补充，在这方面也力求使之更加具体化。

就我所能记得的，对提纲所作的最重要的修改和补充就是这些。我已经说过，委员会并没有修改原则的根本的路线。也许同志们都记得，在讨论时对某些问题的争论是非常尖锐的；我觉得正因为这样尖锐地提出问题，所以我们受益匪浅，这使我们在提纲中更加明确得多地阐述了原来表述片面或者不完善或者不太清楚的许多问题。在讨论时出现了一些尖锐的、有时甚至是片面的攻击，这也是很自然的。我觉得，在委员会一致通过决议之后，这些事也就一风吹了。

我应当强调说一下，我在自己的总结发言中，对于英国党在发展新路线方面讲得有些片面。我完全了解，英国党正在努力掌握新路线。根据最近的补充选举的案例，我们确信，这一点党做得很成功。此外，当时我的意思并不是说，英国党不是在朝着布尔什维克化的方向发展。只要想一想英国党在工人运动中所做的工作，那么，断言英国党不能作为其他党的范例的说法就是十分片面的。我个人一直认为，对于一切资本主义国家来说，英国党在这一方面的确能够提供进行共产党的工作的范例。这些话已说得不少，相反已说得很多。凭良心说，我可以向英国代表团的代表伸出自己的手，并且承认他们有成绩，不过今后他们必须继续沿着这个方向进行工作。

对于以上我所说的，实际上没有什么要加以补充了；我只想再强调一下主观因素即我们在各殖民地的党的建设的重要意义。这些国家内关于党的建设工作的现存缺点，必须在最近几年内加以消除。完成这一任务的责任落在新的共产国际执行委员会的肩上。到召开下届代表大会之时，我们必须不仅在中国、而且在印度和其他最重要的殖民地都有强大的共产党。如果不解决这个任务，我们就不可能前进。如果我们不能在最近几年内在各殖民地国家建立坚强的党，那么任何决议，哪怕是好的决议都无济于事。

我想提请同志们注意：例如法国党（我认为它在这一方面出色地完成了自己的工作）在如下的意义上也犯了错误，即现在突尼斯和阿尔及利亚的党都不是独立的党，而是法国共产党的支部。同志们，这种情况不应继续下去了。列宁同志曾经指出，必须消除对土著工人、甚至是有革命情绪的土著工人的不信任态度。这些指示告诉我们，在这个意义上必须十分小心谨慎，必须让各殖民地国家的党充分独立。当然，资本主义国家的同志应当通过自己的建议和工作帮助殖民地国家的同志建设自己的党，进行反对帝国主义、反对殖民地的资产阶级的斗争，但他们应当让这些党具有政治上的独立性。

我觉得，法国党在阿尔及利亚、突尼斯和摩洛哥的工作是做得很好的，但必须在这一方面加以改进。

如何发展我们在各殖民地国家中的党——我们的委员会在研究提纲草稿时遇到了这个大问题。这仍然是将来共产国际执行委员会实际工作中最紧迫最重要的问题。同志们首先必须从建设我们的各个党的任务这一观点，来看待我们提纲中现有的一些指示。从这个观点出发，我们特别强调了必须揭露殖民地的民族改良主义的资产阶级，强调了正确地进行揭露资产阶级的斗争的任务，以便使劳动群众真正摆脱民族改良主义的影响。

在作了这个简短的说明之后，同志们，我请求你们通过提纲。

主席：

我们对殖民地提纲进行表决。没有人要求发言。那么代表大会可以采用对第一条的那种做法，进行表决。谁赞成？谁反对？谁弃权？我认定关于殖民地问题的提纲①被一致通过。现在我们来研究关于苏联和联共（布）状况的两个报告的决议案。请台尔曼同志发言。

---

① 参见本卷收录的《殖民地和半殖民地的革命运动（提纲）》。——编者注

通过关于苏联和联共（布）状况的两个报告的决议案

台尔曼（德国）：

关于苏联的问题，我们委员会所持的观点是：由于许多支部已发表了声明，所以代表大会对瓦尔加同志和曼努伊尔斯基同志报告的看法已在全体会议上阐明了。因此，起先我们认为，这些声明已足以确定我们对苏联内部的状况和联共（布）的任务的态度了。我们的出发点是，一些最重要的意见都已在这些声明中讲过了。不过最后我们还是决定，既然在全体会议上没有进行最后的表决，就不妨把那些声明中所包含的最重要的思想和建议归纳进一个综合文件中，然后把这个文件提交代表大会，以便在这里能对这样一个决议案加以表决。

对关于苏联和联共（布）状况的两个报告，委员会提出如下的决议案。

（宣读决议案①）

主席：

有愿意发言的没有？没有。进行表决。我认定一致通过。我们来研究关于一些申诉的提案。请柯拉罗夫同志发言。

关于几起申诉的决定

柯拉罗夫同志宣读关于下列申诉的决定草案：

关于托洛茨基、萨普龙诺夫等人的案件。

---

① 参见本卷收录的《关于苏联和联共（布）状况的决议》。——编者注

关于马斯洛夫—鲁特·费舍的案件。

关于苏桑·吉罗等人的案件。

关于怀恩科普集团的案件。

对柯拉罗夫同志宣读的决定进行表决，一致通过。①

接着，柯拉罗夫同志宣读一个提案：把已被开除出西乌克兰共产党的瓦西里基夫—图里亚斯基等人的申诉转交新的共产国际执行委员会审理。② 此提案被通过。

主席：

现在我们来研究一些党和组织要求接受它们作为共产国际的支部的申请。请安贝尔-德罗同志作关于这个问题的报告。

关于接受一些新党加入共产国际的决定

安贝尔-德罗（瑞士）：

第二国际的布鲁塞尔代表大会闭幕时，被邀请出席该代表大会的一些同志，即一些殖民地和半殖民地国家的代表，提出了抗议。我们的代表大会即将闭幕时，要吸收七个殖民地和半殖民地国家的新支部。这七个支部要求接纳它们加入共产国际。

在第五和第六次世界代表大会期间，古巴共产党和朝鲜共产党，以

---

① 参见本卷收录的《关于托洛茨基、萨普龙诺夫等人事件的决定》、《关于马斯洛夫—鲁特·费舍事件的决定》、《关于苏桑·吉罗等人事件的决定》、《关于怀恩科普集团事件的决定》。——编者注

② 共产国际执委会主席团1928年9月26日通过的决定发表在1928年9月29日《真理报》第227号上。

及爱尔兰工人联盟,曾请求共产国际执行委员会主席团预先接纳它们加入共产国际。在第六次世界代表大会上,又有四个党提出了请求接纳它们的问题。这四个党是:新西兰共产党、巴拉圭共产党、哥伦比亚革命社会党和厄瓜多尔社会党。

朝鲜共产党成立于1925年。1926年3月,主席团曾有条件地接纳它加入共产国际,不过它必须把朝鲜现有的一切共产主义力量汇集、团结和组织起来。

在古巴已存在多年的一个共产主义小组,组成了共产党。它积极地参与组织工人运动,为把工团主义运动统一起来积极地进行了工作,并且由于自己的革命行动而招致了由北美帝国主义所豢养的古巴政府的迫害。执行委员会第八次全会曾作出决定:有条件地接纳古巴共产党加入共产国际。

爱尔兰曾经短暂地出现过一个共产主义小组。执行委员会在第八次全会上曾不得不对爱尔兰工人联盟这个组织的存在和进一步发展表态。这个组织在爱尔兰积极进行工作,而且得到了发展,它力求组成共产党。执行委员会第八次全会曾作出决定,承认爱尔兰工人联盟是共产国际在爱尔兰的唯一的支部;全会委托它尽快地组成共产党。

新西兰的共产主义组织多年来一直属于澳大利亚共产党。但这个共产主义组织本身已发展成为独立的党。现在它向世界代表大会提出问题:承认它是共产国际的一个支部,而不依赖于澳大利亚共产党。

巴拉圭从1922年起就有一个共产主义小组;它壮大了,发展了,已在工人阶级和农民中有影响。几个月以前,它已组成共产党,现在请求接纳它加入共产国际。这个共产党在思想上和组织上都还很薄弱。它还请求共产国际促进它的进一步发展。

近年来,在哥伦比亚(起先是根据美国劳工联合会和哥伦比亚政府的倡议)工人运动发展起来了,后来,在召开了一系列工人代表大会之后，工人运动统一起来了。最初，这些工人代表大会完全是在哥伦比亚政府的影响下召开的。但1926年，在哥伦比亚第三次工人代表大会上，一个共产主义的派别吸引了与会代表中的相当多的、大多数的人，决定建立革命社会党。这个革命社会党包括整个工会运动，它的建立是以各工会集体加入以及把工会运动的优秀战士组织起来为基础的。在1927年召开的第二次代表大会上，它决定参加共产国际。到1927年年底时，哥伦比亚革命社会党已拥有两家日报，10家周报。哥伦比亚的整个工人阶级和有组织的工会运动都在它的影响之下，由于该党的革命影响不断增长，政府不得不采取措施加影响，颁布一些非常法令，以便把整个运动置于非法地位，并且破坏在哥伦比亚的共产主义宣传。

厄瓜多尔的情况在某种程度上与之相似。厄瓜多尔社会党成立于1925年；共产主义小组在其中进行了积极工作，企图把该党争取到共产国际方面来。这个党的建立也是以各工会组织集体加入和工人运动的最积极的战士个人加入为基础的。这个党得到工人群众和大部分农民运动的支持。在1926年5月召开的第一次代表大会上，该党一致表示要参加共产国际。1928年秋，该党通过各省党组织的全民投票批准了这个决定。

这两个党在通过投票表决决定参加共产国际之后，已被作为同情的支部加以接纳。现在，它们已派代表出席这次代表大会，要求正式接纳它们参加共产国际。

代表大会各代表团代表会议对一些新党的申请进行了研究，现在提请代表大会通过下面的决议案。（宣读决议案）

主席：

现在我们讨论关于接纳几个新支部参加共产国际的报告和决议案。

有谁希望发言？没有。进行表决。我认定一致通过。① 现在请帕雷德斯同志发言。

帕雷德斯（厄瓜多尔）：

我代表被接纳加入共产国际的南美两个党的代表团，表示极为满意。这两个代表团保证，这些新党将同整个国际无产阶级一道顽强地并肩奋斗。厄瓜多尔和哥伦比亚的党将竭尽全力，在共产国际的领导下，沿着布尔什维克化、争取群众和准备无产阶级革命的道路奋勇前进。

主席：

现在我们研究关于进行国际反战运动的提案。请贝尔同志发言。

关于进行国际反战运动的决议

贝尔（英国）：

关于战争的问题是我们这次代表大会讨论的中心问题。我们在讨论国际形势和各国党内状况问题和纲领问题的时候，这个问题都占有重要的地位。我们关于同战争危险作斗争的提纲，已指出了我们在进行反对帝国主义战争、保卫苏联和各殖民地国家的斗争中的实际工作路线。

我在总结发言中已经指出，当我们召开代表大会的时候，第二国际也召开了代表大会。第二国际的代表大会的进程表明，它的领袖们正在同帝国主义者携手并肩。此外，在帝国主义者导演下，煞有介事地通过

---

① 参见本卷收录的《关于接收古巴共产党、朝鲜共产党、新西兰共产党、巴拉圭共产党、爱尔兰工人联盟、厄瓜多尔社会党和哥伦比亚革命社会党加入共产国际的决定》。——编者注

了臭名远扬的凯洛格公约，宣布战争为非法。

因此，现在我们所面临的形势是，帝国主义者同它的第二国际中的走狗正在团结自己的队伍，准备进行新的反苏战争。

我们在代表大会上讨论各种提纲的时候，曾着重指出，我们的许多党对于反对战争危险的工作仍做得非常不够。我相信：我们的这次代表大会将结束我们的许多党所表现的那种漠不关心的态度；我们在开完这次代表大会之后，将坚定不移地竭尽全力在本国和国际范围内准备无产阶级去保卫无产阶级革命而对付帝国主义者，进行反对帝国主义战争的斗争，准备实行无产阶级的武装起义和世界革命。主席团基于这些理由，并且考虑到有必要切实开展一个国际性的运动来同战争危险作斗争，作出如下的决定提请代表大会批准。

（宣读决定草案）

主席：

有谁愿意对贝尔同志的提案发表意见？没有。进行表决。我认定一致通过①。

现在我们选举执行委员会和国际监察委员会。请多列士同志发言并宣读提案。

选举共产国际执行委员会

多列士（法国）：

主席团在仔细研究了各代表团的建议和考虑之后，提出新的执行委员会组成人员的下列方案，请代表大会讨论。

---

① 参见本卷收录的《关于开展反战国际运动的决定》。——编者注

1. 阿梅里科·莱多（巴西）
2. 巴尔贝（法国）
3. 贝尔（英国）
4. 布伦克勒（青年共产国际）
5. 博什科维奇（南斯拉夫）
6. 布哈林（苏联）
7. 维泽尔（瑞士）
8. 吉奥尔迪（阿根廷）
9. 戈麦斯（乌拉圭）
10. 哥特瓦尔德（捷克斯洛伐克）
11. 登格尔（德国）
12. 雅克莫特（比利时）
13. 伊列克（捷克斯洛伐克）
14. 卡里略（墨西哥）
15. 加藤（日本）
16. 片山潜（个人）
17. 坎贝尔（英国）
18. 柯拉罗夫（保加利亚）
19. 库恩·贝拉（匈牙利）
20. 库西宁（个人）
21. 科普勒尼希（奥地利）
22. 连斯基（波兰）
23. 李光（中国）
24. 洛夫斯通（美国）
25. 洛佐夫斯基（苏联）

26. 曼纳（芬兰）
27. 曼努伊尔斯基（苏联）
28. 米茨凯维奇（拉脱维亚、立陶宛、爱沙尼亚）
29. 莫洛托夫（苏联）
30. 穆索（印尼）
31. 皮克（德国）
32. 波佩斯库（罗马尼亚）
33. 普鲁赫尼亚克（波兰）
34. 皮亚特尼茨基（苏联）
35. 雷梅尔（德国）
36. 雷斯特（青年共产国际）
37. 李可夫（苏联）
38. 萨穆埃尔森（瑞典）
39. 塞马尔（法国）
40. 塞拉（意大利）
41. 西夫尼奥斯（希腊）
42. 斯佩克特（加拿大）
43. 斯克雷普尼克（乌克兰）
44. 斯大林（苏联）
45. 台尔曼（德国）
46. 多列士（法国）
47. 费尔迪（土耳其）
48. 费尔明·阿拉亚（智利）
49. 福斯特（美国）
50. 菲吕博滕（挪威）
51. 希塔罗夫（青年共产国际）

52. 向①（中国）
53. 克拉拉·蔡特金（个人）
54. 屈维它（中国）
55. 查特吉（印度）
56. 基尔布姆（瑞典）
57. 什麦拉尔（捷克斯洛伐克）
58. 埃尔科利（意大利）
59. 安贝尔-德罗（个人）

主席：

谁愿意对上述提案发表意见？没有。我提议再宣读建议的候补委员名单，然后一起表决。

多列士（法国）：

建议下列同志担任候补委员：

1. 浅野②（日本）
2. 比茹（青年共产国际）
3. 博什尼奇（南斯拉夫）
4. 瓦尔加（个人）
5. 维尔奇克（捷克斯洛伐克）
6. 德菲瑟（荷兰）
7. 汉森（挪威）
8. 加兰迪（意大利）

---

① 即向忠发。——编者注
② 即渡边政之辅。——译者注

9. 黑克尔特（德国）
10. 吉特洛（美国）
11. 霍普纳尔（苏联）
12. 关里①（青年共产国际）
13. 古谢夫（苏联）
14. 休斯伍德（美国）
15. 达索诺（印尼）
16. 季米特洛夫（保加利亚）
17. 多里奥（法国）
18. 扎波托茨基（捷克斯洛伐克）
19. 卡瓦纳（澳大利亚）
20. 洛维茨基（波兰）
21. 洛佩斯（古巴）
22. 马洛加（南非）
23. 蒙穆索（法国）
24. 莫伊洛娃（苏联）
25. 瑙罗吉（印度）
26. 帕斯卡尔（西班牙）
27. 波立特（英国）
28. 普尔曼（波兰）
29. 雷曼（捷克斯洛伐克）
30. 里亚斯科·胡利奥（哥伦比亚和厄瓜多尔）
31. 西伦（瑞典）
32. 索科利克（波兰）

---

① 音译，不详。——编者注

33. 特格森（丹麦）

34. 图尔尼（意大利）

35. 乌布利希（德国）

36. 弗拉商（法国）

37. 霍纳（英国）

38. 张彪（中国）

39. 陈宽（中国）

40. 舒基（埃及、巴勒斯坦和叙利亚）

41. 施内勒尔（德国）

42. 埃韦特（德国）

43. 雅罗斯拉夫斯基（苏联）

主席：

既然没有别的提案，我们进行表决。一致通过。

现在我们选举国际监察委员会。请多列士同志发言。

选举共产国际监察委员会

多列士（法国）：

提议由下列同志组成国际监察委员会：

1. **安韦尔特**（爱沙尼亚）

2. **安加雷蒂斯**（立陶宛）

3. **温斯通**（美国）

4. **魏斯**（捷克斯洛伐克）

5. **戈尔基奇**（青年共产国际）

6. **伊斯克罗夫**（保加利亚）

7. 加香（法国）
8. 科多维拉（阿根廷）
9. 费·科恩（苏联）
10. 马吉（意大利）
11. 墨菲（英国）
12. 蒙多克（捷克斯洛伐克）
13. 西罗拉（芬兰）
14. 索尔茨（苏联）
15. 斯特凡内斯库（罗马尼亚）
16. 斯图契卡（拉脱维亚）
17. 修元[①]（中国）
18. 弗利格（德国）
19. 陈成[②]（中国）
20. 沙尔基（波斯）
21. 埃贝莱因（德国）
22. 茨哈卡雅（苏联）

主席：

还有别的提案吗？有谁愿意发表意见？没有。进行表决。一致通过。

现在我们听取关于第六次世界代表大会告全世界劳动人民书的提案和布哈林同志的总结发言。请布哈林同志发言。

[①] 音译，不详。——编者注
[②] 音译，不详。——编者注

布哈林作总结发言

　　共产国际第六次代表大会即将结束了。当然可以说这是革命共产主义运动的一次"长期国会"。但是，我们的工作对于今后推动革命共产主义运动的发展是极其有益的。这次代表大会也许比以往任何一次共产国际代表大会都更大范围地检阅了国际共产主义运动的一切力量。第二国际时期，在代表大会上的辩论通常就是由几个所谓最先进的即帝国主义国家的一些最著名的领袖发表一番讲话，而我们的这次面向全世界劳动者的代表大会却有世界各国的革命无产阶级的代表、领袖和战士参加。从最大、最强、最野蛮和最"文明"的帝国主义国家，到那里的人民刚刚开始走上历史舞台的最遥远和最闭塞的殖民地，从资本主义发展的最强大的堡垒到我们这个星球上最偏僻的角落，世界各地革命工人阶级和劳动群众的代表都来出席了我们的代表大会。而且，他们都十分踊跃和十分积极地参加了代表大会的工作。而摆在我们的议事日程上的问题又是一些范围**非常广泛**、意义**非常重大**、规模非常**庞大**的问题，通过共产**国际纲领**就是国际工人阶级道路上的整整一个历史时代的路标，仅仅这一个问题就是一个很不平常而且十分广泛和困难的问题，为了这个问题就可以召开一次共产国际代表大会。仅仅这一个内容十分广泛的问题，就足以使整整一次代表大会忙得不亦乐乎。

　　特别是在我们的运动的历史上，即共产国际的历史上，而且一般地说在工人阶级的国际革命运动的历史上，通过一个纲领（纲领是我们的**许多**支部，是在我们的革命旗帜下前进的千百万无产者的法律），通过这个文件大概需要整整一个时代。

　　而共产国际终于能够通过自己的国际纲领（当然是经过了很长一个准备时期，当然是在做很大的努力之后，当然是在经过许多很不成功的尝试之后），仅仅这一事实就反映出我们的运动从外表和内部来说都大大地发展起来了。我们的运动从外表来看发展起来了，因为我们经过长时间的集体工作在这次代表大会上制订了草案，因为伟大的国际革命大军的**各支队伍**的代表都参加了草案的制订；我们的运动从内部来看也发展起来了，因为我们的讨论，我们在这次代表大会上的全部工作都反映出，毫无疑问，我们的运动在思想上已大大地发展了。

如果把我们在前两次即第四、第五次代表大会上在这个问题方面所做的工作，同我们在即将结束的第六次代表大会上所做的巨大工作加以比较，那么我们可以指出，不仅从我们所花费的劳动的**数量**来看，而且从我们所花费的劳动的**质量**来看，情况都大不相同。我们看到，在地球上一些最遥远的角落，在不久以前建立和刚刚建立的一些共产党中，在离我们运动的工业中心数万里之遥的殖民地的边远地区，马克思主义思想、列宁主义思想正在深入到工人阶级的最广大群众中去，正在掌握相当大的一部分革命农民群众，构成到处都在不断发展的共产主义运动的精神上的思想轴心。

我们在这次代表大会上对**我们的运动发展中的很长的一个历史时期**作了总结。在第五次代表大会以后的几年当中，各帝国主义国家和世界经济中的殖民地部分以及业已产生的工人阶级的强大国家即我国的无产阶级专政——总之，在这个时期内全世界都已经历了许多事情。我们已对这个很长的历史时期作了总结。

我们在经过许多讨论和争论之后——这是我们伟大的共产主义机体成长和思想活跃的表现——终于对我们所经历的这个历史时代作出了一致的评价。我们对通过的决议中所谓的世界资本主义危机发展中的"第三时期"，用马克思主义的分析方法作过仔细的斟酌。我们试图（我们认为，通过集体的努力，我们已做到了这一点）按照严格的马克思主义的分析方法对当前这个历史时期的特点加以衡量和分析。我们对使资本主义生产力得到提高的新的技术发展进行了权衡和估计。我们对资本主义的一些新的组织的形式进行了权衡和估计。我们对现在我们所遇到的资本主义稳定的特殊阶段作了精确的估计。我们对通常所谓的这种稳定的"消极方面"，即——用我们的语言说——这种稳定的矛盾发展中的不可避免的进程作了精确的估计。我们从一系列事实中把握了发展的基本趋势，我们肯定了到处存在的阶级斗争尖锐化以及一系列事实，这些事实确凿无疑地告诉我们，将有越来越多的人登上战斗的舞台，最后必将不仅结束资本主义社会的发展，而且埋葬资本主义社会本身。我们非常重视当前发展中许许多多互相扭结在一起的、日益增长的、光怪陆离的尖锐矛盾。我们的各项决议和决定为我们的策略奠定了巩固的基础，我们的策略就是要同资本主义制度进行你死我活的斗争。

  我们面临的任务，就是要根据这些基本的趋势提出当前的一个关键问题，即关于战争的问题。共产国际三番五次地提出**战争**问题。共产国际本身就是战争的产儿：它是在第一次帝国主义大战和已经开始的资本主义的革命危机的暴风雨中诞生的。它本身不是旧的、腐朽的、稳定的帝国主义以前的发展时代的产儿。它是充满着暴风雨的时代的产物。也许今后共产国际不得不比在这第六次代表大会上更具体地提出这个问题。不过，同志们，现在我们提出这个关于战争危险的问题，也不是"一般地"提出，而是从当前所形成的**特殊环境**着眼提出。到处都在进行**战争**准备，现在中国正在进行战争，各帝国主义国家为了准备互相撕杀，为了进攻苏维埃共和国，正在以**大规模的思想欺骗**为掩护而动员帝国主义的武装力量。从来没有使用过这么多方案，这么多正式的声明，这么多"和平"言论。从来没有像现在这样厚颜无耻地用和平主义的词句装饰着城乡的一切大街小巷。从来没有见过帝国主义的官方发言人像现在这样卖力地散布极其腐朽、极其虚伪、彻底假仁假义的和平主义思想，现在帝国主义千方百计地鼓励新的帝国主义战争的自发势力。和平主义的谎言是掩盖帝国主义战争准备的烟幕,而帝国主义在工人阶级中的代理人——社会民主党却一直坚决地、拼命地、可以说是厚颜无耻地公开散布这种谎言。因此,我们不得不在特殊条件下来研究战争问题,从现在我们已经进入的特殊历史阶段的观点着眼来解决这个问题,并且在一系列其他问题当中,从直接同帝国主义进行斗争的观点以及从同它的仍然强大的代理人——社会民主党作斗争的观点着眼,突出这个问题。我们必须打倒、必须彻底粉碎**社会民主党**,因为工人阶级只有越过它这具政治僵尸才能走向胜利的共产主义革命。

我们面临着一个**殖民地问题**。不过现在的情况同过去——当我们在以前的历次代表大会上、甚至是在列宁同志亲自领导的第二次代表大会上讨论这个问题的时候——有很大的不同。现在,我们的殖民地工作中的许多问题,情况不同了。在这个时期内,我们在殖民地内的国际革命运动已发生了许多重大的了不起的事件;我们大家的眼界已扩大了,那些现在、过去或即将处于殖民地残酷阶级斗争烈火中和同外国帝国主义直接搏斗中的党,都已积累了丰富的经验,因此,我们必须提出和解决一系列新的任务。

仅仅中国革命和印度尼西亚的起义就向我们提出了一系列新的问题。过去我们提出殖民地问题,是作为普遍的、一般的问题而提出的,对它们不进行详细的探讨,过去我们对在殖民地的战略和策略仅仅勾画出非常一般的、大致的轮廓,而现在首先是中国革命中的种种事件就提出了一系列个体的、更细小的战略和策略问题。吸取这一十分丰富的经验是我们这次代表大会的任务。

最后,我们不得不在这次代表大会上结束我们的内部历史上可以称之为共产国际内的托洛茨基主义危机的——但愿是——最后的一页。

在第五次代表大会上我们曾不得不提出这个问题,这个问题已发展成为对苏联的无产阶级专政和对整个共产国际的一个十分重大的问题。

科学共产主义的天才预见者和创始人马克思早就在一段不完整的叙述中说过，只有当某一个国家的工人阶级掌握了政权，当整个国际的运动获得了一个强大的巩固基地的时候，革命的共产主义运动最后才会开始具有真正的规模。国际共产主义运动已获得这样一个基地，即在过去沙皇专制的国家中所建立的无产阶级专政。

不过，同志们，如果说一方面国际工人运动和殖民地国家的殖民地革命已有了这个强大的堡垒，那么显而易见，国际工人运动基石上这个基干党如果出现裂缝和动摇，那就一定会动摇我们的运动的整个体系，那就一定会动摇和瓦解整个国际共产主义大军，而各国在经历这一危机的时候，不是没有出现内部的痉挛，不是没有病症，不是没磨擦的。工人阶级健康的嗅觉，面临着非常重大的、决定性战斗的共产主义先锋队的健康的嗅觉——这种**阶级团结**的嗅觉，**首先是共产主义的队伍必须团结**的嗅觉，已经使托洛茨基反对派遭到了我们的迎头痛击，它在所有其他国家党内的残兵败将几乎一下子就土崩瓦解了，各国党都把这些原来的社会民主党间谍开除出去了。

代表大会已在这里作了总结。我们失去了一大批过去在一起战斗的同志，刚才柯拉罗夫同志发言中宣读的名单以及大会对这个问题进行的表决，都意味着这些人在政治上的死亡。

我们不知道，他们是否命中注定会获得新生。如果他们获得新生的话，对此我们丝毫也不感到遗憾。恰恰相反。但同时我们高兴地看到，我们虽然失去了一批人，我们却获得了一批新的党；我们在朝鲜、新西兰、爱尔兰、乌拉圭、巴拉圭、厄瓜多尔、哥伦比亚获得了一批新的人员。我们获得了许多战斗同志的新部队，我们正在以新的力量，怀着对最后胜利的新的、坚强的信心跨入即将到来的新时期。

我们在对代表大会的工作进行总结的时候，在这里可以说：我们的大街会有一个喜庆的节日！这个节日一定会到来。说什么资本主义稳定的社会民主党的预言家们曾经预言我们党必遭灭亡,那样的时代已经一去不复返了。我们各国的党都在历史铁锤的打击下经受了锻炼,我们各国的党越来越团结一致。我们各国的党越来越成为政治生活中的强大因素。如果国际资产阶级企图——它总是企图,它正在这样做——指使自己的一切奴仆来反对我们,如果它动用武器,如果它使人类陷入一场新的战争,如果它拿我们苏联的存在做赌注,那么它也就是拿自己的历史存在做赌注。对此我们是绝对深信不疑的。

第一次帝国大战以来,已经过去多年了,我们的苏维埃共和国已经存在十年有余了。1919年建立的共产国际也很快就将庆祝它的成立十周年。如果我们把在第一次世界大战时我们的区区一点力量(有时跟着革命旗帜走的只是个别人),同现在跟着共产国际前进的国际革命运动的各支强大的队伍加以比较,那么我们就可以满怀信心地说:现在我们的力量是不可战胜的。我们任何时候,每一分钟,都不惧怕对我们发动的进攻,因为我们知道:在这个时期内我们已大大地巩固了;我们的事业在历史上是进步的事业;我们的阶级是最伟大的历史使命的承担者;我们的阶级是注定要在全世界夺取政权的阶级。它失去的只会是锁链,而获得的将是整个世界!(暴风雨般的掌声。代表们全体起立,高唱《国际歌》。)

我以本次代表大会主席团的名义,建议在代表大会的这次全体会议上通过共产国际第六次代表大会的宣言。(宣读宣言[①]。鼓掌,全体代表起立,高唱《国际歌》。)

[①] 参见本卷收录的《告全世界工人、全体劳动农民、殖民地被压迫民族和资本主义国家陆海军士兵书》。——编者注

# 共产国际第六次代表大会提纲、决议、号召书

共产国际纲领[1]

导　言

帝国主义时代是垂死的资本主义的时代。1914—1918 年的世界大战以及由此开始的资本主义总危机，是世界经济的生产力增长与世界经济的国家壁垒之间尖锐矛盾的直接结果，从而表明和证明：在资本主义社会内部，社会主义的物质前提业已成熟；资本主义的社会外壳已成为人类进一步发展的不能容忍的桎梏；历史已把用革命手段摧毁资本主义羁绊的任务提上日程。

从资本主义势力的中心直到殖民地世界的最偏僻角落，帝国主义到处都在迫使各国广大无产者群众屈服于金融资本寡头的独裁统治。帝国主义的自发的力量暴露和深化资本主义社会的一切矛盾，把阶级压迫扩大到极点，使资本主义各国间的斗争达到十分紧张的程度，并不可避免地引向世界规模的帝国主义战争，使整个统治关系的体系受到震撼，从而必然导致**无产阶级的世界革命**。

帝国主义给整个世界套上金融资本的锁链，用鲜血、暴力和饥饿迫使各国无产者、各民族和种族处于金融寡头的压迫之下，无限制地加强对无产阶级的剥削、压迫和奴役，将无产阶级置于直接夺取政权的任务

---

[1]　在 1928 年 9 月 1 日第四十六次会议上通过。

面前，从而使工人们不得不紧密地团结成一支不分国界、民族、文化、语言或种族、性别或职业的各国无产者的统一的国际大军。由此可见，帝国主义在发展完成建立社会主义物质前提的过程的同时，也使自己的掘墓人结成一支大军，使无产阶级必然组成一个**战斗的国际工人协会**。

另一方面，帝国主义把工人阶级中生活最有保障的一部分人从工人阶级基本群众中分裂出来。工人阶级中这些被帝国主义收买和腐蚀的上层分子成了社会民主党和领导骨干，他们关心帝国主义对殖民地的掠夺，效忠于"本国的"资产阶级和"自己的"帝国主义国家，在阶级的决战中站在无产阶级的阶级敌人一边。由于这种背叛行为而引起的1914年社会主义运动的分裂，以及一些社会民主党——它们实际上已成为资产阶级性质的工人政党——的继续背叛，都表明国际无产阶级只有对社会民主党作无情的斗争，才能完成自己的推翻帝国主义压迫和争取无产阶级专政的历史使命。因此，国际革命的力量只有在共产主义的立场上才有可能组织起来。社会民主党机会主义的第二国际既已成为工人阶级队伍内部的帝国主义代理人，也就不可避免地要出现一个**共产主义的第三国际**来与之相对立，这是一个体现着全世界革命工人的真正统一的工人阶级国际组织。

1914—1918年的战争产生了建立新的革命国际来对抗社会沙文主义的第二国际和反对好战的帝国主义的初次尝试（齐美尔瓦尔得、昆塔尔）。俄国无产阶级革命的胜利推动了资本主义中心和殖民地的共产党的建立。1919年成立了共产国际，它在世界历史上第一次实际地、通过革命斗争的实践把欧洲和美洲无产阶级的先进阶层同中国和印度的无产者、同非洲和美洲的黑人劳动者联合了起来。

作为统一的、集中的国际无产阶级政党，共产国际是在革命无产阶级运动的新的群众性的基础上实行**第一国际**原则的唯一继承者。第一次帝国主义战争和随之而来的资本主义革命危机时期的经验，欧洲和殖民地国家历次革命的经验，苏联无产阶级专政和社会主义建设的经验，共产国际历次代表大会的决议中所固定下来的各个支部的工作经验，最后，帝国主义资产阶级和无产阶级之间斗争的日益明显的国际化——所有这一切都使得有必要制定一个各支部统一的和共同的共产国际纲领。因此，作为国际无产阶级革命运动的全部历史经验的最高概括的共产国际纲领，是**争取世界无产阶级专政的斗争纲领，是争取世界共产主义的斗争纲领**。

共产国际把领导千百万被压迫和被剥削群众反对资产阶级及其"社会主义的"代理人的革命工人联合在一起，把自己看做是马克思直接领导下的"共产主义者同盟"和第一国际的历史继承人，看做是战前第二国际优秀传统的继承人。**第一国际**奠定了国际无产阶级争取社会主义的斗争的思想基础。**第二国际**在其最好的时期开拓了广泛发展群众性工人运动的基地。**第三国际**，即共产国际继承了第一国际的事业并承受了第二国际的工作成果，坚决摒弃后者的机会主义、社会沙文主义和对社会主义的资产阶级式歪曲，并开始实现无产阶级专政。因此，共产国际继承着国际工人运动的光荣的英勇传统：英国宪章派和1831年法国起义者的传统，1848年法国和德国工人革命家的传统，巴黎公社的不朽战士和先烈的传统，德国、匈牙利和芬兰革命中英勇士兵的传统，前沙皇俄国的工人——无产阶级专政胜利体现者的传统，中国无产者——广州和上海英雄们的传统。

共产国际依据各大洲和各民族革命工人运动的历史经验，在自己的理论工作和实践活动中毫无保留地完全站在**革命马克思主义**的立场上。马克思主义已经在**列宁主义**中得到完善，列宁主义是帝国主义和无产阶级革命时代的马克思主义。

共产国际捍卫并宣传**马克思—恩格斯的辩证唯物主义**，运用它作为认识现实和革命方法来达到革命地改造这一现实的目的；共产国际同各种资产阶级世界观和各种理论上和实践中的机会主义展开积极的斗争。共产国际站在彻底的无产阶级斗争的立场上，把无产阶级的暂时的、局部的、集团的、民族的利益服从于它的长远的、共同的、国际的利益，无情地揭露改良主义者从资产阶级那里偷运来的各种形式的"阶级和平论"。共产国际体现了从国际范围内把革命无产者——资本主义制度的掘墓人组织起来的历史要求，它是以无产阶级专政和共产主义作为自己的纲领、以**国际无产阶级革命组织者**的身份公开出现的唯一国际力量。

一、资本主义世界体系及其发展和必然灭亡

1. 资本主义运动的一般规律与产业资本时代

在商品生产发展的基础上成长起来的资本主义社会，其特点是：资本家和大地主阶级独占最重要的和决定性的生产资料，失去生产资料而被迫出卖自身劳动力的无产者阶级和雇佣劳动受剥削，为获取利润而进行商品生产，以及与此种种相联系的整个生产过程的无计划性和无政府状态。资产阶级的剥削关系和经济统治，在政治上表现为充当镇压无产阶级机关的资本的国家组织。

资本主义的历史完全证实了马克思关于资本主义社会发展规律和关于导致整个资本主义必然灭亡的资本主义社会发展的矛盾的学说。

为了追逐利润，资产阶级不得不以越来越大的规模发展生产力，巩固并扩大资本主义生产关系的统治地位。因此，资本主义的发展不断地在扩大的基础上再生产资本主义制度的一切内部矛盾，首先是劳动的社会性和占有的私人性之间、生产力的增长和资本主义财政关系之间的决定性矛盾。生产资料私有制的统治和生产的无政府自发过程，引起了各

个生产部门之间经济平衡的破坏，这种破坏是同无限制地扩大生产和无产者群众的有限消费之间的矛盾（普遍的生产过剩）的发展联系着的，其结果造成周期性重复的破坏性危机和无产阶级的大批失业。私有制的统治同样还表现为各个资本主义国家内部的竞争和不断扩大的世界市场上的竞争。这种资本家之间相互角逐的形式，其结果就是导致一系列战争——资本主义发展的必然伴侣。

另一方面，大生产的技术优势和经济优势使得各种前资本主义形式在竞争斗争中受到排挤和摧毁，形成日益增长的**资本的积聚和集中**。这个积聚和集中的规律在工业中首先表现为小生产的直接被摧毁，一部分降为大企业的辅助单位。在农业中（这个部门由于有土地的垄断和绝对地租的存在不可避免地落后于一般发展速度），上述规律不仅表现为农民的分化和广大农民阶层的无产化，而且主要表现为小农经济公开或隐蔽地屈服于大资本的统治，在这种条件下，小农经济只有靠极度紧张的劳动和经常的省吃俭用才能维持一个表面上的独立地位。

随着机器的日益广泛的采用，技术的不断完善和资本有机构成的不断提高，也出现了分工的进一步发展，劳动生产率和劳动强度的提高；这也意味着越来越广泛地使用女工和童工的劳动，形成一支由离乡背井的无产化的农民和破产的中小资产阶级不断扩充的庞大的产业后备军。社会关系的一端是一小撮亿万富翁，另一端是广大的无产阶级群众；对工人阶级的剥削不断提高；资本主义的最深刻的矛盾及其后果（危险、战争等等）在扩大的基础上再生产出来；社会不平等不断加深；资本主义生产机制本身所联合和训练出来的无产阶级的不满情绪日益增长——所有这一切不可避免地导致资本主义基础的破坏，加速其崩溃的来临。

与此同时，资本主义社会的整个社会生活领域和文化领域内也发生了深刻的变化：资产阶级中食利者集团的寄生腐化；家庭的瓦解——这反映了妇女大量参加社会生产与主要由旧经济时期遗留下来的家庭结构和家庭生活方式之间日益增加的矛盾；由于劳动的过细专业化、城市的极度畸形发展和农村生活的闭塞而日趋严重的文化精神生活的庸俗和退化；资产阶级尽管有了自然科学方面的巨大成就，但无力建立综合的科学的世界观；各种唯心主义的、神秘的和宗教的迷信影响日益加深——所有这些现象都在宣告资本主义体系历史末日的贴近。

2. 金融资本时代（帝国主义）

产业资本主义时代主要是一个"自由竞争"的时期，是在瓜分和武装掠夺自由殖民地的条件下资本主义相对平稳地发展和扩大到全世界的时期，这时资本主义的内部矛盾不断增长，而矛盾的重压主要落在受欺凌和压迫的殖民地身上。

到了20世纪初，这一时期让位于**帝国主义**时期，即资本主义飞跃式地、充满冲突地发展的时期，这时自由竞争迅速让位于垄断，早先未经分割的殖民地已经瓜分完毕，重新瓜分殖民地和划分势力范围的斗争已必不可免地开始具有首先是武装斗争的形式。

因此，资本主义所具有的各种矛盾，它的世界规模的矛盾**在帝国主义**（金融资本主义）时代得到了最明显的表现；帝国主义意味着资本主义自身的一个新的历史时期，意味着世界资本主义经济各个部分之间的新关系和资本主义社会各主要阶级之间关系的新形式。

这个新的历史时期是在资本主义社会的最重要的运动规律的基础上产生的，是从产业资本主义的发展中作为它的历史继续而生长起来的。它使资本主义的一切基本趋势和运动规律、一切根本矛盾和对立尖锐地表现出来。资本积聚和集中的规律导致了强有力的垄断联合组织的形成（卡特尔、辛迪加、托拉斯），导致了以银行为纽带的大型联合企业的新形式。产业资本和银行资本的结合、大地产加入资本主义组织以整个系统以及这种资本主义形式的垄断性质，使产业资本时期变成为金融资本时期。代替封建垄断和商业资本垄断的产业资本主义的"自由竞争"本身变成了金融资本的垄断。但是，从自由竞争中生长起来的资本主义垄断并没有取消自由竞争，而是凌驾其上且与其并存，从而引起了许多极其尖锐而严重的矛盾、摩擦和冲突。

复杂机器、化学处理和电力的广泛应用，在这一基础上资本有机构成的增高以及由此造成的利润率的下降（这种下降只是由于为了大垄断组织的利益而实行卡特尔高价政策而暂时受到抑止），引起了争夺殖民地超额利润的进一步角逐和重新瓜分世界的斗争。实际标准化的大量生产需要新的国外销售市场。原料和燃料的需求不断增长引起了对其产地的激烈争夺。最后，阻碍商品输出并使输出的资本能获额外利润的高税率保护关税制度造成了资本输出的附加刺激。因此，资本输出成为资本主义世界经济各部分之间经济联系的决定性的和特殊的形式。结果是：殖民地销售市场、原料产地和投资范围的垄断，极度地加强了资本主义发展的总的不平衡性，使金融资本"大国"之间重新划分殖民地的势力范围的冲突更加尖锐。

可是，世界经济生产力的提高引起了经济生活的进一步国际化，同时也引起了金融资本大国间重新瓜分已经瓜分完毕的世界的斗争，引起这一斗争方式的改变和加剧，引起越来越用强力压迫的办法（抵制、高税率的保护关税政策、关税战、真正的战争等等）来代替廉价办法。因此，资本主义的垄断形式必然伴随着按其规模和破坏力来说世界史上空前未有的帝国主义战争。

3. 帝国主义力量与革命力量

资本主义的帝国主义形式反映着统治阶级各派别联合的趋势，使无产阶级广大群众不是和个别企业主、而是日渐地和整个资本家阶级及其**国家政权**相对立。另一方面,资本主义的这种形式冲破了日益显得狭窄的民族国家的壁障,扩大了占统治地位的大国的资本主义国家政权的范围,在所谓弱小民族和殖民地中,把受压迫民族的千百万群众同这一政权对立起来。最后,资本主义的这种形式使帝国主义国家彼此间的矛盾极端尖锐化起来。

在这种情况下,成为金融资本家寡头专政、成为它的集中力量的表现和国家政权,对于资产阶级来说具有特殊的意义。这种包含众多民族的帝国主义国家的职能朝着各个方向伸展开来。既有利于国外市场的斗争(经济的军事动员),又有利于反对工人阶级的国家资本主义形式的发展;军国主义高度惊人的扩展(陆、海、空军,化学和细菌学的应用);帝国主义国家对工人阶级日益沉重的压迫(一方面加重剥削并进行公开压迫,另一方面执行有计划地收买官僚改良主义上层的政策)——所有这一切都反映出国家政权比重的急剧增长。在这样的条件下,无产阶级的任何一种较大规模的行动都会变成反对国家政权的行动,即政治行动。

总之,资本主义的发展,特别是这一发展的帝国主义时代以日益巨大的规模再生产出资本主义的一切基本矛盾。小资本家之间的竞争之所以停止,只是由于它被大资本家之间的竞争所代替;而在大资本家之间的竞争平息的地方,燃起了更大的资本巨头联合之间及其国家之间的竞争;局部地区和一国范围内的危机变成为波及一系列国家的危机,然后又变成为世界性危机;局部性的战争为联盟间的战争和世界大战所代替;阶级斗争从一些个别工人团体的孤立行动发展为全国性的斗争,然后又发展为世界无产阶级反对资产阶级的国际性斗争。最后,针对金融资本的强大的联合势力,形成了两股主要的革命力量:一方面是**资本主义国家的工人**,另一方面是受外国资本压迫的**殖民地人民群众**,它们在国际无产阶级革命运动的领导和指导下行动。

然而,由于欧洲、北美和日本无产阶级的某些部分为帝国主义资产阶级所收买,由于半殖民地和殖民地国家中被革命运动吓破了胆的民族资产阶级的叛变,这个基本的革命趋势受到了暂时的抑止。帝国主义列强的资产阶级由于自己在整个国际市场上的地位(技术比较发达,向利润率较高的国家输出资本等等)以及通过对殖民地半殖民地的掠夺而获得了超额利润,便用这些超额利润来提高"本国"一部分工人的工资,从而使这些工人关心"本国"资本主义的发展,关心对殖民地的掠夺,并忠于帝国主义"祖国"。这种有计划的收买在最强大的帝国主义国家里一直都在十分广泛地采用,这最明显地表现在工人贵族和工人官僚阶层,即社会民主党和工会的领导干部的思想和运动上,他们成了资产阶级对无产阶级施加影响的直接传播者和资本主义制度的最好支柱。

但是,帝国主义由于越来越多地收买工人阶级的上层分子,最终也就葬送了这些人在工人阶级中的影响。由于帝国主义矛盾的加深,广大工人群众状况的恶化,军事冲突和军备负担的庞大开支,某些大国在世界市场上垄断地位的丧失,殖民地的易手等等,社会帝国主义在群众中的基础也就给冲垮了。同样,殖民地和半殖民地民族资产阶级的叛变和它向帝国主义大国的接近,最终导致帝国主义压迫的加强,民族资产阶级在人民群众中影响的下降,革命危机的加剧,广大农民群众土地革命的开展,并为殖民地和附属国的无产阶级在人民群众争取独立、争取民族的彻底解放的斗争中取得领导权创造有利的条件。

4. 帝国主义与资本主义的崩溃

帝国主义高度地发展了世界资本主义生产力,为社会主义的社会组织准备好了一切物质前提。帝国主义通过战争表明,冲破了帝国主义国家界限的世界经济的生产力,要求有一种世界规模的、国际的经济组织。帝国主义试图解决这个矛盾,用火和剑来开拓道路,以便建立统一的世界性的国家资本主义托拉斯来组织整个世界经济。但是,社会民主党的思想家们把这种血腥的幻想歌颂为新的"有组织的"资本主义的和平方法。事实上这种幻想在自己的道路上遇到了不可克服的巨大客观障碍,使资本主义必不可免地在自身矛盾的重压下垮台。由于帝国主义时代而日益尖锐的资本主义发展不平衡规律,使得帝国主义大国之间不可能存在长时期的牢固的国际性联合。另一方面,演变为世界大战的一系列帝国主义战争(资本集中的规律通过这些战争竭力试图达到世界的规模——统一的世界托拉斯),势必伴随着严重的破坏,并给工人阶级和千百万殖民地无产者的肩上增添沉重的负担,以致资本主义必然要在无产阶级革命的打击下更早地走向灭亡。

帝国主义是资本主义发展的最高阶段,它使世界经济的生产力具有庞大的规模,按照自己的样式来改造整个世界,从而把一切殖民地、一切种族和民族都纳入金融资本的剥削范围。但是,资本的垄断形式同时也更快地发展资本主义的寄生性、腐朽性和没落的因素。垄断资本在一定程度上排除了竞争的动力,推行卡特尔的高昂价格政策,不受限制地控制着市场,因而具有抑止生产力进一步发展的趋向。帝国主义从殖民地的千百万工农身上榨取了大量的超额利润,由于这种剥削积累了巨额财富,从而造成了一种腐朽寄生的食利国家和一些专靠剪息票为生的寄生阶层。帝国主义时代完成了建立社会主义物质前提的过程(生产资料的积聚,大规模的劳动社会化,工人组织的扩大),因而也就使"列强"之间的矛盾加剧,引起导致统一世界经济瓦解的战争。因此,帝国主义是**腐朽的和垂死的资本主义**。它是整个资本主义发展的最后阶段。它是**世界社会主义革命的前夜**。

因此,国际无产阶级革命一般地产生于资本主义发展的条件,特别是产生于它的帝国主义阶段。整个资本主义制度已接近自己的最后崩溃。金融资本专政行将灭亡,而让位于**无产阶级专政**。

二、资本主义总危机和世界革命的第一阶段

1. 世界大战与革命危机的进程

资本大国之间重新瓜分世界的斗争导致了第一次帝国主义世界大战(1914—1918年)。这次大战震撼了整个世界资本主义体系,揭开了资本主义总危机的时期。战争使各交战国的整个国民经济为其服务,建立了强固的国家资本主义,支出了巨额非生产性耗费,毁灭了大量的资料和活的劳动力,使广大人民群众倾家荡产,加重了产业工人、农民和殖民地人民的无数负担。战争不可避免地加剧了阶级斗争,使后者转变为群众的公开的革命发动和国内战争。帝国主义战线在其最薄弱的环节,在沙皇俄国被突破了。1917年的二月革命推翻了大地主阶级的专制统治。十月革命推翻了资产阶级的统治。这次胜利的无产阶级革命剥夺了剥夺者,从资产阶级和地主手中夺回了生产资料,人类历史上第一次在一个大国内建立并巩固了无产阶级专政,创造了新的苏维埃的国家形式,奠定了国际无产阶级革命的基础。

在整个世界资本主义强烈震荡、阶级斗争加剧的基础上,在无产阶级十月革命的直接影响下,欧洲大陆以及殖民地和半殖民地国家爆发了一系列的革命和革命发动:1918年1月芬兰的工人革命;1918年8月日本的所谓"米骚动";1918年11月奥地利和德国的革命——推翻了半封建的君主专制制度;1919年3月匈牙利的无产阶级革命和朝鲜的起义;1919年4月巴伐利亚的苏维埃政权;1920年1月土耳其的资产

阶级民族革命；1920年9月意大利工人夺取工厂；1921年3月德国先进工人的起义；1923年9月保加利亚起义；1923年秋德国的革命危机；1924年12月爱沙尼亚的起义；1925年4月摩洛哥的起义；同年8月叙利亚的起义；1926年5月英国同盟大罢工；1927年7月维也纳工人起义。所有这些事实再加上像印度尼西亚的暴动、印度的深刻动荡以及震撼整个亚洲大陆的中国大革命等这样的事件，归根到底都是国际革命链条上的一个个环节，都是极其深刻的资本主义总危机的组成部分。这个国际的革命过程既包括争取无产阶级专政的直接斗争，又包括民族解放战争，也包括与千百万农民群众的土地革命密切联系着的殖民地的反帝国主义的暴动。因此，人类的广大民众都卷入了革命的巨流。世界历史进入了自己发展的一个新阶段，进入了资本主义体系长期延续的总危机阶段。世界经济的统一性反映在革命的国际性上，而世界经济各个部分发展不平衡性则反映在各国革命的不同时间上。

在资本主义尖锐危机（1918—1921年）的基础上出现的革命变革的最初尝试以苏联无产阶级专政的胜利和巩固以及其他一系列国家无产阶级的失败而告终。这些失败首先是社会民主党领袖们和工会运动的改良主义首领们的叛变政策的结果，同时也是工人阶级大多数还没有站在共产党人一边和一些主要国家里还没有建立共产党的结果。

这些失败使资产阶级得以加强对无产阶级群众和殖民地人民的剥削，加上无产阶级群众和殖民地人民的生活水平急剧降低，这就使资产阶级取得了资本主义关系暂时稳定的局面。

2. 革命危机与反革命的社会民主党

在国际革命的进程中，社会民主党和改良主义工会的领导人以及法西斯式的资本主义战斗组织具有最积极反对革命和积极支持资本局部稳定的反革命力量的特殊意义。

　　伴随着1914—1918年战争危机而来的是**社会民主党第二国际**的可**耻破产**。奉行民族主义和社会民主党领袖们完全违背马克思和恩格斯在《共产党宣言》中所提示的资本主义制度下无产阶级没有祖国的论点，完全违背斯图加特代表大会和巴塞尔代表大会的反战决议，他们之中除个别人以外，全部投票赞成军事拨款，坚决主张保卫帝国主义"祖国"（即保卫帝国主义资产阶级的国家组织），他们不去反对帝国主义的战争，相反却成了这种战争的忠实士兵、宣扬者和歌颂者（由社会爱国主义变成为社会帝国主义）。在以后的时期里，社会民主党又支持掠夺性的和约（布列斯特和约、凡尔塞和约）；积极帮助将军们血腥镇压无产阶级的起义（诺斯克）；武装干涉第一个无产阶级共和国（苏维埃俄国）；叛卖已经取得政权的无产阶级（匈牙利）；加入帝国主义的国际联盟（托马、保罗-邦库尔、王德威尔得）；公开站在帝国主义奴隶主方面压迫殖民地奴隶（英国工党）；积极支持最反动的屠杀工人阶级的刽子手（保加利亚、波兰）；主动倡议制定帝国主义的"军事法规"（法国）；出卖伟大的英国无产阶级的同盟大罢工；帮助镇压矿工的罢工；过去和现在一直在帮助扼杀中国和印度（麦克唐纳政府）；充当帝国主义的国际联盟的吹鼓手，充当资本的传声筒和反对苏联无产阶级专政的有组织的力量（考茨基、希法亭）。

　　社会民主党利用它的左右两翼来系统地贯彻这种反革命政策：公开反革命的社会民主党右翼是在同资产阶级讨价还价和直接勾结时必不可少的，其左翼则是为了巧妙地欺骗工人所不可或缺的。"左"翼社会民主党玩弄和平主义的词句，有时甚至搬弄革命的词句，实际上则是反对工人，尤其是在紧要关头（1926年英国同盟大罢工时总委员会中的"独立的"和"左翼"的领袖，维也纳起义时的奥托·鲍威尔及其同伙等等）；因此，它是社会民主党中最危险的派别。社会民主党在工人阶级中代表着资产阶级利益并完全站在阶级合作的立场上，但有时又转而处于反对派的地位上，在无产阶级的经济斗争中装作维护它的利益的样子，以便骗取工人阶级中一部分人的信任，从而更加无耻地出卖工人阶级的长远利益，特别是在决定性的阶级搏斗的时期里更加如此。

社会民主党现时的主要作用是破坏无产阶级在反对帝国主义的斗争中所必不可少的战斗统一。社会民主党由于一贯从事瓦解无产阶级反对资本的斗争的统一战线而成了帝国主义在工人阶级中的主要支柱。因此，形形色色的国际社会民主党——第二国际及其附属的阿姆斯特丹工会联合会，就成为资产阶级社会的后备军，成为它的最可靠的支柱。

3. 资本主义危机与法西斯主义

除了帮助资产阶级压迫工人或麻痹工人的阶级警惕性的社会民主党外，还出现了**法西斯主义**。

帝国主义的时代，阶级斗争的加剧，特别是在帝国主义世界大战后内战因素的增长，导致了议会制的破产。因此，"新的"管理方法和形式应运而生（例如小内阁制，成立幕后操纵大权的寡头集团，"人民代议制"作用的衰落和变质，"民主自由"的缩小和取消，等等）。资产阶级帝国主义反动势力的这种进攻过程在特殊历史条件下采取了法西斯主义的形式。这些条件就是：资本主义关系的不稳定，社会游民的大量存在，广大城市小资产阶级和知识分子的贫困化，乡村小资产阶级的不满，最后还有无产阶级群众性发动的不断威胁。资产阶级为使自己的政权保持更大的稳定性、巩固性和持久性，日益需要摆脱议会制，转而采取不受党派关系和联系约束的法西斯方法。这种方法是一种披着"全民族意志"和"职业代表"(实际上是统治阶级各集团的代表)的思想外衣的直接独裁方法,是一种凭借特殊的社会煽动(排犹主义,间或对高利贷资本的攻击,对议会"清谈馆"的愤慨)从而利用小资产阶级、知识分子和其他群众的不满情绪的方法,也是一种用建立法西斯战斗团体、党部和官职的严密的雇用等级制来实行收买的方法。同时,法西斯还企图利用工人的不满和社会民主党的消极态度等等打入工人群众内部,拉拢其中最落后的阶层。法西斯主义的主要任务是消灭工人的革命先锋队,即无产阶级中的共产主义分子及其骨干力量。进行社会蛊惑宣传、实际收买方法、采取白色恐怖行动,这就是法西斯主义的特征。法西斯主义在资产阶级特别危急的时期里利用一些反资本主义的词句起家,巩固了自己的政权,但随后就抛弃了自己那些反资本主义的饰物,日益暴露出大资本恐怖独裁的真面目。

资产阶级适应政治行情的变化,既利用法西斯主义的方法,又利用同社会民主党联合的方法;而社会民主党自身在资本主义最危急的时刻也时常起着法西斯主义的作用。社会民主党在自身的发展进程中,表现出法西斯主义的倾向,但是这并不妨碍它在政治行情发生变化的时候以反对党的身份起来反对资产阶级政府。法西斯主义的方法和同社会民主党联合的方法,对于"正常的"资本主义来说都是非常方法,它们标志着资本主义总危机,同时也被资产阶级利用来延缓革命的进程。

4. 资本主义稳定的矛盾和用革命手段使资本主义崩溃的不可避免性

战后整个历史时期的经验证明,用镇压工人阶级和经常压低其生活水平的办法所达到的资本主义的稳定,不能不是局部的、暂时的和腐朽的。

技术的飞速急剧发展（在某些国家接近于一次新的技术革命），资本的积聚和集中过程的加速，庞大的托拉斯和"国家的"、"国际的"垄断组织的建立，托拉斯和国家政权融为一体，资本主义世界经济的增长——所有这一切都无法克服资本主义体系的总危机。世界经济分裂为资本主义成分和社会主义成分，市场的缩小以及殖民地的反帝国主义运动，都使得在战后新基础上发展起来的资本主义的各种矛盾极端尖锐化。技术进步和工业合理化的另一方面是许多企业倒闭和解散，生产遭到限制，对劳动力无情残暴的剥削，这也就造成了空前规模的大量的经常性失业。甚至在一些发达的资本主义国家里，工人阶级状况的绝对恶化也已成为事实。帝国主义国家之间竞争的加剧和战争的经常威胁，阶级冲突的日益紧张，为资本主义总危机和无产阶级世界革命进入新的更高的发展阶段创造了前提。

由于帝国主义战争的第一个回合（1914—1918年世界大战）和在前沙俄帝国内部工人阶级取得十月的胜利，世界经济分裂为两个根本对立的阵营：**帝国主义国家阵营和苏联的无产阶级专政**。阶级结构的不同，政权的阶级性质的不同，对内、对外、经济、文化政策目的的根本不同，整个发展方向的根本不同，这一切使资本主义世界同取得胜利的无产阶级国家处于尖锐的对立之中。在先前统一的世界经济的范围内有两种敌对的体系在进行斗争：资本主义体系和社会主义体系。阶级斗争过去是在无产阶级尚未掌握政权的条件下进行的，而现在则在巨大的、真正世界性的范围内进行；而全世界工人阶级已经有了自己的国家——国际无产阶级的唯一祖国。苏联的存在及其对全世界劳动者和被压迫群众的影响本身就是世界资本主义体系最深刻的危机和阶级斗争在历史上的空前扩展和加剧的最明显的表现。

资本主义世界无力克服自身的内部矛盾，于是企图建立国际性的联合组织（国际联盟），这个组织的主要目的是：制止革命危机不可遏制的发展，用封锁或战争来扼杀无产阶级共和国联盟。与此同时，革命无产阶级和殖民地被压迫群众的一切力量都团结在苏联的周围，与极不稳定、从根腐烂但又武装到牙齿的资本的世界联合相对立的是统一的劳动的世界联合。可见，帝国主义战争的第一个回合的结果，就生长出一个具有世界历史意义和规模的新旧根本矛盾：苏联和资本主义世界之间的矛盾。

另一方面，**世界经济中的资本主义成分内部的对抗**也尖锐化了。世界经济中心转向美国。"金元共和国"变为世界剥削者，使美国同欧洲资本主义，首先是英国资本主义之间的关系变得紧张起来。保守的老牌帝国主义国家中最强大的英国同已经争得世界霸权的最强大的年轻帝国主义的美国之间的冲突，成了金融资本各国之间的世界冲突的轴心。受到凡尔赛和约掠夺的德国，在经济上已经恢复元气，重新走上帝国主义政策的道路，再度成为世界市场上不容忽视的竞争者。在太平洋交错着各种矛盾，其中的环节就是美日冲突。除了这些主要的对抗以外，不断变化的和极不稳定的各个国家集团之间的利益上的矛盾也在发展，在这里，二等国家扮演着帝国主义巨头及其联盟手中的辅助工具的角色。

欧洲内部市场由于战争而缩小，苏联退出纯资本主义流通领域，最重要的原料和燃料产地极度垄断化，在上述种种条件下，世界资本主义工业结构的生产能力的增长所造成的后果就是资本主义各国之间的冲突的扩大。争夺石油、橡胶、棉花、煤炭和金属以及要求重新分配市场和投资场所的"和平"斗争，势必导致**新的世界战争**；疯狂发展的军事技术的成就愈大，它的毁灭性也就愈大。

与此同时，**宗主国同殖民地半殖民地国家**之间的矛盾也在增长。欧洲帝国主义经过战争受到一定程度的削弱，殖民地的资本主义得到发展，苏维埃革命的影响，最主要的海上殖民国家英国内部出现的离心倾向(加拿大、澳大利亚、南非),所有这些都促使了殖民地半殖民地发动起义。推动亿万中国人民前进的中国大革命意味着在整个帝国主义体系中打开了一个大缺口。千百万印度教工农群众中不断掀起的革命骚动正威胁着帝国主义的世界台柱——大英帝国的统治命运。拉丁美洲国家中反对强大的美帝国主义的声势的高潮,成了阻挡北美资本扩张的力量。由此可见,把几个帝国主义"大国"的金融资本寡头统治下的世界人口的最大多数卷入反帝国主义斗争的这个殖民地革命过程,也是资本主义体系的深刻的总危机的一个表现。就是在欧洲(帝国主义在那里把一些弱小民族置于自己的羁绊之下),民族问题也是加剧资本主义内部矛盾的一个因素。

最后,就是在**帝国主义腹地**,革命危机也在必不可免地成熟起来:资产阶级对工人阶级的进攻,对工人阶级生活水平、组织、政治权利的进攻,白色恐怖的加强,引起了无产阶级广大群众日益增强的反抗,使得工人阶级同托拉斯化资本之间的阶级斗争日趋尖锐。劳资之间的大规模搏斗,群众不断革命化的过程,共产党的影响和威望的增长,广大工人群众对无产阶级专政国家与日俱增的同情——所有这一切都清楚地表明在帝国主义腹地新的革命高潮正在掀起。

世界帝国主义体系以及资本主义局部稳定的局面就这样在四面八方的围攻下摇摇欲坠了;这种攻击力量来自帝国主义大国之间的矛盾和冲突,来自殖民地千百万群众斗争的兴起,来自宗主国的革命无产阶级,最后也来自整个世界革命的枢纽——苏联的无产阶级专政。国际革命正在发展。

帝国主义正在联合一切力量来反对国际革命。向殖民地派遣远征军,发动新的世界战争,向苏联进攻,这一切都已被帝国主义列入议程。这将不可避免地导致**一切国际革命力量的蓬勃发展和资本主义的必然灭亡**。

三、共产国际的最终目的——世界共产主义

共产国际所要达到的最终目的是以**世界共产主义体系**代替世界资本主义经济。由历史发展的整个进程所准备好的共产主义社会是人类的唯一出路，因为只有它才能消灭资本主义制度下使人类受到退化和灭亡威胁的各种矛盾。

共产主义制度使社会的阶级分立消灭，即除了消除生产的无政府状态外，还消除一切种类和一切形成的人剥削人、人压迫人的现象。代替互相斗争的各阶级而出现的是统一的世界劳动组合的各成员。人类在历史上第一次亲手掌握着自己的命运。在阶级搏斗和民族战争中消灭无数人的生命和难以数计的财产的那个时代已经成为过去，人类正以自己的全部精力投入同自然力量的斗争，发展并提高自己的集体的威力。

世界共产主义体系在消灭了生产资料私有制，使之转为公有制之后，就排除了世界市场的自发势力和竞争，排除了社会生产的盲目性，代之以旨在满足迅速增长的社会需求的自觉的和有计划的社会生产组织。随着生产的无政府状态和竞争的消灭，破坏性的危机和破坏性更大的战争也消灭了。同生产力的大量耗费和社会的病态发展相反，这里是在不受限制、有组织地迅速提高生产力的基础上有计划地支配一切资源和健康地发展经济。

私有制废除和阶级消亡后，人剥削人的现象也随之消灭。劳动不再是为阶级敌人做工，不再仅仅是谋生的手段，而变为生活的第一需要：贫穷消失了，人们经济上的不平等、被奴役阶级的贫困和低微的物质生活水平消失了；由于分工而出现的等级消失了，脑力劳动和体力劳动之间的矛盾也随之消失了，最后，性别间的社会不平等的一切痕迹也都消失了。同时，阶级统治的机关，首先是国家政权消失了。作为阶级统治

体现者的国家政权也随着阶级的消亡而消亡。一切强制准则也将随之逐渐消亡。

随着阶级的消亡，教育的各种垄断也消灭了。文化成为公有的财产，旧日的阶级意识形态让位于科学的唯物主义的世界观。在这种情况下，任何人统治人的现象都不可能存在，人们社会爱好的选择和人类蕴藏的一切才能的和谐发展都有了极其广阔的天地。

在这里，生产力的增长不再受任何社会性质的限制。生产资料私有制，营私逐利的行为，群众的人为造成的愚昧和贫穷（这在资本主义社会里是阻碍技术进步的），以及大量的非生产性耗费，这一切在共产主义社会里都不存在。世界各部分的自然力和天然生产条件的最合理的利用，由于农业一贯落后和农业技术水平低下而形成的城乡对立的消灭，科学和技术相结合、研究工作和研究成果在最广泛的社会范围内的实际应用相结合，科学劳动本身的有计划的组织，高度完善的统计方法和计划经济调节方法的应用，整个制度的强有力的内部动力——迅速增长的社会需要，所有这一切保证了最高度的社会劳动生产率，从而使人们的精力去从事大力发展科学和艺术。

世界共产主义社会生产力的发展，为提高全人类的福利、为最大限度地缩短人们耗费于物质生产的时间、从而也为历史上空前的文化繁荣提供了可能。与资本主义相反，打破了一切国界、第一次联合在一起的人类的这种新文化是建筑在人与人之间明朗的诚挚的相互关系上的。因此，这种文化将永远埋葬一切神秘、宗教、偏见和迷信，成为无往不胜的科学认识发展的强大推动力。

在共产主义的**高级**阶段上，共产主义社会是在自身的基础上发展起来的，在人的全面发展的同时，社会生产力也有了极大程度的增长，社会在它自己的旗帜上写着"各尽所能，按需分配"的字样。共产主义的这个**高级**阶段，是以自身发展的初级阶段即社会主义阶段作为历史先决条件的。在社会主义阶段上,共产主义社会还只是刚刚脱离资本主义社会,它在经济、道德、思想等各方面还有它所由产生的旧社会的胎记。在社会主义阶段上,生产力还没有发展到足以按照需要来分配劳动产品的程度,产品还要按照劳动来分配。分工制度,即把一定的劳动职能固定在某些人身上的现象还不能消除,特别是脑力劳动和体力劳动之间的对立还没有从根本上消灭。尽管阶级已经消灭,但旧的社会阶级划分的残余还依然存在,因而无产阶级国家政权、强制、权利的残余都还存在。尚未消亡的某种不平等的痕迹从而还保留下来。城乡之间的对立也还没有消灭,没有根除。但是所有这些旧社会的残余已不再受任何社会力量的保护和支持。由于这些残余是同生产力发展的一定水平联系着的,因此当摆脱资本主义枷锁的人类迅速地征服自然力量、以共产主义精神重新教育自己、从社会主义**进入完全的共产主义**时,这些残余也就随之消失了。

四、从资本主义到社会主义的过渡时期与无产阶级专政

1. 过渡时期和无产阶级专政

在资本主义社会和共产主义社会之间有一个后者革命地改造前者的时期。与此相适应,也有一个政治上的过渡时期,这个时期的国家只能是**无产阶级的革命专政**。从帝国主义世界专政向无产阶级世界专政的过渡,包括一个很长的无产阶级斗争、失败和胜利的时期;这是资本主义关系持续总危机和社会主义革命即无产阶级反对**资产阶级**的内战成长发展的时期;这是民族战争和殖民地起义的时期,这些战争和起义本身虽

然不是革命**无产阶级**的社会主义运动,但客观上成为世界无产阶级革命的一个组成部分,因为它们动摇了帝国主义的统治;这是在世界经济内部资本主义社会经济体系和社会主义社会经济体系同时并存、两者之间"和平"关系和武装斗争同时并存的时期;这是社会主义苏维埃共和国结成联盟、帝国主义国家进行反对社会主义苏维埃共和国的战争、社会主义苏维埃共和国同殖民地各国人民的关系日益密切的时期。

经济和政治发展的不平衡是资本主义的绝对规律。这种不平衡在帝国主义时代更为明显和尖锐了。由此可以得出结论,决不能把国际无产阶级革命看做是同时发生和到处发生的一次性行为。由此可以得到结论,社会主义可能首先只是在为数不多的几个甚至单独一个资本主义国家里取得胜利。然而无产阶级每次这样的胜利都会扩大世界革命的基地,从而也会加剧资本主义的总危机。因此,资本主义体系已整个地面临着自己的最后崩溃。金融资本的专政必将灭亡,让位于无产阶级专政。

资产阶级革命只意味着业已形成的、经济上占统治地位的生产关系制度的政治解放,并把政权从一个剥削阶级手中转到另一个剥削阶级手中,而无产阶级革命则意味着无产阶级用暴力闯入资产阶级社会的财产关系领域,剥夺剥削者阶级,把政权转到以根本改造社会的经济基础和消灭一切人剥削人现象为目的的阶级手里。然而,如果说资产阶级革命必须经历若干个世纪、经过许多次革命才得以在全世界范围内推翻封建贵族的政治统治,而国际无产阶级革命尽管不是一次性行动却要包括整整一个时代,却能依靠各国之间更加密切的联系而在迅速得多的时间里解决自己的任务。只有在无产阶级取得彻底的世界性胜利并在全世界巩固自己的政权以后,才接着有一个较长的大力建设世界社会主义经济的时代。

无产阶级夺得政权是发展社会主义经济形式和提高无产阶级文化的

前提，无产阶级要改造自己的本性，使自己成为社会生活各个领域的成熟领导者，吸引其他各阶级参加这一改造过程并从而为消灭一切阶级打下基础。

在争取无产阶级专政和随后的反对地主和资本家联盟的社会制度改造的斗争中，建立了以工人阶级为思想领导和政治领导的**工农联盟**，这个联盟是无产阶级专政的基础。

整个过渡时期的特点是：无情镇压剥削者的反抗，组织社会主义建设，大规模地用社会主义精神改造人们，逐步消灭阶级。只有随着这些伟大历史任务的完成，过渡时期的社会才开始转变为共产主义的社会。

由此可见，**世界无产阶级专政**是世界资本主义经济转变为社会主义经济的必要的决定性的前提条件。这一专政只有在社会主义在个别一些国家或一系列国家里取得胜利之后才能实现，这时，新成立的无产阶级共和国将同已经存在的无产阶级共和国结成联邦；这种联邦性的联合网将逐步扩大，把脱离帝国主义羁绊的殖民地也包括在内；这些共和国联邦最后组成**世界苏维埃社会主义共和国联盟**，在组织成为国家的国际无产阶级领导下实现人类的大联合。

无产阶级夺取政权并不是靠获得议会中的多数来和平地"取得"现成的资产阶级国家机器。资产阶级使用一切暴力和恐怖手段来保卫和加强自己掠夺得来的财产和自己的政治统治。资产阶级和过去的封建贵族一样，不经过极其顽强猛烈的斗争是不可能把自己的历史地位让给新阶级的。因此，只有用无产阶级的严厉的暴力才能摧毁资产阶级的暴力。无产阶级夺取政权就是用强力推翻资产阶级政权，**打碎**资本主义的国家机构（资产阶级军队、警察、官僚等级制度、法庭、议会等等），而**代之以新的**无产阶级的政权机关，这些机关首先是镇压剥削者的工具。

2. 无产阶级专政及其苏维埃形式

1917 年的十月革命和匈牙利革命无可比拟地扩大了 1871 年巴黎公社的经验，这两次革命的经验表明，无产阶级国家政权的最合适的形式是一种不仅在阶级本质上、而且在内部结构上与资产阶级国家根本不同的**新型的国家**，这就是**苏维埃国家**的类型。正是这种直接从最广泛的劳动者群众运动中产生出来的类型保证了群众的最大积极性，从而也就成为最终胜利的最大保障。

苏维埃类型的国家是民主的最高形式，即**无产阶级**民主，它与作为**资产阶级**专政的伪装形式的资产阶级民主截然相反。无产阶级的苏维埃国家是无产阶级的专政，是它的单一的阶级政权。与资产阶级民主相反，无产阶级的苏维埃国家公开承认自己的阶级性，公开提出为了最大多数居民的利益而镇压剥削者是自己的任务。无产阶级的苏维埃国家剥夺阶级敌人的政治权利，在特殊的历史条件下，为了加强无产阶级的领导作用，使无产阶级在跟分散的小资产阶级农民比较之下，暂时地享有一系列优惠权利。无产阶级国家在解除阶级敌人的武装和镇压他们的时候，也把这种剥夺政治权利和一定程度上限制自由的措施看做是临时的手段，用来粉碎剥削者维持和恢复其特权的尝试。无产阶级国家在自己的旗帜上写着：无产阶级掌握政权，不是为了使政权永世长存，不是从自己的行会利益和狭隘职业利益出发，而是为了更好地使落后和分散的广大农村无产者、半无产者和劳动农民同先进的工人阶层团结在一起，有步骤地逐渐克服阶级差别。苏维埃作为在无产阶级领导下团结与组织群众的最广泛的形式，实际上吸引最广大的无产者、农民和一切劳动者参加社会主义的斗争和建设，吸引他们参加实际的国家管理；苏维埃的全部工作都依靠工人阶级的群众组织，在劳动人民内部实现着广泛的民主，比任何其他政权形式都无可比拟地更接近群众。改选代表的权利，撤回代表的权利，行政权和立法权的统一，不按地区原则、而按生产原则进行选举（由工厂、作坊等进行选举）——所有这些保证着工人阶级及其领导下的广大劳动群众能够有系统地、不间断地积极参加一切社会事业：经济的、政治的、军事的和文化的事业，这样也就在资产阶级议会制共和国和无产阶级苏维埃专政之间划了一道深刻的界限。

资产阶级民主和它所标榜的公民在法律面前形式上的平等，是建立在物质经济领域中惊人的阶级不平等的基础上的。资产阶级民主维护和巩固资本家和大地主阶级对决定性的生产资料的垄断，使之不受侵犯，从而使各个被剥削阶级首先是无产阶级的法律上的形式平等以及实际上受到层层限制的民主权利和自由成为法律上的空文，从而也就成为欺骗和奴役群众的手段。这种所谓民主，反映的是资产阶级的政治统治，因此它是资本主义的民主。苏维埃国家剥夺剥削阶级的生产资料，首先和主要保障工人阶级和全体劳动者**实现**权利的**物质**条件，保证工人阶级拥有住房、公共建筑、印刷所、交通工具等等。

苏维埃国家剥夺了人民的敌人和剥削者的**一般的政治权利**，第一次彻底消灭了剥削制度下因性别、宗教、民族的差别而形成的公民之间的不平等；它在这方面确立了任何一个资产阶级国家未曾实现过的平等；同时，无产阶级专政在这方面不断创造使这种平等得以实现的物质基础，如解放妇女、促进前殖民地的工业化等各种措施。

可见，苏维埃民主是无产阶级的民主，劳动群众的民主，反剥削者的民主。

苏维埃国家彻底解除了资产阶级的武装，把武器集中在无产阶级手里；它是武装的无产阶级的国家。在这里，武装力量的组织是根据符合整个无产阶级专政制度和保证工业无产阶级的领导作用的阶级原则建立起来的。这样的组织依靠革命的纪律，同时保证红军和红海军战士同劳动群众之间的经常的、极其密切的联系,保证战士们参加国家管理和社会主义建设。

3. 无产阶级专政和剥夺剥夺者

胜利了的无产阶级利用夺得的政权,作为实现**经济变革**的**杠杆**,即把资本主义的财产关系革命地改造为社会主义生产方式的关系。这场巨大的经济革命的起点就是剥夺地主和资本家,即变**资产阶级的垄断所有制为无产阶级国家所有制**。

在这方面,共产国际提出无产阶级专政的下列基本任务。

(一)工业、运输业、通讯联络机构

(1)没收一切私人资本的大型工业企业(工厂、制造厂、矿山、电站)归无产阶级国家所有,一切国营和市营企业转交给苏维埃。

(2)没收私人资本的铁路、汽车和水上运输企业以及各种空运工具(货运和客运飞机)归无产阶级国家所有,国有的和市有的各种运输工具转交给苏维埃。

(3)没收私人资本的通讯联络工具(电报、电话、无线电)归无产阶级国家所有,一切国营的、市营的和其他类型的通讯联络机构转交给苏维埃。

(4)组织工人对工业的管理。设立国家的管理机关,吸收工会直接参加这项管理事业。保证工厂委员会的应有作用。

(5)改变工业工作以适应广大劳动群众的需求。改组那些满足统治阶级消费需要的工业部门(生产奢侈品等等的部门)。加强推进农业发展的工业部门以巩固同农民经济的结合,保证国营经济的发展,加快整个国民经济的发展速度。

(二) 农 业

(1) 没收城市和乡村中的一切大地产（私人的、教会的、庙宇的等等）归无产阶级国家所有，一切国有的和市有的地产，包括林木、地下资源、水流等等，转交给苏维埃；然后实行全部土地的国有化。

(2) 没收大地主的全部生产资料，如建筑物、机器设备和其他用具、牲畜、农产品加工企业（大型磨坊、制酪房、牛奶厂、烘烤房等等）。

(3) 把大田庄，特别是具有经营示范作用或重要经济价值的大田庄转交给无产阶级专政机关管理并建立苏维埃农场。

(4) 把从地主手中和其他方面没收来的部分土地，特别是原来租给农民耕种的土地，拨给农民（贫农和一部分中农）使用。交给农民使用的土地面积大小，既要考虑经济上的合理性，也要考虑中立中农并把他们争取到无产阶级一边来的必要性；土地面积大小还应该根据不同条件而有所不同。

(5) 禁止买卖土地，以保证土地处于农民手中，防止转入资本家奸商等人之手。坚决同违犯这项法律的人作斗争。

(6) 制止高利贷活动。取缔盘剥性契约。免除农民中被剥削阶级所负的债务。豁免贫农的赋税，等等。

(7) 国家采取广泛措施以提高农业生产力；发展农业电气化、拖拉机制造、化学肥料生产，增产苏维埃农场的精选种籽和育种牲畜，大量发放改良土地的农业贷款，等等。

(8) 支持和资助农业合作社和各种形式的农村集体生产组织（共耕社、公社等等）。系统地宣传在农民普遍自愿的基础上组织农民的合作社（销售、供应、信用合作社），宣传向大型农业生产组织形式过渡——大型经济由于具有无可争辩的技术上和经济上的优越性，可以带来最大的直接经济利益，也最便于引导广大劳动农民群众转向社会主义。

（三）商业与信贷

（1）一切私人银行收归无产阶级国家所有（全部黄金储备、有价证券、存款等都移交给无产阶级国家），国营的、市营的和其他种类的银行转交给无产阶级国家。

（2）集中全部银行业务，一切实行国有化的大银行专属于一个中央国家银行。

（3）批发商业和大规模的零售商业企业（货栈、谷仓、商店、存货等等）收归国有，交给苏维埃国家机关。

（4）竭力鼓励成立消费合作社，使之在统一系统的基础上并保证群众自愿参加其建设的条件下，成为分配机关的一个极其重要的组成部分。

（5）对外贸易实行垄断。

（6）废除（取消）一切积欠国内外资本家的国债。

（四）劳动保护、社会生活等等

（1）缩短工作日至7小时，在特别有害劳动者健康的部门缩短至6小时。在生产力发达的国家可进一步缩短工作日并向5天工作周制过渡。工作日应随着劳动生产率的增长进行调整。

（2）一般禁止给女工安排夜工和对健康特别有害部门的工作。禁止使用童工。禁止加班工作。

（3）特别缩短青年的工作日（未满18岁的青工的工作日最长为6小时）。通过物质生产与普通教育、政治教育相结合的方式对青工劳动实行社会主义的改革。

（4）举办各种社会保险（残废、年老、不幸事故、失业等），由受保人自行管理保险事宜，费用由国家负担（在还保留私人企业的地方由企业主负担）。

（5）广泛开展保健活动，组织免费医疗。同社会性疾病进行斗争（酒精中毒、性病、结核病）。

（6）在法律上和生活上，男女的社会地位一律平等，彻底修改婚姻法和家庭法，确认母亲养育子女的社会职责，保护母亲和婴儿。着手实行由社会照管和教育儿童和青年的工作（托儿所、幼儿园、保育院等等）。建立各种设施以逐渐减轻家务劳动（公共食堂、洗衣房），有计划地对各种奴役妇女的观念和传统展开文明的斗争。

（五）住房问题

（1）没收大房产。
（2）将没收的房屋交由地方苏维埃管理。
（3）工人迁居到原资产阶级的住区。
（4）将宫殿、巨大的公私建筑交由工人组织支配。
（5）执行大规模的住宅建设计划。

（六）民族问题和殖民地问题

（1）承认不分种族的一切民族享有完全的自决权，即直至实行国家分离的自决权。
（2）一切摆脱资本主义的民族自愿地联合和集中军事力量和经济

力量以反对帝国主义，建设社会主义经济。

（3）彻底坚决地反对对任何民族或种族的一切限制和束缚。一切民族和种族享有完全平等的权利。

（4）苏维埃国家以全部力量和各种手段保证并支持本民族的文化，摆脱资本主义的控制，在发展这些文化的内容上彻底遵循无产阶级的路线。

（5）大力促进过去受压迫的"地区"、"边区"和"殖民地"的经济、政治和文化发展，并实行社会主义改造，从而为真正的、完全的民族平等建立牢固的基础。

（6）反对一切沙文主义、民族仇视、种族偏见和各种各样的封建的和资本主义的野蛮思想的残余。

（七）思想影响手段

（1）将印刷所收归国有。

（2）对报纸和出版事业实行垄断。

（3）将大的电影企业、剧院等收归国有。

（4）利用收归国有的"精神生产"手段向劳动人民进行广泛的政治教育和普通教育，根据无产阶级的阶级原则建设社会主义的新文化。

4. 无产阶级专政的经济政策原则

在执行上述各项无产阶级专政的任务时，必须注意以下原则：

（1）在最发达的资本主义国家里，私有制原则已经深深植根于广大农民阶层之中，因此不能立即完全废除土地私有制并将全部土地收归国有。在这些国家里只能通过一系列过渡性措施逐步地将全部土地收归国有。

（2）生产的国有化一般不应波及中小生产单位（农民、手工业者、匠人、中小商人、小工业家等等），这是因为：

第一，无产阶级必须严格区分简单商品生产者劳动所得的财产和资本家剥削所得的财产，前者可以而且应该逐步纳入社会主义建设的轨道，而后者的废除则是社会主义建设的必要前提。

第二，取得政权的无产阶级，特别是在专政的最初阶段，还缺乏足够的组织力量，以便不仅摧毁资本主义，而且直接组织中小个体生产单位在新的社会主义基础上的联系。只有在无产阶级国家对这些单位的各种集体化形式给以系统的、强有力的支援的条件下，才能把这些小规模的个体经济（首先是农民经济）逐步地吸收到统一的社会主义的生产和分配组织中来。任何强力破坏他们的经济、强迫他们实行集体化的做法，只会导致相反的结果。

（3）不仅在小资产阶级占人口极大多数的殖民地、半殖民地和经济落后的国家，而且在资本主义世界经济的中心（美国、德国以及一定程度上的英国），都有大量小生产单位的存在（首先是农户、农场主、手工业者、小商人经济等等），这就要求在发展的初期必须在一定范围内保存**经济联系的市场形式**、货币制度等等。经济成分的多样性（从社会化的大工业到小农经济和手工业者经济）（必然伴随着这些经济形式的斗争），与这些经济形式相适应的阶级和阶级集团的多样性以及不同的经济活动动机和不同利益的斗争，最后，各个经济生活领域中从资产阶级社会继承过来、一时无法根除的习惯和传统——所有这一切要求无产阶级的经济领导把社会主义大工业和简单商品生产者的小经济通过市场关系正确地结合起来，也就是说，这种结合既要保证社会主义工业的领导作用，同时也要保证农民经济的主要部分得到最大限度的发展。因此，分散的小农劳动在全国经济中所占的比重愈大，市场关系的范围就愈广,而直接的计划领导的作用愈小,整个经济计划也就愈要根据对自发形成的经济关系的估计来决定。相反,小经济的比重愈小,社会化劳动的成分愈大,集中化和社会化的生产资料愈多,市场关系的范围也就愈小,计划的意义也就愈比自发势力强大,生产领域如分配领域中的直接计划领导也就愈加显著、愈加广泛。

社会化大生产在技术上和经济上的优越性,一切最重要的经济命脉(工业、运输、大农场、银行等等)集中在无产阶级国家手里,有计划的经济领导,整个国家机器的巨大力量(预算、税收、行政立法和一般立法)——所有这一切,只要无产阶级实行正确的阶级政策,即只要正确估计阶级关系,就能导致经常不断地、有计划地排除私人资本的残余,排除在比较自由的贸易和市场关系中随着简单商品生产者经济的发展而产生的城乡资本主义萌芽(大农、富农)。另一方面,通过农民经济的合作化和集体经济形式的发展,也能有步骤地把农民经济的主要部分(即小农和中农经济)吸收到日益发展的整个社会主义体系中来。与市场关系相联系的、表面上看来是资本主义的经营活动的方式和方法(价格计算、货币工资、买卖、信贷和银行等等),实际上起着社会主义变革的杠杆的作用,因为它们是越来越多地在为彻底社会主义类型的企业服务,即为社会主义的经济成分服务。

这样,只要苏维埃国家实行正确的政策,无产阶级专政条件下的市场关系在其发展中就孕育着自身灭亡的前提:它们帮助对私人资本的排挤,帮助对农民经济的改造,帮助把生产资料进一步集中和积聚在无产阶级国家手中,从而促进整个**市场关系的消灭**。

在可能发生的反对无产阶级专政的资本家的武装干涉和长期反革命战争的情况下,必须首先从保卫无产阶级专政的利益出发。这时可能出现实行军事共产主义的经济政策(**"军事共产主义"**)的必要性;这种政策不外是组织合理的消费以加强国防,因此就要加强对资本主义集团的压力（没收、征用等等），大体上取消自由贸易和市场关系，高度地抑制对小生产者的个人经济刺激，从而必然造成国家生产力的下降。这种"军事共产主义"政策虽然摧毁了国内的敌对阶层的物质基础，保证了现有储备的合理分配，有利于无产阶级专政的军事斗争，并在这些方面有其历史的论据，但是决不能看做是无产阶级专政的"正常的"经济政策体系。

5. 无产阶级专政和阶级

无产阶级专政是**无产阶级的阶级斗争在新条件下的继续**。无产阶级专政是一场顽强的斗争，流血的和不流血的、暴力的和和平的、军事的和经济的、教育的和行政的斗争，反对旧社会的各种力量和传统、国外的资本主义敌人、国内的剥削阶级残余，在尚未消灭的商品生产基础上产生的新兴资产阶级萌芽。

在国内战争结果的条件下，阶级斗争以新的形式继续在进行，首先表现为以旧经济成分的残余及其新生萌芽为一方，以社会主义经济形式为另一方的斗争；斗争的形式在社会主义发展的不同阶段上不断变化，在最初一些阶段上这种斗争在一定条件下可能会尖锐起来。

在无产阶级专政的初期阶段，无产阶级对国内各阶级和社会集团的政策遵循以下的原则：

（1）**大资产阶级**和**地主**以及效忠于他们的军队、将军和高级官吏是工人阶级的死敌，必须对他们作无情的斗争。利用其中某一部分人的组织能力是可以的，但一般只有在专政得到巩固、剥削者的一切阴谋和暴动被有效地镇压之后才可能。

（2）对待在资产阶级传统中生长起来而其上层分子与资本的指挥机关有着密切联系的**技术知识分子**，无产阶级在最坚决地镇压其中敌对无产阶级的阶层的一切反革命行动的同时，应当注意到利用这批熟练的社会力量来进行社会主义建设的必要性，采取各种方式鼓励其中抱中立态度的、特别是对革命抱友好态度的那些人。无产阶级在把社会主义的经济技术建设和文化建设的图景在整个社会的规模上展开的时候，应该不断地把技术知识分子争取到自己方面来，使他们处于无产阶级的思想影响之下，保证他们在社会主义改造事业中紧密合作。

（3）在对待**农民**的关系上，共产党的任务是依靠农业无产阶级，把农村的一切被剥削劳动阶层争取到自己方面来。胜利了的无产阶级应当严格区分农民当中的各个不同阶层并估计到他们各自所占的比重，竭力支持农民中贫苦的半无产者阶层，把地主的土地分一部分给他们，帮助他们同高利贷资本作斗争，等等。其次，无产阶级应当中立中农阶层，无情地镇压同地主相勾结的农村资产阶级的任何一点反抗。随着无产阶级专政的巩固和社会主义建设的发展，无产阶级应当从中立中农的政策转向同广大中农结成巩固联盟的政策，但这决不意味着采取分掌政权的观点。因为一方面，无产阶级专政体现了只有产业工人能够领导全体劳动群众这个事实，另一方面，无产阶级专政尽管是这个阶级独掌政权，但同时也是作为劳动者先锋队的无产阶级与广大非无产者劳动群众或其中大多数人的特殊形式的阶级联盟，这个联盟的目的是推翻资本，坚决镇压资产阶级的反抗和复辟企图，最终建立和巩固社会主义。

（4）对于不断动摇于极端黑帮分子和无产阶级同情者之间的**城市小资产阶级**，也同样应当使之中立并尽可能地争取到无产阶级方面来。这就需要保持他们的小私有财产，给予一定的经济流转的自由，取消高利贷盘剥，并由无产阶级给予各种不同形式的帮助，以便反对各种各样的资本主义压迫。

6. 无产阶级专政体系中的群众组织

在执行无产阶级专政的上述各项任务时，**群众组织**，首先是**工人组织**的**任务**和**职能**起了根本性的变化。第一次有组织地团结和教育无产阶级广大阶层的群众性工人组织——**工会（产业联合）**在资本主义制度下是罢工斗争以及进一步反对托拉斯化资本及其国家的群众斗争的主要工具。在无产阶级专政下，工会则变成这一专政的最重要的杠杆，变成吸引广大无产阶级群众参加社会主义生产管理的共产主义学校，变成直接联系国家机器的各个部分、影响国家机构各部门工作、保卫工人阶级长远利益和当前利益、反对苏维埃国家机关的官僚主义歪风的一种组织。这样，工会就成为无产阶级经济组织的基本骨架，因为工会要为建设工作选拔领导干部，要把广大无产阶级群众吸引到建设工作中来，要把同在非无产阶级的阶级影响下和群众文化较低的影响下不可避免地产生的各种官僚主义歪风作斗争当做自己的一项特殊任务。

工人阶级的合作社组织在资本主义条件下（尽管改良主义者寄予种种空想）只能起微不足道的作用，常常还由于资本主义体系的总的条件而成为这一体系的点缀品。在无产阶级专政下，它们可以成为而且应当成为分配机构极其重要的组成部分。

最后，**农民的农业合作社**（销售、购买、信用、生产等合作社）在给予适当的领导并保证真正拥护无产阶级专政的广大劳动群众确实参加的条件下，可以而且应当成为联系城市和乡村的基本组织形式之一。农民经济的合作社组织在资本主义条件下若能存在的话，多半势必变成为资本主义的企业，因为它们依赖于资本主义的工业、资本主义的银行、资本主义的整个经济界，并且受改良主义者、乡村资产阶级、有时甚至是地主的领导；在无产阶级专政的条件下，农民经济的合作社组织则在不同的相互关系体系下发展，并依赖于无产阶级的工业、无产阶级的银行等等。在无产阶级实行正确的政策、有计划地进行反对合作社组织内部和外部的资本主义成分的阶级斗争，依靠社会主义工业的领导的条件下，农业合作社就会成为农村的社会主义改造、农业集体化的一个极其重要的杠杆。尽管如此，但在个别国家里，最初阶段上还是可能有一些消费合作社特别是农业合作社，在资产阶级及其社会民主党代理人操纵下成为反革命活动和对工人革命的经济建设实行怠工的据点。

无产阶级通过自己的多种形式的组织来完成整个的战斗任务和建设工作，这些组织应当实际成为苏维埃国家联系工人阶级各阶层广大群众的纽带；在这些工作中无产阶级将保证意志和行动的统一，并通过**共产党**在无产阶级专政体系中的**领导作用**来实现这种统一。

无产阶级政党直接依靠工会和其他各种包括工人群众并通过工人也包括农民在内的组织（苏维埃、合作社、共青团等等），并经由这些纽带领导整个苏维埃体系。只有在一切群众组织忘我地支持苏维埃政权的条件下，只有在阶级意志完全统一的条件下，只有在党的领导下，无产阶级才可能实现自己作为新社会的组织者的作用。

7. 无产阶级专政和文化革命

作为**人类新社会的组织者**的这种作用，要求无产阶级本身文化上的成熟，改造自己的本性，不断选拔能掌握科学、技术和管理方面的一切成就的新干部，以建设社会主义和社会主义新文化。

反封建的**资产阶级革命**的前提是：封建社会内部出现的新阶级的文化在成熟上已超过统治阶级，并在封建社会内部已取得经济生活的控制权。**无产阶级**革命的发展所处的条件则不同。工人阶级在资本主义社会里是一个经济上被剥削、政治上受压迫、**文化上遭抵制**的阶级，它只有在过渡时期，只有在**取得国家政权以后**，在摧毁了资产阶级对教育事业的垄断和掌握了全部科学，依靠在宏伟建设工作中取得的经验才能改造自己的**本性**。为了广泛培养共产主义意识和社会主义事业本身，必须**广泛地**进行**人的改造**，这种改造只有通过实际运动、通过革命才能实现；因此，革命之所以必要，不仅因为要推翻**统治**阶级别无其他办法，而且因为这个推翻的阶级只有在革命中才能从旧社会的一切污秽中荡涤出去，才能建设新社会。

工人阶级在消灭资本家阶级对生产资料的垄断的同时，还应当消灭**资产阶级对教育的垄断**，即掌握包括高等教育在内的全部学校。对于无产阶级的事业来说，一项特别重要的任务就是从工人阶级中培养出生产方面的**专家**（工程师、技术员、组织人员、会计师等等）和军事、科学、艺术等方面的专家。此外还有一项任务就是**提高无产阶级群众的一般文化水平**，对他们进行政治教育，提高知识水平和技术熟练程度，养成从事社会工作和管理的技能，同资产阶级和小市民的偏见残余作斗争，等等。

只有当无产阶级使自己的先进分子占有了社会主义建设和社会主义文化的所有这些"指挥岗位"，只有当这些先进分子日益成长、不断吸引本阶级越来越多的成员参加到文化革命的过程中来并逐渐克服无产阶级内部"先进"阶层和"落后"阶层的区分时，社会主义建设的胜利才有保障，防止官僚主义腐化和阶级蜕化也才有保障。

然而，无产阶级在革命过程中不仅改造自己的本性，而且改造**其他阶级**的本性，其中首先是为数众多的城乡小资产阶级，特别是劳动农民。工人阶级吸引最广大的群众参加文化革命，引导他们参加社会主义建设过程，利用一切方法团结他们并用共产主义精神教育他们，向一切反无产阶级的思想和行会思想作坚决的斗争，极其坚决而有步骤地克服农村中一般的和文化上的落后状态，这样，工人阶级也就为在集体经济形式的基础上——**消灭社会的阶级划分准备了条件。**

在关系到广大群众的文化革命的任务中，同毒害人民的鸦片——**宗教**进行的斗争占着特殊重要的地位，这场斗争必须经常地和坚定不移地进行。无产阶级政权应当取消国家对作为过去统治阶级的鹰犬的教会的任何援助，应当取消教会对国家举办的教育事业的任何干预并无情地镇压教会机构的反革命活动。与此同时，无产阶级政权容许信仰自由，但取消以前占统治地位的宗教的特权，并运用自己掌握的各种手段进行反宗教宣传，根据科学的唯物主义世界观来改造整个教育事业。

8. 争取世界无产阶级专政的斗争与革命的基本类型

国际无产阶级革命是由许多不同时间、不同种类的过程组合而成的，其中有：纯粹的无产阶级革命，转变为无产阶级革命的资产阶级民主革命，民族解放战争，殖民地革命。只有到了**最后阶段**，革命过程才**导致世界无产阶级专政**。

在帝国主义时代日趋尖锐的资本主义发展的不平衡性，造成了资本主义类型的多样性，造成了不同国家内资本主义成熟程度的不同，造成了各国革命过程的不同的特殊条件。这些情况所造成的历史上必不可免的结果是：**无产阶级夺取政权的途径和速度各不相同，许多国家必须经过通向无产阶级专政的一定的过渡阶段，以及个别一些国家建设社会主义的形式有所不同。**

个别一些国家向无产阶级专政过渡的不同条件和途径大致可以分为三种基本类型：

资本主义高度发达的国家（美国、德国、英国等）有着强大的生产力和高度集中的生产，那里小经济的作用比较微弱，资产阶级民主的政治制度建立已久。在这些国家里，政治方面的主要纲领要求是直接过渡到无产阶级专政。经济方面的最突出要求是：没收全部大生产，组织大量国营的苏维埃农场，把少量土地分配给农民，容许较小范围内的自由市场关系，整个社会主义建设，特别是农民经济集体化的高速度发展。

资本主义**中等**发展的国家（西班牙、葡萄牙、波兰、匈牙利、巴尔干各国等）在农业中还有较多的半封建关系的残余，具有为社会主义建设所必需的一定最低限度的物质前提，资产阶级民主的改革尚未完成。其中**有些国家**可能出现资产阶级民主革命较为迅速地转变为社会主义革命的过程；**另一些国家**则属于无产阶级革命的类型，但带有大量资产阶级民主性质的任务。因此，在这样的国家里，无产阶级专政也可能并不立即出现，而是在从无产阶级和农民的民主专政向无产阶级的社会主义专政转变的过程中出现；至于在直接发展无产阶级革命的国家里，这个革命要以无产阶级对广泛开展的农民土地运动实行领导为前提；整个土地革命起着十分巨大的，有时甚至是决定性的作用；在没收大地产的过程中，大部分没收的土地分给农民支配；无产阶级取得胜利后，市场关系仍有着广阔的领域；农民合作化并进而在生产上联合起来的任务，在社会主义建设的各项任务中占着重大的地位。社会主义建设的速度相对来说是缓慢的。

殖民地、半殖民地国家（中国、印度等）**和附属国**（阿根廷、巴西等）有一定的工业萌芽，有时工业还相当发达，但多数情况下不能独立地进行社会主义建设；在这些国家里，中世纪封建关系或"亚细亚生产方式"的关系在经济和政治上层建筑中还占据优势；最后，这些国家的最重要的工业、商业、银行企业、主要运输工具等等集中在外国帝国主义集团手里。在这里，具有关键性意义的一方面是进行反封建的斗争和彻底实行农民的土地革命，另一方面是进行反对外国帝国主义、争取民族独立的斗争。在这里，一般只有经过一系列准备阶段，只有经过资产阶级民主革命转变为社会主义革命的整个时期之后,才能过渡到无产阶级专政;而在这些国家进行有成效的社会主义建设,大多数情况下只有取得无产阶级专政国家的直接援助才有可能。

在**更落后的**国家里(例如非洲的某些地区)差不多没有或根本没有雇佣工人,大多数居民还处在部落生活的状况下,原始民族社会的残余仍然保留;在这里,几乎不存在民族资产阶级,外国帝国主义主要充当掠夺土地的武装占领者;民族解放斗争是这里的中心问题。如果无产阶级专政国家能给以实际的强有力的援助,那么这些国家中的民族起义及其胜利就有可能开辟一条不经过资本主义阶段而向社会主义发展的道路。

因此,在发达的资本主义国家内无产阶级夺取政权的任务已提上日程、苏联的无产阶级专政这一具有世界意义的因素业已存在的当前时代里,由于世界资本主义的渗入而激起的殖民地和半殖民地国家的解放运动,有可能导致**这些国家在无产阶级专政和整个国际无产阶级运动的帮助和支援下走向社会主义**,尽管孤立地来看这些国家的社会关系尚未成熟。

9. 争取世界无产阶级专政的斗争与殖民地革命

一些主要殖民地和半殖民地国家进行革命斗争的特殊条件,争取无产阶级和农民的民主专政的斗争以及由这种专政转变为无产阶级专政的不可避免的长期性,加上一些起决定作用的民族因素,给这些国家的共产党提出了一系列**特殊**任务,这些任务的解决是无产阶级专政总任务的准备阶段。共产国际认为这些特殊任务中最主要的有以下几项:

(1) 推翻外国帝国主义、封建主和地主官僚的政权。

(2) 确立在苏维埃基础上的无产阶级和农民的民主专政。

（3）实现完全的民族独立和国家统一。

（4）废除国债。

（5）将属于帝国主义者的大企业（工业、运输业、银行及其他企业）收归国有。

（6）没收地主教会和寺院的土地。

（7）实行八小时工作制。

（8）组织工农革命军队。

在无产阶级起领导作用的那些殖民地和半殖民地，随着以后斗争的发展和深入（资产阶级的怠工，没收属于这些资产阶级阶层所有的企业，由此必然转变为大工业的国有化），彻底的资产阶级民主革命将转变为无产阶级革命。在没有无产阶级的殖民地，推翻帝国主义者的政权必然意味着组织人民（农民）苏维埃政权，没收外国人的企业和土地，并将它转交给国家。

从反对帝国主义的斗争和工人阶级夺取政权的角度来看，殖民地革命和民族解放运动起着重大的作用。在过渡时期，殖民地和半殖民地之所以具有重大意义，还因为它们对于作为世界城市的工业国来说起着**世界乡村**的作用，而建立社会主义的世界经济、正确地把工农业结合起来的问题，在很大程度上乃是如何对待以前的帝国主义殖民地的问题。**因此，同殖民地劳动群众结成兄弟般的战斗联盟乃是作为反对帝国主义斗争的领导者的世界工业无产阶级的最主要任务之一。**

由此可见，世界革命的进程在唤起宗主国工人投入争取无产阶级专政的斗争的同时，也唤起殖民地亿万工农群众投入反对帝国主义的斗争。由于以苏维埃共和国及其日益增长的经济实力为代表的社会主义中心的存在，摆脱帝国主义羁绊的殖民地在经济上就有可能向世界社会主义的工业基地接近并逐渐联合起来，不经过进一步发展资本主义作为占统治地位的制度的阶段而走上社会主义建设的轨道，从而获得经济和文化的迅速发展。原先落后的殖民地的农民苏维埃和原先较发达的殖民地的工农苏维埃围绕着无产阶级专政的中心在政治上团结起来，加入日益发展的苏维埃共和国联邦的统一体系，从而加入世界无产阶级专政的体系。作为新的生产方式和社会主义的发展将获得世界性的规模。

五、苏联的无产阶级专政和国际社会主义革命

1. 苏联的社会主义建设和阶级斗争

世界经济分裂为资本主义国家和建设社会主义的国家，是资本主义制度深刻危机的基本表现。因此，苏联无产阶级专政的内部巩固，社会主义建设取得的成就，苏联在无产阶级群众和殖民地被压迫民族中影响和威信的增长，都意味着**国际社会主义**革命的继续、壮大和扩展。

苏维埃共和国的工人在国内不仅拥有足以推翻地主和资产阶级、而且拥有足以建成完全的社会主义的一切必要的和足够的物质前提。他们在国际无产阶级的援助下，英勇地击退了国内外反革命武装力量的进攻，巩固了自己同基本农民群众的联盟，并在社会主义建设中取得了巨大的成就。

保证农业生产力增长和社会主义工业的主导作用的无产阶级社会主义工业与小农经济的联系；代替对寄生阶级的非生产性消费的资本主义服务而出现的这种工业与农业经济相结合；不是为了追求资本主义利润、而是为了在群众消费迅速增长的条件下满足这种需要而进行的生产——归根到底大大刺激了整个生产过程；最后，经济命脉高度集中在无产阶级国家手里，计划领导因素的日益增长以及与此相联系的节约和最合理地分配生产资料——所有这一切使无产阶级有可能在社会主义建

设的道路上迅速迈进。

苏联的无产阶级提高了整个国家经济的生产力,坚持执行苏联工业化的方针(这一方针的高速度是由整个国际和国内的局势决定的),不顾资本主义大国一再企图实行财政的和经济的封锁,提高了全国生产资料方面以及全国总生产量和商品总流转量方面的国民经济的社会化(社会主义的)成分的比重。这样一来,在土地国有和国家工业化日益扩大的条件下,国家的社会主义工业、运输业和银行系统,通过国营贸易和迅速发展的合作社,日渐把小农经济和最小农经济引导起来。

特别是在农业方面,生产力的提高是在限制农民分化的条件下实现的(土地收归国有,从而禁止买卖土地,实行高额累进税制,对贫农和中农的合作社和生产组织给以经济援助,制定雇佣劳动的法律,剥夺富农的若干政治权利和社会权利,成立特殊的贫农组织等等)。但是,当社会主义工业的生产力还没有发展到能够广泛地为农业奠定新的技术基础,从而迅速地把农民经济的生产联合组织结成为大型的公共经济(集体农庄)的地步时,富农在一定程度上会有所抬头,他们会同所谓的"新资产阶级"建立起经济上的,然后是政治上的联系。

苏联的无产阶级掌握着具有决定意义的经济命脉,不断在排挤城市私人资本的残余(在"新经济政策"后期,城市私人资本的比重已急剧下降),用一切方法限制在发展商品货币关系基础上成长起来的农村剥削者阶层,支援农村中的苏维埃农场并广泛建设新的苏维埃农场,吸引农村中简单商品生产者的基本群众加入统一的苏维埃经济组织体系,从而通过迅速发展的合作化来吸引他们参加社会主义建设事业(在无产阶级专政和社会主义工业经济领导的条件下,合作化就等于发展社会主义),从恢复时期过渡到国内全部生产技术基础的扩大再生产,这时,苏联的无产阶级便向自己提出并已在着手执行一项大规模的基本建设任务(一般生产资料的生产,其中特别着重于重工业和电气化),并且除了进一步发展销售、收购和信用合作社外,还要在集体化的基础上直接组织农民生产合作社,并使其规模日益扩大,为此要求无产阶级国家大力给予物质支援。

由此可见,社会主义已经成为基本上决定着苏联经济整个发展过程的一股起决定性作用的力量,从而能够继续大踏步地发展,不断地克服由于国家的小资产阶级性质以及阶级矛盾暂时尖锐化而产生的种种困难。

由于工业设备必须更新,大规模的基本建设必须进行,这就不能不引起社会主义发展道路上的一系列巨大困难,这些困难归根到底是由于国家在技术和经济方面的落后以及在帝国主义战争和国内战争的年代里遭受破坏而产生的。但是尽管如此,工人阶级和广大劳动群众的生活水平在不断提高,并且在对工业实行社会主义合理化措施和进行科学组织的同时,逐步推行七小时工作制,这为改善工人阶级的劳动条件和生活条件展开了广阔的前景。

在苏联经济高涨和社会主义成分的比重不断提高的基础上,在久经革命斗争锻炼的共产党领导下团结一致的工人阶级片刻也没有停止同富农作斗争,他们依靠贫农,与中农基本群众结成巩固的联盟,日益广泛地吸引千百万劳动群众投入社会主义建设事业。在这方面所采取的主要措施是:发展广大群众组织(作为领导力量的党,作为整个无产阶级专政体系的中坚骨干的工会,共青团,各种合作社,女工和农妇组织,各种所谓的"自愿社团",工农通讯组织,体育、科学和文化教育组织),用一切方法鼓励群众的首倡精神,不断地大批提拔工人担任各种经营管理的领导职务。不断地吸引群众参加社会主义建设,经常地用一批又一批无产者出身的工作人员来刷新整个国家机构、工会机构和党的机构,有计划地通过高等学校和专门训练班等,从一般工人特别是青年工人当中培养出各种建设部门的新的社会主义干部,这就是防止直接担任管理工作的无产阶级干部产生官僚主义僵化作风或社会腐败现象的主要保障之一。

2. 苏联的作用及其国际革命义务

苏联的无产阶级专政粉碎了俄国帝国主义，解放了过去在沙皇帝国统治下的一切殖民地和被压迫民族，通过这些地区的工业化，不断地为这些民族的文化和政治发展奠定了牢固的基础，在苏联的宪法中确定了自治州、自治共和国和加盟共和国的法律地位，并充分实现了民族自决权，这样，苏联的无产阶级专政保证了苏联各民族不仅在形式上而且在事实上的平等。

苏联是实行无产阶级专政和建设社会主义的国家，是工人阶级取得伟大胜利的国家，是工农联盟的国家，是在马克思主义旗帜下发展着新文化的国家，因此它就必然要成为一切被压迫阶级开展世界运动的基地，成为国际革命的中心和世界历史的最重大因素。世界无产阶级在苏联第一次找到了真正的祖国，对于殖民地运动来说，苏联正在成为一个具有巨大吸引力的中心。

由此可见，在资本主义总危机的条件下，苏联之所以成为最重要的因素，不仅是因为它脱离了世界资本主义体系，奠定了新的社会主义经济体系的基础，而且是因为它起着无比巨大的革命作用，它是无产阶级革命的国际动力，推动着各国无产阶级去夺取政权；它是一个生动的实例，说明工人阶级不仅能够摧毁资本主义，而且能够建设社会主义；它是一个典型的示范，表明取得政权的世界无产阶级应当如何在世界苏维埃社会主义共和国联盟中建立起各国各民族之间的兄弟关系，应当如何在统一的社会主义世界经济中建立起各国劳动者的经济联合组织。

两个经济体系——苏联的社会主义体系和其他国家的资本主义体系的同时存在，向无产阶级国家提出了击退资本主义世界的进攻（抵制、封锁等等），同时采取经济上的灵活政策和利用同资本主义国家的经济联系（通过对外贸易垄断组织，通过信贷、借款、租让及所谓"技术援助"等形式）的任务。在这方面，主要的和基本的路线应该是与外国保持尽量广泛的联系，但这种联系只能以有利于苏联者为限，即首先要能加强苏联本身的工业，能为本国的重工业和电气化以及社会主义机器制造业奠定基础。只有当苏联经济能够在资本主义包围的条件下保持住这种独立性的时候，才能充分保证苏联的社会主义建设不致遭到破坏，不致使苏联变为世界资本主义体系的附庸。

另一方面，资本主义国家尽管在觊觎苏联的市场，但却经常彷徨于获取贸易利益和惧怕苏联日益壮大这两者之间，因为苏联的壮大意味着国际革命的壮大。但是，帝国主义大国政策中主要的和基本的意图是包围苏联并对它发动反革命战争，以期扼杀苏联，建立全世界的资产阶级恐怖制度。

帝国主义想要在政治上包围苏联的这种一贯企图以及日益增长的发动军事进攻的危险性，并不能阻止作为共产国际的支部并领导着苏联无产阶级专政的联共（布）党履行其国际义务，支持一切被压迫人民，支持各资本主义国家的工人运动，支持殖民地国家的工人运动，支持殖民地人民和反帝国主义运动，支持反对任何形式的民族压迫的斗争。

3. 国际无产阶级对苏联的义务

苏联是国际无产阶级的唯一祖国，是它取得各项成就的最重要支柱和获得国际解放的最主要因素，因此它有义务促进苏联社会主义建设的胜利，并千方百计来保卫苏联，使其不受资本主义大国的进犯。

"目前的世界政治形势把无产阶级专政提上了日程，世界政治中的一切事变都必然围绕着一个中心点，就是围绕世界资产阶级反对俄罗斯苏维埃共和国的斗争。而俄罗斯苏维埃共和国必然是一方面团结各国先进工人的苏维埃运动，另一方面团结殖民地和被压迫民族的一切民族解放运动。"①

如果帝国主义国家侵犯苏联并对它发动战争，国际无产阶级的回答应该是：在无产阶级专政和联合苏联的口号下，开展最英勇坚决的群众运动，为推翻帝国主义政府而斗争。

在各殖民地，特别是在向苏联进攻的帝国主义国家的殖民地，必须利用帝国主义兵力分散的时机，尽最大努力开展反帝斗争，并采取革命行动推翻帝国主义统治，争取完全独立。

苏联社会主义的发展及其国际影响的增长不仅招致资本主义大国及其社会民主党走卒对它的仇恨，同时也唤起全世界广大劳动群众对它的莫大同情，使各国被压迫阶级都准备在帝国主义一旦发动进攻时用一切手段为保卫无产阶级专政国家而斗争。

由此可见，现时世界经济中矛盾的增长，资本主义总危机的发展，帝国主义者对苏联的武装进攻，都必然会引起强大的革命风暴。这种革命风暴势必在许多所谓文明国家中把资本主义埋葬，在殖民地开展胜利的革命斗争，使无产阶级专政的基础大为扩大，从而向社会主义在世界上的最终胜利迈进一大步。

六、共产国际在争取无产阶级专政的斗争中的战略和策略

1. 工人阶级中与共产主义相敌对的意识形态

在争取无产阶级专政反对资本主义的斗争中，革命的共产主义在工

---

① 见《列宁全集》中文第2版第39卷第161—162页。——编者注

人阶级内部要遇到许许多多的派别：有的在不同程度上表现为使无产阶级在思想上屈服于帝国主义资产阶级，有的表现为使无产阶级受到小资产阶级和小市民的思想压力，这些小资产阶级和小市民有时虽因反对金融资本的奴役制度而起来骚乱，但他们不会运用根据科学制定的有效的斗争战略和策略，不会在无产阶级所特有的严格纪律的基础上有组织地进行这一斗争。

帝国主义国家的巨大社会力量及其一切辅助机关，如学校、报刊、剧院和教会，首先影响到工人阶级中**教会派别**和**改良主义派别**的存在，这些派别都是无产阶级社会主义革命道路的最大障碍。

工人阶级中具有宗教色彩的**教会**派别的具体表现是教会**工会**，这种工会常常与某些资产阶级政治组织保持直接的联系，并依附于统治阶级的某一教会组织（天主教工会，基督教青年会，犹太教组织等等）。

所有这些派别是无产阶级某些阶层在思想上被俘虏的最明显的表现，他们大部分都带有浪漫主义封建色彩。这些组织的领导人用宗教的圣水洗涤资本主义制度的一切罪恶，用死后报应的怪话恫吓自己的信徒，他们是无产阶级国家中一批**最反动**的阶级敌人。

现代的"社会主义"改良主义是无产阶级屈服于资产阶级思想影响的恬不知耻的买卖交易和平庸卑俗的帝国主义的表现形式。它从帝国主义政策大全中抄袭一些条款奉为金科玉律，目前又以坚决反社会主义和公然反革命的"美国劳工联合会"作为效法的榜样。美国卖身求荣的工会官僚所表现的是美元的"思想"专政，这种"思想"专政通过英国的改良主义及其工党中的御用社会主义者，便成了整个国际社会民主党和阿姆斯特丹国际的领袖们的理论与实践的主要组成部分，而德奥两国社会民主党的领袖们更用马克思主义词句来粉饰这些理论，掩盖他们完全背叛马克思主义的行为。"社会主义"改良主义是工人运动中革命共产主义的主要敌人，它在社会民主党中并通过社会民主党在改良主义工会中拥有广大的组织基础，在它的全部政策和全部理论方针中都反映出它是**反对无产阶级革命**的一股力量。

在**对外政策**方面，社会民主党在"保卫祖国"的旗帜下积极地支持帝国主义战争。帝国主义国家的扩张政策和"殖民地政策"得到它们的全力支持；它们投靠帝国主义大国的反革命的"神圣同盟"（"国际联盟"），鼓吹"超帝国主义"，在虚伪的和平主义的口号下动员群众，同时积极支持帝国主义对苏联的进攻和未来的反苏战争——这就是改良主义对外政策的基本特点。

在**内政**方面，社会民主党的任务是直接支持和帮助资本主义制度。全力支持资本主义合理化和维持资本主义稳定状态，保证阶级和平即"工业和平"，采取使工人组织与企业主和帝国主义强盗国家的组织同流合污的政策，执行名为"经济民主"实为完全服从托拉斯资本的政策，拜倒在帝国主义国家特别是它的假民主的招牌之下，积极建立帝国主义国家机关：警察、军队、宪兵以及阶级法庭，保卫帝国主义国家不受共产主义革命无产阶级的任何侵害，在革命危机时期由社会民主党充当刽子手的角色——这就是改良主义对内政策的路线。改良主义表面上鼓励工会斗争，但它在这方面的重要任务则是通过斗争来保障资本家阶级不受任何触动，并在一切情况下保证资本主义所有制的基础完全不受侵犯。

在理论领域内，社会民主党彻头彻尾地背弃了马克思主义，通过修正主义阶段走向不折不扣的自由资产阶级的改良主义和公开的社会帝国主义。它用资本主义和谐发展的资产阶级学说来代替马克思关于资本主义矛盾的学说；它把关于危机和无产阶级贫困化的学说束之高阁；它把雷厉风行、如火如荼的阶级斗争理论变成为阶级和平的庸俗说教；它用资本"民主化"的小市民童话来顶替阶级斗争尖锐化的学说；它把在资本主义条件下战争不可避免的理论偷换为资产阶级的和平主义谎言和

"超帝国主义"的虚伪宣传;它把用革命手段摧毁资本主义的理论兑换成"健康的"资本主义和平地转变为社会主义的赝币;它用进化来代替革命;不是摧毁资产阶级国家,而是积极建设资产阶级国家;用跟资产阶级联合的学说来代替无产阶级专政的学说;用保卫帝国主义祖国的学说来代替国际无产阶级团结的学说;用唯心主义哲学和讨好资产阶级的宗教垃圾来代替马克思的辩证唯物主义。

社会民主党改良主义内部存在着若干派别,这些派别非常明显地说明社会民主党受资产阶级腐蚀的情况。这些派别就是:

建设性社会主义(麦克唐纳之流)顾名思义本身就包含着反对无产阶级革命和赞成资本主义制度的思想,它继承着费边社自由博爱主义的资产阶级反革命传统(韦伯夫妇、肖伯纳、奥里弗勋爵等等)。它根本反对无产阶级专政和用暴力手段反对资产阶级,支持用暴力对付无产阶级和殖民地人民。"建设性社会主义"拥护资本主义国家,在社会主义的幌子下颂扬国家资本主义,同东西半球最庸俗的帝国主义思想家站在一起,把阶级斗争的理论说成是"非科学的"理论,宣传通过赎买进行国有化的温和纲领、地租税、遗产税和超额利润税,认为这就是用以消灭资本主义的手段。"建设性社会主义"坚决反对苏联的无产阶级专政,与资产阶级完全联合一致,从而成为无产阶级共产主义运动和殖民地革命的死敌。

另外一种"建设性社会主义"是"**合作社主义**"或"**合作制社会主义**"(夏尔·吉德、托托米安茨之流),它也是坚决否定阶级斗争,宣传以消费合作社组织作为和平克服资本主义的手段,而实际上却用一切方法促进资本主义的巩固。"合作社主义"在群众性消费合作社组织中广泛设立宣传机构,借以经常不断地影响广大群众。它跟革命的工人运动进行着残酷的斗争,阻挠其实现自己的目的。目前,它是改良主义反革命阵营中最积极的因素之一。

所谓的"**基尔特社会主义**"（彭蒂、奥拉西、霍布森等等）采取折中的办法，企图把"革命的"工团主义同自由资产阶级费边主义、把无政府主义地方分权制同国家资本主义中央集权制（"国家工业公会"）、把中世纪行会手工业的狭隘性同现代资本主义结合起来。基尔特社会主义口头上要求取消"工资制"，认为这是一种"不道德的"制度，应该代之以工人监督工业的制度，但它完全避而不谈最重要的一个问题——政权问题。基尔特社会主义力图把工人、知识分子和技术人员联合在国家产业"基尔特"（"公会"）联合会中，通过和平途径（"从内部实行监督"）把这种基尔特变成资产阶级国家范围内的产业管理机关。因此，基尔特社会主义实际上就是在捍卫资产阶级国家，掩盖它的帝国主义的、反无产阶级的本质，使之成为与基尔特中"生产者"相对立的代表"消费者"利益的"超阶级"机构。基尔特社会主义宣扬"职能民主"（即宣扬资本主义社会各阶级的代表性），把各阶级说成是各自有其特殊社会生产职能的行业，从而给法西斯主义的"组合国家"铺平了道路。大多数基尔特社会主义者否定议会制，同时也否定"直接行动"，使工人阶级处于完全无所作为的状态，消极地屈服于资产阶级之下。因此，它是一种工联主义的空想机会主义，而这种机会主义不能不起着反革命的作用。

最后，还有一种独特的社会民主改良主义，这就是**奥地利马克思主义**。奥地利马克思主义是社会民主党"左"翼的一个组成部分，它是欺骗劳动群众的一种最巧妙的形式。奥地利马克思主义玩弄马克思主义词句，同时彻底违背革命马克思主义的原理（在哲学方面，"奥地利马克思主义者"贩卖康德学说、马赫主义等等），向宗教频送秋波，抄袭英国改良主义者的"职能民主"理论，赞成"建设共和国"，即赞成建设资产阶级国家，在所谓的"阶级力量平衡"时期，即当革命危机成熟之时，建议实行"阶级和平"。这种理论是在保卫"民主"免受反动派摧残的伪装下为同资产阶级勾结的行为作辩护，以便消灭无产阶级革命。在客观上和在实践中，奥地利马克思主义准备在反动派进攻时采用的暴力已变成了反动派用来反对无产阶级革命的暴力。奥地利马克思主义的"职能作用"在于欺骗已经走向共产主义的工人，因此，奥地利马克思主义是无产阶级最危险的敌人，它比强盗的社会帝国主义的公开拥护者还要危险。

所有这些派别都是"社会主义"改良主义的组成部分，都是帝国主义资产阶级在工人阶级中的代理人，但另一方面，共产主义也会同一些小资产阶级派别发生接触，这些派别反映着不稳定的社会阶层（城市小资产阶级、小市民中的游民、流氓无产阶级、没落的知识分子名士、贫苦的手工业者、农民的某些阶层等等）的动摇性。这些派别的特点是政治上极不稳定，常常以左的词句掩盖右的政策，或者陷入冒险主义，它们用政治上的大吹大擂和装腔作势来代替客观地估计力量，常常由盲目革命的狂妄自大一变而为极度悲观，以至于完全向敌人投降。这些派别在某种条件下，特别是在政治形势急剧转变和必须暂时退却的情况下，会成为无产阶级队伍中最危险的破坏者，成为无产阶级革命运动的障碍。

无政府主义，它的最著名的代表人物（克鲁泡特金、让·格拉弗等等）在1914—1918年大战期间背叛变节，投靠帝国主义资产阶级，否认无产阶级有必要广泛地建立集中而有纪律的组织，从而使得无产阶级在强大的资本组织面前束手无策。它宣传个人恐怖，认为无产阶级无须采取群众组织和群众斗争的方法。无政府主义为了追求抽象的"自由"而否定无产阶级专政，剥夺无产阶级用以反对资产阶级及其军队和一切镇压机关的最重要和最锐利的武器。无政府主义根本不想在最重要的无产阶级斗争中心组织群众运动，从而逐渐地变为一个宗派；从这个宗派的整个策略和全部行动（其中包括反对苏联工人阶级专政的行动）来看，它客观上已成为反革命势力统一战线的一员。

"革命的"工团主义，它的许多思想家在战争最紧张的时期投向法西斯式的"反议会政治的"反革命阵营，或者变成了**社会民主党**式的和平改良主义者；它与无政府主义一样，否定政治斗争（包括革命的议会斗争）和无产阶级的革命专政，在一般工人运动，特别是工会运动中鼓吹行会分散主义，否定无产阶级政党，否定起义的必要性和过高估计总罢工的意义（采取"放任的政策"），因此，凡是在它影响所及的地方，工人群众革命化总是受到阻碍。由于否定无产阶级专政而对苏联进行攻击，使它在这一点上与社会民主党人同流合污。

所有这些派别同社会民主党这个无产阶级革命的主要敌人在基本的政治问题上，即在**无产阶级专政问题上**态度是一致的。因此它们都是在不同程度上坚决地同社会民主党站在一条战线上反对苏联。另一方面，彻头彻尾背叛马克思主义的社会民主党也日益倚重于费边派、建设性社会主义者和基尔特社会主义者的思想体系。这些派别已成为第二国际资产阶级"社会主义"的正式的自由改良主义思想体系。

在**殖民地国家**以及一般的被压迫民族和种族中，共产主义还遇到了工人运动中的一些特殊派别的影响，这些派别在一定的发展阶段上曾经起过很大程度的作用，但在新的发展阶段上则变成了保守力量。

中国的**孙文主义**是小资产阶级民粹主义"社会主义"的意识形态。在"三民主义"（民族主义、民权主义、民生主义）学说中，人民这个概念掩盖了阶级这个概念；社会主义不是特殊的阶级代表即无产阶级所实现的特种生产方式，而是一种非特定的社会福利；同时没有把反对帝国主义的斗争同国内阶级斗争的发展远景联系起来。因此，孙文主义虽在中国革命的初期阶段起过很大的积极作用，但由于后来国内的阶级分化和中国革命的继续进展，则从推动革命发展的思想形式一变而为阻碍革命发展的羁绊。孙文主义的标榜者大事吹嘘的正是客观上已成为反动的那些思想，从而使孙文主义变成了公开反革命势力的国民党的正统思想。因此，为了提高中国无产阶级和劳动农民群众的思想，就必须坚决反对国民党的欺骗并克服孙文主义的思想残余。

像印度**甘地主义**这样一些派别都充满着宗教观念，陶醉于最落后的和经济上反动的生活方式，认为生活的出路不是无产阶级社会主义，而是恢复这种落后的生活方式，它宣传消极无为和否定阶级斗争，所以在革命发展过程中已变成为公开的反动力量。甘地主义日益成为反对人民群众革命的意识形态。它应当是共产主义展开坚决斗争的对象。

加尔文主义是过去美洲黑人小私有者和工人的一种思想，至今对黑人群众还起着一定的影响，目前它同样成了黑人群众革命化道路上的障碍。它起初主张黑人在社会上完全平等，如今已变成为一种独特的黑人"犹太复国主义"，它不去反对美国帝国主义，却提出"回到非洲去"的口号。对于这种丧失了任何真正民主特点、标榜根本不存在的"黑人王国"的贵族特性的危险思想，必须给以严厉的打击，因为它不但不能促进反而会阻碍黑人反对美帝国主义的群众性解放斗争。

无产阶级的共产主义同所有这些派别都是对立的。它是国际革命工人阶级的伟大思想，它不同于所有这些派别，首先不同于社会民主党的地方，在于它是完全根据马克思、恩格斯的学说，在理论上和**实践中为无产阶级专政而进行革命斗争**，并在斗争中采取无产阶级群众行动的一切形式。

2. 共产主义战略和策略的基本任务

共产国际为争取无产阶级专政而进行胜利斗争的前提，是在每个国家都有一个团结一致的、在斗争中锻炼出来的、有纪律的、集中的、与群众保持密切联系的共产党。

党是工人阶级的先锋队，是由本阶级中最优秀、最有觉悟、最积极和最勇敢的成员组成的。它体现了整个无产阶级斗争的全部经验。党依据马克思主义的革命理论，代表整个阶级的共同利益和长远利益，体现出无产阶级原则、无产阶级意志、无产阶级革命行动的统一。它是一个由铁的纪律和最严格的革命的民主集中制结合而成的组织，它之所以能够做到这一点，是由于无产阶级先锋队有高度的觉悟并忠于革命事业，善于与无产阶级群众保持紧密的联系，有在群众本身的经验中受到考验和证明的正确的政治领导。

为了解决建立无产阶级专政的历史任务，共产党必须首先提出和实现以下主要的战略目标：

争取**本阶级的大多数成员**，包括女工和青工，使之处于自己的影响之下；为此必须保证共产党对无产阶级广大群众组织（苏维埃、工会、工厂委员会、合作社、文化、体育组织等等）起决定性的影响。在争取无产阶级多数方面具有特别重要意义的一点，是掌握住工会这个同工人阶级日常斗争联系在一起的真正的群众性组织。在反动的工会中进行工作并以灵活的方式掌握住它们，争取加入工会组织的广大群众的信任，更换改良主义领导人并"撤销其职务"，这就是准备时期最重要的任务之一。

争取无产阶级专政还必须以实现无产阶级对**广大劳动群众**的领导为前提。为了做到这一点，共产党必须争取城乡贫民、下层知识分子以及所谓的"小市民"即一般小资产阶级，使之处于自己的影响之下。为保证党对**农民**的影响而开展工作，具有特别重大的意义。必须让共产党受到农村中靠近无产阶级的各阶层即农业工人和贫农的完全拥护。为此就必须建立雇农的特殊组织，用一切方法支持他们与农村资产阶级的斗争，在小农当中大力展开工作。对于农民的中等阶层，共产党应当（在发达资本主义国家中）采取使它们保持中立的政策。无产阶级是全体人民利益的体现者和广大人民群众反对金融资本压迫的斗争的领导者，无产阶级对上述全部任务的解决，是胜利进行共产主义革命的必要前提。

从无产阶级世界斗争的角度上来说，**殖民地、半殖民地和附属国**的革命斗争的任务，是共产国际最重要的战略任务。这一斗争的前提是在革命的旗帜下争取殖民地工人阶级和广大农民群众，如果被压迫国家的无产阶级和被压迫国家的劳动群众之间不进行密切的合作，这一点便无法做到。

共产国际在无产阶级专政的旗帜下，在所谓"文明大国"组织反帝革命时，必须支持殖民地、半殖民地和附属国（如拉丁美洲）为反对帝国主义暴力而进行的一切斗争，展开宣传工作，反对各种形式的沙文主义以及帝国主义虐待被奴役的大小民族和种族（对待黑人和"黄种工人"的态度、反犹太主义等等），支持他们为反对压迫国家的资产阶级而进行的斗争。共产国际特别应该大力展开反对大国沙文主义的斗争（帝国主义资产阶级及其社会民主党代理人——第二国际都在宣传这种沙文主义），不断地用苏联所实行的各民族平等友好的政策来反对帝国主义资产阶级的政策。

在帝国主义国家里，共产党应当有计划地支援殖民地的革命解放运动以及一般被压迫民族的运动。积极支援上述运动，首先是被压迫民族在财政经济和政治上所依附的那个国家的工人的应尽义务。共产党必须公开承认殖民地的分立权，并对这种权利进行宣传，即宣传殖民地应脱离帝国主义国家而独立；共产党必须承认殖民地有对帝国主义进行武装自卫的权利（即发动起义和革命战争的权利），并利用一切可能的手段宣传和积极支持这种自卫。共产党对一切被压迫民族都必须执行这种路线。

在**殖民地和半殖民地**国家内，共产党必须同外国帝国主义进行最勇敢的和坚持不懈的斗争，同时应不断宣传同帝国主义国家的无产阶级接近和联合起来的思想，公开地提出、宣传和执行土地革命的口号，发动广大农民群众起来推翻地主压迫，并与僧侣、神父等这样一些中世纪反动势力作斗争。

这里的基本任务是建立**独立的**工农组织（无产阶级的共产党、工会、农民协会和农民委员会，在革命形势到来的条件下则建立苏维埃等等），使工农摆脱民族资产阶级的影响，同民族资产阶级暂时达成协议，但只有在它不阻挠工农的革命组织和真正反对帝国主义的情况下才允许这样做。

每个共产党在确定自己的**策略**路线时，都必须估计到国内外的具体形势、阶级力量的对比、资产阶级稳定的程度及其力量的大小、无产阶级的准备程度以及中间阶层的态度等等。党必须根据所有这些条件来确定斗争的口号和方式，同时根据必要性动员和组织尽可能多的群众达到尽可能高的斗争水平上。在革命形势成熟时，党应当提出一些过渡性口号，并根据具体情况提出一些局部要求，但必须使这些要求和口号服从于夺取政权和推翻资产阶级资本主义社会的革命目的。忽视工人阶级的日常需要和日常斗争，或者使党的活动局限于争取这种日常需要和进行日常斗争，都是不容许的。党的任务是从这种微小的日常需要**出发**，领导工人阶级进行**夺取政权的革命斗争**。

在**革命高潮**中，当统治阶级已经涣散，群众已在酝酿革命，中间阶层已转向无产阶级，群众已决心采取行动并作出牺牲时，无产阶级政党所面临的任务便是引导群众向资产阶级国家展开正面进攻。为此就需要提出愈益尖锐的过渡性口号（苏维埃的口号，工人监督生产的口号，成立农民委员会夺取地主土地的口号等等），组织**群众性的发动**，而党的一切宣传鼓动工作，包括议会活动，都要服从于这些发动。这些群众性的发动包括罢工、罢工和示威结合、武装示威和罢工结合，最后总罢工和举行反对资产阶级国家政权的武装起义。最后这种最高形式的斗争要以军事艺术的准则为依据,并以军事计划、战斗的进攻性质以及无产阶级的无限忠诚和英勇为前提。采取这种行动的必要先决条件是建立广大群众的战斗组织（工农代表苏维埃、士兵苏维埃等等,这种组织形式本身就是吸引最广泛的劳动者参加运动）,并在陆海军中加强进行革命工作。

在转向新的更尖锐的口号时,必须以列宁主义政治策略的基本准则为依据,善于引导群众走上革命立场,使他们根据亲身经验相信党的路线是正确的。违背这项准则就必然会导致脱离群众,走向盲动主义,使共产主义从思想上蜕化为"左的"教条主义和小资产阶级的"极左"冒险主义。当革命形势发展到最高点时,就要求无产阶级政党勇敢坚决地向敌人展开攻势,如果不利用这种形势,也是同样危险的。放过这种形势而不着手举行起义,就等于把主动权交给敌人,使革命遭受失败。

在**不存在革命高潮**的情况下,共产党应当从劳动者的日常需要出发,提出局部口号和要求,并使之与共产国际的根本任务联系起来。然而,共产党不应提出仅以革命形势的存在为前提、不然就变成长入资本主义组织体系的那些**过渡性**口号（例如工人监督的口号等）。局部要求和局部口号是制定正确策略的必要条件,而许多过渡性口号则与革命形势是否存在有着密切的联系。另一方面,"原则上"拒绝提出局部要求和过渡性口号,是跟共产主义的策略原则不相容的,因为这样实际上使党处于消极地位并脱离群众。在这里,作为胜利进行反对资本的斗争、对群众实行阶级动员、揭露和孤立改良主义上层的一种手段的**统一战线**策略,是整个**革命前时期**共产党策略的一个最重要的组成部分。

统一战线策略的正确运用和争取群众的任务的解决,必须以在**工会**及其他无产阶级群众组织中进行系统的和顽强的工作为前提。加入工会,甚至加入作为群众组织的最反动的工会,是每一个共产党员的直接义务。只有在工会和工厂中进行经常不断的工作,坚决保卫工人的利益，跟改良主义官僚作无情的斗争，才能取得工人斗争的领导权，把加入工会的工人群众吸引到党的方面来。

跟改良主义者的反动政策相反，共产党人主张在阶级斗争的基础上，在每一个国家内和在国际范围内保持**工会的统一**，大力支持和加强**红色工会国际**的工作。

共产国际各党处处保卫工人阶级和全体劳动群众的当前切身利益，利用资产阶级议会讲坛进行革命鼓动和宣传，使一切局部任务服从于为无产阶级专政而斗争的目的，为此提出以下几个方面的局部要求和口号：

在狭义的**工人问题**方面是过渡为一般政治斗争问题（大规模的工业冲突、结社权和罢工权等等）的经济斗争问题（反对托拉斯化资本进攻的斗争、工资问题、工作日问题、强制性仲裁法庭问题和失业问题）。具有直接政治性质的问题（捐税、物价高涨、法西斯主义、对革命政党的迫害、白色恐怖、政府现行政策问题）以及世界政治问题，如：对苏联和殖民地革命的态度，为国际工会运动的统一而斗争，同帝国主义作斗争和防止战争，有计划地准备为反对帝国主义**战争**而斗争。

在**农民**问题方面，这种局部要求是：有关捐税政策和农民抵押债务方面的要求；有关跟高利贷资本作斗争和少地农民需要土地的要求，以及有关地租和对分制等等方面的要求。共产党应当从这些局部要求出发，提出与此相适应的更高的口号，把这些要求概括成为没收大地主土地的口号和建立工农政府的口号（也就是在发达资本主义国家里建立无产阶级专政，在落后国家和殖民地里建立无产阶级和农民的民主专政）。

同样，必须经常在无产阶级和农民**青年**中（主要是通过青年共产国际及其各支部）以及在**妇女**、女工和农妇中进行工作，从他们的生活和斗争的特殊条件出发，把他们的要求同无产阶级的一般要求和战斗口号结合起来。

在反对压迫**殖民地人民**方面,共产党应当在**该**殖民地提出适合于当地特殊情况的局部要求,如一切民族和种族完全平等,取消外国人的一切特权,工农组织的活动自由,缩短工作日,禁止使用童工,废除高利贷盘剥契约,降低和取消地租,减轻捐税负担,抗缴捐税等等。所有这些局部口号都必须服从于共产党的下列基本要求:国家在政治上完全独立,驱逐帝国主义者,建立工农政府,土地归全体人民所有,八小时工作制等等。在帝国主义国家,共产党必须在支持殖民地的上述斗争的同时,开展撤回帝国主义军队的运动,在陆海军中展开宣传工作,保卫争取解放的被压迫国家,动员群众抵制运输军队和武器,并为此而组织罢工和其他形式的群众性抗议活动等等。

共产国际应当特别注意时刻准备跟**帝国主义战争**危险进行斗争。无情地揭露社会沙文主义、社会帝国主义以及掩盖资产阶级的帝国主义计划的和平主义词句,宣传共产国际的基本口号,开展各方面的日常组织工作,把合法的和不合法的两种工作方法结合起来,在陆海军中进行组织工作——这就是各国共产党应当进行的活动。因此,共产国际的基本口号应该是:变帝国主义战争为国内战争;使"本国"的帝国主义政府失败;在帝国主义对苏联和殖民地发动战争时,用一切方法保卫它们。宣传这些口号,揭露"社会主义"的种种诡辩和国际联盟的"社会主义"假面具,永远记取1914—1918年战争的教训——这是共产国际各支部和每个成员的必尽职责。

为了使革命工作和革命行动互相配合,为了对此进行最有效的领导,国际无产阶级必须有**国际的阶级纪律**,这种纪律的最重要的前提是各国共产党遵守最严格的国际纪律。这种国际共产主义纪律应当表现为运动的局部利益和地方利益服从运动的共同利益和长远利益,表现为全体共产党员无条件地执行共产国际领导机关的决议。

社会民主党第二国际的每一个党服从的是"本国"资产阶级和自

己"祖国"的纪律，与此相反，共产国际各支部则只有一个纪律，即保证各国工人为争取世界无产阶级专政而进行胜利斗争的国际无产阶级纪律。与分裂工会、反对殖民地人民并同资产阶级采取一致行动的第二国际相反，共产国际是维护各国无产者的团结一致、维护各民族和各种族劳动者在反对帝国主义压迫的斗争中的团结一致的组织。

共产党人不顾资产阶级的血腥恐怖，在国际阶级战线的各个方面奋不顾身、勇往直前地进行着这一斗争，对无产阶级的必然的和不可避免的胜利抱有坚定的信心。

"**共产党人认为隐瞒自己的观点和意图是可鄙的事情。他们公开宣布：他们的目的只有用暴力推翻全部现存的社会制度才能达到。**

让那些统治阶级在共产主义革命面前颤抖吧。无产者在这个革命中失去的只是自己头上的锁链，而他们所获得的却是整个世界。

全世界无产者，联合起来！"

国际形势和共产国际的任务[①]

（根据尼·伊·布哈林同志的报告拟定的提纲）

导　言

1. 第一次帝国主义世界大战后，国际工人运动经历了几个历史发展阶段，这些阶段反映了资本主义体系总危机的不同时期。

第一时期，即资本主义体系发生最尖锐的危机和无产阶级进行直接革命发动的时期，在1921年达到了发展的顶峰，其结果一方面是苏联战胜了武装干涉和国内外革命势力，巩固了无产阶级专政，成立了共产国际，另一方面是西欧遭到了一系列严重失败，资产阶级开始了全面进攻。这个时期的最终一环是德国无产阶级在1923年的失败。这次失败成了第二时期的开端。**第二**时期是资本主义体系逐渐形成局部稳定的时期，是资本主义经济"恢复"过程的时期，是资本主义的进攻加剧和扩大、无产阶级大军的战斗由于严重失败而削弱并继续进行防御的时期；另一方面，这个时期是苏联迅速恢复并在社会主义建设事业中取得重大成就的时期，也是各国共产党在无产阶级广大群众中的政治影响日益增长的时期。最后，**第三**时期基本上是资本主义经济超过战前水平而

[①] 在1928年8月29日第四十五次会议上通过。

苏联经济也几乎同时超过战前水平的时期（在苏联开始了所谓"改造时期"，社会主义经济形式在新技术的基础上有了进一步的发展）。对于资本主义世界来说，这个时期是技术迅速进步，卡特尔、托拉斯和国家资本主义趋势急剧增长的时期，同时也是世界经济的各种矛盾通过资本主义总危机全部历程所决定的形成急剧发展的时期（市场缩小、苏联的存在、殖民地运动、帝国主义内部矛盾增长）。这个第三时期既然特别加剧了生产力发展和市场缩小之间的矛盾，也就必然会引起一个新的冲突的时期，即帝国主义国家之间的帝国主义战争、帝国主义国家反对苏联的战争、反对帝国主义的民族解放战争和帝国主义者的武装干涉、大规模的阶级搏斗。这个时期加剧了各种**国际**矛盾（资本主义国家和苏联之间的矛盾、作为瓜分中国的先兆的武力占领华北、帝国主义者之间的斗争，等等），加剧了资本主义国家内部矛盾（工人阶级群众向左转、阶级斗争尖锐化），促进了**殖民地运动**（中国、印度、埃及、叙利亚），从而必然会通过资本主义稳定本身矛盾的更加发展使资本主义稳定进一步瓦解，使资本主义总危机急剧尖锐化。

一、世界经济的技术状况和经济状况

2. 毫无疑问，资本主义国家的技术有了很大的提高，其中某些国家（美国、德国）具有技术革命的性质。一方面内燃机大量增加、实行电力化和化学化、用新的合成方法取得燃料和原料（汽油、人造丝等）、使用轻金属、广泛发展自动运输；另一方面由于传送装置惊人迅速的发展而出现新的劳动组织形式——这一切使资本主义的生产力进一步提高。在这一基础上，对外贸易额增加了，资本输出量也急剧增长了，而国与国之间这种经济联系形式的比重较之战前也大大提高。

3. 在经济领域中，资本主义垄断组织（卡特尔、托拉斯、银行团）

发展得非常迅速，它们对农业的影响也日益扩大。除了在"本国"范围内资本卡特尔化和托拉斯化外，国际金融资本的联合过程也向前推进了。同时，国家资本主义的趋势也加强了，它既具有原来意义上的国家资本主义形式（国营电站、国营公用事业、国营工业和运输企业），也具有企业主组织同国家政权机关日益结合的形式。

4. 与此同时，资本主义总危机在整个世界经济体系的结构发生根本变化的基础上具有了新的形式，发展了一些特有的矛盾。资本主义经济中心从欧洲转移到美国，业已托拉斯化和壮大起来的欧洲力图摆脱美国的经济统治；殖民地和半殖民地国家的资本主义有了发展；各国经济和军事实力增长的速度同它们占有殖民地的数量极不相称；帝国主义在殖民地，首先在中国的地位发生了危险；苏联作为世界资本主义的对立物和促进各国工人阶级和殖民地劳动群众革命化的因素正在发展——所有这些矛盾最终不能不引起新的大爆发。

5. 许多帝国主义国家由于战后破产而国内市场的有限，殖民地农民群众的日益赤贫化，战后世界经济结构的矛盾由于苏联同资本主义国家之间的新的原则性对抗而日益增长并变得异常复杂——所有这一切都同业已发展的资本主义生产力日益发生冲突。美国和欧洲之间均势的破坏最明显地反映在所谓"德国问题"和英帝国主义的衰落上。德国很快地发展起来（这在很大程度上依靠了美国的贷款），被迫偿付赔款和债务利息，但找不到足够的市场来输出自己的商品，于是整套制度都得靠美国源源不断的贷款来维持，而美国的贷款也增强了德国在世界市场上的竞争能力。

英帝国主义衰落的直接表现是英国工业长期处于衰落和停滞状态，英国工业尽管千方百计实行合理化，大力压低工人阶级的生活水平，但它在世界市场上却日益丧失竞争能力。英帝国主义的衰落也表现在英国资本输出的不断缩减上，表现在英国资产阶级丧失其世界债权人和世界银行家的统治地位上。英帝国主义的衰落还突出地表现在大批工人经常性的失业上。随着自治领的增加和殖民地的革命化，英帝国主义的衰落也表现在英帝国崩溃的趋势中。

6. 技术和劳动组织方面的进步加剧了各主要工业国大批工人的经常性失业现象。失业大军的人数比战前产业后备军增加了数倍，甚至在市面繁荣时期也不能完全就业。例如美国的技术取得了极大的成就，但在产品大量增加的同时，工业资本雇佣的劳动力却减少了。就是在技术迅速提高的国家里，合理化在使生产力大规模扩大的同时，也最大限度地加强了劳动强度、拼命提高了工作速度、骇人听闻地榨取了活的劳动力。劳动过程的机械化使资本家能更大规模地使用非熟练劳动力（女工和童工）或以非熟练劳动力来完全代替熟练劳动力。

为了减轻这些困难而企图成立欧洲的或国际的卡特尔，这在更广泛的基础上并以新的形式引起了英国和欧洲大陆各国之间的竞争，以及政治上经济上四分五裂的、没有重重关税壁垒的欧洲大陆内部的竞争（如规定限额、打击没有参加卡特尔的企业，等等）。

在这种情况下，市场问题和投资范围问题就显得特别尖锐。于是一个大规模军事冲突和武装干涉苏联的新时期便成熟了，于是对中国的武装干涉便全面发动了。可见，资本主义稳定的矛盾的发展最终必然会使目前的"稳定"时期转变为巨大的灾难时期。

二、国际关系和所谓"对外政策"问题

7. 资本主义国家同苏联的关系，帝国主义对中国的态度，欧洲（主要是英国）同美国的关系，是当前国际关系的基础。德国的兴起和由此产生的大国的重新组合是欧洲国际关系中发生变化的主要因素之一。

8. 必须承认,现代资本主义发展的最重要因素就是经济重心转向美国和美国帝国主义的侵略性在这一基础上的滋长。美国作为欧洲的长期债权国,是中欧发展的杠杆,同时也几乎在世界各地加强了自己的阵地。南美由于英国资本被排挤出去而逐渐成了美国的巨大的"势力范围",美国用血和铁镇压了美洲大陆的一切反抗(尼加拉瓜等地);加拿大以至澳大利亚沿着所谓"经济合作"的路线日益倾向于美国,而美国在"经济合作"方面的霸权早有保障。美国在全世界推行庞大的计划来控制最重要的原料产地并削弱英国的地位,如打破英国在石油开采和橡胶采割方面的垄断,破坏英国在埃及和苏丹的棉花生产的基础,等等。在非洲,美国正推行一些广泛的计划来破坏英国的棉业实力;在中国,美国同原先已经占有牢固地盘的日本和英国发生冲突,并在"门户开放"原则的掩饰下实际上参与了瓜分中国的勾当。由此可见,北美帝国主义正日益从所谓"和平渗透"的政策转向直接武装占领殖民地的政策。

9. 美国的这种迅速扩张必然会使它的利益同正在衰落但毕竟还异常强大的英帝国主义的利益发生冲突。迅速发展起来但所占殖民地较少的金元共和国同正在衰落但垄断着大量殖民地的大英殖民帝国之间的矛盾是当前时期国际矛盾的轴心,而且也正是将来重新瓜分殖民地(不仅是殖民地)的斗争的焦点。英美"合作"已变为英美剧烈竞争,其前景将是大规模的势力冲突。

10. 美国资本在欧洲的影响最明显不过地表现在德国的经济高涨上。在美国贷款源源不断的帮助下,德国从经济破产的低谷重新跃居到很高的水平。同时,德国的政治作用也提高了。德国垄断资本主义的发展,一方面使凡尔赛体系加速瓦解,另一方面也使德国日益明确地采取"亲西方"的方针(即帝国主义的反苏方针)。如果说德国在经济、政治和国家地位低落之日曾要求同无产阶级国家,即当时唯一反对帝国主义奴役德国的国家达成协议，那么德国新帝国主义趋势的增长就日益推动德国资产阶级采取反苏立场。

11. 这一事实也必然会改变欧洲大国的结盟关系。欧洲内部一系列矛盾的存在（首先是法意两国在巴尔干和北非的矛盾），在关系动荡的基础上，使各国不断重新结盟。但是，尽管这种结盟关系不断变化，有一种基本趋势却始终在滋长，这就是反苏的趋势。许多大小国家（波兰、罗马尼亚、意大利、匈牙利、捷克斯洛伐克、缓冲国等等）之间根据伦敦和巴黎的指令订立的无数旨在反对苏联的条约和协定，越来越明显地反映出这一趋势。德国立场的转变在一定程度上说明帝国主义反革命集团在准备反苏战争的过程中又完成了一个阶段。

12. 争夺市场和投资范围的斗争，不仅孕育着反苏战争和帝国主义者之间的战争，而且已经导致了瓜分中国庞大市场的大规模武装干涉。凡是帝国主义者可能找到剥削对象，同时革命运动震撼着资本主义原则的统治的地方，帝国主义者非常可能勾结起来组成集团。因此，除了反对苏联的帝国主义大国集团以外，还存在着反对中国革命力量的血腥的反革命的武装干涉集团。但是，这个反对中国革命的共同行动也会加剧帝国主义集团内部利益的深刻矛盾，首先是强盗式地公然占领领土的日本帝国主义同拥有巨大实力而现阶段还披着和平主义伪装的美帝国主义之间的矛盾。由此可见，帝国主义者反对中国人民的这场实际的战争可能会引起帝国主义者之间的大规模冲突。

三、资产阶级国家政权和阶级力量的重新组合

13. 目前在大多数资本主义国家中，资产阶级的政策是由两个最主要的任务决定的：第一，进一步提高"竞争能力"，即进一步推行资本主义合理化；第二，准备战争。从**社会阶级**观点来看，资产阶级实行这

种政策的后果,一方面是加紧对工人阶级的压榨,提高剥削率;另一方面是实行经济和政治收买的"补偿"办法,而社会民主党正日益心甘情愿地充当这个收买的对象。

14. 资本的集中和通过银行系统吸收大土地占有者参加金融资本家的共同组织,这就更加加强了联合起来的、其组织已经同国家政权机关直接结合的大剥削者的力量。如果说,所谓**战时**国家资本主义制度大体上是"经济围困"时期的制度,它在战争结束后就被"废除",那么,目前在生产力发展和经济迅速集中的基础上成长起来的国家资本主义趋势,在客观上是实行军事和经济动员以应付未来冲突的前提条件。把生产力转移到对于现代战争具有首要作用的化学工业方面,这就更加强调了上述事实的全部意义。

15. 国家政权同企业主组织的关系发生这种变化,资产阶级的一切力量集中于资产阶级国家——这就使各资本主义国家的"资产阶级国家秩序"朝反动的方向转化。这种转化是目前资本主义危机时期的特征,它在政治上的表现是资产阶级民主制和资产阶级议会制的总危机,它在劳资之间的各种经济冲突上打下了特殊的烙印,使其具有非常尖锐的性质。

每一次规模较大的经济罢工都使工人同那些与帝国主义国家政权勾结一起的资本主义托拉斯巨头发生冲突。因此,每一次这种罢工都具有政治性质,即全阶级性质。这样,第一次这种罢工的发展都会使它具有"反国家"的性质。正是这种情况迫使资产阶级及其国家政权采取各种复杂的方式从经济上和政治上收买工人阶级中的一部分人,收买工人阶级的政治组织和工会组织。改良主义工会和改良主义政党的上层分子同企业主组织和资产阶级国家的彼此勾结,由工人担任国家官吏和企业主组织的官员,"经济民主"和"工业和平"的理论和实践,等等——这一切都是用来防止阶级斗争发展的手段。

16. 与此同时，帝国主义国家也日益广泛地采用镇压手段和镇压方法来对付无产阶级的革命队伍，尤其是对付共产党，即组织和领导工人阶级的革命斗争以反对帝国主义战争和日益加重剥削的唯一政党。这些措施既是同帝国主义国家的备战活动直接联系着的，也反映了阶级矛盾的普遍尖锐化，反映了阶级斗争的各种形式和方法特别激烈，这一点日益明显地表现在资产阶级采取法西斯主义的压迫方式上。例如：英国的工会法，法国的保罗-邦库尔军事法，各种所谓"国家防卫法"（如在巴尔干国家），法国对共产党人的迫害，意大利解散工会和对共产党人的镇压，日本的恐怖统治，波兰的恐怖统治，中国大规模屠杀共产党人和革命工农，在殖民地对革命者的镇压，德国取缔红色战士联盟，等等。在共产党还处于合法地位的一些国家里，资产阶级力图在社会民主党的帮助下把共产党驱入地下。因此，加强群众的战斗训练并同资产阶级的反复进攻进行顽强的斗争就被提上了日程。

17. 与此同时，工人阶级已经从前个时期的惨重失败中恢复了元气，他们的各种形式的反抗也加强了。资本主义稳定本身矛盾的发展，生产合理化，失业现象的增长，对工人阶级压榨的增加，小资产阶级的破产，等等——这一切不可避免地使阶级斗争尖锐化，使阶级斗争的基础扩大。在欧洲各国，工人阶级向左转这个总的趋势进一步发展了；清一色的资产阶级政党在工人群众中的影响削弱了，工人们一部分转向社会民主党，一部分转向共产党；工人阶级中最富有战斗精神的分子日益脱离社会民主党而转向共产主义阵营。社会民主党日益依靠小资产阶级各阶层，从而它的社会基础就从工人阶级转到了小资产阶级身上。各国共产党在工人阶级中的影响和威信增长了。如果说稳定时期的开始和资本的全面进攻曾引起大规模的抵抗，那么新时期同样也标志着大规模的群众斗争，这里首先包括：许多国家的罢工浪潮（德国、法国、捷克斯洛伐克等），维也纳无产阶级的起义，由于萨柯和万泽蒂被杀害而引起的示威游行,支持苏联的运动,等等。由此可见,尽管资产阶级和社会民主党采取了种种反抗措施,但资本主义稳定本身矛盾的发展和阶级斗争的日益尖锐化,势必在工人阶级队伍中引起思想分化,引起革命力量的加强,共产主义在国际工人运动中的地位不断巩固。

四、阶级斗争、社会民主党和法西斯主义

18. 尽管阶级斗争尖锐化,但欧美工人运动中的改良主义仍十分顽固,并在政治上根深蒂固。这一事实的总的社会经济基础是资本主义危机发展缓慢,因为其某些组成部分在发展,另一些组成部分比较缓慢地衰退。属于这一类的有以下事实:美国作为世界剥削者、债权人和高利贷者的地位日益巩固(美国的繁荣);英国拥有巨大的殖民势力,它在世界市场上的地位只是逐渐地在丧失;德国经济的高涨,等等。除了这些主要过程以外,还存在一个次要的过程,这就是:国家机关、企业主组织同社会民主党领导的工人组织的上层分子彼此勾结,形成一个由工人官僚组成的新贵阶层(国家机关和市政机关的官吏,企业主组织中的官员,工人和资本家"共同组织"中的职员,邮政局、铁路局和银行组织中以工会或合作社的名义出面活动的所谓"无产阶级代表",等等)。

19. 社会民主党自觉地支持并推进这个使工人官僚上层分子资产阶级化的过程。社会民主党由羞答答地维护资本主义转变为赤裸裸地支持和积极建设资本主义,由空谈阶级斗争转变为宣扬"工业和平",由"保卫祖国"转变为准备反苏战争,由口头上维护殖民地转变为奉行直接支持殖民地压迫的政策,由小资产阶级的和平主义转变为颂扬帝国主义的国际联盟,由假马克思主义的修正主义转变为英国工党式的自由主义。

20. 社会民主党和改良主义工会领袖的实际活动也是同他们的这种思想方针完全适应的。这些实际活动首先包括他们在各地大力推行"美国式"的收买和腐蚀工人阶级的方法（如国际劳工局的活动，英国工联总理事会和工党的代表同企业主联合会举行会议，法国的"全国经济委员会"，德国的"仲裁机构"，斯堪的纳维亚各国的强制仲裁法，奥地利成立"商会"和"工会"的共同机关，等等）。社会民主党和改良主义工会领袖不仅在罢工、政治危机、殖民地冲突和起义时期扮演叛徒的角色，替镇压工人的恐怖行动辩护（如英国的罢工，维也纳起义，德国五金工人罢工，捷克斯洛伐克和波兰枪杀工人，印度尼西亚起义，中国革命，叙利亚和摩洛哥起义，等等），现在更对共产党人和革命工人展开猛烈的攻击（在许多国家的工会、合作社和其他群众组织中实行开除政策和分裂政策）。

21. 改良主义的领袖在资产阶级的授意下，从无产阶级群众组织中开除了许多优秀的革命分子。他们现在广泛实行的这种阶级分裂政策，是他们同资产阶级合作政策的一个不可分割的组成部分，其目的在于一开始就破坏无产阶级战斗队的内部统一，从而削弱它抵抗资本进攻的力量。这种政策是社会民主党的整个社会帝国主义政策（扩充军备的政策、反苏政策、殖民地掠夺政策）的一个必要环节。为了击破改良主义者企图从内部瓦解无产阶级阶级阵线的阴谋，共产党人在今天就特别应当着手开展一个最有力的反击运动，以便动员群众争取阶级统一，击退改良主义者分裂无产阶级群众组织（工会、合作社、文化团体和体育团体等）的政策。

在改良主义的分裂活动中，社会民主党的所谓"左派"领袖扮演着特别可耻的角色，他们在口头上侈谈统一，但实际上却一再无条件地支持第二国际和阿姆斯特丹派的罪恶的分裂方法。

22. 在对外政策方面，帝国主义国家的社会民主党和改良主义工会的上层分子彻头彻尾代表着资产阶级国家的利益。支持资产阶级国家，支持它的武装力量和警察，支持它的扩张意图和原则上敌视苏联的态度，支持殖民政策，支持占领、吞并、保护制度和委任统治，支持国际联盟，支持帝国主义大国的狂暴的反苏运动，协同以"和平主义"欺骗群众，协同准备反对无产阶级共和国的战争，协同以改良主义欺骗殖民地工人（如珀塞尔在印度，第二国际关于殖民地问题的决议）——社会民主党在对外政策方面的实际行动路线，大体上就是如此。

23. 在过去的这段时期里，社会民主党一贯扮演资产阶级后备军的角色，成为资产阶级的"工人"政党。资产阶级通过社会民主党之手替自己扫清了通向资本主义稳定的道路（在欧洲成立了许多联合内阁）。资本主义的巩固在一定程度上使社会民主党的执政党作用显得有些多余。他们被排除出联合内阁并成立所谓"清一色的资产阶级"政府，这就结束了所谓"民主和平主义"时期。社会民主党一方面扮演反对派的角色，另一方面又是所谓"现实和平主义"和"工业和平"政策的鼓动者和宣传者。它控制着相当数量的工人群众，掌握着一部分脱离资产阶级政党的工人，并在一部分具有左倾情绪的小资产阶级中有着一定影响（法国大选、德国大选）。在中欧，社会民主党又重新参加了政府。但是必须注意，社会民主党直接参加新联合政府的这种情况，不可能也不会是老一套的简单重复。特别是在对外政策问题上和在军事政策问题上。在这方面，社会民主党领导人所起的叛徒作用将比过去任何发展阶段都要大得多。

同时也必须注意，特别是在社会民主党参加联合政府和它的官僚上层分子蜕化变质的情况下，社会民主党内的所谓"左"翼可能加强（奥地利马克思主义、特兰美尔主义、英国独立工党思想、意大利最高纲领主义），他们用更巧妙的、从而对无产阶级革命事业更危险的方法来欺骗工人群众。危机时期（1923年德国革命，英国罢工，维也纳起义)的经验,以及左派社会民主党人对待帝国主义者准备反苏战争问题的态度都清楚地表明,社会民主党左派领袖们是共产主义和无产阶级专政的最危险的敌人。第二国际"左"翼政党的"典范"奥地利社会民主党在维也纳无产阶级七月浴血战斗的日子里所表现的可耻行径,特别清楚地证实了这一点。鲍威尔、阿德勒之流的彻底破产特别明显地表明,"奥地利马克思主义",尤其是在维也纳起义遭到镇压后,它的公开的反动倾向日益发展,它在实际活动中经常恬不知耻地叛卖工人阶级的事业,成了改良主义者手中掌握的欺骗革命群众的最危险的工具。因此,鉴于社会民主党内的工人有向左转的趋势,共产党人应当大力加强对他们的影响,以最坚决的态度揭露社会民主党的"左派"领袖是在工人阶级中推行资产阶级政策的最危险的代理人,并一定把脱离他们的工人群众争取过来。

24. 在危机时期,资产阶级除了拉拢社会民主党以外,在一定条件下还实行法西斯制度。

法西斯主义的特点是:由于资本主义经济制度发生动摇,资产阶级在特殊的主客观条件下,为了阻止革命的发展,利用城乡中小资产阶级、甚至游民无产阶级中某些阶层的不满情绪,造成一种反对的群众运动。法西斯主义直接采用暴力方法来摧毁工人组织和贫农组织的力量,并夺取政权。法西斯主义在取得政权后,竭力使资本主义社会内的所有统治阶级(银行家、大工业家、大农场主)在政治上和组织上联合起来,实现他们为所欲为的、赤裸裸的和彻底的专政。法西斯主义使统治阶级掌握一支经过专门严格训练的、用来从事国内战争的武装力量,建立一种新型的国家,即公开依靠暴力、强制和贿赂的国家。它不仅收买小资产阶级的一些阶层,而且收买工人阶级中的某些分子(职员,成为国家官吏的前改良主义领袖,工会办事人员或法西斯党的公职人员,以及应招编入"法西斯民警"的贫农和游民无产者)。

意大利法西斯主义借助于各段手段（如美国资本的扶持，对群众实行空前的经济压迫和社会压迫，实行某些国家资本主义形式），近年来已经减轻了国内政治危机和经济危机的后果，创立了法西斯制度的典型形式。

现在，几乎到处都存在着程度不同的法西斯主义倾向和法西斯运动的萌芽。社会民主党的正统思想——阶级合作的思想，在许多方面是同法西斯主义思想不谋而合的。许多社会民主党的实际活动，以及改良主义工会官僚的实际活动，都已经显示出采取法西斯主义方法来对付革命运动的萌芽。

在国际关系方面，法西斯主义举行暴力和挑衅政策。波兰和意大利的法西斯专政日益暴露出侵略意图，这就是对和平的经常性威胁，就是用军事冒险和战争来对各国无产阶级进行威胁。

五、殖民地国家和中国革命

25. 世界资本主义体系的总危机目前明显地反映在殖民地和半殖民地的起义和革命上。反对美国帝国主义政策的运动（墨西哥、尼加拉瓜），南美的反美运动，叙利亚和摩洛哥的殖民地起义，埃及和朝鲜的经常性骚动，印度尼西亚的起义，印度革命危机的增长，最后，中国的大革命——所有这些事件和事实都说明殖民地和半殖民地在反帝革命斗争中的巨大作用。

26. 在这些事实中，具有世界历史意义的最重大的事件是中国的大革命。大革命浪潮直接波及的群众有几千万，间接波及的群众有几亿；人数如此众多的群众第一次轰轰烈烈地参加了反帝斗争。中国同印度支那和印度的密切联系大大提高了中国革命的意义。最后，中国革命的进程，它的民主性质，它之必然向无产阶级革命转变——这一切都必然向全世界无产阶级充分显示出中国革命的国际意义。

27. 中国革命是反帝国主义的民族解放革命，同时按其现阶段的客观内容来说又是资产阶级民主革命，但它必然会转变为无产阶级革命。在中国革命发展过程中，随着广大工农群众的被发动，随着土地革命的真正开展（在这场革命中贫民打倒地主和土豪劣绅），民族资产阶级（国民党所代表的资产阶级）通过一系列改变终于转向反革命营垒，同封建主结成联盟，同帝国主义强盗实行妥协。

因此，反对帝国主义的斗争是同争取土地、反对反革命资产阶级的斗争不可分割的。它是同反对地主（土豪劣绅）和军阀、反对使人民群众惨遭浩劫、使帝国主义者的阵地得以加强的军阀混战的斗争不可分割的。中国只有反对本国资产阶级，只有进行土地革命、没收地主土地并免除农民空前沉重的捐税负担，才能得到解放。不取得无产阶级和农民专政的胜利，不没收土地，不对外国企业、银行、运输业等等实行国有化，中国就不可能得到解放。

这些任务只有通过中国革命无产阶级领导的广大农民群众的胜利起义才能解决。

中国革命的当前形势具有下列特点：尽管帝国主义者、封建主和资产阶级之间存在着内部矛盾，但它们已经结成联盟，并使无产阶级和农民遭到了惨重失败，杀害了大批共产党干部；工人运动还没有从失败中完全恢复元气；在一系列地区农民运动正在继续发展；农民起义取得胜利的地方，建立了农民政权机关，有些地方建立了农民苏维埃。共产党巩固起来了，内部团结得到了加强，它在广大工农群众中的威信和影响增强了。总之，鉴于中国地域广大，各地区的发展不一致，必须认为，当前时期是积蓄群众力量准备迎接新的革命高潮的时期。

28. 在印度开始了民族革命运动的新高潮，它的特点是无产阶级独立展开进攻（孟买的纺织工人罢工，加尔各答的铁路工人罢工，五一示威游行，等等）。这个新高潮在国内整个状况中有它深刻的根源。战时和战后很快发展的工业化速度现在已缓慢下来。英帝国主义的政策阻碍着印度工业的发展，并使得农民丧失土地、变得一贫如洗。由于企图通过一次敷衍潦草的土地改革来建立一个人数不多的大农阶层，作为英国政府和当地封建主义的支柱，广大农民群众就变得更加贫困，他们所受的剥削也就更加沉重了。对工人不仅实行残酷的剥削，有的地方还保留着半奴隶制的形式，而且竭力提高劳动强度。虽然工会组织还掌握在改良主义者的手中，但无产阶级在反对这种野蛮剥削的斗争中，正在摆脱资产阶级和改良主义的影响。农民运动由于1922年甘地的叛卖而瓦解，并遭到封建反动势力的残酷镇压，现在它只是缓慢地走向必然到来的新高潮。自由派民族资产阶级（自治党的领导集团）由于英帝国主义不肯让步而不得不重新变成一个相当奉公守法的反对派，虽然它也进行了一些反英活动，但实质上是牺牲劳动群众来同帝国主义实行妥协。另一方面，印度的整个发展过程也推动城乡广大的小资产阶级群众，首先是破产的赤贫农民，走上革命的道路。只有在无产阶级的领导下，工农和革命知识分子的联盟才能击溃帝国主义者、地主和妥协派资产阶级的联盟，才能开展土地革命和冲击帝国主义在印度的战线。把共产主义者和共产主义小组联合成强大的共产党，把无产阶级群众组织到工会中来，并在工会中不断进行斗争以便彻底揭露背弃社会主义的工会领袖并把他们从工会中驱逐出去——这就是印度工人阶级的必要任务，是争取印度独立的群众革命斗争的必要条件。

29. 中国革命的新高潮和印度革命形势的必然加剧可能会创造一个崭新的世界政治形势，打破资本主义制度的相对稳定。帝国主义大国之间冲突的发展，它们对苏联实行的封锁，帝国主义和殖民地世界之间斗争的极端尖锐化，——这一切一再地证明当前时代，即"战争和革命时代"的总的特点。

六、共产国际的策略方针和基本任务

30. 制止日益临近的帝国主义战争，保卫苏联，反对干涉和瓜分中国，保卫中国革命和殖民地起义——这是目前共产主义运动的主要国际任务。应当把这些任务的解决同工人阶级反对资本进攻的日常斗争（争取无产阶级专政的辅助斗争）结合起来。

31. 必须经常不断地、每日每时地进行斗争来反对资本主义国家之间的帝国主义战争的威胁，反对帝国主义反苏战争的威胁。要开展这一斗争，不揭露和平主义是不可想象的，因为和平主义在目前条件下是帝国主义者手中用来准备战争和掩饰备战活动的最重要的工具。要开展这一斗争，不揭露"国际联盟"是不可想象的，因为"国际联盟"是帝国主义"和平主义"的最主要的工具。最后，要开展这一斗争，不揭露社会民主党是不可想象的，因为社会民主党用和平主义的旗帜帮助帝国主义掩饰准备新战争的真相。经常用事实来揭露"国际联盟"的工作，一贯支持苏联的裁军建议并据此揭露"本国"政府（在议会中提出质询，举行街头群众集会来支持这种质询，等等），不断说明关于帝国主义国家的实际备战、关于化学工业、关于军费预算、关于帝国主义之间在中国的作用问题，揭露社会民主党的"现实和平主义者"关于超帝国主义和"国际联盟"作用的谎言，经常说明第一次世界大战的"结果"和在军事上和外交上秘密准备发动这次大战的情况，反对形形色色的和平主义并宣传共产党的口号（首先是使"自己的"帝国主义祖国失败和变帝国主义战争为国内战争的口号），在陆海军士兵中间展开工作，建立秘密的支部，在农民中展开工作——这一切应当是各国共产党在这方面的基本任务。

32. 帝国主义者反苏战争的胜利不仅意味着苏联无产阶级的失败，

而且意味着国际无产阶级有史以来最严重的失败。工人运动将倒退几十年。最残暴的反动势力将在全欧洲猖獗。如果说在十月革命的影响下，经过德国、奥地利和其他国家的一系列革命，工人阶级争取了许多重大成果，那么苏联无产阶级的失败将在历史上揭开反革命空前野蛮恐怖的新的一页。可见，保卫苏联不可能不成为注意的中心。因此，在帝国主义者的武装力量集聚起来反对苏联的时候，对苏联命运的关心，要求我们进行系统的工作，准备把反苏战争变成反对帝国主义政府的国内战争，变成保卫苏联的战争。

33. 反对帝国主义战争，保卫中国革命和保卫苏联，都要求提高工人阶级的战斗的**国际主义精神**。经验表明，各国共产党还不能胜任这些国际任务。早在第七次扩大全会上就指出，"共产国际所有政党几乎都没有能充分发挥力量支持英国罢工和中国革命"。以后的事实证明，这正是由于对运动的国际任务认识不足。在许多情况下，尤其是在反对武装干涉中国的问题上，共产国际各支部没有充分表现出自己的动员能力。代表大会提醒各国共产党注意，必须以最坚决的态度纠正这些缺点，必须对这些问题进行系统的工作（在报刊上广泛进行说明，出版宣传鼓动的书刊，等等），必须拿出比以往多得多的力量来对自己和广大无产阶级群众进行**国际主义**教育和战斗训练。

34. 支持殖民地运动，尤其是对于压迫殖民地的帝国主义国家的共产党来说，是当前最重要的任务之一。反对干涉中国，反对镇压一切殖民地的解放运动，在陆海军中展开工作，坚决支持殖民地起义的人民，这一切都是最近必须采取的措施。代表大会同时责成执行委员会以更多的力量严密注意殖民地运动，并相应地改组和加强主管这项工作的各个部门。

代表大会还特别强调指出在美国和其他国家（尤其是南非）大力组织黑人运动的必要性。为此，代表大会要求最坚决、最无情地反对所谓"白种沙文主义"的各种表现。

35. 在即将为无产阶级专政和社会主义而展开决战的"先进"资本主义国家中，共产党的总的策略方针应当是：反对任何想使工人组织"长入"资本主义和私人组织或国家组织的打算，反对工会同托拉斯的"结合"，反对"工业和平"和强制仲裁，反对资产阶级的国家政权，反对托拉斯。各国共产党应当向工人群众进行不断的解释工作，说明关于"工业和平"和强制仲裁的宣传是同镇压无产阶级运动的革命先锋队、准备帝国主义战争紧密联系在一起的。

36. 由于工业加紧托拉斯化，由于国家资本主义趋势的加强，由于国家组织和托拉斯组织日益同改良主义工会机关结合起来，由于社会民主党宣传新的、彻头彻尾资产阶级的、积极效忠于帝国主义的思想，因此，必须加紧对这个"资产阶级的工人政党"展开斗争。之所以需要加紧这场斗争，是因为力量的配置发生了变化，社会民主党的地位发生了变化，它已经进入了更加"成熟的"（从帝国主义的眼光来看）发展时期。因此，代表大会完全赞同共产国际执行委员会第九次全会制定的策略。这一策略在法国的选举和英国的运动中经受了考验，被充分证明是绝对正确的。

37. 这个策略改变了统一战线策略的**形式**，但绝没有改变它的主要**内容**。加紧对社会民主党的斗争是把工作重心坚决转移到**下层**的统一战线上，但它没有取消，相反倒加重了共产党人的义务，要求他们把真正受骗的社会民主党的工人同向帝国主义摇尾乞怜的社会民主党的领导集团区分开来。同样，争取**群众**（包括还跟着资产阶级走的和跟着社会民主党走的群众）的口号，不仅不应当从日程上取消，而且更加应该成为共产国际全部工作的中心。

关心工人阶级的日常需要，满腔热情地支持工人群众的哪怕最细小的要求，深入到无产阶级的各种群众组织（工会组织、文化组织、体育组织、等等）中去，加强党在工厂和大企业中的阵地，特别是在无产阶级的落后阶层（农业工人）和失业工人中展开工作，并且一定把各种细小的日常要求同党的基本口号联系起来——这一切都应当是党的最主要的任务。只有完成这些任务，才能真正争取和动员群众。

38. 在**工会**运动方面，代表大会坚决号召各国党最大限度地加强这条战线的工作。目前，更加应该尽力扩大共产党人在工会中的影响，因为在许多国家中，改良主义者正在加紧把共产党人（和一般左派）开除出工会组织。共产党人如果不保持必要的阵地，就可能脱离工会内有组织的无产者群众而遭到孤立。因此，共产党人应当在工会中热情而耐心地进行日常的工作，以便在广大会员群众的心目中树立起威信，使他们确信共产党人是经验丰富和精明能干的组织者，是不仅为无产阶级专政而奋斗、而且为工人群众的任何日常的局部要求而奋斗的战士，是能够很好地领导罢工斗争的人。

革命的工会反对派和革命的工会，只有同社会民主党和政治上被收罗的工会官僚展开激烈的斗争，才能在共产党的这些战斗中起领导作用。为了在争取群众的工作中取得决定性的胜利，必须特别重视下列工作：进行**细致的罢工准备工作**（群众工作，加强工会中的党团，等等），**善于领导**罢工的**进行**（建立罢工委员会和利用工厂委员会），从政治上向群众解释每一次经济冲突和罢工成败的原因和条件。

在资产阶级国家、企业主组织和改良主义工会官僚结成统一战线并竭力企图通过强制仲裁来扼杀罢工运动的情况下，我们的基本任务就是要发挥群众的力量和主动精神，在形势有利时，甚至不顾改良主义工会官僚的意志而举行罢工斗争。

不要被改良主义者开除共产党人和分裂工会运动的挑衅行为所吓倒，而要采取一切措施防止改良主义者的突然袭击，同时必须尽力反对投降的策略（如"不顾一切"的统一，拒绝保护被开除的同志，不去大力反对强制仲裁,无条件地服从官僚主义工会机关,削弱对改良主义领导的批评,等等)。组织尚未组织起来的群众,夺取改良主义的工会,组织被开除的工人,并在适当的条件下(如在工会运动发生分裂的国家里)把已经掌握的地方组织联合成革命的工会组织——这一切就是当前日程上摆着的任务。共产党人无论如何都不应该在争取一国范围内或国际范围内的工会运动统一的工作中放弃主动权,他们应该同阿姆斯特丹国际及其各国支部的分裂政策进行坚决的斗争。由于共产主义和改良主义之间斗争的尖锐化,大力开展工会中共产党党团、工会反对派、革命工会的工作,大力加强红色工会国际的工作和活动,就显得特别重要。

各国共产党应当支持太平洋工会书记处和拉丁美洲工会书记处的工作,因为它们是站在阶级斗争的立场上为反对帝国主义、为争取殖民地和半殖民地的独立而进行斗争的。

39. 随着资本主义生产合理化的开展,青年在生产中的作用日益增大,战争的危险日益滋长——这一切非常有力地提出了关于加强青年工作的问题。代表大会责成青年共产国际研究本身的策略和工作方法问题,在这里,必须更加广泛地影响青年工人,采用多种多样的方法吸收他们参加组织,更加敏锐和更加积极地反映他们的经济、一般文化和理论的需求,同时要保持共产主义青年团的战斗和政治面孔。

鉴于青年在生产中比重的增加,必须加强工会小组的工作,同时应该在青年没有参加工会的地方,设法在共产主义青年团的领导下成立专门的青年团体,目的是为实现无产阶级青年的经济要求而斗争。进行经济斗争,参加罢工的领导工作,在特殊的情况下独立进行罢工,在工会中开展工作,使共产主义青年团深入到有青年工人参加的各种群众组织(如工会、体育团体等)中去,进行反军国主义的工作,坚决改变策略和方法以加强群众工作——这一切应当是青年共产国际的主要任务。不解决这些任务,青年共产国际就不能组织真正群众性的反对帝国主义和反对战争的斗争。代表大会一方面认为采取这种加强群众工作的方针是必要的，同时要求共产国际各支部和共产国际执行委员会更加经常地帮助和领导共产主义青年团组织。各国共产党，也和共产主义青年团一样，应当加强注意对工人子女的工作和共产主义儿童团的活动。

同时，代表大会责成共产国际执行委员会通过国际妇女书记处采取一系列措施来加强对**女工**和一般劳动妇女群众的工作，并在这方面利用女工"代表会议"的经验。

40. 在新的帝国主义战争危险日益增长的条件下，各国共产党在农村广大劳动阶层中进行工作具有特殊的意义。根据法国和德国大选的结果，代表大会决定加强对农业工人和小农的工作。代表大会特别注意到加强农民工作的必要性，并指出，这项工作在大多数共产党内遭到忽视。代表大会责成共产国际执行委员会采取一切措施来开展农民工作，特别是在农业国（罗马尼亚、巴尔干各国、波兰等）中，同样也包括在法、德、意等国。代表大会责成共产国际执行委员会采取紧急措施来活跃农民国际的工作，并要求共产国际各支部支持这项工作。

41. 代表大会责成共产国际执行委员会采取一切措施来帮助资本主义国家和殖民地中进行解放斗争的各种组织，动员广大劳动群众保卫中国革命和保卫苏联的各种组织，以及援助遭受白色恐怖危害的各种组织。必须加强和改进共产党人在"统一派"、"反帝大同盟"、"苏联之友协会"、"国际支援革命战士协会"、"国际工人援助会"等组织中的工作。各国共产党必须大力帮助这些组织，协助推广它们的权利，支持它们的地方分支机构的工作，等等。

42. 特别是在可能发生战争的情况下，迫害的加重和阶级斗争的进一步加剧会在各国共产党面前提出一项任务：需要及时地提出和研究关于建立秘密机构并由它来保证领导未来的战斗和保证党的路线和行动统一的问题。

七、各支部的工作总结、成绩、错误和任务

43. 代表大会确认共产国际工作中所取得的一系列重大成绩。这些成绩包括：共产主义的影响扩大了，它第一次传播到南美洲、非洲、澳洲和亚洲一系列国家（共产主义在日本的阵地有了加强，共产主义在中国得到了传播）；在帝国主义国家，尽管资本主义局部稳定，社会民主党相对巩固，但共产国际的影响扩大和深入了（德国、法国、捷克斯洛伐克、英国）；处于非法地位的党成长了，它们在骇人听闻的警察和法西斯恐怖打击下继续在前进（一方面是意大利和波兰，另一方面是中国和日本），而中国的恐怖统治具有空前的大规模屠杀的性质；最后，各党更加布尔什维克化了，积累了经验，内部团结了，内部斗争克服了，在共产国际内部托洛茨基反对派被击败了。

同时也必须指出共产国际各支部的一些共同缺点：战斗的国际主义精神发扬得较差；存在一定程度的地方主义，这表现在对于特别重大的问题的意义估计不足；工会工作薄弱；不善于从组织上巩固政治影响的提高和党员人数的稳定；一些党对于农民工作和被压迫少数民族的工作重视不够；党的机关和工作方法存在某种程度的官僚主义倾向（同群众的联系不够密切，吸收新党员不够积极，基层支部的工作不够活跃，把重心放在党的专职人员的工作上）；党的干部的政治理论水平相对较低；由于在生产单位支部基础上改组党的工作远未完成，所以同大企业的联系较差，等等。

44. **英国**共产党过去一段时期的工作，在共产国际执行委员会第七次扩大全会上已经作了估计，现在它面临着许多新的任务。一方面，英国工联代表大会总理事会和工党的领导人急剧向右转，"蒙德主义"的出笼，工党变成大陆社会民主党类型的社会自由党（实行相应的政治纪

律、加强机关的集中制等），把共产党员和革命工人驱除出工会，改良主义者开始分裂工会（如在苏格兰）；另一方面，下层工人的情绪日益左倾——这一切都向共产党提出了一项任务：必须采取更加明确的阶级立场，对工党展开更加坚决的斗争。英国共产党虽然善于处理工会问题，善于领导**各个实际部门**的工作，但它未能一下子认清新形势，以致在上一次代表大会上犯了重大错误，把工党执行委员会监督下的工人政府的口号当做中心口号。共产国际执行委员会第九次全会根据英国的新形势通过了关于策略的决议，标志着英国党整个工作一定程度的转变。经验表明，这一策略路线是同英国和英国工人运动的新的特殊形势相适应的。完全保持共产党的阶级独立自主，对工党展开无情的斗争，大力揭露"工业和平"和法西斯化学大王蒙德，扩大并在组织上巩固少数派运动，领导罢工斗争，积极反对政府和工党的对外政策，反对干涉中国，反对准备反苏战争，支持印度革命——这就是英国共产党当前的基本任务。同时，党也应当采取一切措施来扩大党员人数，开展在企业中的工作，巩固党的机关，加强同工厂群众的联系，消除思想政治观点上的某种狭隘偏见，等等。共产国际代表大会责成英国共产党就党的政策中的策略转变问题和实行新策略的方法问题进行广泛的讨论。

45. **法国**共产党的政治路线和工作，在共产国际执行委员会第六次扩大全会，特别是第九次扩大全会上已经有了正确的估计。第九次扩大全会鉴于议会选举的到来，认为法国共产党的政策有必要实行策略转变。同时，扩大全会着重指出，必须改变法国共产党对待社会党的态度，彻底肃清党的队伍中的旧的议会主义传统，如使共产党的政策同"左派"小资产阶级政党的政策衔接起来的倾向。竞选运动的经验证明第九次全会指示法国党执行的路线是正确的。但是在竞选运动过程中，也暴露出党的工作中的一系列错误和缺点（如竞选工作做得过于肤浅，没有把这一工作同无产阶级的直接斗争联系起来，党的中层干部能力薄弱，对农业工人和农民的工作做得不够）。因此，法国党当前面临的主要任务是：加强对产业无产阶级群众的工作（特别是在工厂中直接进行工作），加强吸收党员的工作，彻底改善工会工作，更加积极地领导罢工和开展无产阶级的一切直接斗争，把没有参加组织的工人组织起来，在统一总工会的各级组织中实行更广泛的工会民主，妥善安排共产党人在工会中的工作。党应当加强反军国主义的工作，加强殖民地的工作和对外国工人的工作。在党内生活方面，党应当首先大力反对右倾，即反对或多或少公开反抗党的新政治路线的倾向（如议会主义倾向、无政府工团主义倾向的残余、恢复地区组织的倾向）。同时，党也应当克服"左"的倾向（如共产党人生硬地"指挥"工会，从而使党在工会中的地位过分突出，否认统一战线策略等等）。在组织方面，党应该设法扩大在大企业中的阵地，加强那里的支部，活跃支部的政治生活和吸收新党员。

46. **意大利**共产党虽然受到特别残酷的恐怖镇压，但仍能保持自己的地下组织，继续开展宣传鼓动工作，成为唯一真正为推翻法西斯主义和资本主义制度而斗争的政党。党在工人阶级的最积极的分子中赢得了决定性的影响，正是这些最积极的分子使得劳动总联合会在改良主义领袖叛变之后仍然继续存在。但是党也犯了一个错误，没有及时改变自己的组织工作方法，以便在新的形势下，在法西斯反动势力猖獗和实行法西斯非常法的条件下，保持充分的革命战斗力。因此，目前对于意大利党来说，具有特殊意义的是组织任务（培养新的干部，恢复强大的群众组织，采取新的鼓动工作方法，等等）。

在党的生活方面，党克服了过去在党内生活中占优势的"博尔迪加主义"思想，从而在很大程度上取得了思想和政治观点的一致。党所取得的这些成绩，使它有可能继续大力开展以前进行过的反右倾斗争（即反对放弃无产阶级领导作用的倾向），因为右倾在目前条件下是党的严重危险。同时，意大利共产党应当进行坚决的斗争，争取目前尚处在非共产主义和反法西斯党派影响下的群众，以及法西斯主义企图对之施加影响的群众，坚决反对任何否认和缩小广泛进行这一工作的可能性的倾向。代表大会责成意大利同志比以前更广泛地利用在法西斯群众组织中工作的一切机会，建立独立的群众组织，以扩大党的影响。

47. 德国共产党在最近一次选举中获得了325万张选票，这说明共产主义在工人群众中的影响有了很大增长，也说明党的政治影响和组织工作之间有重大脱节（党员人数一直没有增加，325万选民中只有12.5万党员）。工会运动取得的一定成绩，完全不能适应党在这方面所面临的任务。红色战士联盟在群众基础上有了发展，这是一项重大的成绩。极左倾向的彻底克服，所谓"列宁社"的瓦解，它的社会民主主义实质的自我暴露——这一切也是德国共产党的巨大胜利。德国共产党是国际无产阶级革命大军的一支优秀队伍，同时也面对着一个组织得极好的、在国内还有很深根基的社会民主党，这就为共产主义运动本身产生右的倾向奠定了良好的基础。因此，彻底反对右倾（如目前提出的生产监督的口号，反对红色工会国际第四次代表大会的决议，对左派社会民主党采取妥协态度，等等），无条件地克服对右倾的调和主义态度，提拔党内拥护共产国际和德国共产党埃森代表大会决议的一切优秀分子来从事党的负责工作，坚决执行党内团结的方针，在少数无条件服从多数的前提下团结一切现有的领导力量，加强集体领导——这就是当前的迫切任务。此外，还应该培养新的无产阶级干部，调动党员群众的积极性，提高党员积极分子的文化、政治和理论水平，改进报刊工作，增加发行量，改善工会工作和罢工的领导工作。

48. 捷克斯洛伐克共产党正继续朝着变成一个真正群众性的无产阶级政党的道路前进。但是，它也存在许多重大的缺点：领导有一定程度的机会主义的消极情绪，没有足够的能力来迅速发动群众（如抗议取缔斯巴达克体育协会）和组织群众性的反击，在实际工作中采取过分合法主义的方针，对于农民问题和民族问题注意不够，同时，对于工会工作中的缺点（没有比较明确的共产主义路线，红色工会的关门主义倾向，当共产党员在改良主义工会工作而思想上被俘虏时很少加以过问，等等）纠正得过慢。同时应当特别着重强调，除了必须坚决反对政府和保卫党的合法地位外，还应该对不合法的工作条件和斗争条件有所准备。

49. **波兰**共产党（处于不合法地位）在法西斯恐怖统治下不仅保持了自己的阵地，而且增加了党员人数，提高了自己的政治影响，并成为国内（特别是工业中心）一个重要的政治因素。党在彻底纠正了在皮尔苏茨基政变时期所犯的严重的机会主义错误后，有了一条正确的政治路线。但是，波兰党的最大危险是党内斗争，因为这种斗争并不是由于存在某些重大政治分歧而进行的。鉴于波兰党具有特别的重要意义和在一旦发生战争时负有重大责任，代表大会要求坚决制止派别斗争，并授予共产国际执行委员会以特别权力，由它以代表大会的名义采取一切相应的措施。

50. **巴尔干各国**的共产党目前面临着非常重要的任务。这是由于巴尔干各国的内部政治局势不稳、农业危机不断加深、民族问题日益复杂所致，同时也因为巴尔干是酝酿新战争的最危险的策源地之一。

近来，巴尔干各国的共产党，在遭到严重失败和极端复杂的客观环境下，由于犯了种种政治错误，由于某些领导集团的右倾和内部激烈的派别斗争，几乎都经历了严重的党内危机。现在，巴尔干各国共产党几乎都走上了克服这种党内危机的道路，尽管受到政府的恐怖镇压，但几乎所有党都加强了团结，恢复和扩大了同本国工农群众的联系。

代表大会特别着重指出，巴尔干各国的共产党必须在民族问题上采取正确的政策，并在农民群众中进行广泛的宣传和组织工作。

现在，当**罗马尼亚**共产党采取了重大步骤来克服迄今妨碍它工作的严重党内危机时,代表大会特别着重指出,由于罗马尼亚资产阶级和封建主争先恐后地在准备发动对苏联的反动进攻,因此罗马尼亚共产党正面临着重大的政治任务和组织任务。

巴尔干各国的党应当在成立巴尔干国家工农联邦的总的政治口号下,比以往更好地互相配合和协力工作。

51. 对**斯堪的纳维亚**各国,代表大会肯定下列事实:阶级矛盾在尖锐化,社会民主党又一次急剧向右转,而在挪威,中派(特兰美尔主义)完全向社会民主党投降,直接转向内阁社会主义。同时,工人群众也在左倾,正日益跟着共产党的战斗口号前进(瑞典印刷工人的罢工和抗议新罢工法的罢工,挪威建筑工人反对强制仲裁法的斗争,农业和林业工人成立武装自卫队来对付工贼组织)。群众的这种左倾也表现在要求斯堪的纳维亚各国的工会和苏联工会之间签订协议的运动上,表现在挪威、芬兰和俄国工会的哥本哈根会议上,这次会议表明了群众要求国际工会团结的愿望。斯堪的纳维亚各国共产党尽管取得了这些战绩,但还应该比以往更加努力地从组织上巩固自己对劳动群众的政治影响和思想影响,特别是通过相应的组织手段来扩大和巩固无产阶级左倾的过程。

52. **美国工人党(共产党)**利用美国工业的某种危机和失业的增长(这同资本有机构成过分迅速地提高以及生产技术的提高有关),活跃了自己的活动。一系列顽强的激烈的阶级搏斗(首先是矿工的罢工)得到了共产党的坚强领导。抗议杀害萨柯和万泽蒂的运动也是在党的领导下进行的,党内长期的派别斗争也有所减弱。但是,除了这些成绩以外,还应该指出:党在对待社会党的态度上犯了一系列右的错误;在组织尚未参加组织的工人和组织黑人运动方面,党的工作不够积极;党也没有进行立场鲜明的斗争来反对美国在拉丁美洲的掠夺政策。但是,这些错误不能仅仅推在领导的多数派身上。

在成立工人党的问题上，代表大会决定把重心放到工会工作和吸收尚未参加组织的工人参加工会等工作上，以便为真正实现在下层组织广泛的工人党的口号奠定基础。

党的最主要的任务是，结束一切非因重大原则分歧而引起的派别斗争，同时加强吸收工人入党，提拔工人到党的领导岗位上来，使工作推进一大步。

53. **日本**共产党及其处于非法状态的机关第一次登上了竞选斗争的舞台；尽管遭到恐怖镇压，它仍在进行群众鼓动工作，建立非法的机构，领导群众运动（如抗议解散劳农党、左派工会联合评议会、青年同盟等三个群众团体的运动）。党正在克服内部的思想动摇，它目前的基本任务是变共产党为群众性的政党。为此，必须在无产阶级群众中进行坚持不懈的工作，在工会中进行工作，争取工会团结，同时在农民群众中进行工作，特别是在佃农运动的基础上开展工作。虽然党的工作极端困难（法律规定对"危险思想"判处死刑），党员人数也很少，但党仍然应该不遗余力地保卫中国革命，反对日本帝国主义的掠夺政策。

54. **中国**共产党遭到了一系列极其惨重的失败，这是同过去所犯的一系列严重的机会主义错误有关的，如在同国民党的关系上放弃独立自主和批评的自由，不懂得革命从一个阶段向另一个阶段转变，不懂得及时准备反击的必要，最后，阻碍土地革命的开展。在失败的打击下，这个英勇的党纠正了自己的错误，对机会主义进行了无情的斗争，但党的领导又陷入了另一个错误，没有对明显的盲动主义和冒险主义情绪以足够的反击，以致在湖南、湖北等地举行了没有成功的起义。另一方面，有些同志陷入了机会主义错误，开始提出召开国民会议的口号。代表大会认为，把广州起义看做盲动是完全不正确的。广州起义是中国无产阶级在中国革命过去一个时期所进行的一场英勇的掩护战，尽管在领导方面有严重的错误，但它终究是新的苏维埃革命阶段的旗帜。在目前处在两个革命高潮之间的时期里,党的主要任务是争取群众,也就是在工农中进行群众工作,恢复他们的组织,利用各种不满情绪来反对地主、资产者、军阀、外国帝国主义者,以开展革命斗争,为此必须大力加强党本身的组织。群众起义的口号应变为宣传的口号,只有在群众真正准备就绪和新的革命高潮业已成熟的时候,它才能在更高的基础上,在以苏维埃为基础的工农专政的旗帜下,重新成为直接实践的口号。

55. 在**拉丁美洲**各国,共产党人的主要任务是建立和加强共产党。

在有些国家(阿根廷、巴西、墨西哥、乌拉圭),共产党只是在几年前刚刚建立的,因此他们现在的任务是从思想上和组织上加强党,使它们成为真正群众性的党。在其他一些国家里还不存在作为无产阶级政党的独立的共产党。代表大会责成共产国际执行委员会更多地注意拉丁美洲国家,关心制定这些党的"行动纲领"的工作(在其他问题上,特别重要的是农民土地问题和反对美帝国主义的问题),关心这些党在组织上的成立,使它们同非党组织(工会、农会)保持正确的关系,关心这些党的群众工作,巩固和扩大工会组织,并使各种工会联合和统一起来,等等。

56. 代表大会指出,在**南非**各国,共产主义的影响有所增长。代表大会责成那里的所有共产党人把组织黑人劳动群众、大力加强黑人工会和反对"白种"沙文主义当做自己的中心任务。反对形形色色的外国帝国主义,实现完全的无条件的平等,最坚决地反对对黑人实施各种非常法,最坚决地支持反对剥夺农民土地的斗争,组织农民进行土地革命,同时加强共产主义小组和政党——这一切应当是共产党人的基本任务。

57. 代表大会特别满意地指出,在苏联**无产阶级专政**的国家里,作为无产阶级政党的联共(布)党战胜了本身队伍内托洛茨基主义的社会民主主义倾向,克服了改造时期的一系列客观困难,在苏联社会主义建设事业中取得了重大成绩,并着手直接进行农业社会主义改造工作。今后苏联的社会主义建设事业,应当在苏联工业化的基础上,在有步骤地实现列宁的依靠贫农、联合中农、反对富农的口号下加强农村社会主义建设(建立国营农场、集体农庄,个体农户大批参加合作社)的基础上开展起来。

代表大会确认,联共(布)党及时揭露了国家机关、经济机关、工会机关、甚至党的机关的某些环节中的官僚主义顽固分子,并同这些倾向进行了坚决斗争。党的最重要的任务是:开展自我批评,加强反官僚主义的斗争,团结工人阶级(苏联整个革命事业发展的领导者)的力量,调动他们的积极性。代表大会深信,联共(布)党不仅能战胜由于国家总的落后状况而带来的经济困难,而且在全体国际无产阶级的帮助下,一定能战胜帝国主义国家统治集团处心积虑准备挑起的各种外部冲突。

八、为列宁主义的路线和共产国际的团结而奋斗

58. 在资本主义国家稳定时期的严重困难和苏联改造时期的困难的背景下,在共产国际内部出现了反对派,他们企图形成国际范围内的组织。形形色色的反对派(从极右翼到极"左"翼)的最明显的表现是批评苏联的专政,污蔑说这一专政或多或少地具有小资产阶级性质,并破坏国际无产阶级的动员能力。在各国支部里,这些观点有的是同极右的观点(法国的苏瓦林集团)、有的是同极"左"的观点(德国的科尔施、马斯洛夫)一脉相通的。所有这些派别在托洛茨基主义的鼓动和纠集下,形成了统一的集团,但是当托洛茨基反对派在联共(布)党内失败后,它也就开始迅速瓦解了。同时,这个集团在西欧的基本核心,即拥护托洛茨基主义纲领并形成为独立政党的所谓"列宁社",已暴露

出公开充当社会民主党代理人的面目，而且其中很大一部分人已直接加入社会民主党，即投靠那些反对无产阶级专政理论和实践的公开和凶恶的敌人。

59. 目前，由于资本主义的局部稳定和社会民主党的直接影响，在各国共产党内的主要偏向是离开正确政治立场的右倾。这表现为："合法主义"的残余，过分奉公守法，对罢工运动的"尾巴主义"，对社会民主党的错误态度（如在法国存在着一定程度上违背共产国际执行委员会第九次全会决议的现象），对国际事件反应较慢，等等。这些右倾偏向，在存在比较强大的社会民主党的情况下，显得特别危险，因此，反右派的斗争应当提到首要地位，这也要求不断反对对党内右倾采取的调和主义态度。但同时也存在着"左"倾偏向，其表现就是在一定程度上否定统一战线政策，不理解工会工作的全部重要意义，采取空谈革命的政策，而在中国还表现为盲动主义的倾向。

60. 代表大会责成各国党同这些倾向进行斗争，但首先要通过说服的方法。代表大会认为，第七次扩大全会关于提高干部理论水平、提拔新的工作人员等的决议，在许多重要国家里没有得到执行。代表大会认为，在整个国际局势极端复杂和可能发生急剧的历史转折的情况下，必须采取一切措施来提高各党的理论水平，特别是领导骨干的理论水平。鉴于有必要加强共产国际的集中领导并保证它同各国党的密切联系，代表大会决定由各主要党选派有威信的代表作为共产国际经常的领导人员。

61. 代表大会责成共产国际执行委员会采取一切措施继续维护共产国际及其支部的团结。只有首先在同心协力地工作和通过党内民主的方法消除分歧的情况下，才能最好地克服目前的严重困难，并解决最近未来的伟大任务。目前我们党内生活中出现的重大错误（官僚化倾向，在某些国家里党员人数减少，基层组织在政治上无所作为，等等），只有在更广泛地发扬党内民主,从而提高党的各级组织的政治生活水平的情况下,才能得到克服。这不但不要求取消,相反却要求大力加强党内铁的纪律,少数无条件服从多数,下级机关和其他党组织(议会党团、工会党团、党的报刊等)无条件服从党的中央领导,共产国际各支部无条件服从共产国际执行委员会。加强党内的无产阶级纪律,加强各党的团结,消除派别斗争,等等,这是无产阶级战胜帝国主义所策动的一切势力的必要条件。

制止帝国主义战争危险的措施[1]

（根据托·贝尔同志的报告拟定的提纲）

一、帝国主义战争的威胁

1. 世界大战结束10年之后，帝国主义大国签订了非战公约，大谈裁军问题，力求在国际社会民主党领袖们的协助下使工人和劳动群众相信，垄断资本的统治将使世界和平得到保证。

共产国际第六次世界代表大会谴责所有这些骗人的把戏，认为这是对劳动群众的卑鄙无耻的欺骗。代表大会提醒国际无产阶级、全世界被压迫的劳动人民注意近年来的经验，注意帝国主义大国不断对殖民地人民发动的小规模掠夺战争，注意最近一年发生的事件：对中国革命的武装干涉，由于重新瓜分中国而导致的大国之间冲突的尖锐化，军队在波兰的集结，对立陶宛独立的直接威胁，以及与此相关的以英国为首的帝国主义集团对苏联日益加剧的威胁。代表大会重提所有这些事实，是因为这些事实说明帝国主义者正在奉行罪恶的战争政策，这种政策可能会引起一场世界性的大火灾。

第六次世界代表大会分析了未来战争的政治和经济动力。

---

[1] 在1928年8月29日第四十五次会议上通过。

从第五次世界代表大会以来，国际形势变化的特点是：资本主义的一切矛盾大大加剧，苏联在经济和政治上大为加强，殖民地和半殖民地的民族革命运动、首先是中国的民族革命运动迅速高涨，资本主义国家内资产阶级和无产阶级之间的阶级斗争日益尖锐化。

帝国主义大国争夺市场的矛盾表现得越来越明显。但是，把全世界分成两个阵营（一方面是整个资本主义世界，另一方面是把国际无产阶级和殖民地被压迫人民团结在自己周围的苏联）的主要矛盾，要比帝国主义大国之间的这些矛盾增长得更加厉害。

力图消灭苏维埃政权和中国革命、肆意控制中国和攫取俄国市场，也就是说，设法取得这两个国家的广大原料产地和销售市场，这是对国际资本来说具有重大意义的一个问题，也是目前迫在眉睫的新的帝国主义战争危险的基础。

2. 未来的帝国主义世界战争不仅是需要动用大量资源来进行的一场机械化战争，而且是一场席卷交战国的千百万群众和大部分居民的战争。前线和后方的界限将日益消失。

代表大会指出：资本主义各国的军备在大量增长，在军事技术装备方面采取了许多重大的新设施，使居民和经济都军事化；法西斯意大利在军国主义化；法国实行了军事改革；捷克斯洛伐克通过了反动的军事法令；波兰和罗马尼亚在帝国主义大国总参谋部的指导下加紧了扩军备战；法国准备以新的形式恢复旧的军国主义；美国在大规模实现军国主义化；英国在各自治领首先是印度进行备战活动，等等。英美两国争夺海上霸权的角逐引起了新的军备竞赛。当前在推行群众军国主义化方面的一个十分重要的新特点是加紧对青年实行军国主义训练，同时军国主义化实际上也部分地公然把妇女也包括在内（法国、波兰、保加利亚等国）。

3. 帝国主义者把建立在强硬对外政策基础上的扩军备战同国内加

紧反动统治结合起来。帝国主义者如果没有"安定的"后方，就不可能进行战争。资产阶级千方百计地阻止工人对战争政策进行任何有组织的反抗。资产阶级用来"掩护后方"的措施是：英国、挪威的工会法，德国的仲裁制度，英国蒙德的化学工业公司合作计划，"工业和平"运动，不问政治的工会（英国的"斯潘塞主义"），美国的"公司工会"，意大利的法西斯国家工会，法国的战时工会军事化法律。所有这些措施都是为了保证在宣战后立即对工人的任何阶级运动实行武装镇压。

另一方面，德国的"钢盔团"、芬兰的"索茨科尔"、波兰的"射击手"、奥地利的"护国团"之类的非正规军的建立，不仅在战时，而且在备战时期都持有破坏罢工和用暴力镇压工人运动的目的。属于这一类的还有许多国家中的军事的或半军事性质的妇女组织。帝国主义大国在东南欧，在波兰和罗马尼亚扶植法西斯主义，把它作为准备和进行帝国主义战争，特别是帝国主义反苏战争的重要手段。

对各国共产党的迫害和镇压措施在不断加强，各帝国主义国家中的共产国际支部都面临着被迫转入地下的危险。

4. 在加紧扩张军备和大规模准备帝国主义战争的情况下，资产阶级和小资产阶级和平主义者竭力用花言巧语欺骗劳动群众，向他们隐瞒事实真相，并在和平主义和"和平"政策的掩饰下，一贯唆使他们反对苏联。未来反苏战争中的战斗口号将是："为和平而战！反对布尔什维主义——文明的破坏者！"

资产阶级及其社会民主党和小资产阶级和平主义走卒们关于裁军、安全、仲裁的全部空谈，以及他们关于战争是执行国家政策的工具的全部空谈都是弥天大谎。

九年前为了维护掠夺性的凡尔赛"和约"和镇压世界革命运动而建立起来的帝国主义同盟——国际联盟，现在日益成为准备和进行帝国主义反苏战争的直接手段。在国际联盟监督下缔结的一切盟约和公约，都只不过是掩饰备战活动的手段,准备战争、特别是准备反苏战争的工具。

5. 帝国主义只有在国际社会民主党的积极配合下才能执行自己的战争政策。1914—1918年的世界大战就已经揭露了改良主义者的面目,表明他们是社会爱国主义者和沙文主义者。从那时起,社会民主党的政策就表现为公开的社会帝国主义的政策。社会民主党和阿姆斯特丹工会的领袖们在一切关键性问题上不仅是帝国主义的辩护士,而且是帝国主义的急先锋。他们在支持帝国主义准备反苏战争方面表现了最大的积极性。

改良主义首领们正在加紧同共产主义运动作斗争,在工会和无产阶级群众组织中积极进行分裂活动(在德国和英国),以加深工人运动阵营的分裂。他们的这种方针,和在大规模经济斗争中的失败主义策略一样,是为加强资产阶级的力量,使无产阶级的阵地陷于孤立,从而为资产阶级进行新的帝国主义战争准备条件服务的。无产阶级应当高度警惕社会民主党在思想意识上准备反苏战争的种种方法,其中如:(1)散布各种谰言,如"赤色帝国主义"和"赤色军国主义"、"法西斯主义和布尔什维主义是一路货",等等;(2)硬说无产阶级专政是战争的根源或根源之一;(3)采取伪善的立场,说"我们支持苏维埃,但反对共产党人和共产国际";(4)在"左"的面孔的掩饰下宣传苏联政府的失败。最近一年里,战争危险使我们看到了上述这些手法的许多例子,特别是在德国社会民主党人方面。这些例子也非常明显地表现在社会民主党人的同盟者托洛茨基分子身上,例如他们关于"热月政变"、"富农化"等的言论。

第八次全会肯定社会民主党的所谓"左派"领袖是工人运动队伍中最危险的敌人。过去一年里,这些人的叛卖政策和他们在第二国际布鲁塞尔代表大会上的行程,完全证实了第八次全会对他们所作的评价,因为他们正是用"左"的词句在紧急关头竭力为资产阶级和右派改良主义首领解脱。他们把苏维埃制度和共产主义运动称为无产阶级统一战线的敌人、"普遍和平"的敌人和"反动势力的同盟者",以便将工人引入迷途,制造混乱,从而使资产阶级便于推行它的战争政策。

6. 近年来发生的种种事件表明,一切帝国主义大国的政策的主要锋芒愈来愈公开指向苏联和中国革命。但是,在帝国主义大国本身之间矛盾加剧的情况下,也可能在反苏战争和反对中国革命的战争爆发之前,发生两个帝国主义国家集团争夺世界霸权的冲突。如果说1914—1918年的第一次世界大战直接导致了无产阶级革命在原沙皇帝国的胜利,促进了殖民地解放运动的发展、欧洲无产阶级的起义和群众性的革命运动,那么新的战争将会引起一次波及美洲的产业工人、农业国的广大农民群众和千百万受压迫的殖民地人民的强大的革命运动。在公开的冲突爆发以前,就可能由于资本主义危机(战争是这个危机最明显的表现)而引起广泛的群众性革命运动。共产党人应当在这一运动中以及在日常斗争中团结、组织和领导群众,以便使无产阶级通过革命夺取政权,推翻资产阶级并建立无产阶级专政。

如果欧洲国家的共产党人未能加紧进行争取工人最迫切要求的日常斗争,并把它变成夺取政权和推翻资产阶级的公开斗争(只有在**最重要的帝国主义国家里推翻资产阶级,才能制止帝国主义战争**),那么经常把这一斗争与反对帝国主义的斗争结合起来,仍然可以大大提高工人阶级的积极性并阻止资产阶级准备和进行战争。显然,无产阶级如果通过群众运动推迟帝国主义军事措施的执行,就会造成一种以后大大有利于变帝国主义战争为国内战争、大大有利于推翻帝国主义者的局面。无论如何,无产阶级和其他劳动者阶层的日益向左转,殖民地和半殖民地国家民族革命运动的巨大发展,将会奠定一个广泛的基础,以利于共产国际影响的增长,以利于共产党人加紧反对世界资产阶级旨在加强剥削和压迫、使军事冲突极端尖锐化的**全部**政策。

二、无产阶级对战争的态度

7. 战争和资本主义是不可分割的。反对战争首先要求弄清这一战争的全部实质及其原因。对于那种认为战争是不可避免的自然现象的反动辩解，对于那种认为用空洞词句或条约来清除战争的同样反动的空想计划，革命的无产阶级要用周密的马克思列宁主义的理论来加以反驳，因为只有这一理论才是切实进行反战斗争的唯一的科学依据。

战争作为一种历史现象，其原因不在于人的"本性恶"，也不在于政府的"不良"政策，而在于社会分裂为不同的阶级，分裂为剥削者和被剥削者。资本主义就是现代战争的根源。现代战争决不是一种例外现象，它与资本主义原则、生产资料私有制或竞争和剥削制度并不矛盾，而是它们的直接后果。

帝国主义是资本主义的垄断阶段，它大大加深了资本主义的矛盾，以致"和平"只是新战争之前的喘息时机。地面及其经济财富（建立了无产阶级专政的地区除外），几乎完全被少数大国所垄断。但各国经济和政治发展的不平衡一再引起重新瓜分世界的必要。重新瓜分世界的必要归根到底只能通过帝国主义大国彼此之间的战争来实现。同时，对千百万无产者和殖民地奴隶的剥削也只能靠流血的压迫战争来维持。

既然战争和资本主义是不可分割的，由此就应该得出结论说：只有消灭资本主义，也就是推翻资本家这个剥削阶级，建立无产阶级专政，建设社会主义和消灭阶级，才能"消灭"战争。其他任何理论和建议，不论看来多么现实，都只是为了延长剥削和战争制度而进行的欺骗。

因此，列宁主义摒弃一切关于在资本主义下"废除战争"的和平主义理论，并向工人群众和一切被压迫者指出唯一可以达到目的的途径：推翻资本主义。

8. 但是，如果不使用暴力，如果无产阶级不对资产阶级进行武装起义和战争，就不可能推翻资本主义。在当前帝国主义战争和世界革命的时代里，正如列宁证明的，无产阶级反对资产阶级的国内革命战争、无产阶级专政反对资产阶级国家和世界资本主义、被压迫种族人民反对帝国主义的民族革命战争，是不可避免的。因此，革命的无产阶级在为社会主义和为消灭战争而斗争时，决不能反对**一切**战争。

任何战争都只是一定阶级和政策的"另一种手段"的继续。因此，无产阶级应当从国际无产阶级革命的角度来审慎地分析**各该战争**历史的和政治的阶级意义，亦特别慎重地评价各参战国统治阶级的作用。

在当前时代，可以把战争分为以下三种：**第一**，帝国主义国家之间的战争；**第二**，帝国主义反革命势力反对无产阶级革命或正在建设社会主义的国家的战争；**第三**，由于帝国主义者对殖民地国家进行压迫战争而引起的反对帝国主义的民族革命战争，特别是殖民地反对帝国主义的民族革命战争。

在**第一**种情况下（典型的例子是1914—1918年的世界大战），双方进行的都是反动的帝国主义的战争。在**第二**种情况下，例如对苏俄进行的干涉战争（1918—1921年），只有帝国主义者一方进行着反动战争。而无产阶级专政在这种场合下进行的是为了全世界无产阶级的利益而争取社会主义的革命战争。在**第三**种情况下，例如帝国主义针对中国革命进行的战争，帝国主义大国进行的也是反动的掠夺战争；至于被压迫民族反对帝国主义的战争，则不仅是正义的战争，而且是革命的战争，而在今天，它是世界无产阶级革命的一个环节。

无产阶级根据马克思主义对战争的这种分析来确定对待战争的原则性立场和策略。无产阶级反对帝国主义国家之间的战争，主张使本国政府失败和变帝国主义战争为反对本国资产阶级的国内战争。在帝国主者对民族革命运动，首先是对殖民地人民进行压迫战争的情况下，以及在帝国主义对无产阶级专政的国家进行公开的反革命战争的情况下，帝国主义国家的无产阶级也要采取上述这种原则性的立场。同时，无产阶级要支持和进行民族革命战争和社会主义反对帝国主义的战争，并设法保卫民族革命和无产阶级专政的国家。

9. 当无产阶级还没有建立本阶级专政的时候，为了确定在国内发生战争时的策略，必须全面分析业已进行的战争，分析它的每个阶段。民族战争也可能发展成为帝国主义战争。

不能用形式上的标志（如谁先发动战争）来代替对某一次战争的性质的确切分析。例如在1914年的帝国主义战争中，根据形式上的标志就会毫无意义，只能起欺骗群众的作用。然而，在帝国主义大国对革命国家进行的战争中，就不应从战略角度，而应从历史和政治角度来理解这种形式上的标志问题。进行非正义战争的，并不就是首先进攻的一方，而是代表反动势力、反革命、剥削制度、帝国主义反对民族革命或无产阶级革命的一方。法国社会党人就是滥用进攻战论据的典型，他们支持1925年法国对起义的摩洛哥进行的战争，理由就是摩洛哥是"进攻"的一方。英国工党的帝国主义者在1927年干涉中国时也采取了同样的立场（"保护英国臣民的财产和生命"）。

10. 无产阶级在"保卫祖国"问题上的立场，也取决于它对某一战争的原则性立场。当无产阶级还没有夺取政权，没有从剥削者手中夺得生产资料的时候，它是没有祖国的。"保卫祖国"的说法是一种最流行的、通常使用的、有时简直是**替战争辩解**的庸人的说法。在无产阶级本身或无产阶级国家对帝国主义进行的战争中，无产阶级应当捍卫自己的**社会主义祖国**。在民族革命战争中，无产阶级应当保卫国家，以免遭帝国主义侵犯。但在帝国主义战争中，它就应当严厉谴责"保卫祖国"，指出这就是维护剥削制度和背叛社会主义。

甲、无产阶级反对帝国主义战争

（1）在帝国主义战争前进行反对这种战争的斗争

11. 共产党人反对帝国主义战争，同形形色色和平主义者"反对战争"有根本的区别。共产党人不把反战斗争和阶级斗争割裂开来，而是把反战斗争看做旨在推翻资产阶级的总的阶级斗争的一部分。他们知道，只要资产阶级还处于统治地位，帝国主义战争是**不可避免**的。从这一客观发展趋势来看，就可以作出结论，单纯地反对战争是没有意义的。然而，社会民主党人甚至谴责共产党人为了加速革命在鼓励帝国主义战争。第一，这是错误的说法，第二，这是毫无意义的诬蔑。虽然共产党人深信帝国主义战争不可避免，但是他们在竭尽全力坚决反对将使工人群众和全体劳动者受到惨重牺牲的帝国主义战争，并通过无产阶级革命来制止帝国主义战争。在这场斗争中，共产党人把群众团结在自己周围，以便在他们一旦无法制止战争爆发的情况下，变已经发生的战争为国内战争，从而推翻资产阶级。

12. 共产党人在反对帝国主义战争的斗争中的首要任务是，揭穿资产阶级准备战争的幌子，并向广大群众说明事实真相。这首先意味着同**和平主义**进行最激烈的政治斗争和宣传斗争。

这里，共产党人应当特别注意各种各样的和平主义，其中最重要的有以下几种：

（1）官方的和平主义：资本主义政府用它来掩饰彼此之间和对苏联玩弄的各种手腕（国际联盟、罗迦诺公约、裁军会议、"取缔战争"等等）。

（2）第二国际的和平主义（希法亭、保罗-邦库尔、麦克唐纳）：

这只是政府的官方和平主义的一个分支,但在它的论据中点缀着一些社会主义的甚至"马克思主义"的词句。

(3)某些"左派"社会党人的"激进的"或"革命的"和平主义:它承认战争危险,但只用一些毫无意义的词句来反对战争。这些和平主义者常常过分夸大现代武器的破坏力,以证明不可能进行长期战争或无法使它变成国内战争。

(4)半宗教性质的和平主义:它的基础是教会运动。

共产党人在同和平主义进行的斗争中应当仔细区分资产阶级的和平主义和广大人民群众在反战情绪下所犯的错误,广大人民群众要反对战争,但还没有找到唯一正确的革命道路,因而成为和平主义骗子——代表各派和平主义的人物的牺牲品。共产党人应当经常向群众解释他们的错误,吸引他们参加反战革命统一战线,同时,应当同和平主义骗子作不懈的斗争,无情地揭露他们。

(5)所谓"合作的和平主义"起着特殊的作用,它的基地是伦敦的国际合作协会和国际妇女合作协会。此外,还有左翼资产阶级的一些组织,如国际妇女和平自由同盟。

13. 战争的威胁愈益逼近和愈益明显,上述所谓"激进的和平主义"一派就愈加危险,它目前主要以德国"左派"社会民主党人、英国独立工党和一些小国(荷兰、挪威等国)的社会民主党人为代表,它的口号是这样一些响亮的词句——"再也不要战争"、"抵制战争"、"以总罢工来回答战争"、"实行军事罢工"等等,改良主义领袖们大肆利用这些词句(例如阿姆斯特丹国际关于总罢工的词句)来欺骗群众。1922年12月,列宁在给出席海牙和平会议的苏联工会代表团的指示中,极其重视同这种和平主义作斗争,这是完全正确的。这在今天也完全保持它的意义,因为甚至在共产党的队伍里,在这个问题上不自觉地还存在着一些严重的偏见和偏向。因此必须:

(1) 反对这样一些响亮的词句，如"我们不允许战争"、"再也不要战争"。共产党人**不能**只限于从理论上"纠正"这些口号，而应该通过揭露这种鼓动的倡导者来积极**反对**这种鼓动，说明提倡采取这种鼓动的用意在于替备战活动作掩护。在许多场合下，对于社会民主党人所提出的"以战争反对战争"的口号也应如此，因为这是蓄意愚弄群众的虚伪诺言。

(2) 反对"激进的"和平主义者制止战争的建议。共产党人不能只限于揭露这些根本不去实行他们的激进建议（总罢工、军事罢工）的空谈家，而且要揭露和平主义者提出的那些错误的和幼稚的建议本身，向群众解释战争爆发的真实情况，说明不能局限于以某种方式进行斗争，而必须运用阶级斗争的一切形式。

(3) 坚决反对和公开批判各国共产党本身内部在反对战争危险问题上的一切轻率言论。现在，对于论文、报刊和议会演说中的错误，特别需要采取这种态度。无论如何不能对这种错误保持沉默。

14. 除反对和平主义和一切轻率的"革命"词句外，共产党人在反对帝国主义战争的斗争中还必须做一些基本的宣传鼓动工作，这些工作就是：

(1) 及时驳斥资产阶级和社会民主党人在为战争辩护时所使用的诡辩和花言巧语。在这一方面，现在又出现了"保卫祖国"的口号。1927年的侵华战争说明了"保护生命财产"、"保护贸易"、"保护国旗"等口号的意义。在上次帝国主义战争中，协约国的口号"反对普鲁士军国主义"、中欧国家的口号"反对沙皇制度"，对于动员群众都起了决定性的作用。在今后意大利同法国或南斯拉夫的战争中，"反对反动的法西斯主义"这个口号也将起同样的作用；这些国家的资产阶级将利用人民群众的反法西斯情绪来为自己的帝国主义战争进行辩解。另一方面，法西斯主义正用亚平宁半岛"人口过剩"、对扩张的"天然需要"等口号为它的帝国主义战争政策辩护。各国共产党对于揭露这些诡辩没有给予足够的注意。

(2)"应当反复地、十分具体地向人们说明上次战争的情况,说明为什么情况只能是这样。

尤其应当说明下述情况的意义:'保卫祖国'是一个必然出现的问题,绝大多数的劳动者对这个问题的处理,必然是对本国资产阶级有利的。"(列宁)①

"根据不久前的战争经验,我们应当说明,一旦宣战就立即会出现大量理论问题和日常生活问题,使绝大多数应征入伍的人根本不可能以比较清醒的头脑、比较公正的不抱成见的态度来对待这些问题。"(列宁)②

"应当向人们说明实际情况,说明战争是在十分秘密的情况下发生的,一般工人组织即使自称革命的组织,在真正日益迫近的战争面前也是无能为力的。"(列宁)③

具有完善的地下组织的布尔什维克是能够在战时继续进行革命工作的唯一政党。但是他们也无法阻止群众跟着资产阶级"保卫祖国",更无法制止战争本身,虽然当时俄国无产阶级的阶级斗争正蓬勃高涨,而在彼得堡街头已在修筑街垒。

只有这样严肃地解释现实的反战斗争的重重困难,才能进而说明这一斗争的策略问题。

(3)最后,必须向工人群众详细地解释上次世界大战(1914—1918年)的经验、当时工人运动中的派别、布尔什维克的反战斗争及

---

① 参见《列宁全集》中文第2版第43卷第311—312页。——编者注
② 参见《列宁全集》中文第2版第43卷第313页。——编者注
③ 参见《列宁全集》中文第2版第43卷第311页。——编者注

其基本口号"变帝国主义战争为国内战争"。

15. 这项宣传鼓动活动应当和党在群众中的日常革命工作十分紧密地结合起来。在战争爆发前反对帝国主义战争的最重要任务就在于此。

（1）首先应当把企业和工会的工作集中在对于进行动员和战争来说必不可少的重要工业部门——金属加工工业、化学工业以及运输业。正确运用无产阶级统一战线和策略，并从组织上巩固它的成果（成立行动委员会等等），具有特殊的意义。

（2）鉴于在大多数国家中的农民是军队的基本群众，必须特别注意农民中的反战工作。大多数国家农民的强烈反战情绪有助于这一工作的推进。资产阶级正竭力通过大地主和富裕农民，通过退伍军人组织，通过报刊，借助于法西斯主义和和平主义的方法，利用教会等等来保持自己在农村中的影响，并提高农民的"斗志"。共产党人应针对这种活动进行自己的工作，即在农村中加剧阶级斗争。他们应当根据世界大战的经验在农民群众中进行反战鼓动工作，把这一工作同争取实现小农的经济要求结合起来，解释无产阶级对战争的态度，在反动的农会中进行派别活动，举行少地农民的反战会议，同时在军队中进行工作时考虑到少地农民的特殊利益。

（3）巴尔干半岛、波兰等地的民族革命运动，应当在消除帝国主义战争危险和变帝国主义战争为国内战争方面起极其重要的作用。在这些国家里，消除帝国主义战争危险的斗争是同反对封建残余、反对民族压迫以便开展土地革命和民族革命的斗争密切联系着的。

因此，建立和扩大无产阶级、农民和被压迫民族旨在反对资本主义、消除帝国主义战争危险的革命联盟，是各国共产党极其重要的任务。

（4）在青年中，首先在青年工人中的工作是一个具有决定性意义的问题。不仅青年组织，而且一切共产党人都应该竭尽全力同资产阶级借口训练青年参加帝国主义战争的资产阶级体育组织、法西斯组织、军事学校等作斗争。今后的任务是反对资产阶级国家青年应征前的军事训练。在强制实行这种军事训练的地方,共产党人应号召青年工人参加并在其内部组织教育青年和瓦解资产阶级军事组织的工作。在自愿参加的民众军事训练组织中也应进行这种工作。为此,各国共产党和共产主义青年团应当派遣自己的成员到这种组织中去,但不号召青年工人参加这种组织,而建议他们参加无产阶级国防组织或成立这种组织。

（5）鉴于妇女在工业中,特别是在战时起着重大的作用,因此在产业女工和工人家属中进行工作、反对小资产阶级组织对他们散布帝国主义影响、吸收她们参加工会和其他无产阶级群众组织,在战争危险存在的情况下具有特殊的意义。同时,必须特别重视妇女生活军事化计划,更加注意资产阶级和平主义组织、教会组织和民族主义组织对妇女的影响日益增长的事实。必须竭力克服对这项工作的轻视态度,以及认为这项工作只是共产党人的事情的观点。

（6）反军国主义的活动,即在陆海军中、在新入伍的军人和预备役军人中、在有大批知识分子参加的**资产阶级国防组织**中进行的工作,应当和党的全部革命群众工作构成一个有机的整体,应当把全体工人都吸收进来。

16. 列宁认为**成立地下组织**是在战争爆发**后**进行全部革命工作的"唯一可能的方法"。在战争爆发前的反战斗争中也需要地下组织。但在实际解决反战斗争这项极其重要的任务方面,现在还可以看到非常严重的疏忽和混乱现象。在部分共产党的一些人士中普遍存在着一种明显的机会主义偏见,认为进行反军国主义的活动只是青年或专门组织的任务,认为军队内部的工作不是党的必要任务。必须坚决反对这种观点,并立即根据列宁的指示精神展开工作。这方面的任务如下：

（1）扩大党的工厂支部网,以便在企业主和警察实行恐怖时,在适当的条件下完全转入地下,并为这种过渡的准备工作创造一切必要条件。

(2) 为领导机构、联络站和党的印刷机构做好准备工作,以便在极端秘密的条件下也能行使职能。

各国共产党虽然一刻也不能放弃利用一切合法手段,但现在应该十分重视并努力完成上述任务。否则一旦战争爆发,恐怖就会立即开始(现在在许多国家里,恐怖的迹象已经明显),党的组织——反战革命斗争的最重要前提就会被破坏。

17. 目前,全国共产党应使自己的全部工作服从于教育、争取和组织群众反对帝国主义战争这一中心任务。无产阶级和其他居民的劳动阶层在反对加紧剥削和压迫的斗争中,如在工资、工时、捐税等问题上,在住宅政策和社会政策方面,在反对政治无权、迫害和日益严重的法西斯危险方面,都不应当仅仅限于提出跟这种斗争有关的直接要求,而应当同反对帝国主义战争政策的坚决斗争结合起来;有关对外政策、军备、采用新的战争手段等的一切重要问题,都应提交给广大群众讨论,借以组织群众的革命发动。在这个斗争中,共产党一方面要冷静地估计自己的力量,一方面要果断和坚决地领导群众。共产党应当组织游行示威,组织抗议帝国主义资产阶级的战争政策的罢工,并在必要时向群众提出关于实行总罢工和采取更加尖锐的斗争形式的问题。

(2) 帝国主义战争期间的斗争

18. 在帝国主义战争期间,共产党人的政治纲领就是布尔什维克党在列宁的领导下制定并在反对第一次帝国主义世界大战的英勇斗争中采用的那个纲领。这一纲领的基本要点如下:

(1) 在这场战争中,拒绝保护帝国主义祖国,向工人和农民解释这一战争的反动性质,最坚决地反对工人运动中公开或暗中为这一战争辩护的一切派别。

(2) 采取失败主义立场,也就是说促使本国的帝国主义政府在这场战争中失败。

(3) 主张真正的国际主义,也就是说不要"国际主义"词句,不要形式上的"一致",而要一切交战国的无产阶级去从事革命的失败主义的工作,以便推翻本国资产阶级。

(4) 变帝国主义国家的战争为无产阶级反对资产阶级的国内战争。通过后方群众的革命发动和前线士兵的联欢,争取建立无产阶级专政,争取实现社会主义。

(5) 在帝国主义战争的条件下,如果最重要的交战国的无产阶级不推翻资产阶级,不夺取政权,就不可能有"民主的"或"正义的"和平。因此,中心口号不应是和平,而应是无产阶级革命。共产党人应当坚决反对一切和平词句,因为和平词句在一定的时候会成为资产阶级借以防止变战争为国内战争的最重要的思想武器。

决不能把自己的工作局限于宣传这一纲领,而必须在下层贯彻无产阶级统一战线的策略,争取工人群众为实现这一纲领而斗争。

19. "变帝国主义战争为国内战争"首先意味着**群众的革命发动**。共产党人坚决不使用一切妨碍群众革命发动的所谓反战"斗争手段"。因此,他们摒弃同群众革命行动没有联系或不能促进群众革命行动的那种个人行为,反对工人运动内部一些小资产阶级分子提出的"反战"方法的宣传。例如"拒绝携带武器"、"拒绝射击"等方法在群众中还广为流行,而许多工人满以为这样做可以达到某种目的。实际上,这些方法是毫无意义和有害的。共产党人应当告诉工人,反战斗争不是一朝一夕的事情,工人和贫苦农民为了推翻资产阶级在后方和前线进行的群众革命发动以及武装斗争是唯一的斗争手段,所有其他手段都应服从这一手段。共产党人在反对上述不利于群众行动的方法时，应在工人中培养革命的英雄主义，来进行反对帝国主义战争的斗争。

20. 共产党人也要从变帝国主义战争为国内战争的角度来看待**反战总罢工问题**。他们不能孤立地把"总罢工"问题作为反战斗争手段提出。列宁早在 1907 年就反对过爱尔威的观点，摒弃不分具体情况、脱离无产阶级总的阶级斗争、把总罢工当做"万应灵丹"提出的口号。1922 年，他根据世界大战的经验，对他的这一观点作了更加明确的说明。列宁在这个问题上向出席海牙会议的代表团所作的指示至今还完全有效：用最普通的和直接的意义上的罢工来"回答"战争是不行的，同样，用最普通的和直接的意义上的革命来"回答"战争也是不行的。① 但是，如果说共产党人反对"用总罢工来**回答**战争"的口号并警告工人不要抱这种有损于切实进行反战斗争的幻想，那么他们决不会放弃作为反战工具的总罢工，并坚决反对不利用这种工具的做法，认为这是一种机会主义倾向。除了其他的群众发动（示威游行、国防工业和运输业的罢工等等）外，作为群众罢工运动的最高形式的总罢工是十分重要的工具之一，它既是向武装起义的过渡，又是变帝国主义战争为国内战争的一个阶段。但是，这一转变不仅取决于党的意志，而且需要具备革命形势，要求无产阶级能够进行群众性的发动，等等，这些前提不是在宣战时，而是在战争期间才形成的。而且就是在战争期间，总罢工也不是从天而降的，而是群众革命发动（示威游行、局部性罢工等等）日益高涨的结果，是共产党人不惜重大牺牲顽强地进行准备的结果。总罢工产生革命效果在战时无疑要比平时快一些，但准备和组织总罢工却决不比平时容易。相反，资产阶级一定会采取对策：用动员罢工工人或使企业军事化的办法来对付罢工。因此，共产党人在战时也不能局限于

---

① 参见《列宁全集》中文第 2 版第 43 卷第 311 页。——编者注

对总罢工作空洞的宣传，而仍旧应在企业和工会中进行日常的革命工作，维护工人的经济要求，把这种要求同反战宣传结合起来，组织革命的工厂委员会，掌握基层工会机构，把社会爱国主义分子从组织中排挤出去，而一旦掌握基层工会，就要选举新的领导机构以便与改良主义的领导机构相抗衡，并且不顾后者的反对，组织、领导和扩大局部性罢工，等等。总罢工不应是抽象的口号，而只能是所有这些实际工作的目的和结果。

在这种情况下，革命的无产阶级就应当准备在实行总罢工时采取坚定的方针，使其在具备相应条件的情况下转变为武器起义。

21. 共产党人也要从变帝国主义战争为国内战争的角度来对待某些"激进的"和平主义者和"左派"社会民主党人所主张的**拒绝服兵役**（抵制战争）的口号。共产党人应反对这一口号。

（1）号召应征入伍者不服从动员令，使帝国主义战争无法进行，这种思想和"用总罢工来回答战争"的思想一样都是幻想。宣传这种办法只会**削弱**严肃的反战革命斗争。

（2）即使这种"群众性的抵制"获得部分成功，那么其结果就会使最坚决、最有阶级觉悟的工人**不在**军队里。军队中经常性的革命工作（这是反战斗争中极重要的任务之一）就会无法进行。

因此，列宁是完全正确的，他根据世界大战的经验于1922年写道："抵制战争，这是一句蠢话。共产党人应当投身到任何反动的战争中去。"①

但是，列宁关于共产党人如何对待抵制（拒绝服兵役）这一反战斗争手段的指示，并不意味着共产党人应该在工人群众中鼓动参加资产阶级军队。这只是说，共产党人应当十分坚决地反对有害的、会造成幻

---

① 参见《列宁全集》中文第2版第43卷第312页。——编者注

想的抵制口号，并争取在资产阶级军队中进行革命工作和建立组织，争取武装无产阶级，变帝国主义战争为国内战争。

因此，当发生是否参加资产阶级军队和拒绝服兵役（抵制）的问题时，各国共产党应劝告工人和贫苦农民摒弃拒绝服兵役的口号，学会使用武器，在军队中开展革命工作，并在适当的时候倒转枪口来对付资产阶级。

如果在宣战时出现拒绝参军的大规模群众运动，那么共产党人就必须加入这一运动的行列，使运动具有革命性，从反对帝国主义战争的群众性革命发动着眼提出一些具体要求和行动口号，尽量利用这一运动使群众革命化。但是，即使在这种场合下，各国共产党也应反对抵制思想，反对和平主义的抵制口号。各国共产党应十分坦率地说明拒绝服兵役这种斗争方法是无济于事的，向群众解释，反对帝国主义战争的唯一正确的方法是变帝国主义战争为国内战争。应当大力宣传在资产阶级军队中进行革命工作的必要性。

如果总的情况容许的话，共产党人应利用这种群众运动来建立游击队，来直接开展国内战争。对于民族革命运动声势浩大的国家来说，尤应如此。在这些国家里，在宣战（特别是反苏战争）的情况下或在战时，当形势有利的时候，共产党人可以提出举行反帝反民族革命起义和立即建立民族革命游击队的口号。

22. 在没有实行义务兵役制的国家里，政府在战争开始时将展开广泛的募兵运动，在必要时还将实行普遍义务兵役制。在这些国家里，共产党的斗争目的自然也是变帝国主义战争为国内战争。不过在这一斗争的范围内，共产党人还应当反对资产阶级鼓励自愿参军的宣传，反对实行普遍义务兵役制。但是，无论如何不能产生一种幻想，似乎不参军和反对服兵役就可以阻止战争，使战争无法进行，从而认为在军队中进行革命工作就成为多余的了。必须向群众解释，这种斗争在反对帝国主义战争的总的斗争中只具有次要的意义。必须组织军队中的革命工作,并公开宣传这一工作的必要性。

23. 前线的革命工作对于变帝国主义战争为国内战争具有极其重大的意义。在这方面,共产党人不应局限于简单的宣传,而应根据具体情况提出一定的行动口号。

(1) 必须根据士兵的经济要求和诉愿,设法集体拒绝执行勤务或在执行勤务时怠工,以及让陆海军士兵采取某种罢工手段。

(2) 在前线,最重要的行动口号是**联欢**的口号。联欢的目的是团结战壕两边的士兵、工人和农民来同资产阶级将军们作斗争。上次世界大战的经验表明,群众性联欢必然引起军队的阶级分化,导致士兵和军官之间的武装斗争。共产党人必须在军队中组织联欢,使联欢具有明确的政治色彩,首先是在关于和平以及在军队中组织革命力量的问题上。

(3) 无产阶级反对资产阶级的内战

24. 1914—1918年的帝国主义战争在东欧和中欧的许多国家里变成了国内战争,这种国内战争在俄国给无产阶级带来了胜利。从无产阶级对待战争的态度的观点来看,十月革命的教训具有决定性的意义。十月革命的教训表明:(1) 资产阶级在帝国主义战争中必须把武器自行交到工人手里,但在危急关头,即在遭到失败及其他情况下,它就会丧失对大批军队的控制权;(2) 真正彻底的反战斗争的前提是使士兵群众革命化,也就是说进行国内战争的准备工作;(3) 国内战争无疑要求无产阶级及其政党认真做好准备工作。

十月革命后,1920年和1923年在德国,1923年在保加利亚,1924年在爱沙尼亚以及1927年7月在奥地利(维也纳)所取得的经验表明,**不仅**资产阶级的帝国主义战争,而且目前资本主义的"正常"状况也会引起无产阶级进行国内战争，因为这种"正常"状况将使阶级斗争尖锐到极点，造成直接革命的形势。1927年3月在上海和1927年12月在广州的无产阶级起义，对于无产阶级，特别是对于被压迫国家，即殖民地和半殖民地的各民族都具有重大的教训。例如上海事件表明，应该如何运用无产阶级起义作为在民族战争中反对帝国主义及其走狗的工具。

这一经验首先要求共产党人从反对帝国主义战争和反革命战争的斗争出发，向群众公开提出无产阶级进行国内战争的问题，讨论并吸取上述两次起义的教训。

25. 这些教训就是：

（1）在起义的**前提**问题上：

必须具备革命形势，即统治阶级的政权面临危机，如军事上的失败。

群众的处境必须**异常**恶化，备受压迫，群众的积极性提高，决心通过革命发动推翻政府；必须有一个能对无产阶级的主要阶层施加影响的经过考验的共产党。

（2）在起义的**准备工作**方面：

起义不仅要依靠党的领导，而且要依靠工人阶级的广大群众。在无产阶级群众组织首先是工会中的准备工作，这些组织对起义准备工作的积极参加，专门负责联系群众的起义机关的建立——所有这些都具有决定性的意义。起义问题应该公开向群众提出。

起义应该依靠全体劳动人民的革命热情，首先是依靠半无产者和贫苦农民。

必须加强瓦解资产阶级军队的工作，这一工作在起义时将转变为争取军队的斗争。

无论是起义的组织还是军事的准备，都应当在无产阶级群众的工作中，以及在殖民地和半殖民地的工作中，占据显著的地位。

起义日期的确定取决于所有这些主客观前提的成熟程度；只有在党和革命无产阶级群众保持最紧密联系的条件下才能正确地确定最后日期。

（3）至于**举行**起义，那么应遵循的原则是，不要把起义当儿戏；一旦起义，就必须以全副力量持续进攻，直到最后压倒敌人为止。在起义时动摇犹豫，就等于破坏整个武装起义；必须以主力对付敌人的主力；在紧要关头和紧要地点，要使无产阶级取得优势，必须毫无拖延地把起义尽可能扩展到更大的地区。应当把起义看做是一种艺术，它不仅是军事问题，而且首先是政治问题。只有革命政党才能领导起义。起义时，党的全部活动应当服从武装斗争的需要。

乙、无产阶级保卫苏联，免受帝国主义的侵犯

26. 帝国主义者的反苏战争显然是资产阶级对无产阶级进行的反革命阶级战争。它的主要目的是推翻无产阶级专政，树立白卫恐怖制度来对付各国工人阶级和劳动群众。资本主义国家无产阶级反对这一战争的策略基础是布尔什维克反对帝国主义战争的纲领：变帝国主义战争为国内战争。但是，无论在战前或战时，斗争的方法和任务都应适应于准备斗争的具体条件和斗争的鲜明的阶级性质。既然"对方"不是帝国主义大国，而是无产阶级专政，那么策略就应作许多重要的修改。

27. 为了具体说明有关帝国主义战争以及反苏战争准备的宣传工作的问题，必须指出以下两点：

（1）**和平主义**作为备战活动的幌子日益成为备战活动极其重要的工具。因此，必须加紧反对和平主义及其专门的口号：反对假借"文明"和"和平"的名义来进行反苏战争的国际联盟；反对把苏联以及

无产阶级革命和殖民地革命说成是对和平的威胁的"现实主义的和平主义";反对妄图在反对"一切战争"的伪装下诋毁保卫苏维埃政权思想的"激进的"和平主义。

（2）**社会民主党**转而积极从事反苏战争的反革命准备工作。因此，必须大力加强同右派和"左派"社会民主党领袖及其同伙托洛茨基分子和无政府工团主义者作斗争。首先必须在群众中揭穿和搞臭这些家伙企图用来为反苏战争作辩护的各种口号和论据，如"要民主，不要专政"，苏维埃政权已"蜕化"、"富农化"、"热月政变";关于"赤色帝国主义"的谰言;"在战争情况下保持中立"等口号。

28. 国际工人阶级和广大劳动群众把苏联看做是自己的保护者，对苏联日益寄予巨大的同情。在这种情况下，如果考虑到帝国主义反苏战争这一公开的阶级战争的意义，将比1917年的战争更快地为广大工人群众所理解，劳动群众现在已有了第一次帝国主义世界大战的经验，无产阶级先锋队已有了共产国际这个坚强的革命组织，那么可以肯定地说，反对战争的可能性增加了，现在已经具备采取更加大胆的策略的前提。

（1）就反苏战争而言，在宣战以前加强阶级斗争直至开展反政府的群众性革命发动来制止战争的可能性，已比1914年大得多了。1920年英国工人作出了这种革命发动的榜样，当时他们成立了行动委员会，迫使政府放弃对苏俄宣战。

（2）资本主义国家的无产阶级变帝国主义反苏战争为反对本国资产阶级的国内战争的前提，将比在帝国主义者彼此之间的战争中形成得更快。

（3）因此，虽然资本主义国家的共产党人在发生反苏战争的情况下，既要反对"用总罢工来回答战争"的说法，也不能迷恋于这种幻想，但是他们应当考虑到在宣战以前，在动员期间来利用群众性罢工和总罢工这个手段的极大可能性。

（4）在对苏联实行军事进攻的场合下，被压迫民族和帝国主义国家的共产党人应当竭尽一切努力来发动欧洲和殖民地半殖民地的少数民族起义，并组织民族解放战争，来反对苏维埃政权的敌人帝国主义者。

29. 既然帝国主义战争的矛头将指向苏联，即国际无产阶级的祖国，那么这时的策略与在"纯粹"帝国主义战争中运用的策略相比应有如下的变化：

（1）帝国主义国家的无产阶级不仅应当促使本国政府在这次战争中失败，而且应当积极协助苏维埃政权获得胜利。

（2）因此，它的策略和斗争手段的选择不仅取决于国内阶级斗争的利益，而且取决于前线战争的利益，因为后者是资产阶级对无产阶级国家进行的阶级战争。

（3）红军不是"敌人"的军队，而是国际无产阶级的军队。资本主义国家的无产阶级在反苏战争期间不要让资产阶级以叛国罪名把自己吓住，不要在这种罪名的威胁下放弃对红军的支持，即使在红军和本国资产阶级的斗争中也不要放弃对红军的支持。

30. 在帝国主义国家里"保卫祖国"是不行的，在无产阶级专政国家里，"保卫祖国"则是当然的革命天职。在这里，苏联武装起来的无产阶级是国防的承担者。十月革命的胜利使全世界工人有了社会主义祖国——苏联。保卫苏联免受国际资产阶级的侵犯是符合国际无产阶级的阶级利益的，也是国际无产阶级的光荣义务。1919—1921年间，包括最强大的帝国主义国家在内的14个国家的干涉军之所以被苏维埃政权击败，是由于国际无产阶级曾为苏联的无产阶级专政而进行了斗争，组织了群众性的革命发动。帝国主义对苏联的新的进攻将证明，无论这一进攻事先如何做了准备，也无论社会民主党如何加紧进行反革命活动，无产阶级的国际团结却是事实。

国际无产阶级在保卫苏联时的同盟军是：（1）苏联的贫苦农民和中农群众；（2）殖民地和半殖民地国家的民族革命解放运动。

31. 苏联的国际政策是**和平**政策，这一政策符合苏联统治阶级——无产阶级的利益和国际无产阶级的利益，它把无产阶级的所有同盟军与无产阶级专政紧密地联系在一起，为利用资本主义国家之间的矛盾打下了基础。它的目的是捍卫国际革命和保卫社会主义建设，因为社会主义的存在和壮大将使世界革命化；它的目的是尽量推迟同帝国主义的军事冲突。从同资本主义国家的关系、资本主义国家相互间的关系以及资本主义国家与殖民地的关系来看，这个政策意味着反对帝国主义战争，反对对殖民地实行强盗般的进攻，反对为这种进攻打掩护的和平主义。

无产阶级国家的和平政策，绝不像社会民主党人及其托洛茨基走卒们为了破坏苏维埃政权在国际无产阶级的心目中的威信而诽谤的那样，意味着苏维埃政权已同资本主义实际妥协。这是列宁主义的无产阶级专政的政策。它只是从十月革命以来苏联一贯坚持的与资本主义作斗争的另一种形式，而且在目前情况下是更为有利的一种形式。

32. 苏联无产阶级不抱可能与帝国主义者保持持久和平的幻想。它知道，帝国主义向苏维埃政权进攻是不可避免的，在世界无产阶级革命过程中无产阶级国家同资产阶级国家的战争，争取把世界从资本主义统治下解放出来的战争是**不可避免的和必然的**。因此，争取社会主义的战士的首要职责是，在政治、经济和军事三方面完成一切必要的准备工作，以应战争之需，加强红军这一无产阶级的强有力的工具，并教会广大劳动群众掌握军事知识。在帝国主义国家维持庞大的军备的政策和关于和平的甜言蜜语之间存在着无法掩饰的矛盾。而在苏维埃政权对国防的准备、对革命战争的准备以及一贯坚持的和平政策之间则**不存在**这种矛盾。

丙、无产阶级支持和进行被压迫民族
反对帝国主义的民族革命战争

33. 早在 1916 年列宁就曾谈到殖民地和半殖民地被压迫民族的反帝民族革命战争必然会具有广泛的规模。近几年来，民族革命战争已从**理论原理**变成了历史事实。这种战争有：摩洛哥对法国和西班牙帝国主义的战争，叙利亚的起义，墨西哥和尼加拉瓜对美帝国主义的战争，1925 年的广州香港大罢工以及 1926—1927 年中国的北伐战争。民族革命战争在世界革命的现时代将起重要的作用。因此，无产阶级应当极其重视这些战争的经验和教训，特别是 1926—1927 年北伐战争的教训。

在北伐期间，中国无产阶级完全有理由支持中国南方对北洋军阀和给他们撑腰的帝国主义者的战争，虽然在这一战争中起领导作用的是资产阶级。中国无产阶级不仅希望并竭力促使反革命北洋政策的失败，而且反对动摇的资产阶级，反对它的妥协，反对它后来的背叛，主张以革命方式进行战争，并在这场战争中为争取无产阶级领导权而斗争。共产国际向中国共产党人建议的这条总路线是符合马克思和恩格斯在上世纪的民族问题上所持的观点的，也是符合列宁的学说的。

34. 但是，中国共产党犯了一系列严重错误，一切被压迫民族的共产党人可以从中吸取重大教训。在这场战争中，中国共产党的责任是：竭力利用当时的革命形势来建立无产阶级本阶级的军队，扩大军事组织，使工人农民做好准备，以便于无产阶级夺取革命的领导权。但是，尽管在北伐期间客观条件有利于共产党，共产党实际上却未能利用国民党的军事机构和政治机构来进行自己的军队的工作，也没有作建立自己的军队的尝试。共产党把自己的全部注意力放在对付国民党军官上，没有把在士兵群众中进行宣传、把士兵群众组织起来，以及大量吸收工农参加军队以便改变军队性质,作为自己的中心工作。中国共产党没有认识到武装工农群众的革命意义,对于准备和领导农民的游击战也没有给予应有的注意。

35. 无产阶级在支持民族革命战争的同时,必须根据对这种民族革命战争以及各阶级在战争中的作用等的具体分析,来决定它在这次战争中应该采取的策略。例如,当1848年马克思提出用战争来反对沙皇制度的口号时,他的策略就不同于1870年德国对拿破仑第三进行战争时的策略。中国共产党人完全有理由在北伐期间与民主资产阶级结成联盟,同它一起走,只要它反对帝国主义的代理人,而共产党人有可能在民族革命阵营中进行揭发性鼓动。但是在1923年,当反对法帝国主义入侵的国防问题提上日程时,德国共产党人的策略就该有所不同了。共产党人应当把国防问题同争取推翻不能起革命作用的德国资产阶级的斗争结合起来。现在,中国共产党人也应当从这个角度提出反对日本干涉的民族斗争问题。他们应当把通过革命方法保卫国家的问题同争取推翻蒋介石和国民党所代表的资产阶级的斗争,同实现工农革命民主专政的斗争结合起来。

但是必须指出,与帝国主义作斗争的无产阶级可以暂时同民主资产阶级一道走的那种民族战争,则是越来越罕见了,这是因为被压迫民族的资产阶级由于害怕工农革命而日趋反动,并为帝国主义所收买。一种新型的民族战争越来越明显地提上了日程,在这种民族战争中,只有无产阶级才能起领导作用。拉丁美洲国家反对美帝国主义的民族战争,情况也是这样。列宁早在1916年就指出,民族战争和起义转变为无产阶级革命或无产阶级领导的民主革命的趋势,已经非常明显了。

36. 在**欧洲**,在根据凡尔赛和约重新划定疆界的许多国家中,由于存在许多被压迫民族和少数民族,民族革命战争问题,首先是在变帝国主义战争为国内战争方面,也将会起重大作用。不仅在波兰和罗马尼亚

(在这两国的边境地区,向往苏维埃祖国的白俄罗斯、乌克兰和比萨拉比亚居民在受着残酷的暴力压迫),不仅在捷克斯洛伐克和巴尔干国家,而且在意大利、法国、西班牙、比利时、大不列颠(爱尔兰),共产党都应支持被压迫民族和少数民族的解放运动,领导他们进行反帝革命斗争和无条件地维护他们实行自决直至分立的权利。共产党人为了彻底执行这一政策,在帝国主义反苏战争宣布以前就应当有所准备,并准备发动被压迫民族人民群众举行起义或战争来反对帝国主义资产阶级。

37. 从马克思和列宁的学说以及近年来民族战争的经验中,可以引申出无产阶级在民族解放战争中运用策略的准则如下:

(1) 无产阶级支持战争并在一定条件下与资产阶级实行暂时的合作,这决不意味着放弃阶级斗争。即使资产阶级暂时和无产阶级一起反对帝国主义,它们仍然是无产阶级的敌人,只是竭力利用无产阶级来维护自己的利益。

(2) 因此无产阶级决不应当简单地仿效资产阶级的政策和口号,而应完全独立地行动,提出自己的政纲、自己的口号和建立自己的革命组织(政党、工会、工人民警、无产阶级军队)。共产党人应当使群众对资产阶级的必然背叛有所准备,采取一切办法来保卫无产阶级的阵地,千方百计地阻止资产阶级达到它的阶级目的,并准备推翻资产阶级。

(3) 在资产阶级或资产阶级政府起着反革命作用的民族战争中(如在目前中国工农反对帝国主义瓜分中国的斗争中),共产党人应当在用革命来保卫国家的口号下采取行动来推翻资产阶级政府。

38. 在阶级分化**不明显**的地区,例如在摩洛哥人、德鲁兹人、叙利亚人和阿拉伯人那里,也必须采取类似上面的方式来提出民族战争问题。在这些地区,宗法封建的酋长和首脑所起的作用相当于比较先进的殖民地的资产阶级所起的作用。在反帝革命斗争中暂时和他们合作是可以的，但同时始终存在着这样一种危险，即帝国主义者一定会收买他们，而他们也一定会使解放斗争服从于他们的种姓利益。因此，这些民族的民族战争应当同反对封建主义或反对封建官僚、消灭封建主义的斗争结合起来。

39. 当被压迫民族进行解放战争以及帝国主义镇压民族革命运动和革命的时候，除了少数个别的例外情形，**国际**无产阶级应负的任务也就是当帝国主义发动反对苏维埃政权的战争时它们应负的那些义务：（1）通过使阶级矛盾尖锐化，变压迫战争为帝国主义资产阶级的国内战争的方法，来反对压迫战争。（2）对帝国主义国家及其军队彻底执行失败主义的策略；争取使被压迫国家胜利并给它的军队以援助。（3）鼓励帝国主义军队的士兵同殖民地革命军队的士兵进行联欢并集体转向民族革命军队方面。（4）通过群众的革命发动反对帝国主义者向殖民地调遣军舰和输送军事装备；反对延长参加对殖民地的战争的士兵服役期，等等；反对帝国主义者增加军事拨款和向殖民地反革命政府和军阀提供贷款；反对帝国主义者在殖民地租界地区、铁路和内河进行军事准备。（5）反对帝国主义者在殖民地的屠杀及其为支持当地反革命政府镇压劳动群众而采取的一切措施。

40. 至于现在进行的反对干涉中国的斗争，它在策略上不同于当一部分中国资产阶级和国民党还有一定革命作用时所进行的反对干涉的斗争。现在中国各系军阀的内战基本上反映了不同帝国主义国家在瓜分中国问题上所发生的冲突。代表不同的资产阶级和地主派别的交战各系都具有反革命性质。在中国目前的情况下，国际无产阶级应把积极捍卫中国工农利益的斗争同揭露中国一切资产阶级政府和军阀作为帝国主义工具的反革命作用结合起来。在反帝斗争中，我们只能支持中国工农的革命。现在对中国资产阶级军队决不能采用倒向殖民地被压迫人民方面来的口号。

尽管策略有了这种改变，反对干涉的斗争本身无论如何不应比以前削弱。然而，大多数国家的共产党由于中国革命策略的改变竟都作出了这种结论，以致犯了严重的错误。

三、无产阶级对军队的态度

41. 大多数共产党的主要错误之一，是它们仅从宣传鼓动观点出发来抽象地提出战争问题，而对于军队即一切战争中的决定性因素没有给予足够的注意。不向广大群众解释革命政策在军事问题上的意义，不在军队中开展工作，任何反对帝国主义战争的斗争，任何准备革命战争的尝试，都是纸上谈兵。

这个错误主要是由于旧的第二国际的遗害所致，第二国际虽然一直标榜反对帝国主义战争，但根本不在军队中进行工作，甚至把要求做这种工作的卡尔·李卜克内西说成是"无政府主义者"。第二国际没有采取革命的战争政策，没有在军队中进行工作，而主张用"民警"代替"常备军"。当沙皇制度和专制政治对革命具有反动威胁的时候，从解散常备军的要求来看，与欧洲民族国家形成的时代相适应的"民警"这个口号还有某种革命意义（直到上世纪末）。但是随着帝国主义的发展，这一口号就无济于事并最终成为沙文主义的口号（海德门，1912年）。复活的第二国际实际上已经放弃了它的"民警"方案，以便使自己的政策完全服从于各国民族资产阶级的利益。在法国，第二国际作出支持"民警"旧口号的姿态，赞成帝国主义的"国民军"，在德国和英国，则借口废除武装而赞成组织雇佣军。第二国际宣布的"各国自由选择军队组织形式的权利"等于是重演八月四日事件的自由。同时，资产阶级的走卒社会民主党人在恶毒攻击苏联红军和无产阶级专政，散布关于"赤色"帝国主义的谰言。

42. 共产党人针对为资产阶级利益服务的这种反革命军事政策,提出有利于国际无产阶级革命的革命军事政策。当然,对于各色各样的军队应采取什么立场的问题,不可能提出划一的方案。无产阶级要根据某一军队是充当哪个阶级和哪种政策的工具这一点,来决定自己对军队的态度。关键不在于某一国家的这种或那种军事制度,不在于这个国家的军队的这种或那种组织形式,而在于这个军队按其政治使命来说,究竟是帝国主义的、民族主义的还是无产阶级的军队。各国共产党应当遵循马克思和恩格斯的学说,马克思和恩格斯在伟大的民族战争时代就反对小市民民主派关于民警制的空想,主张普遍义务兵役制,主张现时军队民主化,使之成为革命军队;马克思和恩格斯在巴黎公社以后要求(他们认为,从无产阶级革命的观点看来,这是公社的最重要的教训)消灭资产阶级国家机器,在军事问题上则解散资产阶级常备军,代之以全民武装。列宁恢复和发展了被第二国际歪曲的马克思和恩格斯的学说,制定了无产阶级革命的军事纲领。

甲、无产阶级对帝国主义国家军队采取的立场

43. 在帝国主义国家中,无产阶级对军队的态度如下:

不论其组织形式如何,军队是资产阶级国家机器的一部分,无产阶级在革命期间不应使资产阶级国家机器民主化,而应予以打碎。

面对这一任务,常备军和民警之间、建立在普遍义务兵役制基础上的军队和雇佣军之间的组织上的差别就完全消失了。"不给军队一个兵,不给军队一分钱",也就是说,要同资产阶级军国主义、它的任何形式的军队作最无情的斗争,反对军事预算,等等。

这一原则既适用于常备军,也适用于民主制的民警,因为这两种形式都是资产阶级反对无产阶级的武装形式。无产阶级在任何情况下都不

能放弃的局部民主要求,现在具有完全不同于民主革命时期所具有的性质;现在这种要求的目的不是军队或民警的民主化,而是使其瓦解。

当然,这种对一切帝国主义军队采取统一的、**原则性**的立场**不**应导致忽视这一国家或那一国家的国防制度或军队组织的**巨大**差别,这种差别对于**实际**工作是很有意义的。

44. 虽然帝国主义国家的军队也就是资产阶级国家机器的一部分,由于资本主义国家彼此钩心斗角、互相厮杀,这种现代化军队就越来越直接或间接地把全体人民卷了进去,使他们军事化("武装的人民"、妇女生活军事化、青年的军国主义教育等等)。在世界大战结束后,这个趋势虽曾一度缓和,但现在在新战争的前夕,它又表现得异常突出(美国、法国、波兰)。由此产生的直接后果就是:资产阶级和无产阶级之间,即剥削者与被剥削者之间的阶级矛盾在军队内部、在军官和"普通人"之间重新体现出来。群众军事化的后果,用恩格斯的话来说,就是从内部搞垮一切资产阶级军队。因此,共产党人不应当"抵制"资产阶级军队,而应当参加资产阶级军队,把从内部瓦解资产阶级军队这一客观过程的革命领导掌握在自己手里。

资产阶级对士兵实行严酷的训练和严格的纪律,严禁士兵同居民接触,严禁士兵过问政治,有时则许给他们享有特权的社会地位,企图通过这种办法建立一支可靠的军队。

特别是最近几年来,在过去曾经实行或现在仍在实行普遍义务兵役制的那些国家里,资产阶级也在改行用经过挑选的人编成雇佣军的制度(德国、法国)。但是这种制度不能避免使群众军事化的必然趋势,而只能做到用雇佣军来与"国民军"或民警之类的军事组织相配合。它不能使资产阶级军队的瓦解过程停止下来,而只能延缓这一过程并严重阻挠革命工作。因此,共产党人面临的重要任务是,仔细研究这些措施所造成的工作条件,用新的革命工作方法来对付资产阶级的新方法。

45. 无产阶级对帝国主义军队的态度同它对帝国主义战争的态度有着密切的联系。因此，失败主义和**变帝国主义战争为国内战争**的口号为对待国防制度和军队组织的局部性问题指出了方向。

资产阶级的民警制、普遍义务兵役制、青年的军事训练，所有这些一度曾是革命民主派的要求，但现在则变成压迫群众和准备帝国主义战争的常用的反动工具，因此必须最坚决地加以反对。在资产阶级改行雇佣军制度，废除普遍义务兵役制的国家里（如在德国），这项原则也同样适用。虽然普遍义务兵役制有利于革命工作，使工人学会使用武器，帝国主义国家的共产党人毕竟不应要求实行这种制度，而应当反对它，就像反对雇佣军制度一样。变帝国主义战争为国内战争的口号表明，共产党人应该**怎样**去反对群众军事化的种种措施（普遍义务兵役制）。帝国主义使工人军事化，教会工人使用武器，这样就为无产阶级在国内战争中的胜利创造了前提；因此，革命的无产阶级不能用和平主义者的论据来反对群众军事化。我们为革命、为社会主义而斗争，就不能拒绝携带武器。我们斗争的目的在于揭露为了资产阶级的利益而采取帝国主义军事化的方法。

我们要提出武装无产阶级的口号来反对帝国主义的军事化。与此同时，共产党人必须提出和支持士兵的一些局部性要求，这些要求在一定的具体条件下推动着军队中的阶级斗争，并能使无产阶级和农民出身的士兵同没有入伍的工人之间的联盟得到加强。

46. 具有代表性的局部性要求有以下几个方面：

（甲）**在国防制度方面的要求**：

解散雇佣军以及正规的和基本的部队单位；

解除宪兵、警察等以及进行国内战争的特种武装力量的武装，并予以解散；

解除法西斯团体的武装，并予以解散；

有关撤销军事法庭和缩短服役期限的具体要求；

实行按地区服役的制度；

废除强制驻留兵营的制度；

设立士兵委员会；

工人组织有训练自己的成员使用武器并自由选择教育的权利。

资本主义国家政府本身在某种情况下规定和实行缩短服役期限的办法这一事实，有时引起了关于我们这方面是否可以提出这种要求的某种怀疑。但是，服役期的缩短**本身**在一定场合下不是加强而是削弱了军事制度。因此，一般说来，作为一种局部性要求，这种办法是可以适用于以普遍义务兵役制为基础的军队的，但必须具备以下条件：

（1）明确的失败主义路线；（2）同社会民主党人的类似局部性要求划清界限；（3）反对认为这就是消灭军国主义的途径的幻想。当然，局部性要求永远应当是具体的，也就是说，要以适当的方式和在适当的时候提出来，使它在群众中易被理解和受到欢迎，并能促使群众革命化。在资本主义国家政府规定或社会民主党人要求缩短服役期的场合下，首先就必须反对与此同时往往是为了加强资产阶级制度而采取的一些措施（全民军事化、培养坚强的职业军人骨干等等）。此外，必须针对这种有关缩短服役期的假民主的纲领，提出有关局部性要求的激进的失败主义的纲领。

对于雇佣军、职业军队，则根本不应当要求缩短服役期，而应当要求随时退伍的权利。

（乙）**在士兵的法律地位和物质生活状况方面的要求**：

增加军饷；

改善生活；

成立由士兵代表组成的庶务委员会；

废除纪律惩罚；

废除敬礼的强制性规则；

各级军官不得对士兵施行体罚，违者严惩；

非勤务期间着便服的权利；

每日离开兵营外出的权利；

规定休假制度，假期增加军饷；

结婚的权利；

保障家属的生活；

订阅报纸的权利；

组织工会的权利；

选举和参加政治集会的权利。

在许多帝国主义国家的军队中，从被压迫少数民族中招募的士兵占很大比例，而全部军官，或者至少大部分军官则属于压迫民族，这种情况为军队中的革命工作奠定了极有利的基础。因此，在我们从士兵群众利益出发提出的局部性要求中，民族要求应当占有相当的地位（例如，在本地服兵役，在训练和指挥时使用本族语言，等等）。

47. 这两类要求（上面列举的只是其中的一部分），不仅应当在军队内部提出，而且也应当在军队以外，即在议会、群众集会等场所提出。这些口号的宣传只有具有具体的性质时才能收效。为此必须：

（1）切实了解军队的情况，服役的条件、士兵的需要和要求等等，这一点是可以通过经常的个人接触来做到的。

（2）考虑各国具体的国防制度，认清当时军事问题的症结所在。

（3）随时注意军队的士气以及国家的政治状况。例如，只有当军队内部已经分崩离析的时候，才能提出选举军官的要求。

（4）把局部性要求同共产党的主要口号，如武装无产阶级、建立无产阶级的民警等密切结合起来。

所有这一切要求只有同资产阶级军队革命化的明确的政治纲领结合

起来，才有革命意义。

必须特别注意把士兵组织起来，如服役前的入伍军人联谊会和互助储金会，服役期间的士兵委员会以及服役期满后的革命退伍军人联谊会等，以便同革命无产阶级联合一致保卫自己的利益。工会的特殊任务是：在会员服役期间同会员保持联系，并协助建立上述各种组织。

48. 在雇佣军中进行革命工作的条件，不同于建立在普遍义务兵役制基础上的军队中的工作条件。在雇佣军中，为上述这类局部性要求而进行鼓动往往比较困难。但是决不能放弃这种工作。雇佣军绝大部分是从无产者（失业者）和贫苦农民中招募来的，这一情况使得在士兵中进行群众工作有了社会基础。工作方式应当尽量适应军队的社会成分和特点。必须在群众中加强鼓动反对资产阶级为同无产阶级进行阶级斗争而建立的特种部队（宪兵、警察），特别是它的自愿的武装匪帮（法西斯分子）。必须毫不留情地同宣扬这些部队什么"有利于公益"、"人民的警察"以及法西斯分子的什么"平等权利"等改良主义谰言作斗争。必须在居民中有力地揭露这些部队的本质，激起对它们的深刻仇恨。但是在这种场合下，也必须竭力促使这些军事组织发生社会分化并争取其中的无产者阶层。

49. 应当把军队中的革命工作同无产阶级和贫苦农民群众的一般革命运动结合起来。在存在直接革命形势的情况下，当工厂无产阶级着手成立苏维埃的时候，士兵苏维埃的口号就具有现实的意义，并有助于士兵群众联合无产阶级和贫苦农民为夺取政权而斗争。

在雇佣军中，共产党人（在条件容许的地方）也要在士兵苏维埃的口号下把士兵群众组织起来，动员他们去同将领们和资产阶级作斗争。在军队的社会成分不容许这样做的地方，他们应当立即要求解除这些部队的武装，并予以解散。

乙、无产阶级革命期间的军事问题

50. 局部性的民主要求所依据的口号是：解除资产阶级的武装和武装无产阶级。

在不同的革命阶段上，无产阶级的武装具有不同的形式。在夺取政权以前和取得政权后的初期是无产阶级的民警、劳动者的民警和赤卫队。红色游击队也属于这一类。红军是苏维埃政权的军事组织形式，即无产阶级专政的军队。

就帝国主义国家来说，无产阶级民警（劳动者民警、工农民警）的口号只是武装无产阶级的口号的另一种表述，这个口号是与建立红军以前无产阶级革命的军事政策所必然经历的过渡阶段相适应的。在不存在直接革命形势的条件下，这一口号只起宣传的作用；但在同法西斯主义的斗争中，它可能成为现实的口号。

不管怎样，无产阶级民警或劳动者民警的口号是对无产阶级群众本身的号召，而不是向资产阶级政府提出的要求。因此，只有在特殊情况下（例如，在有些国家社会民主党在议会和群众中占多数并组成社会民主党政府），向政府或议会提出建立这种民警的要求才是正确的。在这种条件下提出这种要求，也只是揭露社会民主党的一种手段。

赤卫队是起义的机关。鼓动建立赤卫队及其建立本身，是共产党人在具备直接革命形势的条件下应做的事情。

51. 无论如何不应忽视以下一点：在存在"和平"形势的条件下，在帝国主义国家里，无产阶级民警或赤卫队在资产阶级国家范围内的存在是不可思议和不可能的。

无产阶级民警是无产阶级为确立无产阶级专政而进行斗争的武装组织，或者说是为镇压剥削者而建立的无产阶级专政机关。因此，我们提出的无产阶级民警的口号，不同于那种主张专门挑选一批没有觉悟的或被收买的无产阶级分子来拼揍黄色"工人卫队"的改良主义方案。在1923年5月鲁尔和1927年维也纳起义以后，"工人卫队"这类组织曾被利用来瓦解和钳制工人阶级。共产党人的任务是要同社会民主党人的这种欺骗手法作坚决的斗争。

52. 必须把在夺取政权以前、作为红军萌芽形式的工人民警、无产阶级民警和赤卫队的战斗口号，同无产阶级专政建立和巩固以后、在国家消亡和阶级消灭过程中应当采取的那种民警形式区别开来。为了抵御帝国主义的侵犯，无产阶级需要有强大的、纪律严明的、装备精良而又富有战斗力的红军。在目前的条件下，只有常备军才能执行这些任务，它是劳动居民中武装群众的核心。在资本主义包围的形势下，要求无产阶级专政立即完全向民警制过渡，是小资产阶级的和反革命的谬论。比较全面地实行纯粹的民警制，又不削弱军事力量，只有在社会主义生产力和群众的共产主义教育得到充分发展的条件下才有可能。只有无产阶级革命在一系列资本主义大国取得胜利以后（共产国际执行委员会第八次全会就已指出），无产阶级国家在自己的军事政策方面才能直接着手用本阶级的民警代替常备军——红军。

不管怎样，无产阶级专政的国际组织，无论在士气、纪律或制度方面都应有鲜明的阶级性。剥削阶级分子是不容许入伍服役的。

丙、无产阶级对殖民地和半殖民地军队的态度

53. 随着被压迫民族的民族革命和反帝战争时期的到来，军事问题在一切殖民地和半殖民地就具有十分重大的意义。无论就现在或过去处于反帝战争状态的国家来说（中国、摩洛哥、叙利亚、尼加拉瓜），还是对没有这种战争的国家来说（印度、埃及、墨西哥、菲律宾、朝

鲜），都是正确的。显而易见，反帝民族战争中的军事问题的提法与帝国主义国家中的军事问题的提法，应有重大的差别。

54. 不能忽视，目前在这些国家里存在着两种完全不同的军队：一种是国民军（不一定是革命军），另一种是帝国主义者的军队（有的是宗主国派来的远征军，有的是由其他殖民地国家的土著居民组成的军队，或者在当地招募的军队）。中国就有这样的两种军队，它也是国民军实际上变成帝国主义军队的例子：在蒋介石政变以后，中国南部的国民军变成了实际上为帝国主义目的服务的军队。显然，无产阶级革命劳动群众对这两种军队要采取完全不同的态度。对于国民军，应当采用1848—1870年马克思和恩格斯的军事纲领，也就是使这种军队民主化的纲领，并略加修改，以便使它变成革命军队的纲领；对于帝国主义者的军队，我们只能采用失败主义的纲领，即从内部瓦解它；而在存在特种军官团体或资产阶级的阶级性军事结构的情况下，则必须设法孤立和消灭它们，也就是说，采用应在帝国主义国家里实施的纲领。

除了这两种军队以外，殖民地和半殖民地还应从策略观点出发区分第三种军队，在这种军队中存在着民族运动和帝国主义者之间的斗争，即在帝国主义者指挥下的同一军队内部的斗争（印度、埃及、印度支那、叙利亚、阿尔及利亚、突尼斯等等）。在这种场合下，必须根据具体条件把两种纲领的因素结合起来，也就是把针对帝国主义指挥下的军队和各种部队的失败主义纲领同人民武装（民警）的口号和国民军的口号结合起来。

国民军的口号必须适应具体情况，这个口号要提得使帝国主义者及其走狗完全没有空子可钻（如要求军队完全不受帝国主义者控制、军队中设立最广泛的民主组织、军官由选举产生等等）。

无论在殖民地或者在宗主国，口号中都必须包含：帝国主义军队撤出殖民地，帝国主义派遣的人员和军官退出当地的军队。

55. 为了确定对殖民地和半殖民地国家的军事制度的态度，必须考虑到这个国家或那个国家在目前国际革命重要阶段上的政治作用：它究竟是苏联的盟友还是敌人，是中国革命的盟友还是敌人，等等。总的说来，被压迫民族的无产阶级和革命劳动群众应当维护民主的军事制度，在此基础上使全体劳动者学会使用武器，加强国防力量以防帝国主义侵犯，扩大在工农和军队中的影响，并有助于无产阶级在民主革命中争取领导权。在这里，和在帝国主义国家中有所不同，普遍义务兵役制、青年军事教育、民主的民警制、民族军队等口号，都要列入革命的军事纲领。但在目前的历史时代，民族革命运动的策略必须服从于世界无产阶级革命的利益。有些被压迫国家在反对无产阶级或民族革命的战争中却成了压迫者和帝国主义者的帮凶，在这些国家里，革命者就不能提出上述纲领，而是应当把以下两个方面密切结合起来：一方面是为了保卫其他革命的国家而鼓吹革命战争，同时宣传革命的军事政策；另一方面是对上述那种战争或军队采取失败主义立场。目前，在国民党将领统治下的中国各省，就应贯彻这一路线。

56. 在确定被压迫国家的军事纲领时，必须注意这些国家所处的经济、政治发展阶段。

（1）在还处在民主革命前夕的国家中，首先是在资产阶级和无产阶级之间的阶级分裂还表现得不很明显的地方（叙利亚、摩洛哥和埃及），一般说来，应当运用全民武装（人民的民警）的口号。这一口号应当和反对封建主义、反对封建的和资产阶级的军官的民主要求结合起来。在阶级分化表现得强烈的国家中，在还没有完成资产阶级革命的地方，例如在拉丁美洲国家中，这一口号应当具有工农民警的阶级性质。

（2）在正处在民主革命阶段的国家中，民警的口号是不够的，应当扩大为组织革命军队的口号。当然，这并不妨碍顺便提出民警的口号，特别是在准备起义的时候。必须指出，武装无产阶级不仅和全民武装相矛盾，而且是全民武装的基本部分。除参加全民武装的组织外，还必须建立由自己选出的领导者来统率的特殊的无产阶级武装单位。

（3）在处在从民主革命向无产阶级革命过渡阶段的国家中，可以采用共产党人在帝国主义国家中的军事纲领，稍作具体修改。

用无产阶级的民警（劳动者的民警，工农民警）的口号来代替民主的民警的口号。当殖民地发生革命的过程中出现直接夺取政权的问题时，除苏维埃外，还必须把组织红军的问题提上日程。旧的民主革命的军队组织形式，应当用无产阶级革命所要求的阶级形式来代替。

57. 在实现民族革命军事政策而同帝国主义进行斗争时，绝对需要在殖民地军队中进行经常性的宣传鼓动工作。因此，共产党人和民族主义革命者应当悉心研究各种各样的殖民地军队以及在这些军队中进行工作的有效方法。中国的例子表明，在纪律废弛、待遇微薄的本地雇佣军中进行工作，成功的希望常常是很大的。

在这里，局部性要求在一定程度上同以前针对帝国主义国家所列举的那些要求可能是很相似的。但在这里也应当十分仔细地考虑一切具体条件（军队的来源、成分和倾向以及物质生活状况等等）。必须特别注意反映本地士兵的要求，反对白人指挥官对本地士兵的压迫和侮辱。

共产党人在民族军队中的工作，其性质应当有所不同，但是1926—1927年中国民族战争的经验表明，这一工作异常重要。在这里，共产党人的任务是：在整个军队中建立支部，把军队变成同帝国主义进行斗争的自觉手段，从民族革命的利益出发同军官中的不可靠分子作斗争，在共产党人还没有掌握指挥权的地方，通过最广泛的革命民主，使指挥权受到士兵的监督。不可忽视，法国革命期间国民议会的军队由于实行军官选举制而取得了巨大胜利。另一方面，与此相反，在1926—1927年中国南方的极不民主的军队组织，大大便利了资产阶级及其将军们的叛变。

四、无产阶级对裁军问题的态度和反对和平主义的斗争

58. 目前,帝国主义在从思想上和组织上准备新的帝国主义反革命战争方面正遇到很大的困难,从上次世界大战以来,广大居民群众,首先是工人、农民以及劳动妇女群众普遍存在着本能的反战情绪。因此,帝国主义不得不在和平主义的幌子下准备战争。这时,和平主义具有了新的客观意义,它已成为世界帝国主义用以反对正在发展的世界革命及其堡垒——苏联的一种意识形态和斗争工具。帝国主义国家的裁军建议和裁军会议,特别是国际联盟在这方面进行的"工作",如讨论"安全问题"、建立仲裁法庭的方案和"禁止战争"的公约等等,其客观意义和主要目的就在于此。所有这些和平主义的方案、条约、会议的目的是:(1)为帝国主义者的扩军活动打掩护;(2)一些大国相互玩弄手法,想通过签订条约裁减对方的军备,从而加强自己的军事实力;(3)一些大国达成临时协议,确定它们对被压迫的弱小国家的统治权;(4)在和平主义口号的掩盖下进行反苏的思想动员和政治动员。帝国主义者的"裁军",其实就是间接和直接的备战。

因此,目前同裁军骗局和和平主义作斗争,是反对帝国主义战争的基本任务之一。

甲、社会民主党的裁军纲领和列宁主义

59. 帝国主义在其表演的裁军喜剧中所使用的主要工具就是社会民主党,社会民主党在群众中散布不用推翻帝国主义就可以实行裁军和消弭战争的幻想。社会民主党在裁军问题上存在着两种倾向,而这两种倾

向又都是资产阶级和平主义的倾向。

早在1911年以考茨基为代言人的一派"发现"了一种事实上并不存在的资本主义客观力量，说什么这种力量有利于实行裁军和消除战争，它代表了这样一种政策，即同资产阶级"左派"合作，以期限制军备，在帝国主义者之间签订一些足以阻止或完全"禁止"战争的国际条约，等等。列宁早在1916年就认为这种观点是"完全资产阶级的和平主义"。1914—1918年间，这些观点曾经是"中派"的意识形态，在世界大战结束后，随着帝国主义各国政府转而采取和平主义的手法，这些观点也就体现在第二国际领导集团的政策上。这个政策得到右派和大多数"左派"社会民主党人的支持。它表面上是一种"现实的"和平主义政策，实际上与帝国主义资产阶级的政策毫无区别。

"有组织的资本主义"理论就是这一类的货色，这种理论硬说，在目前的帝国主义阶段上，资本主义本身就能使那些足以制止战争、将战争排斥于"文明世界"之外的客观因素不断发展，等等。关于"超帝国主义"的理论以及把帝国主义"同盟"、"公约"和国际卡特尔看做是消除帝国主义矛盾的手段和理论，也是这一类货色。实际上，在帝国主义内部并不存在消灭战争的任何趋势。相反，"现实的和平主义者"为了麻痹群众而列举的所有事实，都是准备进行一场最大规模的帝国主义战争的迹象。在这场战争中，被卷入互相厮杀的将不是个别一些国家，而是整个结成联盟的国家集团。

在资本主义制度下，欧洲联邦或者世界联邦都是乌托邦。但假如这种联邦得以实现，那么它必然是反动的，因为它将是为了镇压无产阶级革命和殖民地人民民族解放运动而结成的联盟。这种思潮内的一切流派（例如泛欧运动）都是彻头彻尾反动的。

60. 另一派则以"激进的"或"革命的"和平主义者的姿态出现，他们不仅要求资产阶级完全解除武装，而且要求无产阶级完全解除武装，也就是要求放弃武装无产阶级的口号。在帝国主义战争期间，某些革命的国际主义者也曾站在这一立场上，他们找不到另外一种方式来表达他们想要消灭军国主义的殷切愿望。事实上，这个口号没有考虑到武装无产阶级和国内战争的必要性，或者是把两者都加以否定，因此并不是革命的口号，客观上它是小资产阶级悲观失望的表现。列宁在1916年所作的批评至今仍然完全有效，而且应当更加强调，尽管目前拥护这一口号的人数寥寥无几。十月革命向每一个正直的革命者表明了武装无产阶级的绝对必要性。用解除无产阶级武装的口号代替武装无产阶级的口号，这在目前只能算是一种反革命的口号。因此，共产党人应当尽最大努力把真实情况向同情废除武装这个口号的工人们解释清楚，特别是在小国中更应如此；而对于为这一口号作辩护的"左派"首领则应进行最坚决的斗争。

属于这一类货色的还有这样一种理论：认为强制性的国防"仲裁法庭"可以排除战争。但是要知道，这种机构已经变成为一触即破的肥皂泡，或者说已经成为掌握在最强有力的帝国主义强盗手中的工具。

但是，在废除武装和和平主义问题上的两股社会民主主义思潮在以下一点上却是不谋而合的，那就是：废除武装的主要障碍是"没有民主"的国家，即苏联无产阶级专政的存在。

乙、苏联的裁军方案

61. 早在共产国际执行委员会第八次全会的提纲中就已强调指出，国际无产阶级对于苏联在裁军问题上的观点和帝国主义国家所提出的伪善的裁军方案，应采取完全不同的原则立场。鉴于这一问题对于同和平主义作斗争具有特殊的重要性，因此必须向群众十分明确地提出这一问题。

苏联政府在1927年11月国际联盟召开的裁军预备会议上提出的全面、彻底裁军的建议，无论就其目的、诚恳态度以及**客观意义**来说都完全不同于帝国主义者及其走狗社会民主党人的空洞言论和方案。

苏联方案的目的不是散布和平主义的幻想，而是打破这种幻想，不是通过不提或掩饰资本主义阴暗面的办法来支持资本主义，而是宣传马克思主义关于只有在资本主义崩溃后才有可能废除武装和消除战争的基本原理。

苏联政府向厚颜无耻地佞谈裁军的人建议真正裁军，撕破了他们的和平主义的假面具。不言而喻，任何一个共产党人都不指望帝国主义者接受苏联的裁军方案。但是，苏联政府的建议并不是虚伪的建议，而是完全出自诚意的建议，因为它同工人国家的对内对外政策不相矛盾，而帝国主义者关于"裁军"的花言巧语却同资产阶级国家的政策——压迫和掠夺的政策背道而驰。苏维埃政权是为几世纪来受剥削的大多数居民谋福利的无产阶级专政。苏维埃政权不执行掠夺和压迫的政策。它的政策是为国际无产阶级谋福利的和平政策。

就客观意义来说，苏联的建议也不同于资产阶级和社会民主党的方案。它不是用来掩盖侵略政策，它不是小资产阶级悲观失望的表现，而是反映了社会主义的目的之一，即革命无产阶级在全世界范围内胜利后所要实现的目的。

62. 社会民主党人在反对苏联的方案时，使用了最恶毒的手段，利用了托洛茨基主义向他们提供的一些口号。他们企图使苏联政府的裁军建议在群众中威信扫地，把它说成是对"列宁主义的修正"，是向"热月政变"的过渡等等。根据上述各点可以看出，这完全是卑鄙的诽谤。在苏联彻底裁军方案遭到拒绝后，苏联代表团于1928年3月又提出第二个方案，主张在逐步缩减陆海军力量的条件下局部裁军。这一方案决不是对和平主义的让步，相反，它是对和平主义的彻底揭露，特别是揭露了大国对被压迫的弱小民族的态度。苏联政府在裁军问题上的立场，是列宁的政策的继续，是列宁学说的彻底实现。

丙、无产阶级反对和平主义的斗争

63. 在国内战争中打垮了资产阶级并建立了无产阶级专政国家的苏联工人，在同和平主义这一帝国主义的恶毒工具作斗争中，可以采取新的方式，即向帝国主义者建议全面裁军。但是，资本主义国家中还在为夺取政权而斗争的无产阶级却无法运用这一方法。资本主义国家的无产阶级如果向本国资产阶级及其走狗提出裁军的建议或要求，那就会成为一种不是革命的行动，而只是用解除无产阶级武装的口号来偷换武装无产阶级的口号，放弃国内战争，放弃社会主义。因此，共产党人应当十分坚决地反对从苏联政府的裁军方案中作出同该方案的革命精神相违背的错误结论，而且必须在党本身的队伍内无情地谴责这种倾向。

64. 苏联无产阶级和资本主义国家工人阶级在反对和平主义的斗争方法上的这种差别，丝毫也不意味着两者之间存在着矛盾，而且决不能由于存在这种差别而作出结论说，资本主义国家的共产党人不应利用苏联政府的裁军宣言在群众中进行宣传鼓动。相反，必须利用苏维埃政权的裁军政策来进行比以前更有力、更广泛的宣传教育鼓动工作。但是，利用这一政策并不意味着必须在本国提出同样的要求，而是要：（1）号召支持苏联为和平和社会主义而斗争的人们，起来保卫苏联，反对帝国主义；（2）利用苏联裁军政策的**成果**，揭露帝国主义者，以便通过在广大群众中宣传废除武装和消灭战争的唯一途径是武装无产阶级、推翻资产阶级和建立无产阶级专政，来根除一切和平主义幻想。

五、各国共产党工作中的缺点及其任务

65. 第八次全会曾经着重指出各国共产党的一系列错误和缺点，确定了各支部为反对战争而应执行的一系列特殊的具体任务。

这些指示至今仍然完全有效。从第八次全会以来，我们又积累了许多新的经验。现在第六次代表大会就要根据这种经验作出一切应有的结论，以改进各国共产党今后的工作。

66. 共产国际各支部至今还存在的主要缺点是对战争的危险及其不可避免性估计不足。从下面的情况中可以清楚地看到这一点：几乎所有的支部在执行第八次全会决议方面都没尽到应尽的努力。最近发生的两项非常重大的事件，即英国向埃及提出照会和中日战争，都被当做是完全无足轻重的小事而忽略过去了。当群众迅速向左转之际（这表明群众已感觉到战争的危险），共产党人有充当工人阶级的尾巴而不去领导工人阶级进行反战斗争的危险。许多支部受到资产阶级和社会民主党人关于"和平"、"裁军"和"国际仲裁"的宣传影响，不相信战争已迫在眉睫，谈到战争时，把它当做极其遥远的事情。

对战争危险特别是反苏战争的危险估计不足表现在对业已表明这场战争正在准备的某些具体事实和具体现象的不理解。例如，拉柯夫斯基奉召回国已经很久，但法国同志还没有把这一事件看做是外交上准备反苏战争的一个断然措施。南斯拉夫党承认它没有意识到意南冲突期间战争危险已迫在眉睫。波罗的湾沿岸国家的某些共产党没有一下子认识到波罗的湾沿岸国家准备建立反苏联盟的具体方式的真正意义（例如，爱沙尼亚和拉脱维亚之间关于关税同盟的谈判）。所有这些错误，后来虽然已为各该政党所承认和纠正，但业已表明不注意备战措施是何等的危险。因此，必须经常保持警惕，密切注视战争危险的具体表现形式。

67. 各党反战工作的主要缺点之一，是它们过于抽象地、一般化地、甚至很肤浅地对待战争问题。

某些支部把自己的活动局限于在议会和公开集会上发表言论，而在这种议论中战争问题往往被放置于次要地位。我们的党还没有学会把我们在议会中的反战工作同议会外广泛说明我们的要求的工作结合起来（捷克斯洛伐克共产党人在圣哥达事件中和向中国运送武器的问题上所做的全部工作只限于在议会中和报刊上提出一些小心翼翼的抗议）。不能把国际问题和战争问题割裂开来加以提出，因为二者都是总的阶级斗争中的一部分，都应当同内部阶级冲突联系起来，特别是同纯军事工业企业中的冲突联系起来。

军事力量的机械化以及与战争直接有关的工业的军事化，都要求我们在这些工业部门中以及在这些工业部门的工会组织和其他工人组织中大力开展活动。目前还很少看到各国共产党认真着手执行这一基本任务的迹象。

68. 抽象地对待军事问题的表现是，对军事政策问题不善于采取明确的立场。有时候，一些党对于社会民主党人反对帝国主义的欺骗行为或者根本没有反应，或者反应迟钝，而这种欺骗行为在群众中却经常是有反应的（例如在德国，对于社会民主党人是战争的"根本反对者"的宣传运动）；有时候，一些党采取泛泛议论的办法竭力回避具体的军事政策问题，并一再重复抽象的宣传口号来代替实际问题的提出。

特别是在军队问题上可以明显地看到这样一种倾向：避免涉及争取实现具体的局部性要求和改革问题，尽管这些要求和改革实际上将使军国主义遭到削弱（例如要求缩短服役期限，以及在雇佣军组成问题上的斗争，等等）。**争取改革**的工作现在是完全让给社会民主党人去做了，在军队问题上没有提出真正的无产阶级的政治纲领，即削弱军国主义和关于切实建议武装工人的纲领，来反对社会民主党人。

只有少数支部采取了必要的组织措施来贯彻经常性的反军国主义的工作。在从战争危险的角度来看很重要的国家里，对陆海军士兵进行的工作极难令人满意。可以看出这是由于对这一工作的不理解，没有认识到这是一项群众性工作，是在军人中进行鼓动和宣传的手段。在一些国家里，对青年进行的反军国主义工作建立在十分狭窄的基础上，在另一些国家里，整个这项工作只是归结为在新入伍者中的工作，而没有在士兵群众中建立广泛的组织基础。在帝国主义国家中，对海军士兵的工作进行得不够坚决，这表明对海军在未来战争中的作用估计不足。在任何地方，都没有经常利用家属对陆海军中的军人和职员以及新入伍者的影响。

69. 几乎在所有的地方，对农民、少数民族和殖民地的工作的巨大意义都估计不足。因此，必须十分重视所有这几方面的工作。

农村中的反战工作，不能只通过个别偶然性的宣传运动、举行示威游行等方式来进行。必须结合劳动农民的直接要求进行有计划有步骤的工作。对青年农民进行工作是一项特殊的任务。目前需要特别注意的是，利用通讯、回乡休假者等建立农村同已经当兵的农民之间的联系。一旦发生战争，这方面的经验就会发挥巨大的作用。

在少数民族工作方面，我们应当比以前更坚决地维护被压迫民族的要求，反对帝国主义政府欺凌被压迫民族，指导民族革命组织进行工作。

宗主国的共产党应当同有关殖民地国家的共产党组织和工会建立经常的联系。宗主国的共产党应当采取大规模的行动，来给殖民地的革命运动以各种支援。

各国共产党应特别注意建立非党组织，如反帝联盟，注意有关建立资本主义国家的无产阶级同被压迫民族的民族解放运动的反帝统一战线的一般问题。

70. 在许多支部中，**反法西斯**斗争至今还没有受到充分重视。无论在思想斗争方面，或者在反法西斯群众运动方面，都必须发挥最大的主动性。同时，不仅要注意公开的法西斯主义派别和组织，而且要注意打着民主主义或社会民主主义旗帜的半法西斯主义派别和组织（德国的"国旗社"、社会民主党和工会官僚上层中的社会法西斯主义发展倾向、工厂法西斯主义等等）。反对形形色色法西斯主义的斗争应当同反对帝国主义战争的斗争十分紧密地结合起来。

71. 当前时期的特点是资产阶级掀起了一个宣传"和平"、"裁军"和广泛宣传"禁止战争"的新浪潮。直到现在，反对这种和平主义的斗争还进行得不够坚决。反对资产阶级的"和平"宣传以及反对社会民主党人关于所谓苏联"赤色帝国主义"、"布尔什维克主义的黩武因素"的宣传的斗争也进行得不够坚决。揭露国际联盟的真正性质，也不够经常和坚决，而国际联盟和广大群众在制造和平主义幻想方面起着主要的作用。

在多数场合下，完全忘记了共产党人在日内瓦会议结束后所负的首要任务是把反战斗争同关于无产阶级专政和武装无产阶级的宣传结合起来。在某些国家中，犯了和平主义的错误，提出了废除武装的口号。

72. 在第八次全会后，大多数国家的共产党没有很好地注意在党员中普遍宣传列宁主义关于反战斗争的正确方法。在党的理论刊物和报纸上，对有关反战斗争的一些基本问题讨论得不够，特别是对一些具体的局部性问题阐述不够，这应当看做是党的工作中的一个重大缺点，因为这些多半都是需要迫切解决的问题，而且社会民主党的报刊相当重视这些问题。

党的工作的缺点还在于在所有这些问题上思想不够明确。有些同志（在德国、瑞士和奥地利）提出了在对意大利的战争中"保卫祖国"的问题，另一些同志主张对军事训练营进行全面"抵制"（美国）。这些错误倾向后来虽经党的领导机关加以纠正，但所有这些例子都表明，无论在党内或在群众中，十分需要就战争危险问题和反战斗争的方法问题展开极其认真而广泛的宣传工作。

73. 在反对战争危险，特别是在反对向苏联进行挑衅和准备反苏联战争的斗争中，最主要的鼓动工作有以下几项：

（1）鉴于战争危险近在眉睫，主要的和中心的鼓动口号应当是"保卫苏联"、"支援殖民地和被压迫人民的革命斗争"和"反对帝国主义战争"。

（2）鼓动工作始终应以揭露各帝国主义集团在世界各国的掠夺野心为目的。鼓动工作的目标特别应当针对着美帝国主义者、针对着带头准备反苏战争的英帝国主义者和策动武装干涉中国的英日帝国主义者。应当要求公布现有的一切秘密条约和军事盟约。

（3）必须批判和揭露社会民主党提出的主张"限制军备"并为日内瓦议定书以及强制性仲裁制度辩护的各项建议。

（4）必须大力开展宣传运动，以便揭露关于"工业和平"、阶级合作、中立的（非政治的）工会和"公司"工会的谬论；改良主义工会首领们鼓吹的这些东西实质上就是备战措施。

（5）应当立即开展解释工作，说明为什么工人们在将来的战争中要使自己的帝国主义国家失败。"变帝国主义战争为国内战争"的口号现在（在战争爆发以前）就应该成为我们宣传工作的指导思想。

（6）反对帝国主义瓜分中国的斗争应由各国共产党通过广泛的群众运动的形式，通过反对列强采取某些军事政治措施的形式来进行。这一斗争应当同反对新的帝国主义战争危险的斗争紧密地结合起来。

74. 最主要的措施（其中大部分已在第八次全会的提纲中指出）是：妇女和儿童在军队开赴前线的道路上或上船的地方举行示威游行，妇女、儿童和残废军人在议会前面举行示威游行；在无产阶级和小资产阶级妇女团体中进行反战鼓动，在反对帝国主义战争的口号下召开各种代表会议；在工厂门前和在工人住区举行妇女集会并推举出妇女代表；利用现有的代表会议并产生新的代表会议，作为进行反对帝国主义战争的宣传运动的常设机关。必须更加明确地运用统一战线策略和推进"不许干涉苏联"委员会的工作，同时必须吸收工会组织参加这个委员会；必须对法西斯主义（这是反革命武装队伍之一）展开全面的斗争；只要有可能，就应当成立德意志红色前线战士联盟之类的群众组织；必须在体育团体中进行反对法西斯、反对战争的工作；必须经常利用和巩固现有的战争受难者（残废军人、寡妇等等）的阶级组织，以达到反对帝国主义战争的目的。共产主义青年团应当和党保持最紧密的联系，在作为新兵来源的工农青年中大力开展工作。现有的无产阶级的教师、家长和学生组织以及共产主义的儿童团体，都应加以利用；必须在儿童中建立新的组织，来消除学校里的帝国主义影响。

75. 各国共产党本身的准备是头等重要的任务。使共产国际各支部普遍地对国防团结有较深刻的认识是各国共产党对战争有所准备的必要条件。

在战争开始以前，各支部间应建立最紧密的联系；在整个战争期间应千方百计地保持这种联系。

在战争动员期间，对整个革命运动和各国共产党所采取的恐怖手段一定会达到骇人听闻的程度。成千上万的共产党工人和革命工人将被按照预先拟定的黑名单投入集中营。帝国主义者将向自己提出这样的任务：不仅要摧毁合法的共产党，而且要摧毁地下党的全部机构和领导核心。

各国共产党对所有这一切现在就应当有所准备。合法的共产党应特别注意及时地准备转入地下。地下的共产党应使自己的领导核心和组织对将来变本加厉的恐怖手段有所准备。必须及时准备改变从上到下的组织方式和组织联系。党员应当预先准备应付由于发布动员令和战争爆发带来的新形势。

76. 第六次世界代表大会提醒所有共产党人回想一下列宁的话：反对战争远非易事。大会建议各国共产党进行认真的自我批评并有系统地检查到目前为止在反对战争危险和使党准备从事战时斗争方面所已完成的工作。大会责成各国共产党无情地揭露并立即纠正一切已犯的错误。

第六次世界代表大会号召各支部使反对战争的斗争更加具有国际主义性质，采取在国防范围内协调革命行动的准备措施，以便在必要时能够采取反对帝国主义战争的最重要的国防性群众行动。

殖民地和半殖民地的革命运动[1]

（根据奥·威·库西宁的报告通过的提纲）

一、导　言

1. 共产国际第六次代表大会宣布，由列宁起草并经第二次代表大会通过的《民族和殖民地问题提纲》仍然完全有效，并应成为各国共产党今后工作的指导方针。自从第二次代表大会以来，殖民地和半殖民地作为世界帝国主义体系危机的因素，其现实意义更加重大了。

一方面，殖民地作为帝国主义不可缺少的剥削对象，比以往更加成为帝国主义者之间发生冲突和战争的经常性根源。各帝国主义国家对于在某种程度上仍然保持独立的各国人民进行的掠夺战争和新的军事计划并没有停止，同样，帝国主义大国之间为了重新瓜分殖民地而加紧进行的备战活动也没有停止。

另一方面，幅员辽阔的殖民地和半殖民地已变成了无法扑灭的革命群众运动的策源地。这一具有重大历史意义的现象之所以出现，在一定程度上是由于在帝国主义大战期间和战后时期主要殖民地和半殖民地的内部状况（经济结构和社会结构）发生了变化：资本主义工业发展的

---

[1] 在1928年9月1日第四十六次会议上通过。

因素增强了，农业危机加剧了，无产阶级成长了并开始组织起来，广大农民群众赤贫化了，等等；同时，也是由于国际形势发生了变化：一方面，左右局势的帝国主义大国在世界大战期间困难重重，战后世界资本主义遇到了危机，近来，由于帝国主义的"和议"，英、日、美、法、意、荷等国殖民地政策的掠夺侵略性加强了，另一方面，俄国由帝国主义势力变成了反帝国主义的无产阶级力量，苏联各族人民为反对世界帝国主义和保卫本国独立而进行了胜利的斗争，苏联树立了用革命方法解决民族问题的榜样，苏联的社会主义建设产生了革命影响，此外，资本主义国家中的共产主义运动也得到加强，并在为维护殖民地人民的利益而斗争。

所有这些条件都大大加速了殖民地和半殖民地广大人民群众政治觉醒的过程，并引起了一系列重大的群众革命起义，而且这些起义多半是在反帝国主义的群众斗争同国内阶级斗争力量的发展特殊紧密结合的基础上爆发的。

2. **中国**革命具有头等重要的国际意义。1925年上海枪杀中国工人的"五卅惨案"是中国的革命浪潮空前高涨的信号。中国最大的工业中心——上海、天津、汉口、广州以及英国殖民地香港，成了群众性革命罢工斗争的舞台。工人的罢工斗争得到了农村中农民反对地主和土豪劣绅的群众运动的响应。早在这个广泛的民族革命战线的开始阶段，民族资产阶级就竭力使革命斗争局限于反对军阀、抵制帝国主义者等民族斗争的任务。几乎在革命浪潮高涨的同时，反革命也开始纠集自己的力量（1926年3月蒋介石发动的政变，北京枪杀游行的学生，国民党内右派集团的形成，并开始反对两广的农民，等等）。1926年夏开始的北伐，攻克了许多省份，打败并粉碎了一系列反动军阀集团，群众运动也随之大大高涨（收回汉口和九江的英租界，上海发生总罢工并转变为武装起义，农民运动大大高涨）。1927年4月的上海起义提出了无产阶级在民族革命运动中的领导权问题,终于使得本国资产阶级倒向反动阵营,并引起了蒋介石的反革命政变。

工人在夺取政权斗争中的独立行动,尤其是农民运动的进一步高涨并转变为土地革命,使得国民党内小资产阶级一派所领导的武汉政府也倒向反革命阵营。革命浪潮已接近尾声。工人阶级和农民还试图通过一系列起义(贺龙和叶挺的起义,湖南、湖北、广东、江苏的农民起义),从帝国主义者、资产阶级和地主手中夺取政权,从而挽回革命的败局,但是并没有成功。这一革命浪潮的最后一次强烈冲击是英勇的广州无产阶级的起义。广州无产阶级打算在苏维埃的口号下把土地革命同推翻国民党的统治和建立无产阶级和农民的专政结合起来。

3. 在印度,英帝国主义所奉行的阻碍当地工业发展的政策,引起了印度资产阶级的强烈不满。后者结成了阶级联盟(1916年印度资产阶级的组织印度国大党同穆斯林联盟实行了联合),改变了过去分裂为各教派和各种姓的情况,从而使英帝国主义在印度面对着一个统一的民族阵线。英帝国主义在大战时期害怕革命运动,不得不对当地资产阶级作了一些让步,如在经济方面提交了进口货物的关税,在政治方面于1919年实行了微不足道的议会改革。但是,由于帝国主义战争的惨重后果(1918年的饥荒和瘟疫),由于广大劳动居民阶层的状况极端恶化,由于俄国十月革命和殖民地国家的一系列起义(如土耳其人民争取独立的斗争)的影响,在印度人民群众中掀起了一个强烈的风潮,形成了一系列反对英帝国主义的革命行动。印度的第一次大规模反帝运动(1919—1922年),以印度资产阶级背叛民族革命事业而告终,这主要是因为印度资产阶级害怕日益高涨的农民起义浪潮和工人反对本国企业主的罢工。民族革命运动遭到镇压和资产阶级民族主义逐渐没落之后,英帝国主义又重新采取阻碍印度本国工业发展的政策。英帝国主义最近在印度所采取的措施表明,英国的殖民地垄断地位同印度经济的独立发展趋势之间的客观矛盾正在一年比一年尖锐化，并将引起新的深刻的革命危机。

对英国统治的真正威胁，不是来自资产阶级阵营，而是来自印度工人蓬勃高涨的群众运动，这一运动正以大规模罢工的形式在不断发展；同时，农村危机的尖锐化也说明土地革命业已成熟。这些现象将导致印度整个政治形势的根本变化。

4. 在**印度尼西亚**，荷兰帝国主义不得不让更加强大的国家（美英帝国主义）向这个殖民地输入外国商品和外国资本。这样，荷兰帝国主义本身在印度尼西亚实际上越来越被迫扮演辅助的角色，即所谓"经纪人"的角色，但同时又不得不在那里执行宪兵和刽子手的职能。1921年11月发生了爪哇起义，其直接原因一方面是经济危机使得广大居民群众的境况恶化，另一方面是政府对民族革命运动实行残酷镇压。起义在很大程度上是由共产党人领导的。政府使起义掩没在血泊之中，摧毁了共产党，枪杀或监禁了成千上万名无产阶级和农民的优秀战士。事后，政府为了平息广大人民群众的怨愤，收买民族改良主义领袖们来"安抚"群众，装模作样地实行了一些微小的改革，但这些改革丝毫没有改善劳动人民的状况。国内持续不断的经济危机，特别是制糖业和橡胶业的危机，资本的进攻和劳动条件的恶化，失业现象的增加，所有这一切为工农群众必然重新采取行动反对帝国主义统治创造了客观前提条件。

5. 在**北非**，1925年里夫的卡比尔族人发动了一系列反对法国和西班牙帝国主义的起义，接着被"托管的"叙利亚德鲁兹族人也举行了反对法帝国主义的起义。在摩洛哥，帝国主义者只是经过长期的战事才得以把起义镇压下去。但是，外国资本加紧渗入这些国家，使新的社会力量得以出现。群众罢工浪潮第一次席卷巴勒斯坦、叙利亚、突尼斯和阿尔及利亚，表明了城市无产阶级的产生和成长。这些国家的农民也已经逐步地、虽然是非常缓慢地卷入斗争。

6. 在**拉丁美洲**各国，北美帝国主义的经济和军事扩张，使得这块大陆已经成为整个帝国主义殖民体系矛盾的主要焦点之一。战前，英国对这些国家保持着决定性的影响，并使其中许多国家成为半殖民地，但战后，情况已经转变为这些国家日益依附美国了。北美帝国主义通过加紧输出资本而掌握了这些国家的经济命脉，在财政上控制了它们的政府，同时唆使它们互相猜忌，彼此倾轧。美帝国主义的这一侵略政策日益具有明目张胆的暴力性质，并进而转变为武装干涉（尼加拉瓜）。拉丁美洲掀起的反对美帝国主义的民族解放斗争多半是由小资产阶级领导的。民族资产阶级在居民中是一个人数很少的阶层（阿根廷、巴西和智利除外），他们一方面同大土地占有者有联系，另一方面又同美国资本有联系，因而属于反革命阵营之内。

墨西哥革命是从农民夺取土地、反对地主和教会的革命斗争开始的，它在很大程度上也具有反对美英帝国主义的群众斗争的性质，革命后成立的小资产阶级政府，力图对大土地占有者和北美帝国主义进行让步以求自保。在厄瓜多尔发生了反对滨海地区地主政府以及反对瓜亚基尔银行家和商业资本家政府的农民起义和工人罢工等等，最后导致了1925年的军事政变和成立军事独裁政府；智利连续不断地发生了军事政变；尼加拉瓜爆发了反对北美帝国主义的游击战争；巴西南部发生了一系列的起义；阿根廷巴塔哥尼亚的农业工人举行了起义；玻利维亚、秘鲁、厄瓜多尔和哥伦比亚发生了印第安人起义，委内瑞拉和哥伦比亚发生了骚动、自发的总罢工和群众示威游行；古巴、整个中美洲和哥伦比亚爆发了反帝国主义的群众运动，等等。近年来发生的所有这些事件都说明革命过程的扩大和深入，特别是说明拉丁美洲各国反对世界帝国主义的怒潮在不断高涨。

7. 迄今为止，帝国主义在多数情况下还能做到把殖民地的革命运动血腥地镇压下去。但是,引起革命运动的一切基本问题都丝毫没有得到解决。无论在中国或印度,也无论在其他殖民地和半殖民地,世界帝国主义的殖民政策同殖民地人民独立发展之间的客观矛盾丝毫没有消除,相反,它越来越尖锐,而且只有通过殖民地劳动群众胜利的革命斗争才能加以克服。只要这个矛盾没有克服,它就会在每一个殖民地和半殖民地中成为爆发革命的最有力的客观因素之一。同时,帝国主义列强的殖民政策也是造成它们彼此之间对抗和战争的一个最重要的原因。这种对抗正在不断加剧,而且首先在半殖民地起着比较显著的作用,尽管帝国主义者往往也彼此勾结。但是,对于殖民地革命运动的发展具有最重大意义的则是以帝国主义世界为一方,同以苏联和资本主义国家革命工人运动为另一方之间的矛盾。

8. 世界社会主义革命的积极力量(苏联、资本主义国家的革命工人运动)同帝国主义力量之间的战线的形成,在世界历史的当前时代,**具有主要的、决定性的意义**。殖民地反对帝国主义奴役的劳动群众组成了一支强大的世界社会主义革命后备军。对于世界帝国主义来说,殖民地国家目前是它的战线中最危险的地段。殖民地和半殖民地的革命解放运动正日益团结在苏联这面旗帜的周围,正吸取以往的沉痛教训,确信除了同革命的无产阶级结成联盟以外,除了世界无产阶级革命战胜世界帝国主义以外,别无出路。苏联的无产阶级和共产国际领导下的资本主义国家的工人运动一贯支持、而今后将更有力地支持各殖民地和其他附属国人民的解放斗争;它们是殖民地人民在争取彻底摆脱帝国主义枷锁的斗争中的唯一可靠的支柱。不仅如此,同苏联和帝国主义国家的革命无产阶级结成联盟,使中国、印度和其他所有殖民地、半殖民地的劳动人民群众有可能**越过资本主义制度统治的阶段**,甚至完全越过资本主义关系的发展阶段,独立、自由地发展本国的经济和文化。

由此可见,帝国主义、革命和战争的时代即产生无产阶级专政的时代，使得殖民地人民发展的整个前景进入一个新的境界。从对当前整个世界经济的分析所得出的结论，决不是资本主义新的长期繁荣的前景，而是资本主义的必然灭亡，因为资本主义已经完成了它的进步的历史作用，已经成了进一步发展的障碍，已经处于崩溃的过程中，已经让位给无产阶级专政（苏联），并把人类引向新的灾难。这就意味着，在其他国家胜利的无产阶级专政的援助下，落后的殖民地已经具有非资本主义发展道路的客观可能性，而先进的殖民地则具有资产阶级民主革命转变为无产阶级社会主义革命的可能性。在具备有利的客观条件时，这种可能就会变为现实性，但发展的实际进程取决于斗争，而且仅仅取决于斗争。因此，从理论上和实践上捍卫这条道路并为这条道路而进行忘我的斗争，是各国共产党人应尽的职责。由于存在着这一前景，因而在殖民地面前就产生了以**苏维埃**为基础的革命政权的问题。

由此可见，殖民地和半殖民地革命运动的一切基本问题都是同资本主义体系和社会主义体系之间的伟大的划时代的斗争直接联系着的。这个斗争目前在世界范围内是帝国主义反对苏联的斗争，而在各个资本主义国家内是资产阶级的阶级统治和共产主义运动之间的斗争。

在这场斗争中，全世界革命无产阶级和殖民地劳动群众的合作是战胜帝国主义的最可靠的保证。在这场斗争中，两个帝国主义国家之间的任何军事冲突，以及帝国主义者反对苏联的战争，都应当被殖民地利用来动员群众，引导群众进行坚决斗争，以反对帝国主义，争取民族解放，争取工农的胜利。

二、殖民地经济和帝国主义殖民政策的特点

9. 为了弄清殖民地的现代史，就必须把它看做是整个世界资本主义经济发展史（从它的最初形式起到它的最后阶段帝国主义止）的一

个有机的组成部分。

随着资本主义日益加紧把无比广阔的殖民地区变为以剥削和追求利润为基础的世界资本主义经济的势力范围，殖民地和半殖民地的经济史和政治史如同镜子似的反映了资本主义生产方式和资产阶级社会制度所谓"文明"和文化使命的全部特点。特别是它以无情的事实揭露了"资本原始积累"的各种方法和真实情景。无比残酷的征服和压迫殖民地的政策，包括殖民地掠夺和讨伐，鸦片战争，海盗袭击，向土著居民强行推销欧美笃信基督教的国家所生产的烈酒、圣经和其他肮脏货色，是加速确立资本主义制度的最重要的因素之一。

帝国主义者及其改良主义走狗（麦克唐纳、奥托·鲍威尔之流）硬说帝国主义"培育了落后民族，使他们得到幸福、进步和文化"，可是事实与这种卑鄙的谎言相反，在进入垄断资本主义时代以后，殖民地国家千百万人民受到的压迫丝毫没有减轻。由于外来资本的输入，资本主义发展（特别是它的初期）所造成的毁灭性后果在殖民地以惊人的程度快速再现；相反，资本主义的进步的后果在那里多半根本察觉不到。当掌握统治权的帝国主义需要在殖民地寻找社会支柱时，它首先是同旧社会制度下的统治阶层（封建主和商业高利贷资产阶级）勾结起来，对付大多数人民，在任何地方，帝国主义都力图维护和保存其反动的同盟者赖以生存的基础，即前资本主义的剥削形式（特别是在农村）。殖民地国家的人民群众不得不缴纳大量的捐税来供养殖民当局的军队、宪兵和行政机关。饥荒遍地，瘟疫流行（尤其是在赤贫农民中），土著居民的土地被大批剥夺，白人资本家的种植园和矿井中非人的劳动条件，有时比公开的奴隶制还要恶劣——这一切对殖民地居民普遍地产生了毁灭性的影响，往往使整个民族灭绝。帝国主义国家在殖民地的"文化教育作用"实质上是刽子手的作用。

10. 对于殖民地国家必须区分两类情况：一类是资本国家处理其过

剩人口的移民区，从而是资本主义体系的继续（如澳大利亚、加拿大等），另一类是帝国主义者主要作为销售市场、原料产地和投资范围而进行剥削的殖民地。这一区分不仅具有历史意义，而且具有巨大的经济和政治意义。第一类殖民地在其总的发展的基础上成为自治领，即该帝国主义体系内享有平等权利或几乎享有平等权利的成员。在这些殖民地中，资本主义的发展在迁入的白种居民中产生了宗主国的阶级结构，而当地的土著居民多半被消灭掉。在那里，根本谈不上像第二类殖民地那样的殖民制度。在这两类殖民地之间，存在着一种过渡的类型（变种），那里除了大量土著居民以外，也存在很大数量的白种居民——移民（如在南非、新西兰、阿尔及利亚等地）。上述这些国家的资产阶级来自宗主国，他们实质上是宗主国资产阶级在殖民地的"继续"。这种资产阶级的利益大部分是同宗主国的殖民利益一致的。宗主国在一定程度上希望自己在殖民地的资本主义"分号"壮大起来，特别是当帝国主义的这一"分号"能够奴役原始的土著居民或者甚至完全消灭这些居民的时候。另一方面，不同帝国主义体系之间为争夺这些半独立国家里的势力范围而进行的斗争，可能会使这些国家同宗主国脱离，甚至同宗主国的竞争对手联合起来。这些原因常常迫使帝国主义容忍这些殖民地（自治领）中自己的代理人具有某种程度的政治独立和经济独立，从而使它们具有该帝国主义的同盟者和亲属势力的地位。

11. 按实质说，帝国主义殖民制度就是帝国主义国家的资产阶级在附属国的垄断地位，这种垄断不仅建立在经济压迫的基础上，而且建立在超经济强制的基础上，它表现为两种基本职能：一方面，这种垄断的目的是无情地**剥削**殖民地（直接和间接榨取各种赋税，通过销售本国工业品、为本国工业提供廉价原料、利用极端低廉的劳动力等等而获得超额利润）；另一方面，帝国主义垄断的目的在于维持和发展自身存在的条件，即奴役殖民地群众的职能。

在殖民**剥削者**的职能上，统治的帝国主义对于殖民地国家来说，主要就是从其经济机体中吸吮鲜血的寄生虫。与其受害者相比，这种寄生虫是一个具有高度文化的群体，这就使它成为更加强大的更加危险的剥削者，但是从殖民地国家方面来看，这丝毫也没有改变帝国主义职能的寄生性。在第一个帝国主义国家中，资本主义剥削是通过发展生产力进行的。可是，同是这个英国、法国和任何其他国家的资产阶级，对殖民地实行的特种形式的资本主义剥削，归根到底却阻碍该殖民地生产力的发展。帝国主义国家只是为了维持对殖民地的军事统治、保证源源不断地榨取捐税和为了本国商业的需要，才在殖民地进行最低限度的建筑工程（铁路、海港等）。殖民地的农业多半被迫生产出口的农产品，但这一情况绝没有使农民经济摆脱前资本主义羁绊的压迫。在那里，农民经济转变为"自由的"商品经济的途径，通常就是使前资本主义的生产形式服从金融资本的需要，加重前资本主义的剥削（如迅速发展的商业资本和高利贷资本对农民经济的奴役，增加赋税负担等等）。对农民的剥削加重了，但农民的生产方式没有革新。殖民地原料的工业加工通常不在殖民地进行，而是在资本主义国家，首先是在宗主国进行。从殖民地榨取的利润多半不是用于生产，而是从殖民地汇出，或者在宗主国进行投资，或者在该帝国主义新扩张的地区进行投资。由此可见，殖民地剥削的基本趋势是阻止殖民地生产力的发展，掠夺殖民地的天然财富，首先是榨取殖民地国家活的生产力。

12. 然而，殖民地剥削也要求在某种程度上鼓励殖民地的生产发展，但由于帝国主义的垄断，殖民地生产发展的方向和对这种发展的鼓励只能以符合宗主国的利益，特别是符合宗主国保持其殖民地垄断地位的利益为限。例如宗主国可能会鼓励一部分农民生产粮食转变为生产棉花、甘蔗、橡胶（如苏丹、古巴、爪哇、埃及），但是这样做不仅不符合殖民地经济独立发展的利益，相反，更加加重了殖民地对帝国主义宗主国的依赖。世界帝国主义为了扩大自己的原料基地，便推广新的农作物，以代替被殖民政策所排挤掉的农作物。为了同样的目的，建立新的灌溉系统以代替被毁坏的旧系统，这些新的灌溉系统成了帝国主义者手中掌握的加紧剥削农民的工具。为了扩大国内市场，便设法使土地关系（有些是殖民政策本身所造成的土地关系）适应于资本主义的生产方式。各种各样的种植园都是为宗主国金融资本的利益服务的。根据宗主国工业的需要，开采殖民地的矿藏，尤其是当宗主国需要在原料来源问题上摆脱对某些不在该帝国主义垄断组织控制下的国家的依赖时，情况更是如此。以上就是殖民地的主要生产领域。只有那些生产过程十分简单的行业（烟草业、制糖业等等），或者能使原料因就地初步加工而大大降低运输费用的工业，才在殖民地有较大规模的发展。总之，帝国主义者在殖民地设立的资本主义企业（因军事需要而设立的某些企业除外），多半甚至全部都具有农业资本主义的性质，而且资本的有机构成很低。殖民地的真正工业化，特别是建立能够促进殖民地生产力独立发展的富有生命力的机器制造业，是得不到宗主国的鼓励的，相反，会受到它的阻挠。**这里实质上就表现了宗主国对殖民地奴役的职能**，即殖民地不得不牺牲自身独立发展的利益而成为外国资本主义的经济（农业和原料的）附庸，牺牲殖民地劳动阶级的利益来加强帝国主义国家资产阶级的经济和政治权力，使帝国主义资产阶级永远保持在该殖民地的垄断地位，并加紧向其他地区扩张。

  帝国主义时代以前的"古典资本主义"以其在殖民地的掠夺性经营十分清楚地说明了破坏旧事物而不相应地创造新事物的种种消极特点，同样，帝国主义的殖民地经营，也特别明显地暴露出帝国主义日趋没落的突出特点，即它的高利贷和寄生的本质。帝国主义大国力图使它们所垄断的殖民地更加适应或完全适应宗主国资本主义经济的需要，这不仅破坏了殖民地土著居民的传统经济制度，而且也破坏了各个生产部门之间的平衡,归根到底,使得殖民地生产力发展遭到人为的阻碍。

所有宗主国的共同愿望是力图把殖民地纳入本帝国主义体系之内,使它成为一个从属的组成部分,以保证本帝国主义体系在经济上自给自足,并能与其他帝国主义体系相抗衡;另一方面,又力图割断殖民地同整个世界经济的直接联系,由自己来充当殖民地同外界一切经济联系的中间人和最高调节者。帝国主义者这种力求保持殖民地对宗主国的片面依附关系的意图加剧了帝国主义大国、各个国际托拉斯等之间的竞争。

由这些情况所决定的殖民地资本主义关系的发展和对殖民地人民群众的剥削,具有多种多样的形式。

13. 由于殖民地绝大部分居民群众从事农业并生活在农村,因此,帝国主义及其同盟者(土地占有者阶级和商业高利贷资本家)对农民进行掠夺性剥削的形式,具有特别重要的意义。由于帝国主义的干预(苛捐杂税、从宗主国输入工业品等等),农村在被卷入货币商品经济的同时,也发生了农民经济赤贫化和农村手工业破产等现象,而且这一过程的发展要比先进的资本主义国家当年所发生的情况远为迅速;相反,殖民地工业缓慢的发展,使得无产阶级化的过程只能在狭窄的范围内进行。旧的经济形式迅速解体和新的经济形式缓慢发展之间的这种重大的脱节现象,造成了中国、印度、印度尼西亚、埃及等国"土地极为紧张",农业人口过剩,地租猛增,农民耕种的土地极为分散。同时,旧的封建或半封建剥削和奴役的一切负担,虽然"花样翻新"了,但丝毫没有减轻,它们仍像过去一样统统落在农民的肩上。资本主义以其税收政策和商业机构席卷了殖民地的农村,引起了前资本主义关系的变化(如取消了农村村社),但绝没有使农民摆脱前资本主义的奴役和剥削方式的束缚,而只是使它们具有了货币的表现形式(如徭役和实物地租部分地变为货币地租,实物税变为现金税等等),这更加加重了农民的贫困。高利贷者利用农民的困难处境前来"帮助"他们,榨取他们的脂膏，甚至在一定条件下（如在印度和中国的某些地区）建立以债务为基础的世袭奴隶制。

尽管在各个殖民地国家之间，甚至在同一个殖民地国家的不同地区之间，在土地关系上存在着种种区别，但是农民群众的贫困处境几乎到处一样：这部分地由于不等价交换，部分地由于受到直接剥削，无力提高经营的技术水平或组织水平。他们的生产成果，以及他们的消费水平不断下降。在这些国家中，农民的赤贫化是一个普遍现象。在印度、中国、印度尼西亚，农民的赤贫化已经达到这样一种地步，那就是经常忍饥挨饿的、无地或少地的贫农是这些国家的农村的主要人物。在那里，大地产几乎同大规模的农业经营毫无联系，它只不过是向农民榨取地租的手段。而在劳动农民和大土地占有者（如中国的豪绅和印度的大地主）或国家之间往往存在着许多寄生的中间环节，如一套又一套在承租者和转租者对殖民地国家的农业具有重大意义的古老的人工灌溉系统，由于帝国主义的干预，起初是逐渐废弃不用，然后虽在资本主义基础上重新修复，但利用起来要使农民付出过高的代价。歉收成了越来越频繁的现象。农民在瘟疫和其他天灾面前束手无策。广大农民群众被赶出生产过程，毫无希望在城市中找到工作，也很少能在农村中找到工作，他们成了可怜的苦力。

农民的这种贫困处境同时也意味着工业的国内市场危机，并成为国内资本主义发展道路上的严重障碍。无论是印度、中国、埃及的民族资产阶级，还是帝国主义，都感到农民的贫困是他们扩大剥削的障碍；但由于他们在经济利益和政治利益上都同大地产以及农村的商业资本、高利贷资本有着十分紧密的联系，因此无法实行意义较为广泛的土地改革。

农民的家庭经济和手工业生产日益破产。商业的发展在当地的商业资产阶级中形成了一个兼做包买商和高利贷者等的广大阶层。在殖民地经济的特殊条件下，商业资本和高利贷资本占有优势并处于支配地位，这就阻碍了工业资本的增长。在争夺国内市场的斗争中，民族资本一再地遇到输入殖民地的外国资本的竞争，一再同农村中前资本主义关系的阻碍作用发生冲突。尽管障碍重重，但在某些生产部门中还是出现了本国的大工业（主要是轻工业）。民族资本和本国银行也产生和发展了。

企图不损害殖民制度而实现土地改革的微小尝试，其目的在于使半封建的地主逐渐变为资本主义的土地占有者，而在某些情况下则形成人数不多的富农阶层。其实这只能使绝大多数农民更加赤贫化，反过来这又使国内市场的发展受到阻碍。在这些相互矛盾的经济过程的基础上，殖民地运动的最重要的社会力量便不断发展起来。

14. 在帝国主义时期，金融资本在夺取殖民地的经济垄断和政治垄断方面起着特别突出的作用。这表现在向殖民地输出资本所带来的某种经济后果上。向殖民地输出的资本多半流入商业领域，主要起着高利贷信贷资本的作用，其任务在于维护和加强帝国主义国家在殖民地的压迫的机关（通过发行国家公债等等），或者设法完全控制半殖民地国家中本国资产阶级的名义上独立的国家机关。

向殖民地输出资本加速了殖民地资本主义关系的发展。输入殖民地并用于生产的那一部分资本在一定程度上加速了工业的发展，但其目的绝不是为了使殖民地经济摆脱帝国主义国家金融资本的控制，相反，是要加强前者对后者的依附。一般说来，输入的资本几乎完全集中用于掠夺和开采殖民地的原料，或对原料进行初步加工。这些资本也用来扩大交通网（修筑铁路、建造船只、建造港口等等），为的是便于榨取原料并进一步密切殖民地同宗主国的联系。在农业方面常用的一种投资形式是把资本投入大种植园，以生产廉价的粮食和垄断巨大的原料产地。从殖民地奴隶的廉价劳动力中榨取的剩余价值大部分汇回宗主国，这也就在很大程度上延缓了殖民地经济的提高和生产力的发展，同时也成了殖民地经济和政治解放的障碍。

资本主义国家和殖民地国家之间相互关系的另一个基本特征，是各个金融资本垄断集团都想独霸各殖民地和半殖民地国家的对外贸易，从而控制和调节殖民地经济同世界市场联系的各种渠道。少数几家垄断出口公司霸占对外贸易对于殖民地资本主义发展进程所产生的直接影响，并不是使殖民地的国内市场发展，而是使殖民地分散的国内贸易适应出口的需要和由帝国主义寄生者来榨取殖民地的天然财富。殖民地商业的这种特殊的发展也突出地反映在帝国主义在殖民地开设的银行的性质和形式中，这些银行把当地居民的存款搜刮过来，主要投放到殖民地的对外贸易等方面。

15. 帝国主义对殖民地的全部经济政策都在于竭力维护和加强殖民地的依附地位，加重剥削，并尽量阻挠殖民地的独立发展。只有在特殊情况下，帝国主义国家的资产阶级才被迫去促使殖民地大工业的发展。例如，由于进行战争或准备战争的需要，可能在某些战略上极其重要的殖民地（如印度），在一定限度内建立各种金属加工企业和化学工业企业。更为强大的对手的竞争也可能迫使宗主国在关税政策问题上作一定的让步，但这种让步必须保证宗主国能享受优惠的税率。为了收买殖民地和半殖民资产阶级的一定阶层，特别是在革命运动高涨时期，宗主国可能在一定程度上放松一下经济压力。但是，一当这些多半不属于经济领域之内的特殊情况不再产生影响时，帝国主义大国的经济政策立即就会恢复到压制和阻挠殖民地经济发展方面。因此，殖民地要想发展国民经济，特别是要想实现工业化和全面地独立地发展工业，就只能同帝国主义政策进行有力的对抗。因此，殖民地国家发展的一个特点，特别清楚地表现在这样一种现象上：殖民地生产力的发展是会遇到重重困难的，是痉挛式的、受到人为压抑的，并被局限在某些工业部门内。

所有这一切都必然会使帝国主义对殖民地和半殖民地的压迫一次比

一次加强,并遭到帝国主义本身所造成的社会经济因素日益强烈的反抗。由于长期阻碍殖民地的独立发展,殖民地人民同帝国主义的对立就日益加深,并引起革命危机、抵制运动、民族革命起义等等。

一方面,殖民地资本主义发展的内在客观矛盾加剧了,从而殖民地的独立发展同帝国主义国家资产阶级的利益之间的矛盾也加深了;另一方面,新的资本主义剥削形式促使真正的革命的力量——无产阶级登上舞台,日益把千百万农民群众团结在自己的周围,有组织地反抗金融资本的束缚。

帝国主义者及其走卒喋喋不休地谈论帝国主义列强奉行非殖民化政策和促进"殖民地自由发展"等等,这无非是帝国主义的一派谎言。无论是帝国主义国家或者是殖民地国家的共产党人,都要彻底揭露这种谎言,这是一项极其重要的工作。

三、中国、印度和类似的殖民地国家中共产党的战略和策略

16. 无论在中国和印度,或者在一切殖民地和半殖民地,生产力的发展和劳动的社会化都处于较低的阶段。这一情况,加上异族的压迫以及强大的封建主义残余和前资本主义关系的残余,决定了这些国家当前革命阶段的性质。目前,这些国家的革命运动是**资产阶级民主革命**,即为无产阶级专政和社会主义革命准备前提的阶段。根据这一情况,可以规定下列任务作为殖民地和半殖民地资产阶级民主革命的共同的基本任务:(1)使力量对比有利于无产阶级:使国家摆脱帝国主义的桎梏(外国租让企业、铁路、银行等等实行国有化),使尚未统一的国家实现全国统一;推翻以帝国主义为靠山的剥削阶级的政权;组织工农苏维埃和红军,建立无产阶级和农民的专政,加强无产阶级的领导权;

（2）进行土地革命，把农民从各种前资本主义的和殖民地的剥削和奴役条件下解放出来；实行土地国有化；采取积极措施改善农民的处境，以便在城乡之间建立尽可能紧密的经济和政治联系；（3）随着工业、运输业的进一步发展和无产阶级相应的成长，广泛地建立工人阶级的工会组织，加强共产党，在劳动群众中确立党的巩固的领导地位，争取实现八小时工作制；（4）实现民族平等和男女平等，使教会和国家分离，消灭种性隔阂；对城乡群众进行政治教育和提高他们的一般文化水平，等等。

资产阶级民主革命在实践中究竟能把各项基本任务实现到什么程度，其中哪些任务要留待社会主义革命去完成——这将取决于工农革命运动的进程，取决于反对帝国主义者、封建主和资产阶级的斗争的成败。特别是资本主义世界社会主义革命的开展将有助于殖民地摆脱帝国主义的枷锁和争得解放，只有先进资本主义国家的无产阶级取得胜利，才能使殖民地的解放得到充分的保证。革命进入社会主义阶段需要具备一定的最低限度的前提，如国家具有一定的工业发展水平，无产阶级拥有工会组织，存在强大的共产党。其中最重要的正是发展具有巨大群众影响的强大的共产党。但在这些国家中，这是一个极其缓慢而又艰巨的过程，除非资产阶级民主革命已经在这些国家的客观条件中发展起来，并使这一过程得到加快。

17. 殖民地的资产阶级民主革命同独立国家的资产阶级民主革命的区别，主要在于前者同反对帝国主义奴役的**民族解放斗争**有机地联系在一起。在一切殖民地中，以及在帝国主义奴役已经赤裸裸地暴露出来并激起人民群众愤怒的半殖民地中，民族因素对于革命过程有着重大的影响。一方面，民族压迫加速了革命危机的成熟，加深了工农群众的不满，使得群众易于动员起来，使得革命爆发具有群众性的自发力量和真正人民革命的性质。另一方面，民族因素不仅能够影响工人阶级和农民的运动,而且能够影响其他一切阶级的立场,使其在革命过程中改变:首先,城市贫穷的小资产阶级以及小资产阶级知识分子一开始就会有相当一部分人受到积极的革命力量的影响;其次,殖民地资产阶级在资产阶级民主革命中的立场多半具有两面性,而且随着革命的进展,它的动摇要比独立国家的资产阶级(如1905—1917年的俄国资产阶级)更加厉害。因此,很重要的一点是,要根据具体情况来仔细研究这个在很大程度上决定着殖民地革命特点的民族因素的特殊影响,并在各有关共产党的策略中估计到这种影响。

在先进的殖民地国家中,除了民族解放斗争以外,**土地革命**问题是资产阶级民主革命的核心。因此,共和党人必须极其注意农业危机的发展和农村阶级矛盾的尖锐化,应当一开始就把工人群众的不满和方兴未艾的农民运动引导到自觉革命的方向,指导他们去反对帝国主义剥削和奴役,同时也反对现存的各种资本主义关系(封建关系和半封建关系)的束缚,因为正是这些关系使得农民经济贫困、破产和没落。耕作的惊人落后、奴役性的租赁关系的统治、商业高利贷资本的压榨,是殖民地农业生产力发展的最严重的障碍,它们也同殖民地农业生产和世界市场之间的高度有组织的交换形式(这是帝国主义所建立和垄断的)极端矛盾。

18. 这些殖民地国家的民族**资产阶级**对待帝国主义的立场并不是一致的。一部分资产阶级,首先是商业资产阶级,直接为帝国主义资本的利益服务(所谓买办资产阶级)。这部分资产阶级总的说来比较彻底地维护反民族的帝国主义观点,反对整个民族运动,就像帝国主义的封建同盟者和当地的高薪官吏一样。本地资产阶级的其他部分,特别是反映本国工业利益的部分,站在民族运动的立场上,并且代表特别爱动摇和倾向于妥协的一派,这一派可以称之为**民族改良主义**(或者按第二次代表大会提纲上的用语,称做"资产阶级民主派")。诚然,民族资产阶级的这种处于革命阵营和帝国主义阵营之间的中间状态，在1925年以后的中国并没有出现；在那里，大部分民族资产阶级在开始时由于特殊情况而处于民族解放战争的领导地位，后来就彻底转向了反革命阵营。在印度和埃及，我们目前看到的还是典型的资产阶级民族主义运动，即机会主义的、具有极大动摇性的、在帝国主义和革命之间摇摆的运动。

对帝国主义保持国家独立，即符合殖民地全体人民的利益，也符合民族资产阶级的利益；但是，这同帝国主义体系的整个本质有着不可调和的矛盾。当然，各个民族资本家，按其直接利益来说，大部分都同帝国主义资本有着各种各样的联系。帝国主义可能直接收买一大部分民族资本家，甚至可能比过去收买更多的民族资本家，形成一个买办的态势，由他们来充当商业经纪人、剥削者的帮凶、被奴役人民的监工。但是，帝国主义只为自己保留奴隶主的地位和最高垄断剥削者的地位。独立的统治，资本主义"自由"独立发展的前途，对"独立人民"的领导权——所有这一切，帝国主义是任何时候都不会自愿地让给民族资产阶级的。在这一点上，殖民地国家民族资产阶级同帝国主义之间的利害矛盾在客观上具有根本的性质。在这方面，帝国主义要求民族资产阶级**投降**。

民族资产阶级作为较为软弱的一方，一再向帝国主义投降。但是，当群众的阶级革命的危险还没有成为直接的现实、还不尖锐和不具威胁性时，民族资产阶级的投降并不是彻底的。为了一方面避免阶级革命的危险，另一方面在帝国主义面前加强自己的地位，这些殖民地中的资产阶级民族主义力图获得小资产阶级、农民和一部分工人阶级的支持。由于争取工人支持的希望很小（尤其是在这些国家的工人阶级一般地已经在政治上觉醒以后），因此争取农民的支持对它说来就显得格外重要。但是这方面正是殖民地资产阶级的最大弱点。因为殖民地农民所受的沉重剥削只有通过土地革命才能消除。而中国、印度和埃及的资产阶级，由于它的直接利益同土地占有制、高利贷资本和一切剥削农民群众的形式有着如此紧密的联系，以致它不仅反对土地革命，而且反对任何坚决的土地改革。它不无根据地担心，只要公开提出土地问题，就会推动农民群众的革命风潮，加速革命的进程。由此可见，改良主义的资产阶级几乎不可能下决心去切实地解决这个基本的难题。

此外，资产阶级企图在民族主义的幌子下大唱高调、装腔作势，使小资产阶级群众处于自己的影响之下，并迫使帝国主义作出某些让步。可是，帝国主义者不断拉紧缰绳，因为民族资产阶级无力作比较顽强的反抗。因此，民族资产阶级一旦同帝国主义发生冲突时，一方面力图促进民族主义的原则"坚定性"，另一方面又散布可以同帝国主义和平妥协的幻想。但是，群众无论怎样都会感到失望，从而逐渐抛弃自己的改良主义幻想。

19. 如果对这些殖民地国家民族资产阶级的民族改良主义的基本倾向作出不正确的估计，有关国家的共产党就可能在战略和策略上犯严重错误，特别是可能发生下列两类错误：

（1）不了解民族改良派同民族革命派之间的区别，就可能对资产阶级采取尾巴主义的政策，在政治上和组织上不够明确地划清无产阶级和资产阶级的界限，模糊最重要的革命口号（如土地革命的口号）等等。这就是中国共产党在1925—1927年所犯的主要错误。

（2）低估资产阶级民族改良主义的特殊意义（资产阶级民族改良主义同封建—帝国主义阵营不同，由于它在小资产阶级、农民甚至一部分工人阶级中，至少在运动的初期，还保持着群众影响，因而具有特殊意义），就可能采取宗派主义政策，使共产党人脱离劳动群众，等等。

无论前者还是后者，都是由于没有足够注意实现共产国际第二次代表大会业已规定的殖民地国家共产党的特殊任务，即本民族内部反对资产阶级民主运动的任务。不开展这一斗争，不使劳动群众摆脱资产阶级即民族改良主义的影响，就不能达到共产主义运动在资产阶级民主革命时期的基本战略目的——**无产阶级的领导权**。没有无产阶级的领导（**共产党的领导地位**是它的有机组成部分），资产阶级民主革命就不能进行到底，更不用说社会主义革命了。

20. 在这些殖民地和半殖民地国家中，**小资产阶级**起着非常重要的作用。小资产阶级包括各种不同的阶层，它们在民族革命运动的不同时期起着极不相同的作用。**手工业者**受到舶来品竞争的损害，对帝国主义抱有敌对情绪。同时，他们又想无限制地剥削其帮工和徒弟，因此对工人的阶级自觉运动抱有敌意。手工业者多半自己也受到商业资本和高利贷资本的剥削。这个阶层的双重的和极不稳固的地位，决定了他们的动摇性，他们也往往受到乌托邦反动分子的影响。城乡的商人通过商业和高利贷，同农村的剥削制度有着联系，他们紧紧抓住旧的剥削形式不放，而放弃扩大国内市场的前景。但是这个阶层内部也不是完全一致的。商业资产阶级中间那些同买办有着某种联系的阶层，与那些主要在国内市场上经营业务的阶层，有着不同的立场。**小资产阶级知识分子**、大学生等往往不仅是小资产阶级的特殊利益、而且是整个民族资产阶级的共同的客观利益的最坚决的代表。在民族运动初期，他们常常是民族愿望的代表。他们在运动上层中的作用是相当大的。但总的说来，他们不能充当农民利益的代表，因为他们所由出身的那些社会阶层往往同土地占有制有着联系。蓬勃高涨的革命浪潮可能把他们推向工人运动，但同时他们也把自己身上的动摇和不坚定的小资产阶级思想带进了运动。只有其中的一些人在斗争过程中能够同本阶级决裂，领会到无产阶级阶级斗争的任务，并成为无产阶级利益的积极捍卫者。常常有这样的情况：小资产阶级知识分子把自己的思想涂上了社会主义的甚至共产主义的色彩。在反对帝国主义的斗争中，他们曾经起过作用，而今天在印度和埃及等国家里仍部分地起着革命作用。群众运动可能把他们卷到运动的队伍中来，但也可能把他们推到极反动的阵营中去，或者促使乌托邦反动思潮在他们的队伍中传播。

除了这些阶层以外，在殖民地城市中还存在着大量的**城市贫民**阶层，他们的处境客观上促使他们倒向革命。这就是：不剥削他人劳动的手工业者，街头摊贩，失业的知识分子，寻找临时工作的破产农民，等等。此外，殖民地的城市也同农村一样，存在着人数众多的"苦力"阶层，即没有受过工厂生产训练而靠打零工过活的半无产者。

农民同无产阶级一起并作为无产阶级的同盟军，是革命的动力。甚至在最发达的殖民地，数以百万计的大批农民群众也占人口的绝大多数（在某些殖民地里占人口的90%）。千百万忍饥挨饿的佃农，受到贫困以及各种前资本主义和资本主义剥削形式逼迫的小农（他们多半甚至无力租田耕种，以致被赶出生产过程并被饥饿和疾病慢慢折磨致死）和雇农——这就是无产阶级在农村中最重要的同盟军。农民只有在无产阶级领导下才能获得解放，而无产阶级只有同农民结成联盟才能使资产阶级民主革命取得胜利。在殖民地和半殖民地国家，由于存在着强大的封建主义残余和前资本主义关系的残余，农民的阶级分化过程进行得比较缓慢。但是，在这些国家里市场关系的发展毕竟已经使得农民在阶级的意义上不再是单一成分了。在中国和印度的农村中，特别是在这些国家的某些地区，已经可以看到从农民中分化出来的剥削分子，他们通过高利贷、商业活动、使用雇佣劳动、出租土地、租入土地、出租土地、租入土地、出租牲畜和农具等等来剥削雇农和农民。总之可以说，在农民同地主斗争的初期，无产阶级能够领导全体农民。但在斗争的以后发展过程中，农民中某些上层分子可能倒向反革命阵营。无产阶级要想取得对农民的领导权，只有为实现农民的局部要求而忘我地斗争，争取彻底完成土地革命，领导广大农民群众以革命方式解决土地问题。

21. 殖民地和半殖民地国家的**工人阶级**有其自己的特点，这些特点对于这些国家独立的工人运动和无产阶级阶级意识的形成，起着不小的作用。殖民地的无产阶级绝大部分来自日益贫困的农村，工人甚至在参加生产以后仍同农村保持着联系。在大多数殖民地（除上海、孟买、加尔各答之类的若干大工业城市以外），我们通常见到的只是第一代大生产的无产阶级，殖民地无产阶级的另一部分则是从日益没落的手工业中排挤出来的破产的手工业者（甚至在最先进的殖民地中也广泛存在着这种手工业）。破产的手工业者、小业主给工人阶级带来了行会习气和行会思想，这些习气和思想成为民族改良主义影响在殖民地工人运动中传播的基础。成员的流动性（工厂中劳动力的经常流动，有的回到农村，而新的贫困的农民群众又涌入工业生产），妇女和儿童占着很大比重，语言的隔阂和没有文化，宗教偏见和种姓歧视的广泛存在——这一切都给系统地进行宣传鼓动工作造成了困难，阻碍工人阶级觉悟的提高。但是，本国资本和外国资本以最残酷的形式进行无情剥削和工人在政治上毫无权利，则创造了客观前提，使殖民地的工人运动迅速克服重重困难，一年年地吸引来越来越多的工人阶级群众参加反对本国剥削者和帝国主义者的斗争。

殖民地和半殖地工人运动高涨的第一时期（约在1919—1923年），同世界大战后民族革命运动普遍高涨有着有机的联系，它的特点是使工人阶级的阶级利益服从于本国资产阶级领导的反帝斗争和利益。由于当时的工人罢工和其他发动具有有组织的性质，它们通常是由小资产阶级知识分子组织的，这些人把工人的要求局限于民族斗争的问题。相反，第五次代表大会以后开始的殖民地工人运动高涨的第二时期的最重要特点是，殖民地的工人阶级作为一种独立的阶级力量登上了政治舞台，它与民族资产阶级相对立，并为了争取自身的直接阶级利益和争取一般民族革命的领导权而同民族资产阶级展开斗争。近年来的历史，首先是中国大革命和后来的印度尼西亚起义，都清楚地证明殖民地革命新阶段的这个特点。各种迹象说明，甚至在印度，工人阶级也在摆脱民族改良主义和社会改良主义领袖的影响，成为反对英帝国主义者和本国资产阶级斗争中的独立政治因素。

22. 为了正确地确定殖民地国家革命运动的当前任务，重要的是考虑该国革命运动的**成熟程度**，并以此为出发点。中国的革命运动存在着与印度的当前运动截然不同的许多重大特点，这些特点说明两国运动和不同成熟程度。中国革命以往的经验无疑应当为印度和其他类似殖民地国家的革命运动所利用。但是，如果我们今天在印度、埃及等地，把适合于武汉时期的中国的或者中国今天应当提出的任务、口号和策略方法照搬过来当做自己的当前任务、口号和策略方法，那就是完全错误地运用中国的经验。企图超越印度、埃及等的现阶段革命运动的特殊任务和不可避免的困难，这种倾向是有害无益的。必须进行巨大的工作来建立和筹备共产党，吸收无产阶级参加工会组织，使工会革命化，开展群众性的经济和政治发动，争取群众并使他们摆脱民族改良主义资产阶级的影响。只有先完成这些工作，这些国家才有可能把完全适合于武汉时期的中国的各项任务当做工人阶级和农民的直接斗争任务，来顺利地加以实现。

民族资产阶级争取实现本阶级统治的利益，迫使印度和埃及最主要的资产阶级政党（自治运动党和华夫脱党）对帝国主义和封建主义的统治集团仍保持着反对派的立场。虽然这种反对派不是革命的，而是改良主义和妥协的，但这绝不是说它没有特殊的意义。民族资产阶级不具有反对帝国主义力量的意义。但这种资产阶级改良主义的反对派，由于它一般地还具有群众影响，因此对于革命运动的开展有它现实的特殊的意义，包括正反两方面的意义。主要的是，它对革命运动的发展起着遏制的影响，因为它还能率领劳动群众，阻挡他们参加革命斗争。但是，另一方面，资产阶级反对派反对帝国主义和封建主义统治集团的行动，即使并不具有深刻的意义，也可能对广大劳动群众政治觉醒过程起着一定的加速影响；民族改良主义资产阶级同帝国主义的具体的公开的冲突，虽然它本身意义不大，但在一定条件下甚至可能间接地成为开展大规模群众革命发动的起因。诚然，改良主义资产阶级本身并不企图对反对派活动产生这种影响，因而用不同的方式来预先加以抑制。但是，在具备发生深刻政治危机的客观条件的地方，民族改良主义反对派的发动，即使是同帝国主义微不足道的一些冲突，与革命的真正起因并无多少联系的冲突，也可能具有极重大的意义。共产党人必须学会利用所有这些冲突，加剧这些冲突，加强它的意义，把宣传革命口号的工作与它联系起来，把这些冲突的消息带到广大群众中去，唤起广大群众去进行独立的公开发动，并提出自己的要求，等等。

23. 在反对自治运动党和华夫脱党这些政党的斗争中，正确的策略是有效地揭露其真正的民族改良主义的性质。这些政党已经不止一次地背叛民族解放斗争，但是它们还没有像国民党那样彻底投靠反革命阵营。毫无疑问，它们将来一定会这样做，但目前，正因为它们的真实面貌还没有在广大劳动群众的面前暴露出来，所以它们是非常危险的。要揭露它们的面目，还需要做大量的共产主义启蒙工作，而劳动群众本身还需要取得大量新的政治经验。如果共产党人不能在这个阶段上动摇劳动群众对资产阶级民族改良派领导民族运动的信任，那么这种领导在即将到来的革命浪潮中将对革命是巨大的危险。因此，必须采取适合于现阶段的正确的共产主义策略，来帮助印度、埃及、印度尼西亚等殖民地的劳动群众摆脱资产阶级政党的影响。要做到这一点，不能用民族改良主义反对派（自治运动党和华夫脱党）与英帝国主义者或其封建反革命同盟者没有丝毫差别这种耸人听闻的和目前看来十分激进的口号。民族改良主义首领们会很容易地利用这种过激言辞来使群众对共产党人产生恶感。群众认为民族解放运动的直接的主要敌人是帝国主义封建集团,这种看法在印度、埃及、印度尼西亚目前阶段的运动中本身是正确的(尽管这只是事情的一个方面)。在反对这一占统治地位的反革命势力的斗争中,印度、埃及和印度尼西亚的共产党人应该是在群众的前面,他们应该比任何小资产阶级的民族革命派更坚决、更彻底、更勇敢地进行斗争,当然这并非去组织某种暴动,去进行一小部分革命者的直接起义,而是动员尽可能广泛的劳动群众去进行示威游行和其他发动,以便通过这种办法保证劳动群众在今后的革命斗争阶段上切实参加胜利的起义。与此同时,向广大劳动群众无情地揭露自治运动党、华夫脱党和其他民族主义政党,特别是其首领们的民族改良主义性质,也是很重要的,要揭露他们在民族运动中的不彻底性和动摇性,揭露他们对英帝国主义者妥协的图谋,揭露他们以前的投降活动和反革命行径,揭露他们对无产阶级和农民的阶级要求的反动对抗,揭露他们民族主义的空洞言辞,揭露他们散布和平的非殖民化的有害幻想,揭露他们对民族解放斗争中运用革命方式的消极怠工态度。必须摒弃共产党和民族改良主义反对派的任何一种结盟行为;这不排斥与反对帝国主义某种发动有关的临时性协议和具体行动的协调,只要资产阶级反对派的发动可能被利用来开展群众运动,只要这种协议丝毫不限制共产党在群众中进行鼓动和组织群众的自由。当然,这里共产党人应该同时善于进行最无情的斗争,来反对资产阶级民族主义,反对从工人运动内部来施加它的影响。在这种情况下,共产党必须特别注意不仅要完全保持自己的政治独立性,保持自己本身的面貌,而且要通过事实让受到资产阶级反对派影响的劳动群众睁开眼睛,使他们认清这些反对派的不可靠性,认清他们所散布的资产阶级民主幻想的危险性。

24. 如果不正确地估计大民族资产阶级的主要倾向,那就会产生错误地估计**小资产阶级政党**的性质和作用的危险性。这些政党的发展通常经历了从民族革命立场转向民族改良主义立场的道路。即使像中国的孙文主义运动，印度的甘地主义运动，印度尼西亚的伊斯兰教联盟运动，起初都具有激进的小资产阶级思想倾向，但是后来由于为大资产阶级服务而都转变成了民族改良主义的倾向。从那时起，在印度、埃及、印度尼西亚，从各种小资产阶级派别中又出现了激进的派别（如共和党、民族党、人民联盟），这些派别多少都持有彻底的民族革命观点。像在印度这样的国家里，很可能出现一些新的类似的激进的小资产阶级派别和政党。但不应忽视的是，这些政党本质上说都是与民族资产阶级有联系的。领导这些政党的小资产阶级知识分子提出民族革命的要求，但同时自觉不自觉地成为**本国资本主义发展**的代表者。其中一些分子可能成为各种激进乌托邦的信徒，但面对封建主义和帝国主义，他们与大民族资产阶级政党不同，在最初阶段并非是改良主义者，而多少是殖民地资产阶级反帝利益的体现者，因为这时国内革命进程的发展还没有明确地将资产阶级民主革命的内在基本问题提上日程。但到那时一般来说，革命小资产阶级政党的末日就要到来。此后，革命将使工农的阶级利益不仅对封建帝国主义集团的统治，而且对资产阶级的阶级统治发生严重冲突，小资产阶级派别通常又会转向民族改良主义的立场。

这些国家的共产党一开始就在政治上和组织上同一切小资产阶级政党和团体**非常明确地划清界限**，这是绝对必要的。如果由于革命斗争的需要，容许共产党同民族革命运动实行暂时的合作，在一定条件下甚至结成暂时的联盟，那也只是出于这一民族革命运动真正反对执政当局，而其代表人物不阻碍共产党人以革命精神教育和组织农民和广大被剥削阶层的考虑。但不管进行什么样的合作，都必须十分清醒地意识到，合作绝不应当变为共产主义运动和资产阶级革命运动的合流。共产主义运动在任何情况下都应当无条件地保持无产阶级运动的独立性，保持自己在宣传鼓动上、在组织和行动上的独立性。批判小资产阶级党派的不彻底性和不坚定性，预见到它们的动摇和准备好对策，同时要利用这些阶层的一切革命潜力，同小资产阶级对无产阶级的影响进行彻底的斗争，千方百计使广大劳动群众摆脱小资产阶级的影响，从他们手中夺回对农民的领导权，这一切就是共产党的任务。

25. 印度、埃及等地的革命运动能否很快地达到中国那样高度成熟的程度，这主要取决于那里能否迅速地掀起一股巨大的革命浪潮。在革命浪潮姗姗来迟的情况下，革命动力在政治上和组织上的成熟只能通过渐进的，甚至是相当缓慢的发展途径。但如果未来的强大的革命浪潮在那里早日出现，那么运动就可能很快地达到较高的成熟程度。在特别有利的条件下，也不排除出现这样的情况：通过一次强大的浪潮，革命可能发展到无产阶级和农民夺取政权和程度。但也可能，革命从一个阶段向另一个更成熟的阶段转变，期间将隔着一个较长的时间，特别是如果未来的革命高潮持续时间较短而来势又不猛的话。因此，必须随时对具体的形势进行最精确的分析。

对于革命从一个阶段直接向另一个更高阶段的转变具有决定性意义的是下列因素：（1）无产阶级对运动实行革命领导的发展程度，即该国共产党的发展程度（党员人数，党的独立自主程度、战斗能力，党的威信，党同群众的联系，党对工会运动和农民运动的影响）；（2）工人阶级的组织程度和革命经验的积累程度，在一定程度上也包括农民的组织程度和革命经验的积累程度。群众的革命经验，就是指他们的斗争经验，首先是指他们摆脱资产阶级和小资产阶级政党的影响。由于在群众第一次大规模革命爆发以前，甚至在最好的情况下，也只能初步具备这些先决条件，因此必须经历一次非常深刻的革命危机，必须经历一次来势凶猛而且持续不断的革命高潮，以便通过这一高潮把资产阶级民主革命引向无产阶级和农民的完全胜利。如果当权的帝国主义在该殖民地国家以外也同时被卷入一场长期的战争，那么上述情况是很有可能出现的。

26. 刚刚过去的中国资产阶级民主革命第一阶段所显示的生动而具体的历史辩证法，向共产党人，特别是在殖民地工作的共产党人提供了宝贵的经验。应当对这一经验进行仔细的研究，以便作出相应的正确结论，特别是从共产党在殖民地工作过程中所犯的错误中，作出正确的结论。中国革命浪潮的高涨，持续时间很长（有两年多），因为它是同长期的内战联系着的。由于北伐不是直接反对帝国主义列强的，它们由于相互角逐在初期态度有些消极，而由于领导民族运动的资产阶级近几年来已经控制了广州（控制了一定的地区，虽然是不大的地区），掌握了以军队作为后盾的中央政权等等，因此，在这种特殊的情况下，大部分资产阶级在开始把民族解放战争当做是自己的事业。由资产阶级实际上起领导作用的国民党，在一段时间里领导了民族革命运动，这一情况在以后的事态发展过程中成了革命的最大危险。另一方面，在中国的特殊情况中还有这样一个事实，即中国的无产阶级在同资产阶级的关系上要比其他殖民地的无产阶级更强大。诚然，它组织得仍还不够好，但在革命的高潮中，工人的组织迅猛地成长起来了。共产党在短期内由一个不大的团体变成为一个拥有6万党员（很快会超过此数）并在工人中具有广泛影响的政党。当然，在党内也同时涌入了许多小资产阶级分子。党还缺乏革命的经验，更缺乏布尔什维克的传统。在党的领导机构中，一开始动摇分子占了上风，这些人还很少摆脱小资产阶级的机会主义倾向，他们还没有很好地理解共产党独立的任务和作用，并反对一切主张坚决开展土地革命的意见。共产党人在一段时间里加入领导民族革命的政党——国民党。这本来是符合战斗形势的需要，也是符合共产党人的利益的，因为他们在当时必须在跟着国民党走的广大劳动群众中进行工作。何况在开始时，中国共产党在国民党政府统治地区已获得在工农群众、国民军士兵及其组织中进行独立的宣传鼓动工作的机会。党在这个时期有着比它实际利用的更多的机会。当时党没有充分明确地向群众说明自己的无产阶级革命的阶级立场,说明这种立场不同于孙文主义和其他小资产阶级思潮。在国民党队伍里,共产党人执行的不是独立自主的政策,忽视了这样一个原则,即在任何必须实行联盟的情况下,共产党人应当无条件地以批判的态度来对待资产阶级分子,并始终表现为一种独立的力量。共产党人忽视了揭露民族资产阶级的动摇性和资产阶级民主的民族主义,而这种揭露工作本来应当是共产党在开始阶段的重要任务之一。随着国民军向前挺进,国民党不可避免的分裂日益迫近,但是中共的领导人没有或者几乎没有采取什么措施来准备对付这一分裂,来保证自己的独立阵地,使革命的工农结成独立的战斗联盟来对抗国民党的领导。

因此,蒋介石的资产阶级反革命政变,使革命的无产阶级处于毫无准备的境地,并引起其队伍内的惊慌失措。但是,共产党的领导人就是在那时候还没有很好地领会革命从一个阶段向另一个阶段转变的过程,没有从这个政变中及时改变自己的方针。由于国民党内小资产阶级左翼领袖在一段时间内还同共产党在一起,因此出现了地域上的分裂,即产生了南京政府和武汉政府。但共产党在武汉也没有占居领导地位。很快在武汉地区开始了第二时期,这个时期的特点是,一方面出现了正在产生但尚未最终形成的两个政权并存的因素(农民协会夺取了农村中政权机关的许多职能,工会也由于群众要求按"平民化"方式自行解决政权问题而扩大了职能),另一方面是还没有充分成熟的条件来成立苏维埃,即成立反对武汉政府的起义机关,因为当时武汉政府还在同代表背叛革命的资产阶级南京政府展开革命斗争。当时,共产党竟公然阻止革命群众进行独立的发动,没有帮助他们积蓄力量和组织力量,没有去削弱国民党左派领袖的影响和他们在国内和军队内的地位,没有利用党参加政府的地位来进行这些工作,相反,却替武汉政府的各种活动进行掩饰(党内某些小资产阶级领导人竟参与解除武汉工人纠察队的武装和同意在长沙进行讨伐行动）。

这种机会主义政策的基础，是希望避免同武汉政府的小资产阶级领袖分裂。但实际上这种分裂只是推迟了一段时期。当群众的起义具有威胁性质时，武汉国民党的领袖也就开始同战线对方的同盟者联合起来。工农革命运动还在继续加强，指望能够取得胜利。现在中国共产党也纠正了自己的方针，改选了自己的领导，并取得了革命的领导地位。但革命的浪潮已经消退了。在苏维埃口号下进行的群众的英勇战斗，只是取得了暂时的不大的胜利。只有个别地方土地革命的高潮到来得比较早，而其他地方千百万农民后备军却迟迟未见动静。继过去的机会主义领导的严重错误之后，现在相反在各个地区出现了十分有害的盲动主义错误。共产党人在准备起义的工作上也不可避免地遭到很大挫折。严重的失败使得南方已经进入第二发展阶段的革命，又重新回到这个阶段的起点。

27. 由于中国的民族资产阶段参与了政权，过去帝国主义者和军阀联盟的组成有了局部的变化，现在新的统治集团是革命直接的主要敌人。要推翻这个集团，必须把无产阶级和农民的基本群众争取到革命方面来。这就是中国共产党当前时期的最重要任务。中国工人已经具有丰富的经验。必须进一步加强工会运动，使其革命化，必须进一步加强共产党。中国一部分农民已经抛弃了资产阶级民主的幻想，在革命斗争中表现得非常积极，但这只是庞大的中国农业人口中的极少数。很可能的是，某些小资产阶级派别会站在民族改良主义的立场上（在国民党内或党外），以某种资产阶级民主反对派的姿态来争夺对劳动群众的影响（这类小资产阶级改良主义者中包括谭平山和社会民主主义的工会领袖）。在任何情况下，都不应低估这些企图的意义。采取正确的共产主义策略在群众面前揭露和孤立他们，这是为了使共产党在即将到来的中国新的革命高潮中能够取得真正的领导地位不可或缺的先决条件。党现在就应该在群众中到处宣传苏维埃的思想,宣传无产阶级和农民专政的思想,宣传将来必然要举行胜利的群众性武装起义。党现在就应该在自己的鼓动工作中强调推翻统治集团的必要性,动员群众进行革命的示威游行。党应当缜密地估计正在日益成熟的革命的客观条件,利用一切机会来动员群众,党应该坚定不移地执行以下方针:夺取国家政权,成立苏维埃作为起义的机关,剥夺地主,驱逐外国帝国主义者并没收其财产。

四、共产党人的当前任务

28. **建立和发展**殖民地和半殖民地国家的**共产党**,消除在客观革命形势和主观因素薄弱之间的极不相称的状态,是共产国际最重要的和首要的任务之一。在完成这一任务时会遇到一系列客观因素,这是由这些国家的历史发展和社会结构造成的。由于工业不发达,这些国家的工人阶级还很年轻,且人数较少(与这些国家的居民比较来说)。殖民制度的恐怖统治,以及缺乏文化和语言的多样等,使得整个工人阶级难以组织起来,尤其是共产党难以迅速发展。工人的人员流动,女工和童工占很大比例,是殖民地无产阶级的特点。在许多地区,季节工占大多数,甚至无产阶级的基本骨干一只脚还在农村。这种情况促进了工人阶级与农民的联系,但也阻碍了无产阶级阶级觉悟的提高。经验表明,在多数殖民地和半殖民地国家,党的很大一部分干部,甚至绝大部分干部都来自小资产阶级,特别是来自具有革命热情的知识分子,而且往往是大学生。这些人参加党常常是因为他们把党看做是最坚决地反对帝国主义的组织,他并不充分地认识到,共产党不仅是反对帝国主义剥削和民族压迫的政党,而且是坚决反对剥削和一切压迫的无产阶级政党。这些党员中有许多人在革命斗争过程中逐渐具备了无产阶级的阶级观点,但其余一部分人却难于彻底摆脱小资产阶级的情绪、思想上的动摇性和不彻底性。正是这些党员在紧要关头特别难以正确估计民族资产阶级的作用，难以彻底地和毫不动摇地处理土地革命等问题。殖民地国家没有社会民主主义的传统，也没有马克思主义的传统。我们年轻的党必须在斗争过程中，必须在党的建设过程中克服民族主义小资产阶级思想的残余，以便找到走向布尔什维主义的道路。

这些客观困难更责成共产国际要特别重视殖民地和半殖民地国家党的建设的任务。与此相关，帝国主义国家的共产党肩负着特别重大的责任。为此不仅需要帮助制定正确的政治路线，仔细分析在组织和宣传鼓动方面的经验，而且需要系统地培养党的干部，把一些必读的马克思列宁主义著作译成各个殖民地国家的文字并加以出版，以最积极的态度帮助研究殖民地和半殖民地国家的经济和社会问题，并进行马克思主义的分析，创办党的报刊，等等。殖民地和半殖民地国家的共产党必须从工人阶级内部大力选拔党的专职干部，利用知识分子党员来担任宣传小组、公开的和秘密的党校的领导人和教师，从先进的工人中培养出一批具有列宁主义思想的鼓动员、宣传员、组织者和领导者。殖民地国家的共产党应该在社会成分上成为真正无产阶级的政党。共产党应当把优秀的革命知识分子吸收到自己的队伍中来，在日常斗争和重大的革命战斗中进行锻炼，同时把主要精力用于加强工厂、矿井中及运输工人和种植园半奴隶中的党组织。凡是资本主义把无产阶级集中起来的地方，共产党都应该建立自己的支部：如工人区，工厂工人集体宿舍，以及受严密监管并不许鼓动员进入的种植园工人集体宿舍。同时也不应忽视对手工业帮工、学徒和苦力的工作。本地的工人和来自宗主国的工人应当参加同一个党组织。较老的党在合法工作和非法工作正确配合方面的经验，各殖民地国家的党都应根据本国情况加以利用，以便尽量避免像在中国发生过的情况：中国庞大的群众组织在反动派的打击下较快地而且没有内部抵抗就被摧毁了，这就大大削弱了共产党同群众的联系。

29. 殖民地和半殖民地国家当前的共同任务中，除了发展共产党以外，最重要的要算是**工会工作**了。首先是在最重要的工业部门（冶金业、采矿业、运输业、纺织业等）中，把尚未参加组织的工人组织起来，把现有的工会组织变成真正的阶级组织，反对民族改良主义的和反动的工会领袖，把工会组织的领导权夺取过来——这一切就是工会工作的任务。工会的另一类任务，是在与企业主的斗争中坚持工人的经济利益和切身要求，特别是坚决地正确领导罢工。共产党人应该在拥有工人群众的反动工会中进行革命的宣传工作。在有些国家，如果情况迫使共产党人不得不建立特殊的工会组织（如反动工会的领导不愿吸收尚未参加组织的工人，破坏工会民主的起码要求，把工会变成工贼组织等），那么这一问题应该同工会国际的领导进行协商。应该特别警惕阿姆斯特丹国际在殖民地国家（中国、印度、北非）所施行的各种阴谋诡计，并向群众揭露这一国际的反动本性。有关"宗主国"的共产党应该提出意见并派遣常驻特派员来帮助殖民地国家的革命工会运动。迄今为止，这方面的工作还做得太少。

30. 凡是存在农民组织的地方，无论这些组织的性质为何，只要它是真正群众性的组织，共产党就应该设法在其内部进行工作，党的当前任务之一，就是在工人阶级队伍中正确地提出土地问题，向他们说明土地革命的重要性和决定性意义，使党员了解在农民中进行鼓动宣传和组织工作的方法。每个党组织应该研究自己活动地区内特殊的农业状况，并据此来确定农民的当前要求。共产党人在任何地方都应该努力使现有的农民运动具有革命性。他们应该建立新的革命的农民协会和农民委员会。这些农民组织应同共产党保持经常的联系。无论在农民群众中，还是在无产阶级队伍中，都必须大力进行有利于无产阶级和农民的战斗联盟的宣传工作。所谓特殊的"工农党"，不管它在某些时期具有多大的革命性，但都很快会变成通常的小资产阶级政党，因此不应推荐共产党人去成立这样的党。共产党在任何时候都不能把自己的组织建立在两个阶级混合的基础上，同样也没有任务在这种小资产阶级派别所特有的基础上去建立其他的党，工农群众战斗联盟的表现形式只能是经过仔细筹备的、由革命农民协会（或农民委员会）和工会各派代表组成的、定期召开的联席代表会议或代表大会；在一定情况下成立革命行动委员会来协调工农组织（或委员会）的行动、领导各种群众性发动等等，可能是不合适的。最后，在起义时期，共产党的主要任务之一，是成立**经选举产生**的工农代表苏维埃。在任何条件下，共产党都应力争对农民运动起到决定性的影响，寻找并采取合适的工农联盟的组织形式，以便于实现领导农民运动的任务，并创造条件使这些组织形式今后变成作为起义机关和政权机关的苏维埃。

31. 在殖民地国家中，无产阶级**青年**的处境特别困难，殖民地国家的青年在工人阶级中的比重要比老的资本主义国家中大得多。在殖民地国家里，对青少年的剥削没有任何法律上的限制：工作时间没有限制，劳动条件空前恶劣，企业主和监工毫无人性的虐待。农民青年的情况也没有更好。因此毫不奇怪，工农青年是殖民地国家一切革命运动的积极参加者。中国的革命组织和农民军，朝鲜反抗日本殖民者的游击队，印度尼西亚英勇起义的参加者等等，大部分都是由工农青年组成的。

青年共产国际在殖民地国家当前的基本任务，是建立共产党领导下的无产阶级青年的革命群众组织，即群众性的共产主义青年团。同时，培养青年运动的真正共产主义的领导干部，是与保证共青团组织的群众性和无产阶级成分占主要地位同样重要的。除了青年工人以外，也可以吸收青年学生和青年农民中优秀的、忠诚的革命分子，并大力加强青年团领导机关中的无产阶级成分。只有在共青团内无产阶级成分的优势和共产党的坚强领导有保证的情况下，才可以大量吸收非无产阶级出身的各阶层青年入团。

共产主义青年团在参加共产党的各种斗争中,应当避免想要取代共产党来领导工人阶级的企图(所谓"先锋主义"倾向),也要避免某种取消主义情绪,即否认有进行共产主义运动的必要,把共产主义青年团的作用归结为学生组织或一般的不成形的青年组织。

殖民地国家的青年团为了争取工人、农民和革命学生的青年群众,使他们摆脱民族改良主义和假革命思潮的影响,还应该利用各种附属的合法的外围组织,使这些组织建立在革命纲领的基础上,并保证共产党和青年团对它们的领导。

共产主义青年团应该在组织中进行工作,吸引它们参加革命运动,在这些组织中扩大自己的影响并取得领导权。共产主义青年团在利用这些组织并吸引劳动青年群众参加革命斗争时,不应当放弃自己的独立性或削弱自己的直接工作。失掉自己的共青团本色,并因此失掉对革命青年运动的领导,这是最大的危险。因此,共青团在进行工作、利用和发展外围组织时,应当加强自己的直接工作,在劳动青年群众面前公开出面,吸收群众组织中的优秀分子加入共青团的队伍。这类群众组织应包括:工会和农民协会内的青年小组,青年工人团体,反军阀同盟,体育协会,各地的学生团体,等等。

共产国际第六次代表大会责成各殖民地国家的共产党大力促进发起和开展共产主义青年运动,反对在工人阶级和工会内存在的各种忽视青年工人的利益和不愿为改善被剥削青少年的生活而斗争的偏向和落后观点。

32. 在殖民地国家中,对女工和童工劳动的剥削,范围特别广,形式特别残酷。只能维持挨饿生活的极少的工资,难以忍受的漫长的工作日,某些地区贩卖妇女儿童到种植园等地去从事奴隶劳动,工人住宅中的劳役或生活,受到的野蛮待遇和侮辱,这就是这些阶层的劳动条件。

与此同时，拥有大量资财的资产阶级、传教士等在无产阶级妇女中进行着广泛的反动工作。但是，处于绝望境地的殖民地女工，逐渐提高了阶级觉悟，走上了革命的道路，坚决而勇敢地参加到战斗的殖民地无产阶级的队伍中来。中国劳动妇女奋不顾身地参加革命运动（群众性的妇女罢工，某些女工的英雄事迹，农村妇女参加游击队）就证明了这一点。殖民地和半殖民地国家的共产党应该十分重视对这些阶层劳动者的工作，特别是在女工占多数的企业中，还应该不断地吸收妇女参加工会，吸收其中的优秀分子入党。党应该为反对敌对组织对妇女的影响而斗争，利用本身拥有的一切工具进行口头的和书面的、公开的和秘密的宣传鼓动工作，以争取劳动妇女。

除了这些一般的任务以外，某些殖民地国家的共产党由于本国社会经济结构和政治形势的特点而负有一系列特殊任务。代表大会吁请有关国家的共产党在自己的行动计划中制定所有这些任务，同时也在下面指出当前最重要的几项任务。

33. 在中国，即将到来的革命高潮将向党重新提出准备和进行武装起义的当前实际任务，这是完成资产阶级民主革命和推翻帝国主义者、地主和民族资产阶级的政权，推翻国民党政权的唯一道路。目前中国的基本特点是，广大人民群众还没有掀起革命高潮，在这种条件下，党的总路线就是争取群众。在反帝运动不断加强、罢工斗争稍有活跃、农民运动此起彼伏的条件下，实行这条路线就要求党不余遗力地把无产阶级团结、集结和联合在党的基本口号的周围，进行最大规模的组织工作来加强革命工会和农民协会，尽量切合实际地在无产阶级和农民群众中进行日常的平凡的经济工作和政治工作，孜孜不倦地向无产阶级说明前一阶段革命的经验。同时，党应该向群众解释清楚，不推翻国民党和军阀的政权，不建立苏维埃政权，就不能根本改善他们的处境，就不能推翻帝国主义的统治并解决土地革命的任务。

党应该利用工厂中工人和资本家之间,农村中农民和地主之间,军队中士兵和军官之间每一个哪怕是极微小的冲突,加深和加剧这些阶级冲突,以便动员广大工农群众,并把他们争取到自己方面来。党应该利用国际帝国主义对中国人民的一切暴行(目前它具有武力侵占中国各地区的性质),以及野蛮的反动派的一切血腥镇压,来扩大人民对统治阶级进行的群众性抗暴活动。

争取群众的这项工作成功与否,在很大程度上取决于能否很好地运用根据形势的正确估计而制定的策略,能否很好地克服党内存在的极左的错误和倾向(盲动主义、军事冒险主义、个人恐怖等)以及机会主义的错误和倾向,即表现为要求召开国民大会,要求由国民党来恢复群众运动。同时,党应该克服企图用强迫命令方法来替代对群众说服教育方法的各种偏向,因为这种方法在极端残酷的阶级恐怖的环境里,将加剧党脱离群众的重大危险性。

在党内工作方面,党应该努力恢复被反动派破坏的支部和地方党委会,改善党的社会成分,同时特别注意在大工厂和铁路工厂的最重要生产部门建立党支部。中国共产党还应该密切注意调整农村党组织的社会成分,使这些组织主要吸收无产者、半无产者和农村贫民入党。要实行民主集中制的原则,要在不合法的工作所许可的范围内保证党内的民主,集体讨论和决定问题,同时要反对某些组织中的极端民主倾向,因为它会破坏党的纪律,助长无人负责的状态,损害党的领导机关的威信。

必须加强对党员的理论教育工作,提高他们的政治水平,系统地宣传马克思列宁主义,研究中国革命过去阶段的经验和教训(武汉时期、广州起义等),对于充当资产阶级和地主反革命工具的"第三党"(谭平山、汪精卫),中国共产党的任务就是同它作坚决的斗争,并根据反群众运动的实际情况来揭露这些充当统治阶级代理人的政党的民族改良主义活动。

党争取群众的基本口号是：（1）推翻帝国主义者的统治；（2）没收外国企业和银行；（3）在承认每个民族自决权的基础上统一中国；（4）推翻军阀和国民党的政权；（5）建立工农兵代表苏维埃；（6）实行八小时工作制；（7）没收地主的一切土地，土地归农民和士兵所有；（8）取消政府、军阀和地方上的一切捐税，实行统一的累进所得税；（9）与苏联和世界无产阶级运动结成联盟。

34. **印度**共产党人的基本任务，是反对英帝国主义，争取解放祖国，消灭一切封建残余，实行土地革命，建立苏维埃共和国形式的无产阶级和农民专政。要顺利解决这些任务，必须建立强大的共产党，来领导工农大众和所有劳动者，引导他们举行武装起义来反对封建帝国主义的联盟。

目前，印度无产阶级的罢工运动正在蓬勃开展，它已经脱离了资产阶级民族主义并具有全印度的性质，它几乎波及到一切生产领域，而且罢工的次数频繁，时间延续，工人在罢工中表现得十分坚决和坚定，从工人队伍中涌现出了罢工领导者——所有这一切标志着印度无产阶级斗争史上的转折点，说明在印度成立群众性共产党的必要的前提条件已经成熟。把分散在各地的共产主义小组和共产主义者联合成一个统一的、秘密的、独立的、集中的党，是印度共产党人的首要任务。印度共产党人应该抛弃在两个阶级的基础上建党的原则，利用现有的工农党同劳动群众的联系来加强**自己的党**，并牢记如果没有一个团结的、坚定的、用马克思主义理论武装起来的共产党，无产阶级的领导权就不可能实现。共产党的鼓动工作应该同争取工人当前要求的斗争结合起来，同时要解释共产党提出的总目标和实现这一目标的方法。必须在各企业中建立支部，支部应积极参加工人运动，组织和进行罢工及政治活动。共产党组织应该从一开始就特别注意从**工人**中培养党的领导干部。

在**工会**中，印度共产党人应该无情地揭露民族改良主义的领袖，坚决争取把工会变成无产阶级的真正的阶级组织，并从工人群众中选拔经过考验的革命代表来代替目前的改良主义领导。特别要揭露印度改良主义者惯用的解决冲突的办法，也就是请英帝国主义的代表作为"公正的"法官来解决劳资纠纷。在这个斗争中应当提出实行工会民主、实现工会机关工人化等要求。工会中的党团和由共产党人及其同情者组成的小组，应该是党在工会中进行工作的据点。必须利用目前的罢工浪潮来吸收**尚未参加组织的**工人加入工会。矿工、五金工人、种植园的苦力和农业工人，是印度无产阶级中参加组织的人数最少的队伍，共产党人应该对他们予以应有的重视。

共产党人应该揭露印度国大党的民族改良主义，并与自治党人、甘地主义者等的各种消极抵抗论相反，提出进行武装斗争来解放祖国和驱逐帝国主义者的不调和的口号。

对于**农民**和农民组织，印度共产党的任务是扩大农民阶层了解党在土地问题上的总要求，为此党应该制定土地问题上的行动纲领。共产党人应该通过与农村有联系的工人或亲自去策动农民为争取实现其局部要求而斗争，并在斗争过程中组织农民协会。必须特别警惕，不要让新成立的农民组织落到农村剥削阶级的影响之下。必须使现有的农民组织具有明确的包括具体要求的纲领，并组织城市工人进行示威活动来支持农民运动。

必须牢记，共产党人在任何条件下都不应放弃对他们所在的群众组织的领导的机会主义和改良主义策略进行公开批评的权利。

35. 在**印度尼西亚**，1926 年的起义遭到镇压，成千上万的共产党人被逮捕和流放，使党的队伍受到很大的破坏。为了恢复遭受破坏的党组织，党必须采取新的工作方法，以适应荷兰帝国主义警察制度所造成的非法的工作条件。把党的全部工作重心转移到城乡无产阶级集中的地方

(工厂和种植园);恢复已被解散的工会并争取使它合法化;特别要重视农民的局部的实际要求;发展并加强农民组织;到一切全国性的群众性组织中去工作,在那里成立党团,并把一切民族革命分子团结在党的周围;坚决反对荷兰社会民主党人在政府的支持下企图占领当地无产阶级阵地的阴谋;吸收人数众多的中国工人参加阶级斗争和民族革命斗争,同中国和印度的共产主义运动建立联系——这就是印度尼西亚共产党的若干极重要的任务。

36. 在**朝鲜**,共产党人应该加强在无产阶级队伍中的工作,并在全面提高工农联合会组织的积极性和加强这些组织时,竭力做到改组工会,吸收工人阶级的主要阶层加入工会,把经济斗争和政治要求结合起来。同时,共产党人应该把本国民族解放的要求与土地革命的口号紧密结合起来,因为在殖民地掠夺制度下,农民的日益赤贫化,使得土地革命越来越具有迫切重要的意义。对于受本国大宗教团体(天道教等)影响的劳动群众,必须进行耐心的革命教育工作,使他们摆脱民族改良主义领袖的影响。在一切现有的革命群众组织中,应该加强共产党,在建立共同的民族革命党方面,不要以吸收个人入党的办法为基础,而应该依靠共同的行动委员会来协调和联合各种民族革命组织的活动,在无产阶级共产党领导下建立革命人士的实际联盟,同时批判小资产阶级民族主义者的动摇性和不彻底性,并经常在群众面前揭露他们。共产党应该吸收新生力量,首先从产业工人中吸收新生力量,这将是党循着布尔什维克化发展的最好保证,特别有助于克服党的队伍内有害的派别活动习气。

37. 在**埃及**,共产党只有依靠有组织的无产阶级,才能在民族运动中起重大的作用。因此,成立埃及工人的工会,加强并领导阶级斗争是共产党的首要任务。目前埃及工会运动的最大危险是资产阶级民族主义者夺取工人的工会 不同他们的影响进行坚决斗争,就不可能有工人的真正的阶级组织。过去埃及共产党人的一个重大缺点，就是他们只在城市工人中工作。党的最重要的任务之一是正确地提出土地问题，大力吸引广大农业工人和农民群众参加革命斗争并把他们组织起来。必须特别重视党自身的建设，这项工作现在还很薄弱。

38. 在法属北非殖民地，共产党人应该在一切现有的民族革命的群众性组织中工作，以便在工农战斗联盟的彻底路线和明确纲领的基础上，把其中真正的革命分子联合起来。至于"北非之星"这个组织，共产党人不应把它发展为一个政党，而应把它发展为各革命组织的战斗联盟，即由各个产业工人工会、农业工人工会、农民协会等作为集体会员联合组成的战斗联盟；同时必须保证革命无产阶级的领导作用，为此，首先要开展工会运动，作为扩大共产主义影响的最重要的有组织的群众基础。不断加强白人无产阶级的革命队伍同当地工人阶级的紧密合作，应该是我们的经常任务。在土地问题上，应该善于把农村居民由于法帝国主义的剥夺政策而激起的日益加深的仇恨引导去进行相应的有组织的斗争（更好地组织农业工人罢工，加强阿尔及利亚农业工人协会等）。各该国家的共产党组织应该首先把当地工人吸收到自己的队伍中来，并克服轻视他们的偏向。凡是真正依靠当地无产阶级而建立的共产党，都应在组织形式上和实际上成为共产国际的独立支部。

39. 除了殖民地问题以外，第六次代表大会还要求各国共产党特别重视黑人问题。各国黑人的状况各不相同，因此需要作具体的分析和研究。黑人群众聚居的地区，大体可分为以下四类：（1）美国和某些南美国家，那里聚居的黑人群众同白种居民比较起来处于少数；（2）南非联邦，那里黑人同白种移民比较起来居于多数；（3）黑人国家（利比里亚、海地、圣多明各），实际上是帝国主义的殖民地或半殖民地；（4）被帝国主义列强（英国、法国、葡萄牙等）瓜分为殖民地和托管地的整个中非洲。

在美国大约有 1200 万黑人。他们多数是佃农,缴纳实物地租,生活在半封建半农奴制状况下。这些黑人佃农和雇农的状况,只是在形式上与按照法律程度废除的农奴制有所区别。白人地主身兼土地占有者、商人和高利贷者,他们对黑人进行私刑拷打,划定特殊的居住区,并运用美国资产阶级民主的一些方式,恢复了奴隶制时期最恶劣的剥削形式。由于南方的工业化,已经开始出现黑人无产阶级。同时,黑人继续加速向北方流动,在那里他们大都变成了非熟练工人。黑人无产阶级的成长,是近年来最重要的现象。同时,在黑人居住区(特划区)产生了小资产阶级,并从中分化出了知识分子和一小部分充当帝国主义代理人的资产阶级。

共产党的一项最重要的任务,是争取黑人实际上的权利充分平等,废除社会和政治上的一切种族不平等。共产党必须开展最有力的斗争来反对白种沙文主义的各种表现,组织积极的抗议活动来反对私刑,加强在黑人无产者中的工作,把最有觉悟的黑种工人吸引到自己的队伍中来,争取让黑种工人参加白种工人的一切组织,首先是工会组织(当然不排除必要时组织黑种工人的独立工会),把南方的农民群众和雇农群众组织起来,在黑人小资产阶级群众中进行工作,说明加维主义之类的小资产阶级思潮的空想性和反动性,清除这些思潮对工人阶级和农民的影响。在南方黑人群众聚居的地区,必须提出黑人自决权的口号。急剧改变南方各洲的土地制度,是革命的基本任务之一。黑种共产党人应该向黑种工人和农民说明,只有同白人无产阶级结成紧密的联盟并共同进行反对美国资产阶级的斗争,他们才能摆脱野蛮的剥削,只有胜利的无产阶级革命才能根据美国绝大多数黑人居民群众的利益,来切实地完全地解决美国南部的土地问题和民族问题。

在**南非联邦**,占居民多数的黑人群众,被白人殖民者和国家剥夺了土地,他们没有政治权利,没有自由迁移权,受到最野蛮的种族压迫和阶级压迫,并遭到前资本主义和资本主义的剥削方式和压迫方式的折磨。南非共产党已经在黑人无产阶级中取得了一定的成绩,今后应该更积极地继续进行斗争,争取黑人的充分平等权利,废除一切用来对付黑人的特殊措施和法律,没收地主的土地。党应该吸收黑种工人参加自己的组织,组织他们参加工会,要求白种工人的团体接纳黑人会员,同时要采取一切措施反对白种工人队伍中的各种种族偏见,并在自身队伍中大力消除这种偏见。党应该坚定不移地提出在保证少数白种居民权利的情况下建立当地人独立共和国的口号,并为实现这一口号而**切实**奋斗。随着民族制度因资本主义关系的发展逐渐瓦解,党应该加强进行工作来培养被剥削的黑种居民阶层的阶级觉悟,帮助他们摆脱日益成为帝国主义代理人的民族剥削阶层的影响。

在帝国主义的各**中非殖民地**,殖民主义剥削具有最丑恶的形式,它集合了奴隶制、封建制和资本主义剥削方式之大成。在战后时期,帝国主义宗主国的资本加紧投入到非洲殖民地,使大量失去土地并沦为无产阶级的居民群众集中到种植园、采矿工业等之中。第六次代表大会责成各有关宗主国的共产党克服对非洲殖民地群众运动漠不关心的偏向,转向在宗主国和殖民地大力支持这些运动,同时注意研究这些殖民地国家的状况,以揭露帝国主义的血腥暴行,并创造条件同这些受帝国主义最无情剥削的殖民地的新兴无产阶级分子保持组织上的联系。

40. 在**拉丁美洲**,共产党人应该到处参加反对地主制度和帝国主义的革命运动,甚至在这一运动还处于小资产阶级领导下的地方,也应该如此。同时,共产党在任何条件下都不应该在政治上向自己可能的暂时的同盟者屈服。共产党在为争取革命运动中的领导权时,应该首先做到在政治上和组织上的自身独立,同时努力使自己成为无产阶级的领导政党。共产党人在鼓动工作中应该特别强调下列口号:

(1) 无偿地剥夺大种植园和大地产,将其中的一部分交给雇农集体耕作，将其余部分分配给农民、佃农和移民；（2）没收外国企业（矿山、工业企业、银行等）和民族资产阶级及大地主的大企业；（3）废除国债并取消帝国主义对国家的任何控制；（4）实行八小时工作制，废除半农奴制的劳动条件；（5）武装工人和农民，把军队变成工农民警；（6）建立工农兵苏维埃政权以代替大地主和教会的阶级统治。

与小资产阶级军事专政的所谓"革命"政府相反，共产党鼓动工作的中心应该是**工农政府**的口号。

这些国家整个革命运动胜利的基本前提，是从思想上和组织上加强共产党，加强党同劳动群众及群众组织的联系。共产党应该不懈地进行工作，把产业工人，特别是帝国主义经营的大企业的工人组成本阶级的工会。提高他们的政治觉悟和阶级觉悟，根除改良主义、无政府工团主义和行会主义思想。同时，应该把农民、佃农组织成农民协会。应该协助反帝大同盟的分部扩大组织，共产党的党团应该在这些分部中进行工作。一切革命工农群众组织的相互紧密合作，首先是拉丁美洲各国共产党的相互紧密合作，它们同有关的国际组织及美国革命无产阶级的联系，这都是十分重要的。

41. **各帝国主义国家**的共产党在**殖民地问题**上的当前任务，有三个方面。首先，宗主国的共产党和革命工会组织要同殖民地的相应革命组织建立积极的联系。目前，宗主国共产党同有关殖民地革命运动之间的联系，除少数情况外，不能认为是足够的。造成这一事实的原因只能部分地归之于客观困难。应该承认，迄今为止，在共产国际内不是所有的党都充分理解，同殖民地革命运动建立正常的、紧密的、经常的联系以积极支持和直接具体帮助这些运动具有多么重大的决定性意义。只有当帝国主义国家的共产党切实给予殖民地的革命运动以实际帮助时，才能认为它们在殖民地问题上的立场是真正布尔什维克的立场。这就是衡量它们一切革命活动的标准。

第二类任务是通过组织无产阶级的群众运动和其他实际活动来真正支持殖民地人民的反帝斗争。在这方面，一些最大的资本主义国家的共产党也是表现得不够积极。筹划和组织这类声援活动无疑应该成为对资本主义国家工人群众进行共产主义宣传鼓动工作的基本内容之一。共产党人应该运用他们所掌握的一切宣传工具（报刊，公众示威，议会讲坛）来揭露资本主义殖民制度的掠夺本性，应该无情地戳穿那种把殖民制度描绘成文明和普遍进步事业的弥天大谎。在这方面的特殊任务，就是要同传教士组织进行斗争，因为这些组织是实现帝国主义扩张和对殖民地人民奴役的最活跃的据点之一。

共产党人应该根据无条件和无保留地要求实现殖民地人民国家完全独立和享有主权的原则，来动员资本主义国家的广大工农群众。为了反对对殖民地起义的血腥镇压，反对帝国主义者武装干涉民族革命，反对帝国主义军事侵略性的增长，反对新的武装占领，国际无产阶级必须进行一贯的、有组织的和忘我的斗争。必须从这样一个事实中吸取全部教训，这就是：在共产国际内没有一个资本主义国家的支部能够充分地动员群众来切实地保卫中国革命以打退世界帝国主义的不断进攻。目前，世界大战正在准备，帝国主义者正在进攻"自己的"殖民地人民以迫使他们"就范"，这就把积极支持殖民地革命的任务摆到了资本主义各国无产阶级注意和斗争的中心地位上。

各国共产党在要求帝国主义的武装力量立即撤离被压迫国家的同时，应该进行不倦的工作来组织群众运动，以阻止把军队和军需品运入殖民地。应该在军队中进行系统的鼓动工作和组织工作，使他们对殖民地起义群众保持友好的态度，从而准备条件使占领军转到工农革命和革命武装力量方面来。

共产党应该把**反对社会民主党的殖民地政策**看做是反对帝国主义斗争的有机组成部分。第二国际在最近布鲁塞尔代表大会上对殖民地问题所采取的立场，完全同意了各帝国主义国家社会党战后几年来在实际活动中充分暴露的观点。社会民主党的殖民地政策，就是积极支持帝国主义剥削和压迫殖民地人民的政策。它正式接受了作为"国际联盟"组织原则的观点，即各资本主义国家的统治阶级有"权"主宰地球上大多数国家的人民，使他们处于残酷的剥削和奴役制度下。为了欺骗一部分工人阶级，并把他们变成维护殖民地掠夺制度的同伙，社会民主党竟然替帝国主义在殖民地犯下的令人发指的极其可耻的暴行进行辩护。社会民主党掩饰资本主义殖民制度的真实内容，闭口不谈殖民政策同威胁全世界无产阶级和劳动群众的新的帝国主义战争危险之间的联系。当殖民地人民的怒潮形成反帝的解放斗争时，社会民主党尽管在口头上说一些虚伪的漂亮话，但实际上始终站在摧残革命的帝国主义刽子手一边。近年来，所有资本主义国家的社会党都投票赞成拨款给本国政府去进行殖民战争，去镇压争取自由的殖民地人民（摩洛哥、叙利亚、印度尼西亚），有的甚至本身直接参加了殖民地剥削的勾当（法国社会党人接受了帝国主义政府的任命出任殖民地总督，比利时社会党的合作社参加了剥削刚果地区黑种居民的殖民地企业），他们赞成用最残酷的手段来镇压殖民地起义（英国工党领袖为武装干涉中国进行辩护，荷兰社会党发表声明支持镇压印度尼西亚的起义）。社会民主党的理论硬说，资本主义殖民制度似乎可以改革并转变为"良好的殖民制度"，这种理论是社会民主党人用来掩饰其社会帝国主义面孔的假面具。共产党人应该从他们的脸上撕下这个假面具，并向帝国主义劳动群众说明，社会党是执行帝国主义殖民政策的同谋犯和直接帮凶，他们在这个方面最无耻地背叛了自己的社会主义纲领，他们成了掠夺成性的帝国主义在宗主国和殖民地的代理人。

　　共产党人应当极端警惕地提防社会民主党的各种阴谋诡计，因为社会民主党在资本主义政府的帮助下企图在殖民地扩大自己的影响并成立支部和其他组织。这种企图也符合一部分帝国主义殖民者的政策,即打算收买殖民地的某些阶层来巩固自己在殖民地的地位。一些殖民地的特殊条件可能使这种政策收到一定的成效,并使这些地方的改良主义运动在资本主义国家社会党的影响下取得暂时的进展。共产党人的任务是要坚决反对诸如此类的阴谋,向殖民地居民群众揭露社会党人的殖民地政策,从而使这些充当帝国主义走狗的社会民主党领袖同帝国主义者一样,受到殖民地被压迫人民理所当然的仇视。

资本主义国家的共产党要想在所有这些方面取得成就,就必须在自身的队伍中大力进行宣传工作,阐明共产党在殖民地问题上的观点,解除在这个问题上的民主社会主义思想的一切残余,批判一切可能出现的脱离列宁主义正确路线的偏向。

共产国际章程

(1928年8月29日共产国际第六次代表大会通过)

1. 总 纲

第1条 共产国际——国际工人协会——是各国共产党的联合组织，统一的世界性共产党，共产国际是世界无产阶级革命运动的领袖和组织者，是共产主义原则和目标的体现者，它为争取工人阶级的多数和贫苦农民的广大阶层，为建立世界范围内的无产阶级专政，为建立世界社会主义苏维埃共和国联盟，为彻底消灭阶级，实现社会主义——共产主义社会的第一阶段——而奋斗。

第2条 加入共产国际的各政党定名为某某国家的共产党（共产国际支部）。每个国家只能有一个共产党加入共产国际并成为它的支部。

第3条 凡承认某一共产党和共产国际的纲领和章程，参加党的一个基本基层组织并在其中积极工作，服从党和共产国际的一切决议并按期交纳党费者，就可以成为共产党和共产国际的成员。

第4条 共产党的基本组织是企业（工厂、矿山、公司、商店、庄园等）中的支部，由它来联合在该企业内工作的全体党员。

第5条 共产国际及其支部建立在民主集中制的基础上，民主集中制的基本原则是：（1）党的各级领导机关，无论是基层机关或最高机关，都由选举产生（由全体党员大会、代表会议、代表大会和世界代表大会选举产生）；（2）党的机关定期向自己的选举人报告工作；（3）上级党机关的决议，下级必须服从，保持严格的党的纪律，共产国际及其领导机关以及党的中央领导机关的决议，必须立即执行。

党的问题只有在党的有关机关没有作出决议以前，党员和党组织才可以进行讨论。一经共产国际代表大会、共产国际支部的代表大会及其领导机关作出决议，必须无条件地贯彻执行，即使在一部分党员或地方党组织不同意的情况下，也应当如此。

在党处于不合法状态的条件下，可以允许由党的上级机关任命下级机关的成员和由下级机关自行补选，事后由上级机关批准。

第6条 在党外的一切群众性工人组织和农民组织及其机关中（工会、合作社、体育协会、军人组织以及上述机关的代表大会和代表会议），在市政管理机关和市政会议、议会等地方，即使只有两名党员，就应成立共产党团，以便在这些组织内扩大党的影响和贯彻党的政策。

第7条 共产党党团由有关的党机关领导。

注1：国际性组织（红色工会组织、国际支援革命战士协会、国际工人救济会等）中的共产党党团由共产国际执行委员会领导。

注2：共产党党团的组织结构及其工作的领导方式由共产国际执行委员会及共产国际各支部中央委员会发布特别指示加以确定。

2. 共产国际的世界代表大会

第8条 共产国际的最高机关是由加入共产国际的各政党（支部）和各组织的代表出席参加的世界代表大会。

世界代表大会讨论和决定有关共产国际及其各支部活动的纲领、策略和组织问题。共产国际纲领和章程的修改权只属于共产国际世界代表大会。

世界代表大会每两年召开一次。召开代表大会的日期和各支部代表名额由共产国际执行委员会确定。

每个支部在世界代表大会上的表决权票数，由本届代表大会根据该党的党员人数和该团的政治影响作出特别决议加以规定。绝对式的委托书不予承认，并事先宣布无效。

第9条　共产国际的非常代表大会，应根据上一次世界代表大会上共计半数以上享有表决权票数的共产党的要求召开。

第10条　世界代表大会选举共产国际执行委员会和国际监察委员会。

第11条　执行委员会的所在地由世界代表大会确定。

3. 共产国际执行委员会及其机关

第12条　在代表大会闭会期间，共产国际执行委员会是共产国际的领导机关，它向**共产国际各支部**发布指示，并监督它们的活动。

共产国际执行委员会至少要用四种文字出版共产国际的中央机关报。

第13条　共产国际执行委员会的决议，共产国际各支部必须遵守并立即贯彻执行。各支部有权在世界代表大会上对共产国际执行委员会的决议提出申诉，但在代表大会撤销这些决议以前，各支部仍负有执行这些决议的义务。

第14条　共产国际各支部的中央委员会对各该支部的代表大会和共产国际执行委员会负责。共产国际执行委员会有权撤销和修改各支部代表大会和中央委员会的决议，并通过各该支部应执行的决议（参见第13条）。

第 15 条　共产国际执行委员会有权将违反共产国际纲领和章程，或违反共产国际世界代表大会和执行委员会决议的整个支部、部分成员和个别成员开除出共产国际。被开除者有权向世界代表大会提出申诉。

第 16 条　共产国际各支部的纲领由共产国际执行委员会批准。如遇共产国际执行委员会不予批准时，支部有权向世界代表大会提出申诉。

第 17 条　共产国际各支部的指导性机关刊物必须刊登共产国际执行委员会的一切决议和正式文体；各支部的其他刊物也应尽可能地刊登这些决议。

第 18 条　共产国际执行委员会有权接受同情共产主义的组织和政党参加共产国际，作为享有发言权的成员。

第 19 条　共产国际执行委员会选举对它负责的主席团；主席团为常设机构，在共产国际执行委员会闭会期间，负责执行委员会的全部工作。

第 20 条　共产国际执行委员会及其主席团有权设立常务局（共产国际执行委员会西欧局、南非局、东方局等），以便同共产国际各支部建立更密切的联系和更好地领导它们的工作。

注：共产国际执行委员会常务局的活动范围，由共产国际执行委员会及其主席团规定。共产国际执行委员会的活动范围，应通知给与各该局活动有关的共产国际各支部。

第 21 条　各支部必须贯彻执行共产国际执行委员会常务局的各项指示。各有关支部可以就共产国际执行委员会常务局的各项指示向共产国际执行委员会或其主席团提出申诉，但在共产国际执行委员会或其主席团撤销常务局的决议之前，各支部不能因此而不执行这些决议。

第 22 条　共产国际执行委员会及其主席团有权派自己的特派员到共产国际各支部去。特派员受共产国际执行委员会或其主席团指导，并在自己的行动上向它们负责。共产国际执行委员会的特派员有权参加被派往的支部的中央机关和地方组织的一切会议。共产国际执行委员会和特派员在执行自己的任务时，应与该支部的中央委员会取得联系，但在个别情况下，如遇该支部中央委员会的路线违背共产国际执行委员会的指示时，特派员也可以在支部的代表大会、代表会议和一般会议上发言反对该支部的中央委员会。共产国际执行委员会的特派员特别负有责任监督共产国际代表大会和执行委员会决议的执行情况。

共产国际执行委员会及其主席团也有权派指导员到共产国际各支部去。指导员的权利和义务由共产国际执行委员会确定，指导员在自己的工作上向共产国际执行委员会负责。

第23条　共产国际执行委员会会议至少每六个月召开一次。共产国际执行委员会会议至少有半数以上的委员出席方为合法。

第24条　共产国际执行委员会主席团会议至少每两周召开一次。共产国际执行委员会主席团会议至少有半数以上的委员出席方为合法。

第25条　主席团选举政治书记处，政治书记处是决策机关，同时也为共产国际执行委员会及其主席团的会议准备议题，它也是共产国际执行委员会及其主席团的执行机关。

第26条　主席团任命共产国际期刊和其他刊物的编辑人员。

第27条　共产国际执行委员会主席团设立劳动妇女工作部和其他必要的工作部，并设立常务委员会（地区书记处），以便领导某些共产国际支部。

4. 国际监察委员会

第28条　国际监察委员会审查有关共产国际各支部间的统一和团结问题，以及评价某支部内个别成员的行为是否符合共产党人的标准问题。

在这方面,国际监察委员会的职责是:

(1) 审理因政治意见分歧而受到纪律处分的党员对党中央的行为的申诉;

(2) 审理共产党中央机关成员的类似案件,以及监察委员会认为应由它审理的或根据共产国际执行委员会决策机关的建议提交给它审理的关于个别党员的案件;

(3) 对共产国际的财务进行监督。

国际监察委员会不干预各党内部的政治意见分歧以及组织上和行政上的纠纷。

国际监察委员会的所在地,由国际监察委员会征得共产国际执行委员会同意后确定。

5. 共产国际支部与共产国际执行委员会之间的相互关系

第 29 条 共产国际各支部以及以同情者的身份被接受加入共产国际的各组织的中央委员会,应经常地向共产国际执行委员会寄送自己的会议记录和工作报告。

第 30 条 各支部中央委员会个别成员或一批成员放弃职权,应被认为是瓦解共产主义的行为。党内任何领导职位都不是属于担任这一职位的个人,而是属于整个共产国际。各支部经过选举产生的中央领导机关的成员,只有征得共产国际执行委员会的同意,才能在改选以前解除委任。各支部中央委员会未经共产国际执行委员会同意而擅自批准辞职,应属无效。

第 31 条 共产国际各支部,特别是宗主国及其殖民地的支部,以及彼此毗邻的各国支部,应在组织上和情报交换方面保持密切联系,互派代表参加代表会议和代表大会，并在征得共产国际执行委员会同意后互相交换领导力量。

第32条　由于斗争条件一致而彼此在政治上相互联系的两个或两个以上的共产国际支部（如斯堪的纳维亚和巴尔干各国的支部），为了在行动上相互协调，经共产国际执行委员会同意后，可以结成联合支部，并在共产国际执行委员会的领导和监督下工作。

第33条　共产国际各支部应按期向共产国际执行委员会交纳党费；党费的数额由共产国际执行委员会确定。

第34条　各支部的例行代表大会和非常代表大会，须经共产国际执行委员会同意方可召开。

第35条　国际共产主义青年联盟（青年共产国际）是共产国际的一个享有全权的支部，它服从共产国际执行委员会的领导。

第36条　各国共产党应对转入地下状态有所准备。共产国际执行委员会应协助有关的共产党做好转入地下状态的准备工作。

第37条　共产国际各支部的成员，须经所在支部的中央委员会批准，方能移居他国。

共产党员移居他国后，应立即加入该国的支部。未经原支部中央委员会批准径自出国的共产党员，共产国际其他支部不得予以接收。

关于苏联和联共（布）状况的决议[①]

共产国际第六次世界代表大会非常满意地看到，在第五次世界代表大会以来的四年时间里，苏联这个由共产党领导的唯一的无产阶级国家取得了巨大的进步。产品的总量超过了战前水平，产品的增长速度超过了资本主义国家的速度。国家的经济在迅速高涨；社会主义经济成分的发展比整个国民经济的发展还快；大工业和电气化在迅速发展；大型的新建工程——沃尔霍夫水电站、第聂伯水电站、土耳其斯坦—西伯利亚铁道以及一些新建的大型工厂，都说明取得胜利的无产阶级的创造力和社会主义建设的巨大成就。

与欧洲资本主义国家的情况完全不同，苏联的经济是在没有外债，完全依靠自己的力量，在对资本主义包围的压力不断进行反抗的条件下恢复起来的。

无产阶级的状况在迅速改善。实行了七小时工作日，在井下工作的矿工的工作日规定为六小时；与1923年比较，实际工资增加了一倍，目前已经超过战前水平，同时还没有把大量的社会保险数额计算在内。农村劳动阶层，即小农和中农的状况也大有改善，革命给他们带来了土地，使他们摆脱了债务。目前他们在发展自己的经济方面得到了无产阶级专政最有力的支持。

提高个体农民经济的水平，是跟农民合作化的发展，特别是已经开

---

① 在1928年9月1日第四十六次会议上通过。

始大规模发展的集体使用土地的形式、支持现有的和新建的国营农场，以及加紧同农村资本主义分子即富农的斗争有着极其密切的联系。

无产阶级国家政权把势必在新经济政策基础上在城市和农村成长起来的资本主义萌芽限制在极小的范围内，揭露和镇压受旧的财主和敌国政府资助的一部分高级专家的反革命怠工活动。资本家和社会民主党人希望新经济政策意味着重新回到资本主义的企图落空了。不是资本主义成分靠削弱社会主义成分而得到发展，恰恰相反，国民经济社会主义成分的比重和作用不断增加，并且日益明显地扩大对私人经济成分的影响。

第六次世界代表大会认为，苏联社会主义建设的成就，加强了在先进的无产阶级先锋队——共产党领导下的国际无产阶级在反对国际资本主义斗争中的革命阵地，加速了资本主义国家和殖民地广大劳动群众的革命化，使苏联比过去更加成为世界革命的堡垒，使联共（布）更加成为列宁主义先锋队，它的丰富经验是共产国际所有支部从思想上进行锻炼和在实践中进行学习的基础。

第六次世界代表大会确认联共（布）第十五次代表大会的决议，同时指出：

"尽管社会主义经济核心的领导作用日益增强，苏联经济生产力的提高还是不可避免地引起阶级矛盾的局部加剧。同苏维埃机关和经济机关内的某些官僚主义分子结合一起的城乡私人资本主义阶层，正力图加紧抵抗工人阶级的进攻，企图影响职员和知识分子中的某些阶层，影响手工业者以及农民和工人中的落后阶层，使他们敌视无产阶级专政。因此，在联共（布）领导下的工人阶级用来对付资本主义分子的这种敌对的影响和日益加强的活动的办法是：加强无产阶级专政制度，更加提高无产阶级群众的积极性、主动性和文化程度（《第十五次代表大会关于中央委员会工作报告的决议》）。"

在资本主义实行包围和世界资本主义对苏联这个全体劳动人民的堡垒加紧施加压力（这种压力使城乡资本主义分子反对无产阶级专政的斗争更加活跃）的条件下，要克服社会主义建设中的种种困难，如不久前在粮食收购工作中出现的困难，就势必要求无产阶级国家采取积极的政策来把整个社会关系改造为集体主义的关系。同私人资本主义经济成分进行最坚决的斗争，不断巩固同基本农民群众（中农）的联系，对富农开展最有力的斗争以及保证无产阶级在贫农中具有真正牢固的支柱，这一切是克服上述困难的必经之途。

第六次世界代表大会注意到联共（布）在苏联和全世界人民当中的威信的提高和影响的扩大。代表大会还看到，联共（布）的党员人数由于吸收产业工人而在不断增加，无产阶级民主在不断发展和巩固，苏联工人阶级对它的光荣的列宁主义政党——联共（布）的高度信任也在不断加强。

第六次世界代表大会指出，由于坚定不移地贯彻共产主义政策，苏联共产党得以巩固了无产阶级专政和胜利地推进了社会主义建设。共产国际各支部对联共（布）的正确政策毫无保留的支持，就是对联共（布）在社会主义建设事业中的工作的帮助。

代表大会支持联共（布）第十五次代表大会和共产国际执行委员会第九次全会关于把**反对派**开除出党的决议，谴责这些原反对派分子在被开除以后进行的孟什维主义的反革命活动。代表大会呼吁联共（布）继续对已所剩无几的托派分子大力展开斗争。共产国际号召其他各国党从思想上和组织上反对在其队伍中建立托洛茨基反对派的任何企图，并防止这种企图的出现。

同原反对派的诽谤性声明相反，苏联的无产阶级专政不存在蜕化变质的危险，而存在着世界资产阶级武装进攻的危险。因为无产阶级专政国家的成就日益威胁着世界资产阶级的统治，因此，第六次世界代表大会号召各国无产阶级和全世界受压迫受剥削的人们，竭尽全力来阻止对苏联这个唯一的工人祖国进行蓄谋已久的进攻。全世界劳动人民应该尽自己的一切力量，采取一切办法来保卫苏联，保卫世界无产阶级这个第一次胜利地夺取的阵地，保卫这个传播世界无产阶级革命的可靠的基地。

关于国际支援革命战士协会的决议[①]

资本主义国家阶级矛盾的尖锐化和殖民地各国人民反对其压迫者和剥削者的斗争,使白色恐怖和法西斯主义日益加剧,使阶级"裁判所"的镇压措施对被剥削阶级和被压迫民族的压迫加强。有鉴于此,共产国际第六次世界代表大会决定:

1. 战后时期的事态发展,完全证明共产国际第四次和第五次世界代表大会通过的关于成立国际支援革命战士协会这个独立的各非党的支援机构以及各国共产党绝对必须支持这一机构的决议是正确的。

2. 由于国际支援革命战士协会是一个非党组织,它一方面给予从事革命斗争的一切受难者以援助,另一方面也吸收不问所属党派的会员,因此,这个组织是实行统一战线策略的极重要工具。

因此,共产党应该比其他党派更关心国际支援革命战士协会的工作,应该经常帮助它进行工作,参加它所发起的一切运动,特别是争取大赦和政治流亡者的避难权的运动,并在自己的报纸上特别关注国际支援革命战士协会。

3. 由于国际支援革命战士协会目前最重要的任务之一是进行反法西斯主义的斗争,因此党应该竭尽全力支持国际支援革命战士协会和国际工人援助会在这方面的工作。国际支援革命战士协会各分会,特别是美国分会的极重要任务之一,是反对三K党(美国的法西斯组织)和

---

① 在1928年8月29日第四十五次会议上通过。

对黑人进行野蛮的私刑杀害。这个斗争只有发动千百万白种工人参与，才能取得胜利。

国际支援革命战士协会各国分会的一项特别重要的任务，是反对在中国出现的白色恐怖，目前连国民党也公开实行这种恐怖。

4. 随着殖民地和半殖民地国家革命运动的发展，在这些国家里对劳动人民的迫害达到了骇人听闻的程度，帝国主义国家的共产党，应该帮助国际支援革命战士协会建立和组织分会，以便在有关国家的殖民地和半殖民地中担当其肩负的艰巨任务。

5. 上述各项任务，与劳动人民争取避难权的斗争有着密切的联系。然而到目前为止，这一斗争还没有受到共产党应有的重视，今后共产党议会党团在其活动中应特别注意这一点。各宗主国的共产党还负有一项特殊的任务，即反对在中国的外国租界当局把革命者引渡出境。

6. 资本主义利用监狱制度作为从肉体上消灭被监禁的革命者的手段。因此，必须发动群众和通过共产党的议会党团来进行坚持不懈的斗争，反对监狱制度。

7. 国际支援革命战士协会上述各项任务的实现，与开展各项运动有着密切的联系，而后者只有在与各种群众组织协同进行的情况下，才能取得成效，因此，在劳动人民群众组织（工会，合作社，国际工人援助会，自由思想者协会，战争受难者国际协会，反帝和反压迫殖民地人民斗争同盟，工人体育组织等）中工作的共产党员，应该设法在这些群众组织之间建立合作关系，以配合上述运动的进行。

8. 在法国国际支援革命战士协会分会工作的共产党员，应该努力吸收广大城乡劳动群众参加协会，吸收工会组织中的社会民主党工人和广大女工参加协会，这具有特别重要的意义。

关于共产国际执行委员会、国际监察委员会和青年共产国际执行委员会工作报告的决议[①]

第六次世界代表大会完全赞同共产国际执行委员会、国际监察委员会、青年共产国际执行委员会前一时期的活动。

---

① 在1928年8月29日第四十五次会议上通过。

关于接收古巴共产党、朝鲜共产党、新西兰共产党、巴拉圭共产党、爱尔兰工人联盟、厄瓜多尔社会党和哥伦比亚革命社会党加入共产国际的决定[①]

共产国际在殖民地和半殖民地影响的加强得到了组织上的反映，表现在一些新的共产党的产生和工人革命政党加入共产国际。

共产国际第六次世界大会欢迎这些新的支部的建立并加入共产国际，这是工农群众和被压迫各国人民对共产国际及其在反对殖民主义压迫斗争事业中的领导信任的又一次表现，也证明了这一斗争在世界范围内的规模的真正增长。

因此，第六次世界代表大会确认执行委员会在第五次和第六次世界大会期间关于接受下列政党作为共产国际支部的决定：

朝鲜共产党，

古巴共产党，

爱尔兰工人联盟。

此外，还接受新西兰共产党、巴拉圭共产党作为共产国际的成员。

关于上一次代表大会通过的关于厄瓜多尔社会党的决定已为全国各组织公决批准，以及在上一次代表大会上一致通过的关于哥伦比亚革命社会党的决定，都证明这些国家的工人群众对在共产国际旗帜下进行斗

---

① 在1928年9月1日第四十六次会议上通过。

争的意愿，它们认为共产国际是国际革命运动的唯一领袖。

第六次世界代表大会欢迎这些政党关于加入共产国际的决议，认为这是这些国家的被压迫群众奋起在共产国际的旗帜下进行革命斗争的表现，而共产国际能够支持他们和领导他们走向解放，同时这也是这些群众性政党愿意变成为布尔什维克政党的表现。

第六次世界代表大会接受厄瓜多尔社会党和哥伦比亚革命社会党作为共产国际的支部，认为这两个群众性政党无论按其结构来说或者按其思想来说都还不是真正共产主义的政党，因此责成执委对两个党进行必要的指导、忠告并给予支持，使它们能够成为真正的共产主义政党，改造和加强它们的组织，提高它们的思想水平，加强它们的阶级觉悟。与此同时，也应该保持和加强它们的群众性。

随着这七个新支部的加入，共产国际越来越紧密地与受帝国主义强盗剥削和压迫的千千万万工农群众联系在一起了。

共产国际在协调它们的斗争与宗主国无产阶级、苏联的工农和业已解放的民族、殖民地千百万帝国主义奴隶的斗争的同时，要在越来越广泛的基础上发展和建立一切被压迫者的革命团结，这是对资产阶级和帝国主义取得世界性胜利的前提条件。

关于开展反战国际运动的决定[①]

面对帝国主义列强积极策划对苏联的进攻,面对资本主义强盗们相互间的军事冲突和业已在中国发生的武装干涉,以及国际上形形色色社会民主党起着背叛作用,在资本进攻面前解除工人的武装,同时又积极地和无耻地帮助本国的帝国主义集团——代表大会认为,所有共产党人在目前的紧张形势下有必要加强反对战争危险的斗争,立即展开反对日益临近的帝国主义战争的运动。

代表大会责成各党中央委员会立即展开政治上、组织上和宣传鼓动方面的准备工作,举行反对帝国主义战争和保卫苏联的国际斗争日,举行劳动人民反对正在实行进攻的资本的斗争日,其口号是:"以战争反对帝国主义战争"、"结成工人统一战线反对正在进攻的资本主义"、"保卫苏联"、"支援殖民地各国革命人民"、"揭露社会爱国主义者的谎言,""建立无产阶级的保卫组织"。

各国共产党中央委员会应该根据本国的具体形势采取切实措施举行国际斗争日(群众集会、街头示威游行、抗议罢工以及其他活动形式)。

代表大会责成执行委员会采取各种必要措施,以便在国际范围内组织这样的运动,协调这方面的各种措施,注意发动的统一时间,并根据代表大会的决定来加强反战的运动,使最广泛的劳动者包括士兵在内能参加进来。

---

① 在1928年9月1日第四十六次会议上通过。

关于托洛茨基、萨普龙诺夫
等人事件的决定[①]

共产国际第六次世界代表大会在了解了托洛茨基、萨普龙诺夫以及其他一些被开除出联共（布）的反对派提出要求恢复他们党籍的声明后，决定如下：

1. 本届世界代表大会完全赞同联共（布）第十五次代表大会的决议和共产国际执行委员会第九次全会的决定，根据这些决议和决定的规定，凡参加托洛茨基反对派和宣传其观点的人都不能留在布尔什维克党内。托洛茨基集团在其纲领问题、政治问题和组织问题上的观点，表明该集团已滚到了孟什维主义的立场上，客观上已成为反对苏维埃政权的工具。因此，把他们开除出联共（布）是正确的和必然的。

2. 这些被开除出党的分子向世界代表大会提出的申请，又一次证明，托洛茨基及其一小撮支持者跟过去绝大多数反对派一样，不愿接受第十五次代表大会所提的条件，而是继续斗争，进行分裂活动和诬蔑宣传，来反对联共（布）和无产阶级专政。代表大会认为，在各国共产党所有成员对反对派的观点不止一次地进行最坚决谴责的情况下，跟共产国际的敌人就托派反革命纲领的内容进行辩论是多余的。

3. 第六次世界代表大会确认联共（布）第十五次代表大会的决议，

---

① 在1928年9月1日第四十六次会议上通过。

并认为，在这以后对反对派所采取的措施完全是出于革命的需要，因此拒绝托洛茨基、拉狄克、萨普龙诺夫以及其他被开除出党的分子要求恢复他们党籍的申请。

关于马斯洛夫—鲁特·费舍事件的决定[①]

第六次世界代表大会在审议了马斯洛夫和鲁特·费舍1928年8月23日来信以后,决定如下:

1. 本届世界代表大会确认共产国际执行委员会和主席团全体会议以及德国共产党通过的关于马斯洛夫—鲁特·费舍的托洛茨基集团的一切决议。

2. 该集团的首领们进行的所有反革命分裂活动,使人无论如何不能相信他们的声明是真诚的,这些分裂活动表明,他们不愿也不能成为德国共产党队伍中的布尔什维克战士。

3. 因此,世界代表大会决定拒绝马斯洛夫—鲁特·费舍要求恢复党籍的申请并转入议程讨论。

4. 同时,世界代表大会赞同德国共产党中央委员会的声明,该声明表示,所有由于参加托洛茨基集团而被开除出党的工人,只要跟马斯洛夫、鲁特·费舍以及其他共产主义的叛徒决裂,并无条件地服从共产党和共产国际的一切决议,那么德国共产党的大门是向他们敞开着的。

[①] 在1928年9月1日第四十六次会议上通过。

关于苏桑·吉罗等人事件的决定[①]

因从事猖狂的反党活动和宗派活动而同那个发行《列宁主义统一》反对派机关报的小集团一起被开除出法国共产党的苏桑·吉罗，与他的一些政治伙伴们一起提出要求恢复党籍的申请。

鉴于苏桑·吉罗及其政治伙伴们坚持自己原来的反对派政纲，不承认自己的错误，不谴责反对派在国际范围内进行的宗派活动，特别是不承认本届代表大会所赞同的共产国际执行委员会第八次和第九次全会以及联共（布）第十五次代表大会所通过的决议的正确性，为此，第六次代表大会拒绝苏桑·吉罗及其同伙——《列宁主义统一》集团的成员要求恢复党籍的申请。

第六次世界代表大会还驳回坚持托洛茨基政纲的特兰集团和《阶级斗争》集团的申诉。

---

① 在1928年9月1日第四十六次会议上通过。

关于怀恩科普集团事件的决定[①]

共产国际第六次世界代表大会已知悉自称为"荷兰共产党中央委员会"的组织,即所谓怀恩科普集团的电报和来信。

这些文件"确认"对共产国际纲领和政策的"忠诚",文件作者要求世界代表大会"寻求一切方法和手段,以便在无条件地运用国际共产主义策略的基础上,使共产国际荷兰支部在荷兰重新建立。"

这些文件是企图欺骗荷兰工人的拙劣做法。怀恩科普集团没有任何权利把自己称为共产党:它与共产主义和共产国际毫无共同之处。

多年来,共产国际曾一再对该集团首领们的政策进行认真考察。这个政策一直充满了卑陋的机会主义倾向,甚至在殖民地和工会这样一些重大问题上也是如此。同时,怀恩科普集团的首领们一再违背国际的决议,终于由于多次公开违反纪律而自外于世界共产主义组织。从那时起,他们试图以自己的宗派主义组织来对抗共产国际荷兰支部。荷兰共产党完全不需要重建,它目前作为共产国际即第三国际的一个支部存在着。对于目前还站在我们队伍之外的荷兰革命工人来说,参加世界共产党斗争的道路只有一条,那就是参加共产国际荷兰支部,毫无保留地承认本国和国际的纪律,一心一意地执行党代表大会和共产国际的决议。怀恩科普集团的罪恶分裂活动,不仅给荷兰无产阶级的革命化带来巨大损害,而且也给我们英勇的印度尼西亚同志的革命运动造成重大损失,

---

① 在1928年9月1日第四十六次会议上通过。

因为后者在反对荷兰帝国主义的斗争中需要一个强大而团结的荷兰共产党的帮助。

因此，共产国际第六次世界代表大会号召所有还没有参加国际队伍的荷兰革命工人，参加到荷兰共产党——第三国际（共产国际）的支部中来。

告全世界工人、全体劳动农民、殖民地被压迫民族和资本主义国家陆海军士兵书①

同志们！兄弟们！

共产国际第六次代表大会，作为世界各国、各民族和各种族革命工人的代表，从正在建设的新世界的红色首都莫斯科向你们呼吁，并号召你们，各国的亿万民众，准备你们的一切力量来抗击**资本的腐朽势力**。

世界的主宰者——资本，强盗般地剥削劳动力，榨取他们的所有血汗，疯狂地摧残无产者的肢体，使他们成为资本主义技术的简单附属物，把科学的杰出发明用来为金元偶像服务，使用巧妙的新技术和新机器，开发越来越长的传送带，把千千万万无产者抛向街头，不给他们面包，只给他们沙石，世界的主宰者——资本，正在向反对工人的权利和自由进军，越来越降低他们的生活水平，举起白色恐怖的血剑，在世界和平的虚伪和无耻的谎言掩盖下埋设**又一次世界大战**的破坏性极强的地雷。

帝国主义又一次把刺刀提上日程，金融资本主义集团大国之间的竞争日益尖锐，它们对殖民地的袭击越来越强大，它们企图把无产阶级共和国联盟躯体周围的绞索拉得越来越紧。

美国，虽然在它的海口上矗立着自由雕像，但是它越来越把手伸向

---

① 在1928年9月1日第四十六次会议上通过。

别国和大陆，包括像**英国**这个主要竞争对手的古老王国。

美国资本依靠不久前用欧洲土地上的鲜血灌铸的金子拼凑起来的保险库，正在炸毁**墨西哥**的共和国，派遣讨伐队到**尼加拉瓜**，在**中国**的港口驻扎战舰，用信贷的金锁链拴住一系列欧洲和南美的国家，如果它们不愿服从它的旨意，那它就会说："呸！胆敢！"

在太平洋岸边，在中国的广袤领土上，它同**日本强盗帝国主义**发生冲突，无耻、贪婪和野蛮的日本帝国主义，已经武装占领了中国的一大部分领土，对不愿屈从它的野蛮血腥制度的中国人民的所有力量展开了歼灭战。千千万万的中国工人、农民、手工业者被抛向日本帝国主义的铁蹄之下，日本帝国主义一边镇压中国人民，一边又准备与美国这个竞争对手决一雌雄，并对苏联进行挑衅，以便为自己争得一点喘息时机。

这些突击行为是帝国主义国家**对无产阶级国家**整个仇视链条中的一环，不管有来自敌人阵营的疯狂叫嚣，也不管有尽管是徒劳但对社会主义工人专政进行威吓并使其屈膝投降的武器炫耀，这一环还在生长，并还在从各个方面建设着。

一系列大国，从强大的美国到欧洲大国体系中的残渣余片，奥地利想要实行金融经济封锁的企图，外交关系的破裂和组织反对苏联的外交和军事同盟，来自皮尔苏茨基元帅这位把所谓人民代表无耻地捧上娼妓殿堂的无耻丘八发出的挑衅，他的靴子碰击得越响，也就是对英法将军和部长们的鞭子舔得越卑劣无耻，波罗的海和罗马尼亚协约国军事司令部的露骨勾当，最后，日本帝国主义的无耻挑衅——所有这一切必须向全世界所有正直的工人，所有无产者，所有被压迫者敲响警钟，因为他们把苏联看做是自己真正的祖国，是用工人阶级子女的鲜血从地主、资本家、强盗和劳动人民的残暴敌人手中夺取来的祖国。

在中国进行罪恶的战争，轰炸中国的城市，占领中国的土地，掠夺中国人民的最后生存资源，灭绝中国人民的坚强子孙，准备互相进攻并组织力量进攻苏联，利用科学来为最残暴最血腥、最无人道的战争服务，这场战争将用毒气扼杀人类，使人类因各种人为的绝症而受苦受难，用中世纪的"猿猴案件"来反对19世纪最杰出的达尔文理论，颁布最残暴的法律来惩处所谓"有害的思想"，把萨柯、万泽蒂送上电椅，当时千百万人突然感到心脏停止跳动，并不由自主地发出对资本复仇和诅咒的呻吟，司令部里的那些"文明"强盗和刽子手，从事秘密外交的骗子们，银行和托拉斯的寡头们，与自己的科学和非科学的、宗教和世俗的奴仆们叫嚣布尔什维克的野蛮行径和自己的"爱好和平"。

人类历史上从未有过比帝国主义的"和平主义"思想更虚伪、更假意和更伪善、更恶心的思想，它的表面政治"职业"乃是最卑鄙、最野蛮、最反动和最残暴的**战争**方式。

"**国际联盟**"，这个凡尔赛的产物是最近几十年来最掠夺性的条约，它用制定裁军法案的手法来掩盖其成员国的真正战争勾当；苏联揭露了它的手法：伟大的爱好和平人士拒绝裁军，外交喜剧变成了鄙俗的闹剧。和平的假面具被撕破了，大家都看到了帝国主义的嘴脸。

不过，"国际联盟"首先是**反革命**的联盟，同时也是**反美**的组织，因此，金元共和国通过奴仆们的嘴把自己的"条约"提上了议事日程。拥有最优良机器设备、最大金元储备、最良好战争技术的美国资本的垄断地位必然会受到国际上的法律所承认。战争被宣布为"禁止的"。日本"不得"在中国"作战"：它只能"保护自己的利益"；美国不会用战争扼杀尼加拉瓜，它只是"维护秩序"；所有帝国主义国家不是为了战争而武装起来，它们只愿意为了"文明"而战。

帝国主义的政客们用和平主义条约的烟幕和和平主义空谈的软弱无力的蒙蔽手段来掩盖自己帝国主义的野心，采取各种办法来及时地压制工人阶级，阻挠殖民地的革命运动，削弱苏维埃共和国的后方。恐怖和舞弊，残酷剥削工人，收买工人的上层，竭尽全力反对广大的群众组织

(只要这些组织被认为是危险的),采取分裂和削弱工人队伍的政策,对共产党实行日益严厉的警察袭击——这就是当前时代的特征。在英国和美国,在法国和日本正在掀起镇压的浪潮,以配合在法西斯意大利和巴尔干各国空前未有的恐怖浪潮和在**中国的大规模屠杀**。资产阶级"文明"的斧子正高高举起,帝国主义刽子手们连眼都不眨地看着自己的牺牲品,尽管他们感觉到,在这些被害者的血泊中千千万万的复仇者正在成长起来。

正当世界战云弥漫、血流成河,资本主义的矛盾紧张到极点,无产阶级的阶级斗争日益激烈,殖民地千千万万奴隶们觉醒起来,一批又一批被压迫者的队伍备起保卫苏联这个解放运动堡垒的时候,**社会民主党、第二国际及其阿姆斯特丹分部的叛徒角色**又显得特别突出。

从无产阶级的阶级利益来看,现在比任何时候都需要充分意识到无产阶级的阶级独立性,无产阶级的利益和资本的利益在资本主义国家的不可调和性。需要无产阶级的反击来对付资本的卑鄙攻击,对付毫无人性的剥削、失业现象,对付破坏工人组织的政策以及法西斯恐怖。

正在这个时候,社会民主党祭司们恬不知耻地背叛阶级斗争的传统,无耻地践踏和蹂躏无产者的起码尊严,竟宣扬起阶级合作、"工业和平"和在托拉斯化资本铁蹄下的"经济民主"!经济上的"工业和平",政治上的"与资产阶级结盟"——这就是社会民主党的叛徒才略。

从无产阶级的阶级利益来看,现在特别需要揭露资产阶级的每一个军事步骤,指出战争的危险性,敲响警钟,而正在**这个时候**,社会民主党的政客们竟在制造战舰,倡导无耻的"军事条约",对军国主义卑躬屈节,积极地"完善"资本主义的军队。为帝国主义的国际联盟唱赞歌,诽谤社会主义苏维埃共和国联盟,轻信屠杀萨柯、万泽蒂的刽子手们的骗人文件,满口飞溅着和平主义的毒液,他们千方百计地为帝国主义的战争准备辩护，同时又谴责苏联的"帝国主义"。他们已经**提前**跪着投入帝国主义司令部这些 1914 年 8 月英雄们的怀抱！他们已经伸手以便为他们戴着军盔站在反对无产阶级革命战士的资产阶级队伍中而得到一点报酬。

从**无产阶级的阶级利益**来看，现在比任何时候都更需要**工业无产阶级与殖民地劳动群众**的团结一致。然而，社会民主党在这个问题上却站在压迫者一边，站在帝国主义者一边，站在帝国主义强盗国家及其仆从们一边。法国社会党人在法国政府以密集炮火扫荡里夫人村庄和叙利亚城镇的时候，却支持本国政府；麦克唐纳政府公然扼杀印度，而工党成员现在在印度充当着英国资产阶级直接代理人的角色。所有社会党在中国问题上实际上都支持本国政府，只是在极个别的情况下（在群众的压力下）跪着作出点羞羞答答的批评。社会党布鲁塞尔代表大会对国民党在其革命时期从未支持过，而在国民党成为帝国主义血腥走狗和镇压工人运动的无耻刽子手时却对它表示声援。布鲁塞尔代表大会通过了殖民地问题的无比可耻的决议，几乎是从压迫者的国际联盟的文件中一词一句地抄袭来的。

社会民主党就这样成了分裂工业国家工人和殖民地劳动群众的主力。

最后，从**无产阶级的阶级利益**来看，现在比任何时候都更需要**工人阶级本身的团结一致**。在与组织得极其强大的敌人的斗争中，在与巨人般的托拉斯的斗争中，在与维护金融寡头利益的资本国家政权的斗争中，工人队伍需要最大限度的团结一致。但恰恰在**现在**这个时候，社会民主党却听任帝国主义资产阶级的直接操纵，来分裂工人的队伍！社会民主党和改良主义工会的首领们宣扬与资产阶级、托拉斯及其国家的团结一致，赞美工业和平和同银行、交易所实业家们的同盟，并竭尽全力要把共产党人以及革命无产者从所有群众组织中排挤出去。他们正在分裂工会，肢解体育组织，拆散"思想自由"的工人队伍。他们越是坚决主张与**资产阶级的团结一致**，就越是疯狂地反对**无产阶级的团结一致**。

共产国际号召所有工人和所有劳动者最大限度保持自己队伍的团结，保持整个工人阶级的团结，保持工人阶级与劳动农民的团结，保持无产阶级与殖民地被压迫民族的团结，来反对压迫者，反对一切阶级敌人。

共产国际第六次代表大会通过了所有支部都必须遵循的国际纲领。在革命工人运动存在的时期里，工人阶级破天荒第一次掌握了一个纲领性文件，文件的各项条款对于世界各地和全世界各民族和各种族千千万万有组织的无产者来说就是**法律**。这不是向资产阶级摇尾乞怜、对资产阶级卑躬屈膝的文件。这不是虚伪地、卑鄙地和无耻地宣告与资产阶级团结一致的文件，因为这种团结一致无非意味着投入阶级敌人的营垒，意味着临阵脱逃和背叛变节。在**千千万万被压迫者反对压迫者的斗争中**，在无产阶级群众和劳动者，无论是白种人、黄种人还是黑种人，无论是在热带地区还是遥远的边疆地区，无论是在工厂和种植园，在矿山和铁路，还是在森林和沙漠，总之在进行**阶级斗争**的地方，这个文件都是一盏指路明灯。这是工人阶级团结一致并与资产阶级作殊死斗争的纲领。这是必然要实行的世界无产阶级专政的纲领。

共产国际号召所有劳动者在阶级斗争、无产阶级革命、工人阶级专政和旗帜下团结起来。资本主义世界花极大的力气，靠巨大的剥削机器，压榨工人的骨髓，在奴隶主鞭棒的呼哨声中，刚从第一次帝国主义战争积累起来的一堆残骸中爬将出来，但它又开始在其自身矛盾的重压下呼呼喘息。历史的劫运又以巨大的自发力量把它拖入巨大灾难的旋涡，它的不祥喘息将遍及全世界。帝国主义集团既害怕自己的历史命运，又充当着历史命运的工具；既不敢发出战争的叫嚣，同时又竭力想挣脱枷锁,跳起自己血腥的舞蹈;既欺骗所有人并嘟囔着和平主义的口号,又触摸着速射火炮的扳机,——它们又要把世界带到必然结局的边缘。

共产国际号召所有劳动者起来进行反击。现在正需要日复一日地不断组建战士的队伍,团结群众,派工人阶级的忠实信使到陆海军去,到士兵和水兵那里去,时刻准备着回击帝国主义者唆使无产者互相残杀的无耻挑衅,在自己的中心地带掉转大炮和武器的枪口给帝国主义者以迎头痛击,这是帝国主义战争时期最好的目标。

帝国主义的骗子们以自己浑浊的眼睛来观察以往的历史,不能稍稍掀起未来的帷幕,总以欧洲平安的幻想来安慰自己,这种幻想乃是从大洋彼岸的美国吸血鬼那里获得的时刻提神的长命水。但是,忍受着资本主义合理化一切好处和"工业和平"的一切屈辱的无产者则清醒地分辨出资本主义矛盾的巨大积累和阶级斗争的随处生长。英国的罢工,维也纳的暴动,德国的罢工,法国和德国大选的结果,德国工人对社会民主党这艘"装甲舰"背叛行为的反应,中国工农的顽强抵抗,印度革命大山的不断喷发(那里已升起一股烟雾信号),南美洲越来越多地出现的不满情绪,黑人的日益觉醒以及成千上万的其他征兆——这难道不说明,历史的鼹鼠,正在地里**欢蹦乱跳**吗?

共产国际号召所有劳动者,首先是产业工人,为争取每一寸已获得的阵地,反对资本的进攻,反对无情的剥削,反对对无产阶级的奴役,反对帝国主义的政策,反对战争而斗争。共产国际号召所有劳动者和被压迫者毫无保留地保卫中国革命,因为中国革命的英雄们和受难者的头颅正在被刽子手们的斧头砍下。

共产国际号召一切正直的无产者铜墙铁壁般地团结在苏联周围,因为帝国主义正在向苏联挥舞利剑。共产国际号召极大地提高警惕,并同和平主义的谎言鬼话作坚决斗争。共产国际号召与资产阶级彻底决裂,号召所有工人队伍团结一致，同无产阶级的敌人作毫不留情的斗争。

反对社会民主党与资产阶级的团结一致，争取无产者的阶级团结一致！

反对社会帝国主义，争取对殖民地弟兄们的大无畏支持！

反对和平主义谎言，同帝国主义战争进行无私斗争！

反对改良主义和法西斯主义，争取无产阶级革命！

苏联的无产阶级专政万岁！

世界无产阶级革命万岁！

共产国际第六次代表大会
莫斯科，1928年9月1日

告苏联工人、农民、红军和红海军士兵书[①]

同志们！

共产国际第六次世界代表大会谨以在共产国际旗帜下战斗的千百万革命工人和农民的名义向强大而无畏的世界革命先锋队——苏联的工人阶级、全体劳动农民、红军和红海军士兵致以兄弟般的敬礼！

十多年来，你们孜孜不倦地保卫着和加强着你们国家的无产阶级政权。

在无产阶级革命最初几年的英勇战斗中，你们反击并击溃了妄图以自己的铁索绞杀无往不胜的无产阶级专政的白卫雇佣军匪帮和国际资本的军队，那时你们同妄图破坏和消灭苏维埃政权的国内反革命分子进行了毫不留情的战斗，而现在，你们则以同样的顽强毅力，同样的激情和革命信念投入到社会主义建设的伟大事业中来。

无论是沙皇制度和资产阶级给苏联无产阶级遗留下来的经济崩溃的巨大创伤，也无论是整个资本主义世界对无产阶级革命社会主义创造事业的极端仇视和积极抵抗，都不能阻挡无产阶级革命的进一步胜利发展。

你们恢复和巩固了社会主义的工业，你们开展了国家工业化的巨大工作，同时也改造了整个经济，越来越多地排挤了私人资本主义分子。

[①] 在1928年7月17日第一次会议上通过。

你们在农业集体化事业上实现改造整个农民经济这个具体任务方面做了巨大的工作。

这样一来,你们通过自己的努力,不顾同白卫反革命有联系的部分专家的消极怠工,不顾官僚主义的遗毒,一次又一次地动员自己的力量同这些现象进行斗争,并在社会主义建设事业上取得了巨大成绩。

你们取得的成绩是全世界无产阶级和劳动者的光辉榜样,是你们正在创建的制度巨大优越性的明证。全世界工人把自己的生活与苏联劳动者的生活相比较,可以看到,其中的差别一年比一年扩大。

在那里,资本主义合理化越来越加强对劳动者的剥削,使他们的物质条件越来越恶化,却给剥削者们带来惊人的利润。而在苏联则相反,整个技术发展都导致工人阶级地位的改善。

在那里,实行十到十二小时工作日,而在实行八小时工作日的地方,则试图把它废除并延长工作日,而**在苏联**,无产阶级政权则着手在实行七小时工作日。

在那里,越来越加强对少数民族和殖民地各族人民的迫害和肆虐。在苏联,曾经受沙皇制度压迫而现在自愿加入苏联的各民族,则在得到帮助和合作的条件下自由地发展。

你们经济实力的增长,无产阶级专政地位的加强,你们的事业得到其他国家无产阶级和劳动者的支持,使得资本主义世界的仇恨和疯狂倍加增长。

因此,国际反动派正在准备力量武装进攻苏联。

所有帝国主义和资本主义势力正日益联合起来,在无产阶级专政国家周围形成一个魔圈。

外交家和将军们正在制造阴谋,组织武装匪徒并加强对苏联进行挑衅。所有国家的社会民主党则竭力追随自己帝国主义的主子污蔑苏联。

同志们!

面对日益加强的对苏联的战争威胁，共产国际号召竭力动员无产阶级力量起来保卫苏联，保卫这个有劳动者的祖国，他们同世界资本主义斗争的堡垒，而一旦帝国主义强盗们试图实行自己的罪恶阴谋，世界各国千千万万的无产者和劳动者就站在我们一边来保卫无产阶级革命。在帝国主义的后方，你们将会有数以百万的同盟者，你们的同志和兄弟将起来保卫苏联，以不知疲倦的毅力和巨大的忘我精神同资本主义作殊死斗争。

在你们资本主义敌人的大工厂里，在运输线上，在军舰和部队里，千千万万的无产者和农民将会起来保卫苏联的红旗，国际无产阶级的红旗。我们则将进行保卫自己社会主义祖国的斗争。我们将会为了世界革命的胜利把反对苏联的罪恶战争变为反对自己剥削者的战争而斗争。

无产阶级专政万岁！

苏联工农的胜利万岁！

保卫世界无产阶级革命堡垒的红军和红海军士兵们万岁！

全世界工人、农民和被压迫民族与苏联的团结万岁！

世界无产阶级革命万岁！

告中国工人和劳动者书[①]

共产国际第六次代表大会谨向大革命的先进队伍——中国的无产阶级以及千千万万同帝国主义和地主资产阶级反动派进行坚决斗争的劳动者致以热烈的敬礼！

中国的工人和农民们！各国无产阶级痛苦地分担着你们惨重牺牲的苦难，同时也高兴地分享着你们胜利的喜悦。推翻在中国的帝国主义，冲破世界帝国主义在重要地区的阵线，是要求付出牺牲和具备顽强毅力的，而中国的劳动者以自己的无畏精神和对革命事业的忠诚，以及英勇的视死如归精神使全世界为之震惊。

成千上万的工人和农民在同武装到牙齿的帝国主义的斗争中，在国民党无耻刽子手的屠刀下倒下了。但是革命还在继续，革命队伍还在壮大。战斗中牺牲的人们永垂不朽！光荣归于那些继承他们高举革命斗争红旗前进的人们。

中国的工人们！领导反对全世界资产阶级敌人的斗争，要求具有高度的阶级觉悟，准确地估计革命的动力和革命道路上遇到的巨大障碍，在斗争的每个阶段上正确选择方式方法。中国革命的胜利只有贯彻经过斗争检验的马克思列宁主义路线才能取得。为了发动土地革命，为了领导千千万万分散的农民群众而不融化在他们中间，为了警惕地注意动摇的、不可靠的小资产阶级同路人，当他们一有投降的苗头就把他们清除

---

① 根据日本、英国和美国代表团的建议在第一次会议上通过。

出去,中国的工人必须把自己组织成一个意识到自己历史使命的阶级,组织成一个群众性的共产主义政党。

年轻的中国无产阶级及其共产党已经从饱受帝国主义者剥削和屈辱的涣散的群众变成为具有头等重要意义的国际革命因素。

代表大会声明,它为拥有自己的中国部队而感到骄傲,为共产党的空前未有的发展和成长,为共产党走在先进战士行列中所表现出来的英雄精神,为共产党在揭露和纠正自己队伍中的错误所表现出来的无畏精神而感到骄傲。

革命中国警钟的回声响彻了任何一个被压迫的国家。上海和汉口、海陆丰和广州的例子不仅召唤人们去斗争,也教育人们为何取得胜利。中国革命斗争的经验已经成为东方各国劳动者的共同财富。**印度**无产阶级不仅估计到1922年本国资产阶级可耻投降的教训,而且也估计到形形色色国民党叛卖行为的教训而走上新的革命斗争的道路。**印度尼西亚**劳动群众被淹没在血泊中的起义正根据中国的范例在积聚新的力量并武装自己的战士。

在各地——在**朝鲜、埃及**等国,农民群众通过中国革命的例子看到,要从土地占有者和地主手中夺取土地,只有同无产阶级结成紧密联盟并在它的领导下才有可能。在殖民地和半殖民地,无产阶级把民族革命斗争有意识地分成阶段,广州英雄们旗帜上闪耀的口号是最终目的。帝国主义者的国际侦探们正在到处搜捕中国的革命工人;妄图用腐朽的改良主义来毒化民族解放斗争的第二国际,最害怕的就是中国革命者的揭露。**上海、广州、汉口的工人乃是东方被压迫各国反对帝国主义革命斗争胜利的体现者。**

亲爱的同志们!国际无产阶级十分清楚,你们的斗争破坏着资本主义制度的基础,你们是无产阶级革命的突击队。日益困难的伟大而艰巨的任务摆在你们面前,这就是:在帝国主义大炮和中国政府疯狂恐怖的交叉火力下，你们要重组自己的队伍，动员新的力量，吸收新的阶层，来准备向还掌握在敌人手中的阵地发起攻击。资本主义国家的革命无产阶级意识到自己的历史责任，准备作出一切牺牲，向你们在这场斗争中给予革命的支援。

共产国际认为有必要声明，迄今为止，资产主义国家的无产阶级，尽管它的个别一些代表表现出英勇精神，但没有给予中国工农革命以足够强大的保护。第六次代表大会认为自己的主要任务之一就是，组织国际无产阶级力量来支持民族革命斗争，加速中国革命的胜利。

广州起义在劳动者看来是中国工人极其伟大的英勇精神的典范。让在坚持和坚决实行列宁主义原则基础上组织起来的广大工农群众的未来起义，在国际无产阶级的支持下，成为中国胜利的十月革命吧。

独立和团结的中华苏维埃共和国万岁！

被压迫民族的胜利起义万岁！

世界无产阶级革命万岁！

就开展声援中国无产阶级的双周运动
告全世界工人农民书[①]

共产国际第六次代表大会向所有工人、农民和所有同情中国无产阶级民族解放和社会解放的人们呼吁，竭尽一切力量支持由工会国际开展的从7月13日到31日声援中国工人运动的国际双周运动。

---

① 在1928年7月17日第一次会议上通过。

反对法西斯主义①

告各国共产党和全世界劳动者书

意大利工人阶级经受法西斯制度的苦难已经六年了。法西斯主义受日益深重的经济危机和社会危机的钳制,越来越拧紧压迫的机器。它正在摧毁千百万工农在 50 年经济斗争和政治斗争中取得的所有成果。代之而起的是,资产阶级创建了无限剥削的制度。阶级组织被行会团体所取代,那里强迫赶走工人和劳动者,成为对广大群众进行法西斯监督的工具,由于这些行会团体的存在,工厂和田间的生活到处都具有劳役般强制工作的性质。

但是,这种残酷压迫和迫害的制度,一刻也不能阻挡在共产党领导下进行斗争的工人阶级的抵抗。被抛到海岛并投入监狱的 6 万革命工人证明,他们在不断进行斗争,表现出无比的英勇精神和无产阶级先锋队对法西斯制度的英勇抵抗。法西斯资产阶级感觉到共产党的斗争对它来说是直接的威胁,就疯狂地迫害落到它手里的牺牲品,并加以严刑拷打,卑鄙无耻地在狱中杀害他们;索齐、里瓦以及其他许多无产阶级英雄们的惨死唤起了全世界劳动者的极大愤怒;法西斯刽子手们的迫害制度威胁着成千上万战士们的生命。

共产国际第六次代表大会谨向意大利无产阶级及其共产党表示赞赏和深切同情。代表大会热烈号召全面地和不懈地动员无产阶级力量起来

---

① 在 1928 年 7 月 17 日第一次会议上通过。

同墨索里尼的制度进行斗争，有必要在全世界革命群众中向它展开抗议浪潮。法西斯制度正在疯狂地备战。

三分之二的意大利工业在为战争而工作。法西斯意大利是一座巨大的监狱和为帝国主义服务的巨大兵工厂。

同志们！

与意大利法西斯的斗争是国际无产阶级的神圣义务。动员自己的力量起来反对法西斯和世界反动派的罪恶阴谋。唤起无产阶级群众起来支援意大利法西斯的牺牲者。

打倒血腥的法西斯专制制度！

打倒特别法庭！

打倒屠杀意大利工农的刽子手！

意大利共产党万岁！

在同法西斯斗争中的国际团结万岁！

世界帝国主义战争爆发 14 周年①

告各国工农、全世界被压迫民族、各国共产党书

1914—1918 年世界大战爆发至今已经 14 年了。帝国主义者及其走狗们一再地告诉你们,这是世界上最后一次战争。千千万万工人和农民怀着惊恐和厌恶的心情设想又一次残酷大屠杀可能会发生,但也准备相信这些谎言。

但是环顾四周,看一看 1928 年 8 月 4 日在资本主义世界发生了什么。事态本身表明,资本家及其"社会党"和"和平主义"走卒们在撒谎和骗人。他们一面空谈和平,并用和平主义幻想拥护裁军,一面又疯狂地在准备战争。

多少年来,帝国主义者一直在对中国革命进行公开的武装干涉。成千上万的工人农民,在帝国主义者监管中国市场的名义下牺牲了,并且还将牺牲,对中国的干涉还从来没有像今天这样具有如此巨大的规模,对世界和平如此公然的威胁。今天这种干涉已经变成了武装占领和瓜分中国的方式。

现在,每个有觉悟的工人都清楚地看到,通过武装苏联周边国家,通过军事和外交协议以及不断的反苏宣传,来疯狂地进行反对苏联的战争准备。与此同时,各国帝国主义者还在改组和加强自己的军队,花费千千万万经费来制造军舰、飞机、毒气、海军船坞和空军基地,他们为夺取销售市场和原料市场的角逐和斗争必然会引起新的巨大的军事

---

① 在 1928 年 8 月 2 日第十九次会议上通过。

冲突。

他们比在帝国主义大战前的年代里更加卖力地通过精心编造的"和平"宣传来掩饰今天有计划的战争准备。国际联盟庇护下的"裁军"会议，凯洛格提议的宣布战争为"非法"的和平公约，形形色色的和平主义宣传——这就是帝国主义使出的各种招数。

这些手法的共同目的只有一个，就是要使工人农民相信，在资本主义制度的框架内，可以有一种消除战争的方法。帝国主义者们想要对工人农民隐瞒一个"危险"真理：制止战争的唯一出路就是推翻资本主义制度，建立无产阶级专政。他们则不然，试图用各种幻想来转移工农群众的注意力，以便像在1914年发生的那样使他们又一次措手不及，把他们拖入"保卫"祖国的战争，同时进行沙文主义和战争的毒化宣传。

共产国际呼吁所有工人和农民要意识到，"社会党人"和"和平主义者"在切实帮助帝国主义者宣扬这些幻想，他们只不过是资本家们的自觉代理人。

共产国际在自己的旗帜上写着："打倒帝国主义战争！""采取各种手段为反对帝国主义战争而斗争！""坚决起来保卫苏联，反对帝国主义者！"——共产国际号召所有工人、革命农民和被压迫民族在1928年8月4日这一天起来支持这些口号，高举反对帝国主义战争的旗帜，同正在准备战争的帝国主义者以及积极帮助帝国主义者进行战备的"社会主义"和"和平主义"的伪君子和骗子们进行斗争。这场斗争必须毫不拖延地展开。同时与失败后又重新积聚力量准备新高潮的英勇的中国无产阶级和农民一起，筑起全世界无产阶级反对战争威胁和武装干涉的铁的长城。

世界上第一个社会主义国家苏联所面临的战争威胁必须使全世界有觉悟的工人农民立即采取最坚决的措施来竭力保卫苏联。

只有通过两条战线的有力斗争,工人阶级才有可能做好准备并给予新的帝国主义战争以反击,由于资本主义大国之间的相互矛盾越来越深以及它们对苏联的共同仇视,这场战争越来越变得不可避免。

只有通过所有共产党人和革命者、所有工人农民顽强而坚决地对本国剥削者进行日常斗争,城乡劳动者才能在思想上和组织上做好准备把未来的帝国主义战争变成国内战争,变成所有被压迫者反对帝国主义资产阶级的战争,也就是说走上永远制止战争的唯一可能的道路。

在1928年8月4日这一天,在第一次世界大战产生了第一次社会主义革命的14年后,共产国际号召各国工人农民做好准备,把新的未来的世界大战变成**世界社会主义革命**。

打倒世界帝国主义!

中国革命万岁!

第一个社会主义共和国万岁!

社会革命万岁!

反对波兰帝国主义者侵占立陶宛①

告各国劳动者、国际无产阶级书

同志们！立陶宛劳动群众面临着被波兰占领的威胁。来自四面八方的消息说，皮尔苏茨基及其法西斯政府正准备向科夫诺推进。得到列强各国公开或暗地的同意以及帝国主义英国积极援助的皮尔苏茨基元帅正打算采取行动，派自己的部队去占领。他在维尔诺集结自己的禁卫军，举行隆重的阅兵式，以便在需要的时候派他们去反对立陶宛的工人农民。每时每刻都可能发生暴力变革。立陶宛资产阶级显然决定在最近实现自己帝国主义的美梦。皮尔苏茨基深信，立陶宛人民所仇恨的沃尔德马拉斯法西斯政府不会认真抵抗并会屈膝投降。皮尔苏茨基希望这个政府在武装进攻时宣布自己战败并转而为帝国主义波兰效劳。

白卫波兰在其罪恶的阴谋中得到了第二国际的帮助以及波兰和立陶宛社会民主党人的积极协助。第二国际支持皮尔苏茨基对立陶宛的强盗计划，看到在这里有可能对苏联进行武装干涉的战争。正在准备的对科夫诺的进攻不仅可以扼杀立陶宛的独立，同时也是对苏联，对国际无产阶级的唯一祖国，对社会主义堡垒的军事进攻。

全世界的无产者们！波兰帝国主义者对立陶宛的侵占意味着对苏联进攻的严重的军事挑衅和建立统一的军事阵线。立陶宛必然成为皮尔苏茨基军队的战略桥头堡。波兰帝国主义掌控的立陶宛必然会得到出海

---

① 在1928年8月9日第二十五次会议上通过。

口,成为波兰帝国主义者的军事据点和武装基地,成为他们实行未来占领计划的一个阶段。如果立陶宛陷落,那么将提出拉脱维亚和但泽的问题。为了剥削者和压迫者的利益,为了白卫恐怖英雄们的利益,波兰军队将推向前进,以便扩大波兰资本家们的市场,用武力把立陶宛农民的土地归还给立陶宛地主。

立陶宛面临着与波兰帝国主义压迫和桎梏下的西白俄罗斯和西乌克兰同样的命运。

各国的工人农民们!我们号召你们对战争的教唆者,对妄图燃起又一次世界大战之火的强盗计划实行广泛的进攻。只有各国劳动者的最坚决和有组织的广泛反击,才能制止波兰帝国主义的罪恶阴谋,阻止对立陶宛独立的侵犯。就让抗议、示威游行、工厂集会、普遍发动和抗议罢工的浪潮在全世界掀起吧!让你们愤怒的吼声向背后支持皮尔苏茨基的伦敦和巴黎的资产阶级部长们,向柏林和整个中欧的政府表明准备在无产阶级阶级斗争旗帜下奋起反对未来战争的广大群众的意志。

波兰、英国、法国和德国的工人们!

许多事情都有赖于你们的警惕性,有赖于你们的战斗准备,有赖于你们的坚决行动。你们的国际团结的义务绝对要求你们竭尽一切力量反击对立陶宛的进攻,竭尽一切努力支持立陶宛的工人农民反对波兰资本家和地主的占领计划。你们的防务行动不仅要针对卖身求荣的皮尔苏茨基匪帮,而且要针对武装占领的组织者,针对帝国主义列强各国的政府,针对你们本国的敌人。

立陶宛的劳动者们,不要忘记,保卫你们国家的独立不受波兰帝国主义者的侵犯有赖于你们,而且只有赖于你们,沃尔德马拉斯政府是实行法西斯恐怖的政府,它不会去保卫你们的自由。沃尔德马拉斯政府,由于仇视无产阶级革命,宁愿把立陶宛出卖给敌对的帝国主义,也不愿号召人民大众起来斗争。只有你们在国际无产阶级友好和兄弟般的支持下，在共产党的领导下，才能击退波兰法西斯主义者的进攻。只有你们与波兰劳动者一起对波兰和立陶宛的法西斯进行斗争，你们才能捍卫立陶宛的独立，争取自身的解放。不要忘记，你们必须同时进行斗争，既反对皮尔苏茨基刽子手，又反对沃尔德马拉斯刽子手，既反对波兰的法西斯主义，又反对立陶宛的法西斯主义。

一切为了保卫立陶宛的独立免受波兰帝国主义者的侵犯！

打倒国际战争挑拨者及其走狗！

打倒皮尔苏茨基和沃尔德马拉斯法西斯政府！

波兰和立陶宛的工农政府万岁！

世界无产阶级革命万岁！

共产国际执行委员会和国际监察委员会新成员名单

共产国际执行委员会委员

1. 阿梅里科·莱多（巴西）
2. 巴尔贝（法国）
3. 贝尔（英国）
4. 布伦克勒（青年共产国际）
5. 博什科维奇（南斯拉夫）
6. 布哈林（苏联）
7. 维泽尔（瑞士）
8. 吉奥尔迪（阿根廷）
9. 戈麦斯（乌拉圭）
10. 哥特瓦尔德（捷克斯洛伐克）
11. 登格尔（德国）
12. 雅克莫特（比利时）
13. 伊列克（捷克斯洛伐克）
14. 卡里略（墨西哥）
15. 加藤（日本）

16. 片山潜（个人）

17. 坎贝尔（英国）

18. 柯拉罗夫（保加利亚）

19. 库恩·贝拉（匈牙利）

20. 库西宁（个人）

21. 科普勒尼希（奥地利）

22. 连斯基（波兰）

23. 李光（中国）

24. 洛夫斯通（美国）

25. 洛佐夫斯基（苏联）

26. 曼纳（芬兰）

27. 曼努伊尔斯基（苏联）

28. 米茨凯维奇（拉脱维亚、立陶宛、爱沙尼亚）

29. 莫洛托夫（苏联）

30. 穆索（印尼）

31. 皮克（德国）

32. 波佩斯库（罗马尼亚）

33. 普鲁赫尼亚克（波兰）

34. 皮亚特尼茨基（苏联）

35. 雷梅尔（德国）

36. 雷斯特（青年共产国际）

37. 李可夫（苏联）

38. 萨穆埃尔森（瑞典）

39. 塞马尔（法国）

40. 塞拉（意大利）

41. 西夫尼奥斯（希腊）

42. 斯佩克特（加拿大）

43. 斯克雷普尼克（乌克兰）

44. 斯大林（苏联）

45. 台尔曼（德国）

46. 多列士（法国）

47. 费尔迪（土耳其）

48. 费尔明·阿拉亚（智利）

49. 福斯特（美国）

50. 菲吕博滕（挪威）

51. 希塔罗夫（青年共产国际）

52. 向①（中国）

53. 克拉拉·蔡特金（个人）

54. 屈维它（中国）

55. 查特吉（印度）

56. 基尔布姆（瑞典）

57. 什麦拉尔（捷克斯洛伐克）

58. 埃尔科利（意大利）

59. 安贝尔－德罗（个人）

共产国际执行委员会候补委员

1. 浅野②（日本）

---

① 即向忠发。——编者注
② 即渡边政之辅。——译者注

2. 比茹（青年共产国际）
3. 博什尼奇（南斯拉夫）
4. 瓦尔加（个人）
5. 维尔奇克（捷克斯洛伐克）
6. 德菲瑟（荷兰）
7. 汉森（挪威）
8. 加兰迪（意大利）
9. 黑克尔特（德国）
10. 吉特洛（美国）
11. 霍普纳尔（苏联）
12. 关里[①]（青年共产国际）
13. 古谢夫（苏联）
14. 休斯伍德（美国）
15. 达索诺（印尼）
16. 季米特洛夫（保加利亚）
17. 多里奥（法国）
18. 扎波托茨基（捷克斯洛伐克）
19. 卡瓦纳（澳大利亚）
20. 洛维茨基（波兰）
21. 洛佩斯（古巴）
22. 马洛加（南非）
23. 蒙穆索（法国）
24. 莫伊洛娃（苏联）
25. 瑙罗吉（印度）

---

① 音译，不详。——编者注

26. 帕斯卡尔（西班牙）

27. 波立特（英国）

28. 普尔曼（波兰）

29. 雷曼（捷克斯洛伐克）

30. 里亚斯科·胡利奥（哥伦比亚和厄瓜多尔）

31. 西伦（瑞典）

32. 索科利克（波兰）

33. 特格森（丹麦）

34. 图尔尼（意大利）

35. 乌布利希（德国）

36. 弗拉商（法国）

37. 霍纳（英国）

38. 张彪（中国）

39. 陈宽（中国）

40. 舒基（埃及、巴勒斯坦和叙利亚）

41. 施内勒尔（德国）

42. 埃韦特（德国）

43. 雅罗斯拉夫斯基（苏联）

国际监察委员会委员

1. 安韦尔特（爱沙尼亚）

2. 安加雷蒂斯（立陶宛）

3. 温斯通（美国）

4. 魏斯（捷克斯洛伐克）

5. 戈尔基奇（青年共产国际）

6. 伊斯克罗夫（保加利亚）
7. 加香（法国）
8. 科多维拉（阿根廷）
9. 费·科恩（苏联）
10. 马吉（意大利）
11. 墨菲（英国）
12. 蒙多克（捷克斯洛伐克）
13. 西罗拉（芬兰）
14. 索尔茨（苏联）
15. 斯特凡内斯库（罗马尼亚）
16. 斯图契卡（拉脱维亚）
17. 修元[①]（中国）
18. 弗利格（德国）
19. 陈成[②]（中国）
20. 沙尔基（波斯）
21. 埃贝莱因（德国）
22. 茨哈卡雅（苏联）

---

① 音译，不详。——编者注
② 音译，不详。——编者注

附　录

资格审查委员会报告

各国代表团的社会成分

法国、德国、捷克斯洛伐克、意大利、南斯拉夫、比利时和瑞士等七国代表团提供了关于社会成分的准确资料。这些代表团的社会成分如下:

一、法国代表团

(包括殖民地代表在内的有表决权的代表31人,有发言权的代表6人)

	以前的职业种类						现在的职业种类					
	有表决权者		有发言权者		总计		有表决权者		有发言权者		总计	
	人数	%	人数	%	人数	%	人数	%	人数	%	人数	%
工人	20	80	5	83	25	67	6	19	2	33.33	8	21
职员	5	8.4	—	—	5	13.4	—	—	—	—	—	—
自由职业者和知识分子	5	8.4	1	17	6	17	—	—	—	—	—	—
官吏	1	3.2	—	—	1	2.6	—	—	—	—	—	—
不详	—	—	—	—	—	—	—	—	2	33.33	2	5.2
党的工作人员	—	—	—	—	—	—	25	81	2	33.33	27	73.8

二、捷克代表团

（有表决权的代表 25 人，有发言权的代表 9 人，共 34 人）

	以前的职业种类						现在的职业种类					
	有表决权者		有发言权者		总计		有表决权者		有发言权者		总计	
	人数	%	人数	%	人数	%	人数	%	人数	%	人数	%
工人	12	48	6	66.66	18	52	3	12	2	22.22	5	14.7
职员	3	12	2	22.2	5	14.5	—	—	—	—	—	—
官吏	3	12	1	11.12	4	11.6	—	—	—	—	—	—
自由职业者	4	16	—	—	4	11.6	—	—	—	—	—	—
知识分子	2	8	—	—	2	6	—	—	2	33.33	2	5.2
农民	1	4	—	—	1	3	1	4			1	3
党的工作人员	—	—	—	—	—	—	21	84	7	77.78	28	82.3

三、意大利代表团

（有表决权的代表 17 人）

	社会出身		现在的职业	
	（全是有表决权者）			
	人数	%	人数	%
工人	10	58.82	5	29.41

	社会出身		现在的职业	
	(全是有表决权者)			
	人数	%	人数	%
小资产者	6	35.28	—	—
农业工人	1	5.9	—	—
党的工作人员	—	—	12	70.59

四、德国代表团

(有表决权的代表25人,有发言权的代表6人)

	以前的职业种类						现在的职业种类					
	有表决权者		有发言权者		总计		有表决权者		有发言权者		总计	
	人数	%	人数	%	人数	%	人数	%	人数	%	人数	%
工人	21	84	3	50	24	90.3	8	32	1	16.66	9	29
农业工人	1	4	—	—	1	3.2	—	—	—	—	—	—
职员	1	4	1	16.66	2	6.4	—	—	—	—	—	—
知识分子	2	8	2	33.34	4	12.8	—	—	2	33.33	2	5.2
失业者	—	—	—	—	—	—	—	—	1	16.66	1	3
党的工作人员	—	—	—	—	—	—	17	68	4	66.68	21	72.8

五、南斯拉夫代表团

（有表决权的代表 4 人）

	以前的职业种类						现在的职业种类					
	有表决权者		有发言权者		总计		有表决权者		有发言权者		总计	
	人数	%	人数	%	人数	%	人数	%	人数	%	人数	%
工人	3	75	—	—	3	75	—	—	—	—	—	—
职员	1	25	—	—	1	25	1	25	—	—	1	25
其他	—	—	—	—	—	—	1	4	—	—	1	3
党的工作人员	—	—	—	—	—	—	1	75	—	—	3	75

六、比利时代表团

（有表决权的代表 4 人，有发言权的代表 1 人）

	以前的职业种类						现在的职业种类					
	有表决权者		有发言权者		总计		有表决权者		有发言权者		总计	
	人数	%	人数	%	人数	%	人数	%	人数	%	人数	%
工人	3	75	—	—	3	60	3	75	—	—	3	60
职员	1	25	1	100	2	40	—	—	—	—	—	—
党的工作人员	—	—	—	—	—	—	1	25	1	100	2	40

七、瑞士代表团

（有表决权的代表 3 人）

	社会出身		现在的职业	
	(全是有表决权者)			
	人数	%	人数	%
工人	1	33.33	1	33.33
职员	1	33.33	—	—
手工业者	1	33.33	1	33.33
党的工作人员	—	—	1	33.33

在资格审查委员会报告之后到达的有表决权的代表

乌克兰 ………… 1（米科洛斯）

格鲁吉亚 ………… 1（卡希阿尼）

阿尔及利亚 ………… 1（莫里斯）

突尼斯 ………… 1（阿麦迪）

荷兰 ………… 1（拉克斐）

叙利亚 ………… 1（萨迪克）

波兰 ………… 1

匈牙利 ………… 1（库恩·贝拉）

澳大利亚 ………… 1（格林）

———

9

有表决权的代表 381 人（根据资格审查委员会的报告为 372 人）。

有发言权的代表150人（根据资格审查委员会的报告为143人，作报告之后到达者7人）。

有表决权的代表和有发言权的代表共532人（根据报告为515人）。具有有表决权代表的党53个（根据报告为52个，澳大利亚党是后到的）。具有有发言权代表的党5个。总共有58个党。

共产国际第六次世界代表大会参加者名单

国别	有表决权者	有发言权者
1. 澳大利亚	1. 格林	
2. 奥地利	1. 舍恩菲尔德 2. 贝内迪克特 3. 克舍 4. 科普勒尼希	
3. 阿塞拜疆	1. 阿加维尔季耶夫 2. 萨法罗夫 3. 努斯拉特	
4. 阿尔及利亚	1. 萨斯特尔 2. 塞顿 3. 莫里斯	
5. 美国	1. 比特尔曼 2. 坎农 3. 多恩,威廉 4. 恩格达尔 5. 福斯特 6. 戈麦斯 7. 约翰斯顿 8. 纳特森 9. 洛夫斯通 10. 佩珀	1. 约翰斯 2. 福特 3. 爱泼斯坦 4. 勃罗茨基 5. 伊登斯·梅里

国别	有表决权者	有发言权者
	11. 霍维尔 12. 齐斯金德 13. 温斯通 14. 泽姆 15. 波因茨 16. 塔兰特尔 17. 图希 18. 卡尔顿 19. 威克斯 20. 华莱士	
6. 英国	1. 阿诺特 2. 贝尔 3. 贝内特 4. 墨菲 5. 罗思坦，安德鲁 6. 洛伯 7. 亨宁通 8. 波立特，玛乔丽 9. 考克斯 10. 普里斯特利 11. 弗格森 12. 塞尔扣克 13. 梅松 14. 克里根 15. 拉姆利 16. 尼尔 17. 科根 18. 布罗恩 19. 斯图尔特	1. 约翰斯 2. 加迪

附 录

国别	有表决权者	有发言权者
7. 阿根廷	1. 奥诺弗里奥 2. 佩卢福 3. 里卡迪 4. 拉维托	
8. 亚美尼亚	1. 科斯塔尼扬	
9. 白俄罗斯	1. 克诺林 2. 戈洛杰德 3. 切尔维亚科夫 4. 皮拉尔	1. 伊格纳托夫斯基
10. 比利时	1. 卡农 2. 布尔 3. 米纳尔 4. 迪若	
11. 保加利亚	1. 沙伊塔诺夫 2. 阿谢诺夫 3. 拉扎罗夫 4. 柯拉罗夫 5. 季米特洛夫 6. 斯特凡诺夫	1. 佐涅夫
12. 巴西	1. 拉塞尔达 2. 冈萨雷斯	
13. 德国	1. 布拉克森塔列尔 2. 布伦克勒 3. 黑克尔特 4. 格鲁贝 5. 登格尔 6. 德特尔	1. 迪特里希 2. 克雷夫特 3. 诺伊曼 4. 尼施维茨 5. 弗利格 6. 乌布利希

国别	有表决权者	有发言权者
	7. 西格尔 8. 弥勒 9. 伯恩哈德 10. 奥皮茨 11. 皮楚赫 12. 帕里斯 13. 雷梅尔 14. 鲁斯 15. 台尔曼 16. 蒂特尔 17. 弗罗林 18. 齐默尔 19. 施内勒尔 20. 舒尔特 21. 舒曼 22. 施雷克 23. 舒茨 24. 施勒特尔 25. 埃韦特	
14. 荷兰	1. 泽格斯 2. 德菲瑟 3. 德弗里斯 4. 拉克斐	
15. 希腊	1. 萨里斯 2. 西夫尼奥斯	
16. 格鲁吉亚	1. 茨哈卡娅 2. 卡希阿尼 3. 卡尔特维拉施维里	1. 列扎娃

国别	有表决权者	有发言权者
17. 丹麦	1. 克里斯蒂安森 2. 彼得森 3. 特格森	
18. 匈牙利	1. 博尔瑙 2. 丁涅什 3. 马特劳伊 4. 凯梅尼 5. 库恩·贝拉	
19. 印度	1. 西坎德尔 2. 拉贾 3. 斯潘塞	1. 达特 2. 马哈茂德 3. 阿里
20. 印度尼西亚	1. 马纳瓦 2. 帕迪 3. 萨明	1. 西里伯斯 2. 塞马温 3. 阿方索
21. 爱尔兰	1. 卡尼	
22. 西班牙	1. 纳瓦罗	
23. 意大利	1. 温琴蒂 2. 加兰迪 3. 博特 4. 布鲁尼奥 5. 吉雷蒂 6. 莫罗 7. 托斯科 8. 加洛 9. 诺蒂 10. 诺比莱 11. 尼科莱蒂	

国别	有表决权者	有发言权者
	12. 塞拉 13. 萨凯蒂 14. 奥雷斯特 15. 里纳尔迪 16. 伦基 17. 罗西 18. 埃尔科利	
24. 印度支那	1. 万（音） 2. 文（音） 3. 陶（音）	
25. 加拿大	1. 麦克唐纳 2. 斯佩克特 3. 尼尔 4. 内维斯	
26. 青年共产国际	1. 许勒尔 2. 基普涅尔 3. 梅灵 4. 奥尔 5. 莱布兰特 6. 格明德 7. 拉斯 8. 布尔 9. 奥谢别 10. 菲恩贝格 11. 马尔姆罗斯 12. 利佩 13. 威廉斯 14. 加洛潘	1. 别斯帕洛夫 2. 戈尔洛夫 3. 纳索诺夫 4. 马祖特 5. 卡亚娃

附 录

国别	有表决权者	有发言权者
	15. 洛韦拉 16. 尼古劳 17. 费拉 18. 威廉森 19. 达西 20. 云格 21. 戈尔基奇 22. 利马诺夫斯基 23. 罗森 24. 巴甫洛夫 25. 福金 26. 马尔库奇 27. 雷斯特 28. 刘瓦卓（音） 29. 方天林（音） 30. 赫谢尔	
27. 中国①	1. 陈宽 2. 杨清（音） 3. 苏兆征 4. 张彪 5. 王申（音） 6. 张成（音） 7. 许英（音） 8. 王昌（音） 9. 尹深（音） 10. 王琪（音）	1. 唐清（音） 2. 于生（音） 3. 柴大奇 4. 王富（音） 5. 涅姆采夫 6. 郝（音） 7. 秦（音） 8. 梁一采（音） 9. 王（音） 10. 邓叶超（音）

---

① 这个名单大部分是化名，凡不确定者，均标注为音译。——译者注

国别	有表决权者	有发言权者
	11. 张春（音） 12. 李深①（音） 13. 陶志（音） 14. 绍全（音） 15. 屠大奎（音） 16. 廖梅（音） 17. 余飞 18. 斯特拉霍夫 19. 少先队员 20. 毛涛庆（音）	11. 沃罗夫斯基②
28. 哥伦比亚		1. 卡德纳斯 2. 阿尔塞
29. 拉脱维亚	1. 斯图契卡 2. 克拉斯滕	1. 拉宾
30. 立陶宛	1. 安加雷蒂斯 2. 库纳斯	1. 米茨凯维奇
31. 墨西哥	1. 卡里略 2. 拉米雷斯 3. 孔特雷拉斯	1. 斯蒂内尔
32. 挪威	1. 奥斯特威斯塔德③ 2. 赫尔曼森	1. 凯特尔森

---

① 疑为"李成"之误拼，邓中夏和李立三均曾化名"李成"。——译者注
② 即黄平。——译者注
③ 疑和参加共产国际第六次代表大会第四十次会议并在会上当选为纲领修改委员会成员的奥斯威斯蒂德为同一人。——编者注

国别	有表决权者	有发言权者
	3. 别尔霍尔特 4. 特维特 5. 卡尔森 6. 安德森 7. 瑟德斯特伦	
33. 巴勒斯坦	1. 海德尔	
34. 波兰	1. 普鲁赫尼亚克 2. 科斯切娃 3. 连斯基 4. 别列夫斯基 5. 萨尼斯拉夫斯基 6. 米莱茨基 7. 科尔奇克 8. 格林鲍姆 9. 霍洛德内 10. 普鲁扎斯基 11. 诺维茨基 12. 斯蒂勒 13. 古尔尼茨基 14. 杰林斯基 15. 尤诺维奇	1. 亚当奇克 2. 格罗斯 3. 斯库尔斯基 4. 希利温斯基 5. 林格 6. 埃尔纳 7. 安杰耶夫斯基 8. 巴尔托谢维奇 9. 杜特凯维奇 10. 普尔曼
35. 俄罗斯联邦	1. 阿尔秋欣娜 2. 布勃诺夫 3. 布哈林 4. 瓦西里耶夫 5. 伏罗希洛夫 6. 格伊 7. 格里戈里耶夫	1. 鲍曼 2. 安采洛维奇 3. 温什利赫特 4. 多列茨基 5. 费·科恩 6. 索尔茨 7. 梁赞诺夫

国别	有表决权者	有发言权者
	8. 古谢夫 9. 多加多夫 10. 叶努基泽 11. 伊克拉莫夫 12. 伊萨耶夫 13. 加里宁 14. 基洛夫 15. 柯秀尔 16. 克鲁普斯卡娅 17. 古比雪夫 18. 洛佐夫斯基 19. 曼努伊尔斯基 20. 米夫 21. 列普谢 22. 罗明纳兹 23. 卢那察尔斯基 24. 马丁诺夫 25. 米尔恰科夫 26. 米柳亭 27. 米高扬 28. 莫洛托夫 29. 奥尔忠尼启则 30. 奥新斯基 31. 皮亚特尼茨基 32. 拉斯科尔尼科夫 33. 鲁祖塔克 34. 李可夫 35. 萨哈特·穆拉多夫 36. 斯大林 37. 斯米尔诺夫	8. 基尔萨诺娃 9. 舒宾 10. 绍特曼 11. 特里利谢尔 12. 约瑟夫维奇 13. 亚格洛姆 14. 瓦尔塔尼扬

国别	有表决权者	有发言权者
	38. 斯塔索娃 39. 泰奥多罗维奇 40. 托姆斯基 41. 乌格拉诺夫 42. 希塔罗夫 43. 施瓦尔茨，斯． 44. 施基里亚托夫 45. 施米特，瓦． 46. 雅罗斯拉夫斯基 47. 扬松 48. 科托夫 49. 波隆斯基 50. 乌汉诺夫	
36. 罗马尼亚	1. 巴尔卡吉乌 2. 斯坦库 3. 巴尔塔扎尔 4. 佩特鲁列斯库	
37. 波斯	1. 苏尔坦-扎德 2. 里扎耶夫	
38. 叙利亚	1. 哈桑 2. 萨迪克	
39. 突尼斯	1. 米舍尔 2. 阿麦迪	
40. 土耳其	1. 法赫里	
41. 乌拉圭	1. 萨拉	

国别	有表决权者	有发言权者
42. 芬兰	1. 库西宁 2. 曼纳 3. 布卢姆 4. 萨尔米宁 5. 埃尔文 6. 斯特伦 7. 伦德	1. 西罗拉 2. 马尔姆 3. 莱波拉 4. 瓦斯滕 5. 莱赫蒂宁
43. 法国	1. 加香 2. 让·雷诺 3. 塞马尔 4. 多列士 5. 贝尔纳 6. 拉卡蒙 7. 科斯特 8. 塞洛尔 9. 邦特 10. 德韦尔奈 11. 弗拉商 12. 罗克 13. 特吕亚尔 14. 克里埃 15. 福雷斯捷 16. 古尔多 17. 佩兰 18. 皮洛 19. 罗贝尔·伊冯 20. 勒布克 21. 萨拉赞 22. 巴尔贝	1. 茹贝尔 2. 拉巴泰 3. 德洛贝尔 4. 玛丽昂 5. 马朗 6. 克雷姆

国别	有表决权者	有发言权者
	23. 比茹 24. 韦策尔 25. 洛泽尔	
44. 乌克兰	1. 卡冈诺维奇 2. 阿库洛夫 3. 洛维茨基 4. 皮拉茨卡娅 5. 波斯特舍夫 6. 波斯托洛夫斯基 7. 霍普纳尔 8. 杰姆琴科 9. 米科洛斯	
45. 捷克斯洛伐克	1. 塔特兰 2. 沃贝茨卡 3. 奇廷斯卡 4. 哈肯 5. 阿佩尔特 6. 魏因劳赫 7. 雷曼 8. 斯兰斯基 9. 蒙多克 10. 伊列克 11. 博莱 12. 多布罗沃尔纳 13. 加鲁斯 14. 施特恩 15. 扎波托茨基 16. 温法尔韦 17. 彼得罗	1. 克利瓦尔 2. 克赖比希 3. 克赖青格 4. 皮谢克 5. 诺瓦科娃 6. 波斯佩希尔 7. 诺沃提尼 8. 尤内克 9. 什麦拉尔 10. 瓦康

国别	有表决权者	有发言权者
	18. 杜基 19. 梅利夏尔 20. 图马 21. 扬斯克 22. 沙弗兰科 23. 卡拉里科娃 24. 格拉哈姆 25. 奈杰诺夫	
46. 智利	1. 穆尼奥斯	
47. 瑞士	1. 维尔德贝格尔 2. 博德曼 3. 克雷布斯	
48. 瑞典	1. 弗雷特林 2. 西伦，西格纳 3. 弗吕格·尼尔斯 4. 兰登 5. 图涅尔 6. 基尔布姆 7. 萨穆埃尔森 8. 西伦，胡戈	1. 达格斯特德 2. 安德森 3. 弗吕格，埃尔莎
49. 厄瓜多尔		1. 帕雷德斯
50. 爱沙尼亚	1. 安韦尔特	1. 里亚斯塔斯
51. 南斯拉夫	1. 阿吉奇 2. 利金 3. 斯帕希奇 4. 罗吉奇	

国别	有表决权者	有发言权者
52. 南非	1. 邦廷，悉妮 2. 邦廷，比阿特丽萨 3. 罗	
53. 日本	1. 片山潜 2. 加藤① 3. 大村 4. 星尾 5. 田中	
54. 内蒙古		1. 鲍恩巴托尔 2. 霍尔洛
55. 新西兰		1. 格里芬
56. 委内瑞拉		1. 马丁内斯
57. 巴拉圭		1. 伊瓦罗拉
58. 冰岛		1. 比约恩森

有发言权的组织

1. 共产国际执行委员会委员

（1）菲亚拉

（2）格热戈热夫斯基

（3）克拉拉·蔡特金

（4）安贝尔-德罗

（5）汉森

---

① 即佐也学。——译者注

(6) 雅克莫特

2. 国际监察委员会委员
(1) 白劳德
(2) 劳尔森
(3) 佩格尔曼
(4) 卡巴克奇耶夫

3.《国际新闻通讯》
(1) 尤利乌斯

4. 农民国际中的共产党党团
(1) 东巴尔
(2) 布兰德勒
(3) 戈罗夫

5. 国际工人救济协会中的共产党党团
(1) 米萨诺
(2) 明岑贝格

6. 国际支援革命战士协会中的共产党党团
(1) 赫列尔
(2) 施米特
(3) 德拉布金娜

7. 工会国际中的共产党党团
(1) 维特科夫斯基
(2) 阿佩尔
(3) 科泽列夫

（4）赫列尔

8. 体育国际中的共产党党团
（1）阿克萨米特
（2）布特
（3）克德罗夫

被邀请列席的有发言权的个人

1. 阿布拉莫夫
2. 巴马特
3. 别尔津
4. 瓦列茨基
5. 武尔姆
6. 威廉斯
7. 维尔塔宁
8. 格罗尔曼
9. 瓦尔加
10. 博日奇
11. 德马尔
12. 敦克尔
13. 扎瓦德斯基
14. 左尔格
15. 艾德尔森
16. 柯加尼茨基
17. 克列普斯
18. 科恩布卢姆
19. 克雷希奇
20. 伦茨
21. 莫伊罗娃
22. 米哈伊洛夫
23. 斯莫良斯基
24. 斯捷潘诺夫
25. 海莫
26. 施图尔姆，赫塔
27. 亚布隆斯基
28. 尤利乌斯

各国代表名额分配情况

国　别	有表决权者	有发言权者
1. 澳大利亚	1	-
2. 奥地利	4	-
3. 阿塞拜疆	3	-
4. 阿尔及利亚	3	-
5. 美国	20	5
6. 英国	19	2
7. 阿根廷	4	-
8. 亚美尼亚	1	-
9. 南非	3	-
10. 白俄罗斯	4	1
11. 比利时	4	-
12. 保加利亚	6	1
13. 巴西	2	-
14. 匈牙利	5	-
15. 德国	25	6
16. 荷兰	4	-
17. 希腊	2	-
18. 格鲁吉亚	4	-
19. 丹麦	3	-

国 别	有表决权者	有发言权者
20. 印度	3	3
21. 印度尼西亚	3	3
22. 印度支那	3	−
23. 伊朗	1	−
24. 西班牙	1	−
25. 意大利	18	−
26. 加拿大	4	−
27. 青年共产国际	30	5
28. 中国	20	10
29. 哥伦比亚	−	2
30. 拉脱维亚	2	1
31. 立陶宛	2	1
32. 墨西哥	3	1
33. 挪威	7	1
34. 巴勒斯坦	1	−
35. 波兰	15	10
36. 俄罗斯联邦	50	14
37. 罗马尼亚	4	−
38. 波斯	2	−
39. 叙利亚	2	−
40. 突尼斯	2	−
41. 土耳其	1	−
42. 乌拉圭	1	−
43. 芬兰	7	5
44. 法国	25	6

国　别	有表决权者	有发言权者
45. 乌克兰	10	–
46. 捷克斯洛伐克	25	10
47. 智利	1	–
48. 瑞士	3	–
49. 瑞典	8	3
50. 厄瓜多尔	–	1
51. 爱沙尼亚	1	1
52. 南斯拉夫	4	–
53. 日本	5	–
54. 内蒙古	–	2
55. 新西兰	–	1
56. 委内瑞拉	–	1
57. 巴拉圭	–	1
58. 冰岛	–	1

有发言权的组织

组　织	有表决权者	有发言权者
1. 共产国际执行委员会	–	6
2. 国际监察委员会	–	4
3.《国际新闻通讯》	–	1
4. 农民国际	–	3
5. 国际工人救济会	–	2

组 织	有表决权者	有发言权者
6. 国际支援革命战士协会	−	3
7. 工会国际	−	4
8. 体育国际	−	3

被邀请的个人 ……………………… 28

总　计　　　有表决权者 … 381
　　　　　　有发言权者 … 151
　　　　　　　　　　　　 532

图书在版编目（CIP）数据

共产国际第六次代表大会文献（4）/ 戴隆斌主编.
— 北京：中央编译出版社，2013.12
（国际共产主义运动历史文献 / 王学东主编；48）
ISBN 978 - 7 - 5117 - 1953 - 9

Ⅰ.①共…
Ⅱ.①戴…
Ⅲ.①共产国际 - 代表会议 - 会议文献
Ⅳ.①D165

中国版本图书馆 CIP 数据核字（2013）第 290357 号

共产国际第六次代表大会文献（4）

出 版 人	刘明清
出版统筹	薛晓源
责任编辑	李小燕
责任印制	尹　珺
装帧设计	田晗工作室
出版发行	中央编译出版社
地　　址	北京西城区车公庄大街乙 5 号鸿儒大厦 B 座（100044）
电　　话	（010）52612345（总编室）　（010）52612340（编辑室） （010）52612316（发行部）　（010）52612315（网络销售） （010）52612346（馆配部）　（010）66509618（读者服务部）
传　　真	（010）66515838
经　　销	全国新华书店
印　　刷	北京印刷一厂
开　　本	787 毫米 ×960 毫米　1/16
字　　数	449 千字
印　　张	34.75
版　　次	2013 年 12 月第 1 版第 1 次印刷
定　　价	200.00 元
网　　址	www.cctphome.com　　邮　箱：cctp@ cctphome.com
新浪微博	@ 中央编译出版社　　微　信：中央编译出版社（ID：cctphome）

本社常年法律顾问：北京市吴栾赵阎律师事务所律师　闫军　梁勤
凡有印装质量问题，本社负责调换，电话：（010）66509618